A arte do combate

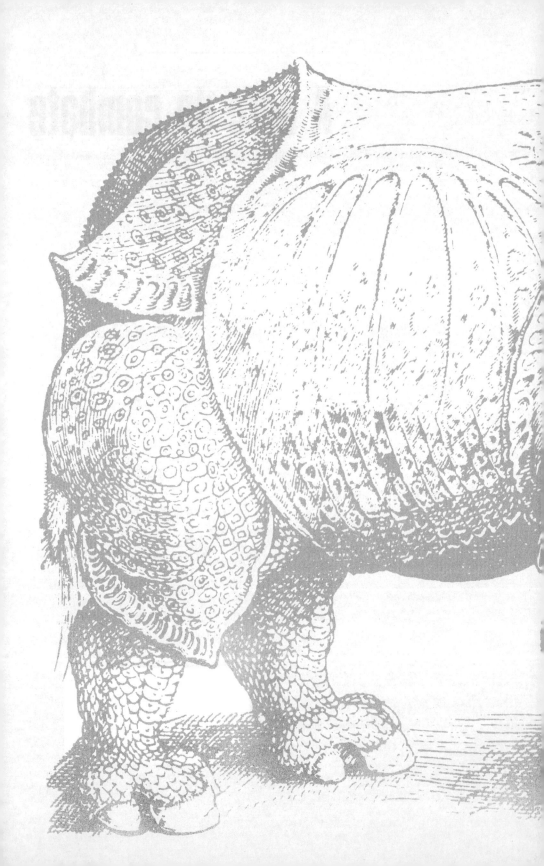

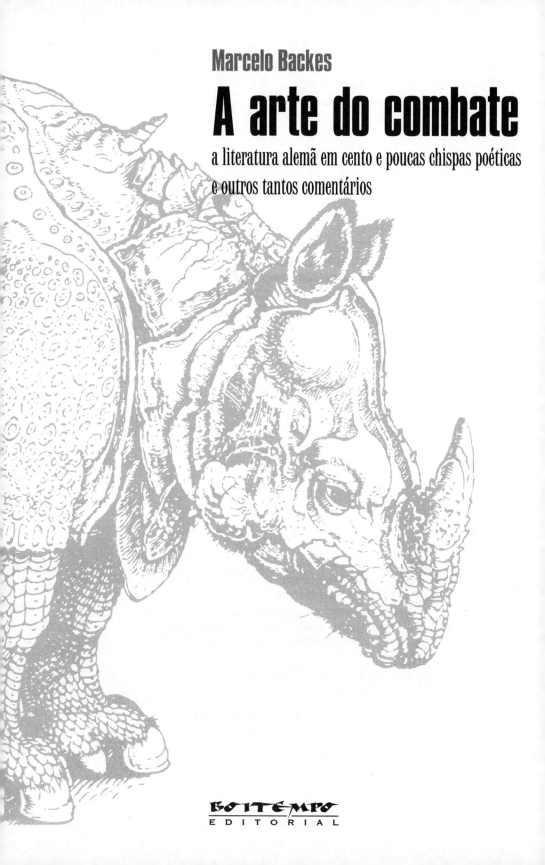

Marcelo Backes

A arte do combate
a literatura alemã em cento e poucas chispas poéticas e outros tantos comentários

BOITEMPO
EDITORIAL

Copyright © 2003, Marcelo Backes
Copyright desta edição © 2003, Boitempo Editorial

Revisão dos originais
Elaine Cristina Del Nero

Revisão de provas
Alice Kobayashi
Sandra Regina de Souza

Capa
Estúdio Graal
ilustração da capa: *Rinoceronte*, Albrecht Dürer, 1515
mapa da capa interna: *A classical atlas of ancient geography*, Alexander Findlay.
New York: Harper and Brothers, 1849

Editoração eletrônica
Antonio Kehl
Renata Alcides

Editora
Ivana Jinkings

Assistente editorial
Ana Paula Castellani

Coordenação de produção
Eliane Alves de Oliveira

Fotolitos
OESP

Impressão e acabamento
Gráfica Alaúde

ISBN: 85-7559-010-3

Esta edição contou com o apoio do Instituto Goethe São Paulo.
É vedada, nos termos da lei, a reprodução de qualquer
parte deste livro sem a expressa autorização da editora.

1ª edição: outubro de 2003

BOITEMPO EDITORIAL
Jinkings Editores Associados Ltda.
Rua Euclides de Andrade, 27 Perdizes
05030-030 São Paulo SP
Tel./Fax: (11) 3875-7250 / 3872-6869
e-mail: editora@boitempo.com
site: www.boitempo.com

SUMÁRIO

PREFÁCIO 9

MEU CÂNONE DA LITERATURA ALEMÃ 13

A FORMAÇÃO DA LITERATURA ALEMÃ:
DOS PRIMÓRDIOS AO BARROCO 21

    I   Martinho Lutero 34

    II   Friedrich von Logau 41

    III   Andreas Gryphius 43

    IV   H. J. C. von Grimmelshausen 45

    V   Christian Hofmann von Hoffmannswaldau 47

    VI   Johann Christian Günther 49

O ILUMINISMO DO SÉCULO XVIII 51

    VII   Gotthold Ephraim Lessing 55

    VIII Georg Christoph Lichtenberg 59

    IX   Friedrich Gottlieb Klopstock 65

ROMANTISMO E CLASSICISMO 69

    X   Friedrich Maximilian Klinger 75

    XI   Gottfried August Bürger 77

    XII   Novalis 81

    XIII Friedrich Hölderlin 84

    XIV Heinrich von Kleist 86

    XV   E. T. A. Hoffmann 89

    XVI Jean Paul 92

    XVII Johann Peter Hebel 96

    XVIII Friedrich von Schlegel 97

XIX	Graf von Platen	101
XX	Irmãos Grimm	103
XXI	Friedrich von Schiller	105
XXII	Goethe & Schiller	108
XXIII	Johann Wolfgang von Goethe	110
XXIV	Ludwig Tieck	116
XXV	Joseph von Eichendorff	118

O REALISMO PÓS-GOETHE 121

XXVI	Georg Büchner	127
XXVII	Ludwig Börne	129
XXVIII	Karl Immermann	131
XXIX	Heinrich Heine	134
XXX	Moritz Saphir	141
XXXI	Arthur Schopenhauer	143
XXXII	Johann Nestroy	148
XXXIII	Friedrich Hebbel	150
XXXIV	Franz Grillparzer	155
XXXV	Eduard Mörike	158
XXXVI	Georg Herwegh	160
XXXVII	Karl Marx	163
XXXVII	Theodor Storm	168
XXXVIII	Gottfried Keller	170
XXXIX	Theodor Fontane	172

MOVIMENTOS DIFUSOS:
A VIRADA DO SÉCULO XX E AS GUERRAS 175

XL	Friedrich Nietzsche	187
XLI	Paul Heyse	196
XLII	Marie von Ebner-eschenbach	198
XLIII	Christian Morgenstern	202
XLIV	Georg Trakl	204
XLV	Frank Wedekind	206
XLVI	Richard Dehmel	208
XLVII	Franz Kafka	210
XLVIII	Rainer Maria Rilke	215

XLIX	Hugo von Hofmannsthal	218
L	Arthur Schnitzler	221
LI	Gerhart Hauptmann	226
LII	Alfred Kerr	228
LIII	Stefan George	231
LIV	Kurt Tucholsky	232
LV	Karl Kraus	235
LVI	Joseph Roth	241
LVII	Robert Musil	243
LVIII	Hermann Broch	247
LIX	Heinrich Mann	249
LX	Thomas Mann	251
LXI	Gottfried Benn	255
LXII	Alfred Döblin	257
LXIII	Bertolt Brecht	261

ADENDO LONGUÍSSIMO 269

POSFÁCIO 317

ÍNDICE REMISSIVO DE AUTORES E ARTISTAS 327

ÍNDICE REMISSIVO DOS DEMAIS NOMES CITADOS 358

ÍNDICE REMISSIVO DE TEMAS BÁSICOS
E CONCEITOS PONTUAIS 363

À Alda, onipresente, sempiterna...

PREFÁCIO

Horácio recomendou nove anos de repouso a uma obra antes da batalha da publicação. E o conselho não foi dado em uma de suas sátiras... A arte do combate é uma obra de 15 anos de idade e muitas temporadas de descanso. Reúne boa parte de minhas atividades e experiências com a literatura em língua alemã, sistematizadas nos últimos meses em horas de labuta lúdica.

A lida na área começou bem cedo, ainda na adolescência, e se estendeu numa série de traduções, ensaios, palestras, comentários e apontamentos privados. Conciliados – e arrematados no exílio voluntário –, os diversos trabalhos adquirem unidade na forma de um livro abrangente, didático – quase enciclopédico –, pretensamente espirituoso e ideologicamente combativo.

Descerrando as cortinas da obra, o leitor encontrará um Cânone *da literatura alemã. Esse cânone – que surge do embate entre a importância objetiva das obras e meu gosto subjetivo – abre uma vereda na floresta da literatura tedesca, fincando estacas de obras por todos os lados a fim de aboar e sinalizar o caminho.*

No final, fazendo as vezes de Posfácio, *há um ensaio que recebe o sonoro título de "Viva a crítica que mete o pau!". Ele chama o Brasil às falas e analisa a indigência contemporânea da crítica literária brasileira, confrontando-a à opulência crítica da literatura alemã. De certa forma, esse ensaio explica – em termos subjetivos, pelo menos – a existência do livro.*

A obra "em si" começa – de maneira assaz insinuante, aliás – por Lutero, o pai do alemão moderno, e termina em Brecht, o "último" combatente da arte. Reúne poesias, fábulas, cartas, excertos, epigramas e aforismos – a maior parte deles inéditos no Brasil – dos mais representativos dentre os autores alemães do período que vai de Lutero a Brecht.

Esses textos, todos eles combativos a seu modo, são organizados de maneira parcialmente cronológica e divididos por períodos, períodos que têm lá seu aspecto arbitrário – e se mostram limitados na caracterização de algum autor, por vezes –, mas são importantes por seu valor didático. E essa discussão não pára por aqui... Cada um desses textos – ou conjunto deles – é seguido de um comentário específico. Cada período histórico-literário é introduzido por um comentário geral, no qual é apresentada uma visão panorâmica da literatura alemã, de seus primórdios aos dias de hoje. Nesses comentários introdutórios são mencionados também – e avaliados de maneira curta – autores e obras anteriores a Lutero (primeiro comentário) e posteriores a Brecht (Adendo longuíssimo). Do mesmo modo, são referidos os escritores que não foram contemplados no corpo do livro, de um lado pela escassez de espaço, de outro pelos critérios seletivos, explicados a seguir...

A seleção dos autores – e sobretudo o espaço concedido a eles – respeita uma ordem subjetiva, ainda que mediada por considerações de talhe objetivo. O ponto de partida é a língua alemã, elemento que unifica todos os autores escolhidos. Comparecerão, portanto, autores não apenas da Alemanha, mas também da Áustria e da Suíça. Se um tcheco do calibre de Kafka escreveu em alemão, ele também é contemplado, e o mesmo acontece com um húngaro do quilate de Moritz Saphir. Atendendo às disposições do meu paladar literário – que tem lá sua régua e seu compasso, fique claro –, determinei que o espaço de Heine fosse maior que o de Goethe, que o de Karl Kraus fosse maior que o de Hermann Broch. Mas os quatro escritores – é o crivo objetivo – comparecem. Foi o mesmo gosto que me fez conceder espaço privilegiado a Johann Nestroy, Moritz Saphir e Alfred Kerr e não concedê-lo a Ferdinand Raimund, Friedrich de la Motte-Fouqué e Franz Werfel, por exemplo. Todos eles são quase desconhecidos no Brasil... eu prefiro os primeiros – e digo por que –, mas não deixo de referir os três últimos.

De quebra, o leitor encontrará – sempre que o gênero for mencionado pela primeira vez – uma breve história do aforismo, do epigrama, da fábula, do diário e assim por diante. Antes do Posfácio, na condição de Adendo longuíssimo, *esboço um panorama da literatura alemã contemporânea, desde o final da Segunda Guerra Mundial até os dias de hoje. Para fechar o livro,* organizei um Índice remissivo, *que, além de facilitar a consulta temática e autoral direta, adquire valor de glossário por sua abrangência e detalhismo.*

Se Mário de Andrade disse certa vez que "toda obra de arte é combativa", os fragmentos selecionados para A arte do combate *caracterizam-se de maneira específica e direta pelo tom aguerrido. Se chama a atenção o fato de serem tantos os aforismos – em maior número do que as poesias, por exem-*

A ARTE DO COMBATE

plo, embora seja maior o número de autores que escreveram poesias do que o daqueles que escreveram aforismos – é pelo simples fato de que o aforismo é o guerrilheiro na batalha da língua. Ele provoca tumulto onde reina a calma; cava trincheiras no terreno das opiniões, dá espadaços na arena dos princípios, mina o campo dos debates. Ataca sozinho ou em grupos, conforme a situação e a necessidade, abrindo brechas nas fileiras inimigas. O aforismo não precisa das muletas da rima, do apoio do ritmo ou do suporte da melodia. É apenas um estilhaço de pensamento feito prosa, uma máxima espirituosa de fôlego curto, sabedoria imensa e índole combativa. Mesmo assim, ele é capaz de emitir um juízo, expressar um conhecimento e desvendar o mundo na ligeireza de um espasmo. O aforismo é uma obra em três linhas... Se o número de epigramas também avulta, é porque o epigrama é o aforismo feito verso, a lírica de pedras na mão, a poesia em sua versão curta, mordaz e picante.

No frigir dos ovos – e voltando à seleção literária – mesmo escritores como Novalis, cuja maior característica sempre foi aquilo que Antonio Candido chamou de "romantismo descabelado", aparecem combativos de repente, depois de uma busca criteriosa e abrangente em sua obra. No comentário que segue o trecho selecionado, entretanto, ponho os pingos nos "is", ilumino a postura geral do autor e defino sua obra, usando a joeira da crítica.

Esses comentários, que servem de rodapé a cada um dos cento e poucos subcapítulos e suas "chispas poéticas"* esclarecem a vida e a obra dos autores apresentados, todos eles analisados de maneira crítica e apreciativa. Por vezes os comentários metem seu bedelho em comparações e fazem – à maneira de pinceladas – considerações acerca da literatura e da crítica brasileira contemporâneas. Essas considerações são marcadas pelo tom subjetivo, muitas vezes agressivas e quase sempre ácidas.

Cara a cara com o livro, o leitor talvez descubra que não é por acaso que a palavra "guerra" descende etimologicamente do germânico ocidental werra ("discórdia", "peleja"); que os vocábulos blocausse, acha (a arma), alabarda, arcabuz, sabre e pistola têm – todos eles – alguma passagem importante pela língua alemã. A sabedoria popular tem razão quando diz que os alemães aprendem a torcer o nariz – e a metê-lo em tudo – antes de aprender a limpá-lo.

A arte do combate revela que a postura crítica dos autores alemães – desde o princípio, mormente com Walther von der Vogelweide, passando por

---

* O conceito – *dichterische Funken* em alemão – é de Theodor Adorno e aparece em seu texto "Discurso sobre lírica e sociedade" ("Rede über Lyrik und Gesellschaft". *In: Noten zur Literatur.* Hrsg. von Rolf Tiedemann. 5ª ed. Aufl. Frankfurt am Main: Suhrkamp, 1991.)

Lutero, Heine, Marx, Kraus e tantos outros – é uma questão de princípio. Todos eles parecem estar de acordo com Heráclito, o filósofo dialético grego, que declarou ser o combate o "pai de todas as coisas".

Olhando de soslaio para o próprio umbigo e chamando a literatura brasileira às falas pela primeira vez, fica claro que a falta de combatividade nos trópicos é até formal. Se o aforismo é a principal arma na guerra da literatura, são pouquíssimos – quase nenhuns – os escritores brasileiros que o praticam. Se o epigrama é o verso engatilhado, prestes ao disparo, seu eco no Brasil é diminuto, praticamente nulo.

Num aforismo, Millôr Fernandes – a exceção confirma a regra, Millôr é dos poucos autores brasileiros que construíram sua obra sobre o fundamento aforístico – disse: No Brasil... "Sempre foi assim, desde os portugueses: chama-se o Cabo das Tormentas de Cabo da Boa Esperança e está tudo resolvido". Confirmando a tese, Caetano Veloso se tornou a caixa de ressonância do sentimento brasileiro mais essencial: porque tudo é divino e maravilhoso.

Ora, direis, até a independência nós alcançamos num papo de gabinete...

Marcelo Backes
Freiburg, junto à Floresta Negra,
agosto de 2002.

MEU CÂNONE
DA LITERATURA ALEMÃ

IDADE MÉDIA

Canção dos nibelungos (Nibelungenlied)
c. 1200

Wolfram von Eschenbach (entre o século XII e XIII)
Parzifal

Walther von der Vogelweide (c. 1170-1230)
Poesias (Gedichte)

Sebastian Brant (1457-1521)
A nau dos insensatos (Das Narrenschiff)

REFORMA E BARROCO

Martinho Lutero (1483-1546)
A tradução da Bíblia
Fábulas, discursos e provérbios

Hans Sachs (1494-1576)
O escolar vagante no paraíso / O ferro quente
(Farhrender Schüler im Paradies / Das heisse Eisen)

História do doutor Fausto (1587)
Johann Spies (editor)

Andreas Gryphius (1616-1664)
Epigramas

Hofmann von Hoffmannswaldau (1617-1679)
Poesias (Gedichte)

H. J. C. von Grimmelshausen (1621-1676)
Simplicissimus

Johann Christian Günther (1695-1723)
Poesias (Gedichte)

ILUMINISMO

Gotthold Ephraim Lessing (1729-1781)
Minna von Barnhelm
Emília Galotti / Nathan, o sábio
Fábulas

Karl Philipp Moritz (1756-1793)
Anton Reiser

G. C. Lichtenberg (1742-1799)
Fábulas / Aforismos

F. G. Klopstock (1724-1803)
Epigramas

ROMANTISMO (SÉCULO DE GOETHE)

Friedrich von Schiller (1759-1805)
Os bandoleiros / Dom Carlos / Wallenstein
Baladas

Novalis (1772-1801)
Heinrich von Ofterdingen / Poesias

Friedrich Hölderlin (1770-1843)
Hyperion ou o Eremita na Grécia
Poesias (Gedichte)

Clemens Brentano (1778-1842)
Godwi

Johann Peter Hebel (1760-1826)
Caixinha de surpresas do amigo familiar renano
(Schatzkästlein des Rheinischen Freunds)

Brentano (1778-1842) e Achim von Arnim (1781-1831)
Da cornucópia maravilhosa do garoto
(Des Knaben Wunderhorn)

J. W. von Goethe (1749-1832)
Werther / Afinidades eletivas
Wilhelm Meister / Xênias / Fausto
Poesia e verdade / Divã do ocidente e do oriente

E. T. A. Hoffmann (1776-1822)
Os irmãos Serapião
As opiniões do gato Murr acerca da vida
(Lebens-Ansichten des Katers Murr nebst fragmentarischer Biographie
des Kapellmeisters Johannes Kreisler in zufälligen Makulaturblättern)

Heinrich von Kleist (1777-1811)
A bilha quebrada (Der zerbrochene Krug)
Michael Kohlhaas / Contos

Annette von Droste-Hülshoff (1797-1848)
A faia do judeu (Die Judenbuche)

Jean Paul (1763-1825)
Titã / Mocidade (Flegeljahre) / Nicolas Marggraff ou o cometa
Aforismos

REALISMO PÓS-GOETHE

Georg Büchner (1813-1837)
Lenz / A morte de Danton / Woyzeck

Joseph von Eichendorff (1788-1857)
Fragmentos da vida de um joão-ninguém (Aus dem Leben eines Taugenichts)
Poesias (Gedichte)

Heinrich Heine (1797-1856)
Atta Troll / Alemanha, um conto de inverno
Romanceiro / Novas Poesias
Retratos de viagem (Reisebilder)
O livro Le Grand / Confissões / Memórias

Johann Nestroy (1801-1862)
Lupaziusvagabundus
Liberdade na aldeia (Freiheit in Krähwinkel)
O homem velho com a mulher nova (Der alte Mann mit der jungen Frau)
A moçoila da periferia (Das Mädl aus der Vorstadt)
Paródias às peças de Hebbel – Judite e Holofernes

Friedrich Hebbel (1813-1863)
Diários

Franz Grillparzer (1791-1872)
O pobre músico (Der arme Spielmann)
Epigramas

Eduard Mörike (1804-1875)
O pintor Nolten / Poesias (Gedichte)

Theodor Storm (1817-1888)
O cavaleiro do alazão (Der Schimmelreiter)

Gottfried Keller (1819-1890)
Martin Salander / Contos

Theodor Fontane (1819-1898)
Senhora Jenny Treibel / Effi Briest / O Stechlin

Marie von Ebner-Eschenbach (1830-1916)
Jakob Szcela / Aforismos

VIRADA DO SÉCULO

Friedrich Nietzsche (1844-1900)
Assim falou Zaratustra / Ecce hom
Além do bem e do mal / A genealogia da moral

Gerhart Hauptmann (1862-1946)
Os ratos (Die Ratten) / A peliça de
castor (Der Biberpelz)

Frank Wedekind (1864-1918)
O despertar da primavera (Frühlings Erwachen)
A caixa de Pandora (Die Büchse Pandoras)

Arthur Schnitzler (1862-1931)
Ronda (Reigen) / Professor Bernhardi
Aurora (Spiel im Morgengrauen) / Tenente Gustl
Therese, crônica de uma vida de mulher

Stefan George (1868-1933)
O tapete da vida (Der Teppich des Lebens)
O sétimo anel (Der siebte Ring)

Hugo von Hoffmannsthal (1874-1929)
O tolo e a morte (Der Tor und der Tod)
Uma carta (Ein Brief) /Poesias (Gedichte)
Andreas

Else Lasker-Schüler (1869-1945)
Baladas hebraicas / Meu piano azul

O SÉCULO XX ATÉ A SEGUNDA GUERRA

Georg Trakl (1887-1914)
Poesia completa

Rainer Maria Rilke (1875-1926)
Novas poesias / Elegias de Duíno
Sonetos a Orfeu

Robert Walser (1878-1956)
Jakob von Gunten

Carl Sternheim (1878-1942)
O ciclo dramático *Da vida heróica burguesa*
(Aus dem bürgerlichen Heldenleben)

Heinrich Mann (1871-1950)
Professor Unrat (Anjo azul) / O súdito (Der Untertan)

Thomas Mann (1875-1955)
Os Budenbrooks / A morte em Veneza
A montanha mágica / Doutor Fausto

Franz Kafka (1883-1924)
O processo / A metamorfose / O castelo
Investigações de um cão (Forschungen eines Hundes)

Kurt Tucholsky (1890-1935)
Alemanha, Alemanha sobre tudo (Deutschland, Deutschland über alles)

Klaus Mann (1906-1949)
Mefisto

Karl Kraus (1874-1936)
Aforismos / A língua (Die Sprache)
Palavras em versos (Worte in Versen)
A terceira noite de Valpúrgia (Die dritte Walpurgisnacht)

Joseph Roth (1894-1935)
A marcha de Radetzky

Gottfried Benn (1886-1956)
Morgue / Poesia estática / Vida dupla

Robert Musil (1880-1942)
As reuniões / Três mulheres
O homem sem qualidades

Hermann Broch (1886-1951)
A morte de Virgílio

Alfred Döblin (1878-1957)
Berlin Alexanderplatz

Bertolt Brecht (1898-1956)
A vida de Galileu / A santa Joana dos Matadouros
Histórias do senhor Keuner / O livro Me-ti
Poesias

LITERATURA ALEMÃ CONTEMPORÂNEA

Anna Seghers (1900-1983)
A sétima cruz
O passeio das meninas mortas (Der Ausflug der toten Mädchen)

Arno Schmidt (1914-1979)
O sonho de Zettel (Zettels Traum)

Paul Celan (1920-1970)
Papoula e memória (Mohn und Gedächtnis)
Cárcere lingüístico (Sprachgitter)

A ARTE DO COMBATE

Ingeborg Bachmann (1926-1973)
Malina

Peter Weiss (1915-1982)
A estética da resistência (Die Ästhetik des Widerstands)
Marat/Sade

Uwe Johnson (1934-1984)
?Aniversários? (Jahrestage)
Conjecturas acerca de Jakob (Mutmassungen über Jakob)

Heinrich Böll (1917-1985)
Contos

Max Frisch (1911-1991)
Homo faber / Stiller / Montauk

Friedrich Dürrenmatt (1921-1990)
A visita da velha senhora (Der Besuch der alten Dame)
A missão ou da observação do observador dos observadores (Der
Auftrag oder vom Beobachten des Beobachters der Beobachter)

Wolfgang Koeppen (1906-1995)
Pombas na grama (Tauben im Gras)

Jurek Becker (1937-1997)
Jakob, o mentiroso (Jakob der Lügner)

Günter Grass (nasc. 1927)
O tambor / Gato e rato

Thomas Bernhard (1931-1989)
O louco e o ignorante (Der Ignorant und der Wahnsinnige)
Extinção (Auslöschung) / Árvores abatidas (Holzfällen)

Martin Walser (nasc. 1927)
Um cavalo em fuga (Ein fliehendes Pferd)
Trabalho anímico (Seelenarbeit)

Christa Wolf (nasc. 1929)
Cassandra

Hans Magnus Enzensberger (nasc. 1929)
O naufrágio do Titanic (Der Untergang der Titanic)

Peter Rühmkorf (nasc. 1929)
Poesias reunidas (Gesammelte Gedichten)

Sarah Kirsch (nasc. 1935)
Cem poesias (Hundert Gedichte)
O calor da neve (Schneewärme)

Wolf Biermann (nasc. 1936)
Com a língua de Marx e Engels (Mit Marx-und Engelssprache)
O Ícaro prussiano (Der Preussische Ikaros)
Baladas e canções

Robert Schneider (nasc. 1940)
Irmão do sono (Schlafes Bruder)

Bernhard Schlink (nasc. 1944)
?Fugas de amor? (Liebesfluchten)

A FORMAÇÃO DA LITERATURA ALEMÃ: DOS PRIMÓRDIOS AO BARROCO

A literatura alemã só passou a florescer de fato a partir do século XVIII, quando se tornou uma das mais vigorosas da Europa. Entre todas as grandes literaturas européias, a literatura alemã foi – aliás – aquela que enfrentou maiores dificuldades em sua gestação, sobretudo devido a uma causa de ordem básica: o lento e complexo processo de unificação política da Alemanha.

Os povos germânicos – cuja língua comum constituiu um elemento unificador fundamental ao longo dos séculos – jamais tiveram fronteiras precisas e flutuaram geograficamente aqui e acolá no decorrer da história. O próprio Sacro Império Romano-Germânico não passou de uma ficção política – é verdade que grandiosa, tanto que a figura de Carlos Magno é um dos símbolos da União Européia contemporânea – e incluía inúmeros territórios independentes.

Antes da cristianização – ocorrida no século VIII – quase ninguém escrevia ou lia entre os povos germânicos. As únicas manifestações escritas do período restringiam-se a normas de uso guerreiro e à prática do culto. O caráter eminentemente utilitário da literatura expressava-se em fórmulas mágicas, charadas e provérbios.

No século X um monge de Fulda registrou duas dessas fórmulas mágicas – versificadas, seja dito – do século VIII. Elas foram redescobertas apenas em 1841, em Merseburg, e passaram a ser conhecidas como as *Fórmulas mágicas de Merseburg*. Essas fórmulas mágicas buscavam interferir de maneira direta na realidade, instigando deuses e demônios à ação. Na prática, elas desempenhavam um papel semelhante ao da oração dos povos cristãos. A primeira delas – já assaz combativa em seu utilitarismo – destinava-se à libertação de prisioneiros e rezava mais ou menos assim:

22   MARCELO BACKES

No passado, as feiticeiras se assentavam / se assentavam aqui e acolá.
Algumas davam nós / algumas retinham exércitos;
Algumas buscavam / rebentar os grilhões:
Livrai-vos dos grilhões / escapai aos inimigos.

Os elementos poéticos do original escrito em alto-alemão antigo limitavam-se à repetição ("se assentavam", "se assentavam"; "algumas", "algumas") e ao uso da rima por aliteração. A segunda fórmula era bem mais modesta – e limitada – em seus propósitos e destinava-se a curar patas de cavalo.

Além das fórmulas mágicas e provérbios, os germanos conheciam o *leich*, um canto de movimento que acompanhava as danças ou até mesmo o trabalho, e também o *Lied* (*liod* em alemão antigo), apresentado para cantar o amor ou louvar os feitos de um herói. E mais uma vez foram os monges de Fulda que registraram o único exemplar da "canção heróica" dos povos germânicos: a *Canção de Hildebrando* (Hildebrandslied).

A *Canção de Hildebrando* é o fragmento anônimo de uma saga heróica. Escrita no início do século IX – por volta de 820 – na capa interna de um livro de orações, a canção heróica trata da luta entre um pai, Hildebrando, e seu filho, Hadubrando. Separados pela vida, os dois se reencontram na guerra. Depois de trinta anos de luta, o pai retorna à pátria a serviço do rei ostrogodo Teodorico, o Grande. Na batalha, reconhece o filho e tenta evitar o duelo, oferecendo-lhe anéis de ouro. O filho recusa-os, clamando: "É com a lança que se recebem as dádivas!". E acusa o oponente de ser um velho huno, traiçoeiro e astucioso, lembrando boatos que asseguram a morte de seu pai. A tragédia é dupla. O pai sabe que irá cruzar lanças com o próprio filho e, seguindo as leis bárbaras do combate, tombará ao chão diante dele ou então será obrigado a derribá-lo. Depois de 68 versos o texto é interrompido – em meio ao duelo – por falta de espaço físico na capa interna do livreto. Segundo versões não originais da saga, é o filho que sucumbe e a lei da guerra prevalece diante da lei do clã. No século XIII a canção heróica teve uma versão abrandada em seu caráter trágico, na qual pai e filho se reconhecem e interrompem o combate, felizes. A *Canção de Hildebrando* é, entre os documentos literários que abordam a luta entre pai e filho – incluindo os da literatura russa, persa ou irlandesa –, a de maior ímpeto dramático, a mais intensa em sua força trágica.

A IDADE MÉDIA

A tradição épica antiga também é visível nas primeiras obras realizadas com propósito doutrinário. O melhor exemplo dessa tradição é a epopéia anônima *Salvador* (Hêljand – em alemão antigo – ou Heiland), escrita por volta do ano 830. Com exatos 6000 versos, a epopéia narra a vida e a morte de Cristo e já apresenta ritmo e um estilo versífico rigoroso. O mundo cristão-teológico é refletido com um certo ímpeto ingênuo, adequado ao espírito germânico.

Outra obra de caráter semelhante é a versão dos Evangelhos, escrita pelo monge alsaciano Otfried von Weissenburg, também no século IX, entre os anos de 863 e 871. Pontilhada de considerações pessoais de ordem moral e simbólica, a obra é dedicada ao rei Luís, o germânico. Pomposa e erudita, ela teria importância fundamental na lírica alemã, ainda que seja poeticamente inferior ao *Salvador*, a epopéia anônima que a precedeu. Na versão evangélica de Otfried a rima por aliteração, típica dos velhos documentos germânicos, é substituída pela primeira vez pela rima final da poesia hímnica latina. Isso teve papel decisivo na formação fonética da língua alemã.

Durante os séculos seguintes – na Alta Idade Média – a literatura germânica foi marcada pela cristianização progressiva de seus povos. Se por um lado a cristianização uniformizou a língua alemã medieval, por outro limitou sua expressão escrita, já que os autores – eclesiásticos em sua grande maioria – normalmente preferiam empregar o latim. Durante os séculos XII e XIII, no entanto, houve um extraordinário florescimento na literatura germânica, caracterizado pelo ressurgimento da épica.

A *Canção dos nibelungos*

Os valores da cristandade e o louvor de suas façanhas! Eis o foco das obras épicas do período medieval. A *Crônica dos imperadores* (Kaiserchronik), primeira obra histórica em língua alemã – por exemplo –, repousa sobre as gestas das Cruzadas. Escrita em versos – 17000 ao todo – a *Crônica* é carregada de lendas, sagas e fábulas. Igualmente acontece com a epopéia *Salman e Morolf.* Da mesma época, ela apresenta semelhante quinhão ideológico. Narrativamente, conta o resgate da esposa do rei Salomão, seqüestrada duas vezes por seu ajudante Morolf.

Mas a nostalgia da tradição heróica, típica dos povos germânicos, continuava viva ao lado dessa tendência cristianizante. Além de textos de menor importância como *Gudrun* e *O livro dos heróis* (Das Heldenbuch), o caráter aguerrido dos povos germânicos daria origem a um monumento literário grandioso e duradouro, a *Canção dos nibelungos* (Nibelungenlied), considerada a epopéia nacional do povo alemão[1]. Escrita por volta de 1200 por um

---

[1] Nibelungo se aproxima etimologicamente de *Nebel* (neblina, em alemão) e designa o povo dono de um imenso tesouro, guardado pelo anão Alberico. Depois de Siegfried ter

24 MARCELO BACKES

poeta austríaco anônimo, a epopéia mergulha fundo no velho mundo escandinavo. A grandeza sombria com que é descrita a aniquilação dos burgundos pelos hunos é o canto de cisne de um passado lendário e das antigas virtudes guerreiras, substituídas pelos novos ideais cristãos. A *Canção dos nibelungos* exalta o paganismo germânico e a figura do herói, que é divinizado à maneira antiga e não escapa ao destino inelutável a que são submetidos deuses e homens.

Sob o ponto de vista narrativo, o poema divide-se em duas partes. Na primeira delas – de dezenove cantos –, Siegfried, o herói, apaixona-se por Cremilda, irmã de Gunther, o rei dos burgundos. Siegfried apenas logra casar-se com a amada depois de vencer Brunilde, a rainha da Islândia, submetendo-a a casar-se com Gunther, seu cunhado. Quando Brunilde descobre que fora vencida por Siegfried – ajudado pelo manto mágico de Alberico, que tornava o herói invisível – e não por Gunther, não sossega antes de engajar Hagen, tio e escudeiro de Gunther, a assassinar Siegfried. A segunda parte – composta de vinte cantos – narra a vingança de Cremilda. Depois de casar-se com Átila, o rei dos hunos, Cremilda convida os burgundos para uma festa na Hungria. Além de aniquilar seu próprio povo, ela decepa a cabeça de Hagen com um golpe da Balmung, a espada mitológica de Siegfried. A segunda metade do poema é – assim – um verdadeiro canto fúnebre ao mundo germânico pagão. A morte lendária de Siegfried, Hagen e Gunther confunde-se com a aniquilação histórica da linhagem burgunda, levada a cabo por Átila no ano de 437.

Depois da primeira edição parcial da obra, lançada em Zurique em 1757[2], foram publicadas diversas versões para a epopéia[3]. Os primeiros estudiosos modernos da literatura medieval chegaram a acreditar que a *Canção dos nibelungos* resumia-se a uma expressão impessoal – e portanto sem autor –

---

arrancado o tesouro às mãos dos nibelungos, ele passa aos reis burgundos (representados por Gunther na *Canção dos nibelungos*) após o assassinato do herói. Na posse do tesouro os burgundos passam a ser chamados também de nibelungos.

[2] Existem três versões da *Canção dos nibelungos*. O assim chamado manuscrito A encontra-se na Biblioteca do Estado da Baviera, em Munique. O manuscrito B – de cerca de 1260, que serviu de base às versões modernas do poema por ser considerado o mais próximo do original – encontra-se em Sankt Gallen, na Suíça. Já o manuscrito C – com data anterior a 1250, mais antigo e mais longo – encontra-se na cidade de Donaueschingen, na Alemanha.

[3] Vários artistas alemães trabalharam com a epopéia, entre eles os escritores Hans Sachs, Friedrich de la Motte-Fouqué e Friedrich Hebbel com a trilogia *Os nibelungos* (Die Nibelungen, 1862). Há que lembrar também o compositor Richard Wagner, com a célebre tetralogia *O anel dos nibelungos* (Der Ring des Nibelungen, 1856-1874) – diretamente inspirada na saga nórdica – e o diretor Fritz Lang com o filme *Os nibelungos* (1923-1924), dividido em duas partes: *A morte de Siegfried* e *A vingança de Cremilda*.

A ARTE DO COMBATE   25

da alma do povo germânico. Na verdade, a epopéia é a obra de um poeta culto; a lavra de um indivíduo genial. Baseado em lendas nórdicas e teutônicas, esse autor criou uma obra de força dramática comparável às grandes epopéias gregas. Buscando um similar tardio – e o esclarecimento concedido pela comparação –, a *Canção dos nibelungos* não deve nada ao *Cid* em qualidade e caracteriza-se pelo mesmo ideal heróico. Se o poema épico espanhol tornou-se mais conhecido, foi tão-somente pelas dificuldades oferecidas pelo alemão medieval. Goethe chegou a dizer que a *Canção dos nibelungos* é tão clássica quanto Homero é clássico, e Heine chamou-a de *Ilíada* do povo alemão.

Vigoroso ao extremo, o poema eleva-se bem acima da literatura cortesã típica da época. Não apenas por seu ímpeto à catástrofe, pela violência bárbara de sua narrativa e pela força da vingança – que tinge seus versos de sangue –, mas também pela qualidade poética. A versificação é impecável: a métrica é semelhante a dos cantos mais antigos dos *Minnesänger* (trovadores medievais alemães), com estrofes de quatro versos, rimados dois a dois. Os três primeiros versos são mais longos e o quarto é um arremate breve, que serve de contrapeso e fecho aos que o antecedem, preservando a força e a tensão das baladas antigas.

A época dos Staufer

A poesia narrativa da Alemanha medieval teve no Padre Lamprecht, autor do *Canto de Alexandre* (Alexanderlied) – escrito por volta de 1130 –, um pioneiro obscuro. A obra macaqueia os romances bretões sobre a corte do rei Artur, adaptando-os à mentalidade germânica.

Pouco mais tarde, contudo, a literatura alemã também daria à lírica da época uma série de representantes eméritos. Os mais importantes – todos eles pertencentes aos séculos XII e XIII – foram Hartmann von Aue, Wolfram von Eschenbach e Gottfried von Strassburg.

Hartmann von Aue, o primeiro dos três grandes líricos da época dos Staufer – e o primeiro grande poeta épico da língua alemã –, chegou a participar, segundo se supõe, das cruzadas, entre 1189 e 1192. Na condição de poeta, ele considerava suas obras instrumentos de edificação moral. Hartmann é autor de *Erec* e *Iwein*, dois poemas dedicados à corte do rei Artur.

Gregorius sobre a pedra (Gregorius auf dem Stein), outra de suas obras, é uma lenda religiosa e já mostra um autor bem mais profundo, dono de certa individualidade. Na obra, Gregorius – o filho incestuoso e principesco de um amor entre irmãos – é enjeitado e educado no claustro. Adulto, ele participa heroicamente das cruzadas e logra alcançar esposa e posses. Pouco depois o destino bate a sua porta mais uma vez e Gregorius descobre que sua esposa é sua própria mãe. O herói penitencia sua culpa durante dezessete anos, isolado do mundo num rochedo em meio ao mar; até que Deus estende o tapete da redenção a seus pés chamando-o a ser papa no final. O tema – e o caráter vigoroso do perdão – seria recuperado por Thomas Mann em seu romance *O eleito*.

Mas a obra-prima de von Aue é *Henrique, o pobre* e trata do próprio clã dos Aue. Von Aue – o personagem-título – é afastado do convívio social e evitado por todo mundo depois de ser acometido de uma doença grave. A única esperança em seu destino de Jó é dada por um médico de Salerno: apenas o sangue do coração de uma moça que entregar sua vida por ele poderá curá-lo. Heinrich retira-se, resignado, para uma vida aldeã, vivendo com um camponês, outrora seu servo. Depois de ouvir a respeito do fadário, a filha do camponês – de apenas 11 anos – dispõe-se ao sacrifício. O caráter imolador de sua inocência é tão pertinaz que os pais pensam ouvir a voz de Deus falando por meio dela e concordam com o holocausto. A obstinação da moça mostra-se heróica quando o próprio médico tenta convencê-la a desistir. No instante em que ela está deitada nua sob a faca, Heinrich adentra o quarto e recusa-se a aceitar o sacrifício: a moça é bela demais para morrer. Quando ela repreende Heinrich por tê-la livrado do martírio, a bondade de Deus o atinge, e ele fica curado para sempre. A moça torna-se sua esposa.

Wolfram von Eschenbach (c. 1170-c. 1220) foi o maior poeta épico da Idade Média alemã e notabilizou-se pelo poema *Parzival*.[4] De grande força imaginativa e sublime elevação moral, o poema aborda a lenda do Graal em estilo bem peculiar e conteúdo marcadamente menos cristão do que na obra de Chrétien de Troyes. Escrito entre 1197 e 1210, o poema é o primeiro grande romance de formação (*Entwicklungsroman*) da literatura universal. Depois da morte prematura do pai Gahmuret – rei de Anschouwe –, Parzival cresce em ambiente selvagem, sob os cuidados da mãe. Quando jovem – e ainda inexperiente –, Parzival sai em busca da corte do rei Artur. Depois de uma série de aventuras, torna-se membro da távola redonda e casa-se com Kondwiramur, a senhora de um castelo que Parzival livra do assédio inimigo. Depois de se mudar para o castelo do Graal e esquecer de perguntar pelo sofrimento do rei Anfortas – por dar mais valor às normas da cortesia do que à compaixão espontânea –, Parzival é excluído da távola. O herói erra pelo mundo durante anos, tomado pelo aborrecimento contra Deus, até amadurecer a ponto de poder se tornar rei

---

[4] Wagner não cansou de beber da fonte medieval alemã. Sua ópera *Parsifal – Parzival*, em alemão – é inspirada no poema de Wolfram.

A ARTE DO COMBATE

do Graal. O drama interior de Parzival – dividido entre os apelos do infinito, os sofrenões da consciência e a insuficiência humana – antecipa o grande drama faustiano, desenvolvido modernamente por Goethe seiscentos anos depois.

De origem humilde e descendente de cavaleiros, Wolfram foi obrigado a servir a vários senhores e chegou a conhecer e se tornar amigo de Walther von der Vogelweide. A força dos versos de Wolfram escapa ao corpete estreito do *Minnesang* – a canção de amor cortesão cantada pelos poetas-trovadores de língua alemã entre os séculos XII e XIII – e faz do autor o mais independente, o mais vigoroso, o mais original dos poetas da época dos Staufer. Wolfram contempla o mundo à sua volta de maneira mais realista e mistura humor à fantasia; usa arcaísmos, busca palavras estrangeiras para ampliar a expressão da língua, cria neologismos e não hesita em trazer à superfície de seus versos a linguagem popular. Sua ousadia criativa valeu-lhe a crítica de Gottfried, que o acusou de praticar "prestidigitação artística". Ao mesmo tempo em que criticou Wolfram von Eschenbach por seu "estilo pesado", Gottfried von Strassburg admitiu em Hartmann von Aue – poeta bem mais simples – um modelo a ser seguido.

Gottfried von Strassburg, o último dos grandes poetas da época dos Staufer, tornou-se conhecido por sua obra *Tristão e Isolda* – de 20 000 versos –, escrita entre 1202 e 1210. Gottfried declara não escrever ao público cortesão, mas aos corações nobres. Seu estilo demonstra erudição latina – Gottfried não era cavaleiro como os outros poetas da época, mas membro do clero – e consciência artística. Além de difundir os ideais cortesãos da cavalaria, Gottfried usa com primor a aliteração, a antítese, os jogos de palavras e a alegoria, dando um caráter eminentemente moderno à sua obra. *Tristão e Isolda*[5] é o produto máximo da violência da *Minne*, a concepção cortesã do amor desenvolvida durante a cultura medieval.

Tristão e Isolda são tomados de amor um pelo outro, ainda que o rei Marke – esposo da moça – esteja entre eles. A tragédia final, que acaba na morte dos amantes, é desenvolvida com grandeza por Gottfried. A veneração fulgurante do belo e a comoção mística – que faz com que o amor justifique qualquer falta – atingem o ápice no poema. O final de *Tristão e*

---

[5] A lenda é de origem céltica e foi trabalhada por Chrétien de Troyes (c.1135-c.1183), escritor francês, autor de poemas narrativos que fixaram o modelo dos relatos medievais em torno das lendas do rei Artur. De sua versão restaram apenas alguns fragmentos, no entanto. Eilhart von Oberge deu versão alemã à tragédia. Sua versão serviu de base à obra de Gottfried von Strassburg. O poema ainda inspirou outros escritores alemães, entre eles Hans Sachs, A. W. Schlegel, August von Platen e Karl Immermann. A tragédia inspirou também a ópera homônima de Wagner.

Isolda – que acabou perdido – foi encaminhado por Ulrich von Türheim e Heinrich von Freiberg anos mais tarde.

No âmbito da lírica, a influência da poesia francesa e provençal foi decisiva no desenvolvimento da poesia medieval alemã. A poesia francesa e provençal é, inclusive, o ponto de partida do *Minnesang*. O maior representante dos *Minnesänger* – os poetas-trovadores do *Minnesang* – foi Walther von der Vogelweide.

Walther von der Vogelweide

Depois do nascimento, em 1170 – em lugar incerto e não sabido –, Walther von der Vogelweide passou a infância em Viena, na Áustria, onde foi educado e conheceu as primeiras letras. Em seguida – e depois de morto seu benfeitor, o Conde Frederico I da Áustria – Walther passou boa parte de sua vida servindo aos Staufer. Morreu, ao que tudo indica, em Würzburg, por volta de 1230.

A obra de Walther von der Vogelweide inclui máximas e epigramas, além das canções de amor, políticas e religiosas. Só isso já o destacaria entre os líricos de seu tempo. Mas há mais! Além de ser o primeiro poeta de traços políticos da história da literatura em língua alemã, Walther foi o maior dentre os líricos de seu tempo. Ele ampliou as fronteiras do *Minnesang*. Mesmo no campo restrito da poesia cortesã – e do "amor cortês" – chegou a pregar o amor natural em certos trechos de suas canções.

Com sua poesia religiosa, Walther não vacilou em criticar a política papal dizendo: "O pastor tornou-se lobo!", posicionando-se a favor de um império forte depois do assassinato do rei Filipe, da dinastia dos Staufer. Sua poesia política – de tom sentencioso – é ousada, e suas máximas e epigramas são marcados por uma ironia adiantada em relação à época.

Os espasmos da Idade Média

Entre os séculos XIV e XV, uma seqüência de agitações religiosas sacudiu os principados alemães. Com o fim da dinastia dos Staufer e a insegurança dos novos tempos, a literatura alemã limitou-se à práxis religiosa. O rol de experiências e vivências anímicas fez com que os místicos, principais representantes letrados do período – o mais conhecido deles foi o frade dominicano Meister Eckhart (c. 1260-1327) –, distendessem a língua alemã em seu vocabulário espiritual-anímico, tornando-a uma das mais ricas do mundo nesse âmbito. Se literariamente foi produzida pouca coisa de valor, lingüisticamente o alemão atingiria uma pujança que viria a ser decisiva na formação filosófica e literária da nação. Pouco mais tarde, os conflitos reli-

A ARTE DO COMBATE

giosos desembocariam na Reforma e acarretariam – por fim – o declínio da produção literária "ilustrada" e "poética" em favor de uma literatura limitada aos aspectos confessionais.

A paulatina substituição dos escritores aristocráticos por indivíduos procedentes da burguesia artesanal – conhecidos como *Meistersinger*, ou mestrescantores – seria outra das características dos novos tempos. Tanto que o teatro e a prosa da época tiveram suas melhores expressões nas farsas e narrativas de tema popular. O vigor poético dessas obras estava anos-luz à frente da tibieza açucarada – e ao mesmo tempo condenatória – das obras religiosas.

Os relatos em torno do mui afamado Till Eulenspiegel – espécie de antecipação do herói pícaro – eram os mais apreciados da época. As aventuras de Eulenspiegel espelham a astúcia popular diante do poder dos burgueses e nobres[6]. De origem camponesa baixo-saxã, Eulenspiegel teria nascido em Braunschweig e falecido em Lübeck, em 1350. O livro popular que conta suas aventuras e desventuras foi publicado em Estrasburgo no ano de 1515, baseado numa versão da Baixa-Saxônia, escrita por volta de 1480. Movido pelo humor, Eulenspiegel dinamita a ordem burguesa a partir de baixo e se expressa sempre de modo dúbio, tomando à risca o que é dito metaforicamente e tratando com baixeza aqueles que se consideram grandes. Marcado pela escatologia, já aos três anos Eulespiegel – quando sentado às costas do pai sobre o cavalo – baixava as calças mostrando o traseiro ao mundo. O "herói" luta contra os dogmas e o terror da Igreja, atende sem o menor pudor aos desejos da carne e faz galhofa com a soberba da nobreza. Eulenspiegel adquire profundidade filosófica ao iluminar e esclarecer os aspectos conotativos da conveniência e da aparência que dominam a linguagem cotidiana.

O *Fausto*

Da mesma estirpe do *Eulenspiegel* – e também um "livro popular" –, a *História do Doutor Fausto* foi editada em 1587 por Johann Spies. O "livro popular" (Volksbuch) acerca do homem que vendeu sua alma ao diabo proporcionaria à literatura alemã – e à literatura universal também – um tema dos mais profícuos.

No "livro popular", Fausto nasce filho de camponeses e faz brilhantes estudos universitários de Teologia e Medicina (no que se assemelha ao

---

[6] Eulenspiegel inspirou artistas do quilate do compositor Richard Strauss e do escritor Gerhart Hauptmann (1928).

Fausto de Thomas Mann). Aflito por saber pouco e querer compreender muito – e sobretudo gozar –, Fausto resolve pactuar com o demônio. O pacto prevê cinco cláusulas a serem respeitadas pelo diabo, que, em troca, impõe outras cinco cláusulas a Fausto. O pactário chega a ter a impressão de que o demo não é tão negro como o pintam, nem o inferno tão terrível como o dizem.

Com o pacto, Fausto adquire poderes sobre os animais – um touro furioso cai aos seus pés, incólume, e depois desaparece – e passa a gozar os mais finos manjares do mundo, que entram voando por sua janela. O casamento, o diabo não o recomenda, mas em compensação lhe promete todas as mulheres, uma para cada noite, sempre em figura diferente, como se a precaver o pactário do mal do hábito, que Balzac disse ser o inimigo mais façanhudo da união estável.

Depois de algum tempo, Fausto vai conhecer o terror do inferno e em seus périplos noturnos – sempre acompanhado pelo diabo – negocia vantajosamente com judeus, constrói palácios mágicos, come feno e até achincalha o papa. O último ano de seus gozos, ele o passa com Helena de Tróia, e tem com ela um filho, Justum Faustum. Antes da morte, Fausto faz de Wagner – o fâmulo e ingênuo estudante, também presente no *Fausto* de Goethe – seu herdeiro.

No final do livro, o pactário sucumbe à sua própria impiedade e é condenado para sempre. A tendência moralizante do livro é explícita. A narração é pontilhada de alertas bíblicos e exemplos críticos e tem como objetivo servir de "terrível exemplo e leal advertência" a "todos os homens soberbos, presunçosos e obstinados", segundo o próprio prefácio. A busca por um saber desligado da fé, pela "especulação com os *elementa*", só podia terminar, segundo a moral luterana, em danação e morte. E ela é terrível. O diabo atira Fausto de uma parede a outra do estúdio, na meia-noite do dia em que se esgota o prazo de 24 anos que ele recebeu para atuar com a ajuda dos ínferos. Pela manhã, os estudantes, amigos do doutor, não o encontram. Vêem apenas – e a cena é grotesca! – as paredes salpicadas de sangue, o cérebro de Fausto esmigalhado e os olhos e dentes espalhados pelo chão. Por fim, acham os restos de seu corpo, jogados sobre um monte de esterco no pátio.

Além do aspecto religioso, presente com evidência até nos alertas luteranos contra a ousadia de quem usa da magia e da nigromancia – "o pior e mais pesado pecado contra Deus e contra o mundo" –, há também um aspecto político evidente na lenda. Fausto é filho da baixa classe social dos camponeses e se destaca com brilhantismo nos altos estudos de Teologia, Magia, Astrologia e Medicina na Universidade de Würtemberg; e nasce literariamente cinqüenta anos depois do esmagamento da rebelião dos camponeses

A ARTE DO COMBATE   31

pelos príncipes, apoiados por Lutero. Assim, Fausto é o homem saído do povo que comete a *hybris* de não apenas ser contra as normas religiosas e o puritanismo da Reforma, mas também contra a organização social e política vigente e, até por isso, é castigado com a morte.

A REFORMA E O BARROCO

Entre o fim do século XV e a promulgação das teses de Lutero – que referem o início convencional da Reforma – apareceu uma série de autores que praticaram a sátira corrosiva em seus ataques à Igreja Católica. Ulrich von Hutten (1488-1523), humanista, teólogo, defensor das idéias de Lutero e declarado inimigo da Igreja romana e dos abusos do papado, foi um deles. Seus diálogos satíricos – no melhor estilo ciceroniano –, escritos por vezes em latim, outras vezes em latim e alemão, provam que von Hutten é o primeiro poeta político depois de Walther von der Vogelweide. "Eu ousei", é a frase que encabeça a obra *Uma nova canção de Ulrich von Hutten*, de 1521, e declara a guerra aos padrecos e todos os de sua espécie.

Mas o mais conhecido dos poetas da época foi Sebastian Brant, autor da alegoria satírica em versos intitulada *A nau dos insensatos* (Das Narrenschiff), de 1494. Sebastian Brant (1457-1521) nasceu em Estrasburgo – filho de um dono de pousada – e tornou-se jurista em Basiléia, na Suíça. De volta a sua cidade natal, ajudou a fundar o círculo de humanistas do Alto-Reno. *A nau dos insensatos* – ornamentada por gravuras de Dürer – é um tribunal a flagelar os vícios de seu tempo. Na condição de homem piedoso, Brant luta contra os incréus e supersticiosos, mantendo em Deus sua orientação suprema; e aí se percebe a seriedade e o fervor medievais do autor. Brant atinge a grandiosidade satírica do humanismo quando ridiculariza os insensatos com suas aulas da razão. Um descendente direto da tradição estrasburguense de Sebastian Brant seria Johann Fischart (1546-1590), um dos grandes satiristas alemães do século XVI. "Tradutor" livre de Rabelais – o *Gargantua* em sua "versão" é três vezes maior do que o original; lingüisticamente experimental e grandioso na farra –, Fischart, que era protestante, atacou com ferocidade os jesuítas – e a contra-reforma – em sua obra *A colméia* (Bienenkorb des hl. röm. Immenschwarm, 1579). O mesmo tema voltaria a ser desenvolvido em *O chapeuzinho dos jesuítas* (Jesuitenhütlein, 1580). Com o tratado *O livrinho da educação filosófica do matrimônio* (Das philosophisch Ehzuchtbüchlin, 1578), Fischart abordou um tema caro à época e presente na obra de vários autores, entre eles Erasmo, Lutero e Hutten: o casamento. Ainda que divertido, o tratado tem intenção séria. Influenciado pelas lições do já citado Erasmo e de Plutarco,

Johann Fischart vê no matrimônio – quando construído sobre o fundamento do amor – um substituto legítimo do paraíso perdido, a instância terrena mais alta e necessária, a base imprescindível de um Estado seguro e harmônico. A farra de Fischart tinha lá seus limites, pois...

Ainda que o esplendor intelectual do renascimento e seu humanismo tenham contribuído para o surgimento da Reforma, a ortodoxia religiosa luterana era radicalmente oposta à cultura renascentista meridional e seu caráter vital e homocêntrico. As imposições do luteranismo marcaram de forma decisiva a literatura alemã do século XVI, sujeitando-a a normas estritas e limitativas. A especulação filosófica, à exceção de autores influenciados pelo neoplatonismo italiano – entre eles Paracelso e Jakob Böhme –, desapareceu quase por completo, deixando espaço ao simples polemismo de ordem teológica. O melhor cultor desse gênero foi o próprio Martinho Lutero.

Na literatura, no entanto, houve algumas expressões de valor à época. O mesmo Lutero – que com sua tradução da Bíblia criaria a norma lingüística que constitui a base da língua alemã moderna – escreveria uma série de fábulas inspiradas em Esopo e daria à literatura alemã sua primeira grande compilação de provérbios, talhados artística e poeticamente.

Outro autor, o poeta e dramaturgo Hans Sachs (1494-1576) – herdeiro da tradição dos mestres-cantores – saberia dar à sua produção didática, dirigida contra as teses papais, um elevado tom literário, revitalizando as comédias de costumes. Maior entre os autores de farsas populares, rudes e grotescas que marcaram a literatura alemã do século XVI, Sachs foi também o mais conhecido representante da lírica popular alemã – não culta – da época. Além de uma quantidade imensa de poesias, Sachs escreveu mais de duzentas peças dramáticas curtas, trabalhando temas clássicos, bíblicos e medievais. Apesar de grandioso na sátira, Hans Sachs foi ignorado durante os séculos XVII e XVIII. Só voltou a ser estudado depois de Goethe ter chamado a atenção para a sua obra, num ensaio publicado em 1776 (*Hans Sachsens poetische Sendung*).

O século do barroco

No século XVII pouca coisa mudara na Alemanha. A tensão religiosa e os conflitos oriundos dela – sobretudo a devastadora Guerra dos Trinta Anos, que revolveu a Europa inteira – continuavam a ter papel preponderante, até mesmo sobre a atividade literária. Apesar disso, foi nessa época que se fixaram as bases para o brilhante ressurgimento ocorrido mais tarde, já no século XVIII.

Limitadamente religiosos e de parco valor literário, os dramas de Jacob Gretser (1562-1625) e Jacob Bidermann (1578-1639) – ambos jesuítas – são exemplares típicos do período. Seguindo a tradição do "drama escolar", de

A ARTE DO COMBATE

valor exclusivamente educativo e típico das obras anteriores de Lutero e Melanchthon – um o fundador, o outro representante da Reforma –, eles se limitam a propagandear o reino de Deus e suas benesses.

O primeiro grande escritor da época seria Martin Opitz (1597-1639). Fundador da chamada "escola silesiana", Opitz estabeleceu – com a obra *Livro do poetizar alemão* (Buch von der deutschen Poeterei) – um modelo estilístico para a literatura alemã, baseado nas tendências renascentistas francesas e italianas. Opitz escreveu o primeiro libreto de ópera em alemão com *Dafne*, obra de 1626, musicada pelo compositor Heinrich Schütz. Com a obra *O redil da ninfa Hercínia* (Schäfferey Von der Nimfen Hercinie) introduziu a poesia pastoril na literatura alemã. Apesar disso, Opitz foi muito mais mediador – também traduziu várias obras clássicas – do que poeta, e acabou conhecido pelo papel de "legislador" do barroco alemão.

Os seguidores da escola silesiana Andreas Gryphius – seu principal representante e o primeiro gênio dramático da literatura alemã –, Hofmann von Hoffmannswaldau e Johann Scheffler – místico católico, conhecido pelo pseudônimo de Angelus Silesius – introduziram maior profundidade temática à sua literatura, refletindo a influência do barroco meridional. A obra de Angelus Silesius (1624-1677) é marcada pelo conflito da separação entre Deus e o homem e confronta-se diretamente com ela. Nos alexandrinos epigramáticos de *Peregrino querubínico* (Cherubinischer Wandersmann), obra divulgada e conhecida em toda a Europa, Silesius descreve a experiência mística – e ademais descabelada – de ser "um e único ser" unido a Deus pela alma. Outro silesiano – Friedrich von Logau – seria o mestre do epigrama barroco e um dos grandes combatentes na guerra da arte alemã.

Porém o grande escritor da época barroca alemã não foi um lírico, mas um prosador: Grimmelshausen, autor do romance sobre a vida de *Simplício Simplicíssimo*. A profundidade filosófica da obra de Grimmelshausen – influenciada pela literatura picaresca espanhola – é realçada pela viva descrição dos horrores da Guerra dos Trinta Anos, na qual o autor tomou parte. Na mesma linha – e um pouco mais tarde – Christian Reuter (1665-c.1712) parodiaria o "romance de aventuras" em sua obra *Schelmuffski*, de 1696.

O último representante do barroco na Alemanha seria Johann Christian Günther, poeta tardio da escola silesiana de Opitz. Lírico genial, Günther foi o legítimo precursor do romantismo, ao levar a cabo uma poesia inovadora, afirmada sobre o próprio "eu" lírico do poeta.

I

MARTINHO
LUTERO

1

LUTERO *fabulista*
O galo e a pérola

Um galo ciscava no esterco quando encontrou, de repente, uma valiosa pérola. Assim que a viu em meio aos excrementos, o galo falou: "Vejam só, que coisa fina que és; e estás deitada aí, em estado tão lamentável. Se um homem de negócios te encontrasse ficaria tão feliz contigo... e haverias de alcançar grandes honras. Mas para mim não tens – e eu também não tenho para ti – a menor utilidade. Eu me contento com qualquer grãozinho ou vermezinho, mas deixo de lado as pérolas. Portanto, fique aí mesmo onde estás".

MORAL

A fábula ensina que este livrinho não tem valor para os tabaréus e pessoas grosseiras, que desprezam todas as manifestações de arte e sabedoria.

COMENTÁRIO

Martin Luther, ou Martinho LUTERO (1483-1546), nasceu e morreu em Eisleben, na Saxônia. Filho de um mineiro – que chegou a se tornar conselheiro da pequena cidade de Mansfeld –, Lutero cresceu em ambiente religioso, de rigorosa disciplina. Depois de estudar em Magdeburgo e Eisenach, ingressou na Universidade de Erfurt, onde obteve o grau de Mestre em Artes em 1505. Em seguida, Lutero decidiu seguir a vida religiosa e solicitou sua admissão na ordem dos eremitas agostinianos de Erfurt.

A ARTE DO COMBATE

Após estudar Teologia durante dois anos, Lutero ordenou-se em 1507 e prosseguiu sua formação na Universidade de Wittenberg. Lá recebeu a proteção do sábio vigário-geral dos agostinianos, Johann von Staupitz, que o enviou a Roma em 1510, para tratar de assuntos da ordem. Nessa viagem à Itália – mais decisiva que a de Goethe, quase três séculos mais tarde – Lutero ficou chocado com a frivolidade da cúria romana. Depois de doutorar-se em Teologia, em 1512, dedicou os anos seguintes a atividades pastorais e ao ensino de Teologia, enquanto amadurecia sua doutrina sobre a justificação pela fé, idéia fundamental do luteranismo.

A ruptura com a hierarquia católica iniciou-se em 1517... e quase por acaso. Indignado com os abusos na venda de indulgências – que permitiam a comutação parcial de penitências em troca do pagamento de uma soma em dinheiro –, Lutero afixou, na porta da igreja do castelo de Wittenberg, as 95 teses que formulara contra o sistema de indulgências. O objetivo inicial de Lutero era apenas provocar a discussão pública de alguns dos preceitos católicos, mas a repercussão das teses foi avassaladora. Os príncipes alemães mantinham relações tensas com Roma e com o imperador, e o sucesso alcançado por suas idéias encorajou Lutero a atacar, em 1518, os métodos teológicos da filosofia escolástica, apoiado por seu colaborador Philipp Melanchthon.

Decidido, Lutero envia ao papa Leão X um documento no qual sustentava que as indulgências não haviam sido instituídas por Cristo, mas pelo papado. Nesse mesmo ano, o papa chama Lutero a Roma e acusa-o de heresia; mas o príncipe eleitor da Saxônia Frederico III, o Sábio, alcança que Lutero seja levado a uma entrevista pessoal com um enviado do papa em Augsburgo. Ali, Lutero nega-se a retratar-se e, de quebra, abjura a autoridade divina do papa. Ante sua iminente excomunhão, o teólogo decide registrar suas opiniões por escrito e redige, em 1520, os três célebres tratados que estabeleceram a base do luteranismo e o início da Reforma. Os títulos: *À nobreza cristã da nação alemã* (An den christlichen Adel deutscher Nation), *Da servidão babilônica da Igreja* (De captivitate Babylonica ecclesiae praeludium) – escritos em latim e dirigidos a clérigos e intelectuais – e *Da liberdade de um homem cristão* (Von der Freiheit eines Christenmenschen), escrito em alemão e dirigido ao público leigo.

Nesses três tratados, Lutero afirma a salvação do homem apenas pela fé, nega o poder papal e exorta à livre interpretação das Sagradas Escrituras, a única autoridade admitida pelo pensador. A comunidade cristã constituiria a "igreja invisível" unida pela fé e, no aspecto temporal, estaria submetida ao poder dos príncipes, instituído por Deus. Essa tese – pouco racional e ademais ridícula – foi confirmada pela atitude conservadora de Lutero ao apoiar os príncipes contra a revolta – ainda mais protestante e justa – dos camponeses reformadores. Em 1521, Lutero se recusa mais uma vez à retratação perante a Dieta de Worms e, no mesmo ano, é excomungado.

Escondido no castelo de Wartburg, perto de Eisenach – sob o manto de Frederico III –, Lutero inicia a tradução da Bíblia para o alemão. Em 1525, casa-se com a ex-freira Katherina von Bora e – conseqüente e oportunistamente – rejeita a imposição do celibato aos clérigos.

Enquanto isso, na segunda Dieta de Speyer, em 1529, é aprovado um decreto que aumenta a pressão dos estados católicos sobre Lutero e seus seguidores. O protesto contra essa situação criou a denominação "protestantes", pela qual os luteranos vieram a se tornar conhecidos.

Dos escritos de Lutero – sobretudo do *Pequeno catecismo* (Kleiner Katechismus) e do *Grande catecismo* (Grosser Katechismus), ambos publicados em 1529 –, Melanchthon extraiu o material para a *Confissão de Augsburgo* (Augsburger Konfession), de 1530, a primeira declaração de fé do luteranismo. Entre 1531 e 1545, Lutero deixou a direção do movimento reformador nas mãos de Melanchthon e retirou-se para sua cátedra de Wittenberg. Em 1534, concluiu a tradução completa da Bíblia, que, junto com suas coleções de hinos e salmos, desempenhou papel fundamental na fixação da língua alemã. Os próprios fundamentos lingüísticos do alemão moderno foram dados pela tradução da Bíblia elaborada por Lutero, o primeiro – e aliás grandioso – documento da literatura alemã moderna.

Apesar de gravemente doente, Lutero ainda escreveria diversos textos polêmicos, entre os quais *Dos concílios e das igrejas* (Von den Conciliis und Kirchen), de 1539. Depois de sua morte, agravaram-se as dissensões entre as igrejas protestantes e inclusive dentro do próprio luteranismo. A figura de Lutero permaneceu, porém, sendo a do grande inspirador da Reforma.

2

Outra fábula LUTERIANA
O asno e o leão

Certo dia o asno foi dominado pela jactância e, ao encontrar um leão, cumprimentou-o de maneira desdenhosa: "Cordiais saudações, mano leão!". O leão aborreceu-se com o desdém do cumprimento, mas pensou consigo mesmo: "Por que eu haveria de ir à forra contra esse velhaco? Poderia ralhar com ele, até fazê-lo em pedaços, mas isso está abaixo da minha honra. Melhor deixá-lo ir embora, o palhaço".

MORAL

Hoc scio pro certo, quod si cum stercore certo
Vinco vel vincor, semper ego maculator.[7]
Quem com o esterco se mete
Perca ou ganhe, sairá na merda.

---

[7] Lutero fazia uso constante do latim em seus escritos. Numa tradução *ipsis verbis* (que o autor não faz, seja dito), teríamos algo como: "Sei por certo que se com o esterco luto / Vencedor ou vencido, acabo sempre sujo".

COMENTÁRIO

Defensor da idéia de que o perdão divino é um dom a ser aceito e não um prêmio a ser conquistado, Martinho Lutero liderou a Reforma, movimento religioso que, nas primeiras décadas do século XVI, levou à fundação do protestantismo.

Mais do que um religioso, no entanto, Lutero era um pedagogo, um educador. E a fábula – gênero que ele praticou durante a vida inteira – era um instrumento dos mais eficazes no sentido de "formar o caráter" e "aguçar o juízo", conforme viria a ser constatado também por Lessing – outro educador da pátria alemã – dois séculos mais tarde.

As primeiras fábulas de que se tem notícia são as fábulas orientais, que passaram da Índia para a China, daí à Pérsia, e terminaram na Grécia de Esopo. No Oriente, a moralidade era o aspecto fundamental da fábula e ela foi usada desde logo como veículo de doutrinação budista. O *Pantchatantra*, escrito em sânscrito, chegou ao Ocidente por meio de uma tradução árabe do século VIII, conhecida pelo título de *Fábulas de Bidpay*, mais tarde retraduzida do árabe para várias línguas.

Esopo, fabulista grego de existência duvidosa – a quem se atribuem as fábulas reunidas por Demétrio de Falero no século IV a.C. –, teria sido uma espécie de orador popular, um contador de histórias disposto a convencer seus ouvintes a agirem de acordo com o bom senso. Fedro, o fabulista latino, foi o grande inovador formal da fábula e deu forma literária ao gênero. Escritas em versos, as histórias de Fedro são sátiras amargas aos costumes e pessoas de seu tempo.

Lutero foi um dos primeiros – se não o primeiro – escritores em língua alemã a trabalhar com a fábula. Recriou as fábulas de Esopo – criticando a tradução feita pelo humanista Steinhöwel anos antes – e dava suma importância a seu trabalho. Já conhecia o fabulista grego desde a época em que era estudante e chegou a decorá-lo, inclusive. Ademais, Lutero considerava as fábulas de Esopo o maior livro depois da Bíblia. O teólogo dizia que as fábulas eram escritas porque todos os homens odiavam a verdade, sobretudo na medida em que ela dizia respeito a eles, de modo que essa verdade tinha de ser disfarçada na tintura da fábula e dita pela "boca das bestas", capazes de declarar aquilo que os homens não ousariam falar.

As fábulas de Lutero foram publicadas pela primeira vez em 1557. Os teólogos sempre fizeram questão de esconder essa faceta do "reformador", ainda que Lutero tenha usado motivos fabulistas em boa parte de seus escritos e discursos e ilustrado muitos de seus sermões com elas.

Na fábula anterior, fica patente o gosto de Lutero pela escatologia, que em seus provérbios é ainda mais pronunciado.

De mais a mais, tenho a certeza de que, dentre outras virtudes, essa fábula fará com que alguns de meus desafetos – entre eles um padeiro das letras, que na verdade é apenas um mascate de seus próprios livros – entendam por que jamais discuti publicamente com eles. Quem com o esterco se mete... Quanto ao perdão – fulcro da doutrina de Lutero –, não me considero Deus e portanto não serei obrigado a conceder a maior dentre as dádivas divinas aos referidos desafetos, ainda que eles estejam – e eu apelo a Heine – tão abaixo de mim quanto eu estou abaixo de Deus.

3

LUTERO *em provérbios*

Bons nadadores se afogam com freqüência.

Quem mete o nariz em todos os cantos, acaba batendo a cara muitas vezes.

Em águas grandes a gente pesca peixes grandes, em águas pequenas, peixes pequenos.

A gente conhece o pássaro através das penas.

A brincadeira do gato é a morte do rato.

Quando é um cão velho que late, é bom verificar o que está acontecendo.

Cão que late muito não morde.

Quem não sabe cavalgar, que vá a pé.

Não é pelo fato de a ovelha estar marcada que o lobo deixa de devorá-la.

Quem quiser morar com os lobos, tem de uivar com eles.

COMENTÁRIO

Disseminado o protestantismo, começaram a se fazer notar as primeiras divergências entre seus seguidores e a doutrina de Lutero. O primeiro foi o suíço Huldrych Zwingli, que discordou de Lutero na conferência realizada em 1529, principalmente quanto aos sacramentos, aceitando – por exemplo – o caráter simbólico da eucaristia e das palavras ditas por Cristo – segundo o catolicismo –: "este é o meu corpo".

Embora protestante – e portanto antiortodoxo –, Lutero logo teve de defender a necessidade da ortodoxia e da disciplina a fim de controlar os apóstatas e manter uma igreja una. Thomas Münzer, reformista de idéias revolucionárias e radicais – de outra parte – estava decidido a levar o protestantismo ao extremo, criando comunidades sem culto nem sacerdotes e instigando os camponeses alemães à sublevação. Radicais sobretudo nas regiões da Suábia e da Francônia, os revolucionários lutavam contra as desigualdades sociais e econômicas originadas pelo sistema feudalista alemão e colocavam os interesses da coletividade acima da autoridade individual. Conscientes da ameaça, os príncipes reprimiram a revolta de maneira dura e sangrenta, contando com a aprovação incondicional de Lutero. Monge e teólogo, Münzer havia aderido à Reforma já em 1519. Comandou um dos exércitos naquela que ficou conhecida como a "Guerra dos Camponeses", mas acabou sendo derrotado e morto em Frankenhausen. A guerra é analisada com primor por Friedrich Engels em sua obra *A guerra dos camponeses alemães* (Der deutsche Bauernkrieg, 1850).

Voltando aos aspectos literários, Lutero valorizava a fábula, mas também cultivava o provérbio. Dizia que a maior virtude do gênero proverbial era sua potência pedagógica e a capacidade de refletir a experiência da vida. Lutero creditava tanta importância aos provérbios que chegou a dizer que o diabo – referência eterna em sua vida e sua obra – era o maior inimigo dos provérbios.

Unindo a capacidade do gênero à plasticidade estilística do autor, chegaremos à síntese do provérbio luteriano: breve na forma e taxativo no conteúdo. Alguns dos provérbios coletados e escritos por Lutero ainda na primeira metade do século XIV chegaram a se universalizar e hoje são mundialmente conhecidos. Acima temos alguns exemplos, mas há outros, ainda mais conhecidos: "Águas paradas são fundas." / "Um bom conselho jamais chega tarde." / "Longe dos olhos, longe do coração." / "Quem não zela pelo fênigue, jamais será dono de um florim."[8] Entre outros.

4

LUTERO *em provérbios escatológicos*

Os animais no estábulo assemelham-se ao hospedeiro, disse o diabo, e matou uma mosca assentada sobre a bunda de sua mãe.

O que seria do esterco se ele não fedesse.

Podes ver no berço quando a criança se cagou.

Isso dá certo como mijar contra o vento.

Sonhos são mentiras. Quem caga na cama sente o que é a verdade.

Raras são as vezes em que um cu receoso larga um peido alegre.

É maldade contar o dinheiro de um bolso vazio.

Eu o tenho na mente, quem dera o tivesse no bolso.

Quem é o dono da vaca, que a segure pelo rabo.

COMENTÁRIO

O provérbio é o dito instantâneo da sabedoria popular, o produto literário imediato de um povo. Ele cultiva a vida, ilumina o comum. Consola e adverte no jogo alegre de uma imagem, muitas vezes afiada, sempre esclarecedora. Essa arte popular é um tesouro – peculiar – de todas as nações. Tanto que Goethe chegou

---

[8] Descontextualizando a situação teríamos: "Quem não zela pelo centavo jamais será dono de um real". O que soa irônico, até mesmo, pela dubiedade da palavra-moeda "real".

40 MARCELO BACKES

a dizer em versos: "o provérbio caracteriza as nações, mas antes disso tem de morar na casa delas!".

A riqueza dos provérbios de Lutero é imensa, qualitativa e quantitativamente. O reformador chegava a ilustrar suas recriações das fábulas de Esopo com provérbios de lavra pessoal... e todos seus escritos são abundantes em provérbios.

Lutero caracterizou-se a si mesmo várias vezes como bufão, louco – *Narr* em alemão –, sobretudo ao citar a passagem da Primeira Epístola de São Paulo aos Coríntios (cap. III, vers. 18): "Aquele que quiser ser sábio, terá de se tornar louco". E alguns dos provérbios de Lutero são de fato loucos: crus, viscerais, escatológicos, rabelaisianos antes de Rabelais. Os provérbios de Lutero teriam sido publicados logo depois de suas fábulas, em 1530, e o primeiro volume acerca de *Pantagruel,* escrito por Rabelais – que depois viria a se tornar a segunda parte da epopéia heróico-cômica de Gargantua e Pantagruel –, apareceria apenas em 1532. O segundo – que conta a vida de Gargantua, o pai de Pantagruel, e serviria de primeira parte à epopéia – surgiria apenas dois anos mais tarde, em 1534.

O bom gosto do alto-alemão luterano – bem diferente do alto-alemão contemporâneo –, às vezes misturado ao latim predicante, apenas realça o vigor dos provérbios e a força pedagógica de suas fábulas. Lutero não sente nenhum pudor de ordem escatológica – mais em seus provérbios do que em suas fábulas – e chega a afirmar a realidade através da escatologia. O sabor realista de alguns de seus ditos é marcante e acerta em cheio o bugio saltitante da fantasia.

Aos meus inimigos – mencionados e apenas insinuados; bois de nome, bois sem nome – resta o alerta de que não venham a mijar contra o vento numa crítica, pois a brincadeira do gato é a morte do rato e – lembrando um dito gaudério – "se dou um boi para não entrar em peleia, dou uma tropa para não sair...".

II

FRIEDRICH VON
LOGAU

5

Triunfo imundo

Quem com o esterco se põe a brigar,
Valente, audaz, pode até ganhar,
Ao fim, porém, logra apenas catingar.

A arte de medir

Comprimento e largura,
Altura, até a fundura
De tudo se pode medir.
Sobre os outros inquirir,
Ora, é importante demais!
O auto-exame fica pra trás.

COMENTÁRIO

Friedrich von Logau (1604-1655) nasceu em Brockruth, na Silésia, e morreu em Liegnitz, na mesma região. Filho de um proprietário de quinta, estudou Direito em Frankfurt sobre o Oder. Depois dos estudos, Logau assumiu a administração dos bens da família, passando a conselheiro jurídico do Conde de Brieg mais tarde.

Conhecido em vida pelo pseudônimo anagramático de Salomon von Golau, Logau destacou-se desde logo com seus poemas satírico-épicos, os melhores produzidos na lírica alemã da época da Guerra dos Trinta Anos.

Mas Logau se destacaria de fato no epigrama, gênero em que foi dos maiores – quantitativa e qualitativamente – da literatura alemã. O epigrama – que em grego significa tanto quanto "inscrição" – tem longa história. Remonta à Grécia antiga e sua forma mais conhecida é a do dístico. No princípio era apenas uma legenda

42   MARCELO BACKES

gravada em pedra, para louvar a memória de um grande ou enaltecer o feito de um vulto.

A primeira coletânea literária de epigramas foi publicada por Meleagro, nos anos 80 antes de Cristo. Os 47 poetas compilados já evidenciavam a maior característica objetiva do gênero: atacar os inimigos. A obra se perdeu, mas serviu de base para a coletânea de Constantino Céfalas – religioso bizantino –, no século X depois de Cristo, e esta para a *Anthologia graeca*, publicada dez anos depois, com cerca de 3700 epigramas de 320 autores.

Os romanos deram feição satírica ao epigrama, sobretudo através de Catulo.

O grande poeta do epigrama, contudo, seria Marcial, no primeiro século da era cristã[9]. Nascido na Espanha, o poeta latino transformaria o epigrama em arma, atacando privada e publicamente por meio dele. Reunidos, os epigramas de Marcial alcançam um número considerável de catorze volumes.

No renascimento o gênero foi renovado, variando além do dístico, sobretudo através dos epigramas do inglês John Owen. Depois de Owen o epigrama se espalharia pela Europa. Na Espanha do *siglo del oro*, o epigrama serviu de arma a Lope de Vega, Quevedo e Góngora. Na França, foi cultivado por Boileau, Voltaire e La Rochefoucauld, entre outros. Na Inglaterra, Ben Jonson seguiu o trabalho de Owen. John Dryden, Alexander Pope e Jonathan Swift seriam os grandes nomes do moderno epigrama inglês, firmando uma tradição que continuaria com Coleridge, Oscar Wilde e Bernard Shaw. Em Portugal, o epigramista mais famoso foi Bocage[10].

Se poetas do vulto de Goethe e Schiller escreveram seus epigramas, o epigramista mais famoso da Alemanha foi Friedrich von Logau. Redescoberto por Lessing apenas em 1759, Logau foi festejado desde logo como um dos grandes autores do barroco e passou a ser invocado como o "Catulo alemão", ou o "Marcial germânico".

E a qualidade dos epigramas de Logau – reunidos em *Três mil epigramas alemães* (Deutscher Sinn-Gedichte drey Tausend, 1654) – é de fato surpreendente e equiparável aos melhores epigramas de Gryphius, por exemplo. Apesar de algumas marcas conservadoras, os epigramas de Logau testemunham o vigor – e a existência – da crítica alemã durante o barroco. De modo geral, eles são pautados tematicamente pela luta contra a intolerância, a injustiça social, os vícios feudais e a hipocrisia dos cidadãos da época.

---

[9] Vá lá, pois, um epigrama de Marcial, a título de xênio. Ele é sumamente representativo do gênero, em seu laconismo agudo e sarcástico: *"Quinto ama Taís. Que Taís? A caolha. / Taís é cega de um olho, ele dos dois". (Thaida Quintus amat. Quam Thaida? Thaida luscam. / Unum oculum Thais non habet, ille duos.)*

[10] No Brasil, o epigrama alcançou pouca divulgação, apesar da presença de Bocage. Ele pode ser vislumbrado – um pouco débil e difuso, é verdade – nas *Máximas, pensamentos e reflexões* do Marquês de Maricá.

III

ANDREAS
GRYPHIUS

6

A Celer, o poeta

Oh, e tu te gabas de fazer cem versos
Enquanto me esfalfo fazendo três!
Ora, o carvalho demora séculos,
A abóbora cresce em menos de um mês.

A Bav, outro poeta

Bav se gaba
De que o mundo inteiro lê suas linhas,
Bav pensa que
O mundo são duas cidades vizinhas.

COMENTÁRIO

Andreas GRYPHIUS (1616-1664) foi o principal representante da literatura barroca alemã. Autor de sonetos, odes, tragédias e comédias, Gryphius expressou-se sempre com altissonância.

Filho de um pastor luterano, Gryphius perdeu o pai aos cinco anos e a mãe aos onze. Foi educado no catolicismo e estudou em Görlitz. Aos 17 anos entrou na universidade, em Danzig, e depois passou a trabalhar na condição de preceptor no castelo silesiano do Conde de Schönborn.

Junto aos filhos de seu senhor, viajou pela Europa inteira. Em Leiden, na Holanda, permaneceu durante alguns anos, aproveitando a intensa vida universitária da cidade e atuando na condição de professor. Foi em Leiden que Gryphius publicou suas primeiras odes, em 1643, e – no mesmo ano – seus primeiros epigramas.

Depois de conhecer Corneille e Molière em Paris e o fulgor da ópera na Itália,

Gryphius voltou à pátria alemã. *Cardênio e Celinde* é a sua obra-prima teatral. Ao mesmo tempo que apresenta todos os fundamentos e conquistas da época, a peça já anuncia alguns elementos típicos da tragédia burguesa – estabelecida por Lessing –, transcendendo o barroco e caracterizando-se como uma de suas peças menos convencionais e mais surpreendentes.

Além do drama, Gryphius também se destacaria no soneto alexandrino, na ode – de feição pindárica – e no epigrama.

Os epigramas aqui traduzidos mostram um autor um pouco distante da atividade eminentemente cristã – é incontável o número de seus poemas ao nascimento, vida, morte e ressurreição de Jesus Cristo, bem como a constância da temática evangélica e cristã – e de repente agressivo e combativo ao tratar de seus adversários.

Com seus epigramas, Gryphius prova que Opitz – o pai da escola silesiana à qual ele também pertencia – tinha toda a razão do mundo ao apelidar o gênero de "sátira curta".

O caráter eterno e universal dos epigramas de Gryphius fica provado na medida em que no distante Rio Grande do Sul de hoje, por exemplo, há um poeta mundial – no sentido "baviano" da palavra – em cada esquina. Ora, poetas! Eles dão mais do que abóbora em roça nova...

IV

H. J. C. VON
GRIMMELSHAUSEN

Z

A origem da precaução

Simplicíssimo gostava de dizer que todas as virtudes tinham uma origem digna de louvor. Apenas a precaução era filha da desconfiança, mãe infame, e do temor, pai abominável.

COMENTÁRIO

Hans Jakob Christoffel von GRIMMELSHAUSEN (c. 1621-1676) nasceu em Gelnhausen, perto de Frankfurt, e faleceu em Renchen, Baden. Participou da Guerra dos Trinta Anos e depois exerceu as mais diversas atividades: foi dragão do imperador, secretário de regimento e coletor de impostos. Começou a escrever apenas aos 40 anos.

Grimmelshausen foi o maior narrador alemão do século XVII. Com uma notável combinação de realismo, sátira e fantasia, deu à literatura de sua língua o primeiro grande romance no sentido moderno da palavra: *O aventureiro Simplício Simplicíssimo* (Der Abenteuerliche Simplicius Simplicissimus). A obra é nitidamente influenciada pelo romance picaresco espanhol do século XVI e oferece uma visão cáustica da sociedade alemã durante a Guerra dos Trinta Anos. A evolução do protagonista ao longo de uma série de aventuras – que bailam entre o cruel e o grotesco – proporciona ao autor o veículo adequado para denunciar os abusos dos poderosos e meditar profundamente acerca da natureza humana. A autoria do livro, publicado apenas com as iniciais HJCVG, seria reconhecida apenas em 1837.

Além do *Simplicissimus*, Grimmelshausen escreveu uma série de outras obras típicas do gênero picaresco. Uma delas foi *A pícara Coragem* (Die Lanstörtzerin Courage, 1669) –, novela que inspirou a peça de Brecht, *A mãe Coragem e seus filhos* – e *O ninho maravilhoso* (Das wunderbarliche Vogelnest, 1672). Além dessas obras, Grimmelshausen publicou vários escritos satíricos, entre eles *Do calendário sempre-eterno* (Aus dem ewig-währenden Calender), do qual foi extraído o excerto acima.

A capacidade imaginativa do autor e a alegria com que delineava o colorido da existência eram unidas à crítica – plena de sátira – a um mundo regido pela aparência e dominado pela deterioração moral. O maior dos objetivos de Grimmelshausen era instruir, formar. E ele o fez de maneira lúdica, despertando curiosidade, arrancando atenção, com suas narrativas multicoloridas – por vezes drásticas, por vezes grotescas –, sem jamais abrir mão de seu estilo simples e divertido.

Quanto à precaução? Às favas com ela...

V

CHRISTIAN HOFMANN VON
HOFFMANNSWALDAU

8

EPITÁFIO

De um escravo

Na vida fui servo / na morte sou livre /
O fio do ocaso arrebentou meu grilhão;
Cadeias não mancham / conhecia meu nível
Quis liberdade, morri servo sob pressão.

COMENTÁRIO

Christian Hofmann von HOFFMANNSWALDAU (1617-1679) nasceu e morreu em Breslau, na Silésia. Estudou em Danzig, cursou a Universidade em Leiden, na Holanda, retornando a Breslau depois de uma série de viagens pela Europa.

Hoffmannswaldau era um homem universal e não titubeava em medir sua poesia com a dos contemporâneos italianos – Marino, sobretudo – e franceses, aceitando a influência do marinismo[11]. Foi o responsável pela universalização da lírica alemã da época, inclusive pelo fato de traduzir grandes autores da lírica mundial, entre eles Guarini – poeta pastoril italiano – e seu *Pastor Fido*. As poesias de Hoffmannswaldau nasceram sem a intenção de se tornarem livro e foram concebidas para a diversão – e /ou homenagem – do círculo fechado de seus amigos. Por longo tempo elas existiram apenas em manuscrito e o autor só foi preparar uma

---

[11] A escola do já referido Giambattista Marino. O estilo poético exerceu profunda influência na literatura européia do século XVII. O marinismo é o equivalente italiano do eufuísmo inglês, do gongorismo espanhol e do preciosismo francês.

coletânea livresca de seus versos depois de alcançar sucesso como tradutor. Após sua morte, Hoffmannswaldau foi cognominado "o grande Pã" da literatura tedesca.

Ainda que pertença ao barroco tardio – caracterizado por sua visão de mundo plena de gravidade –, a poesia de Hoffmannswaldau é marcada por uma sensualidade opulenta, distante do pensamento barroco. Inspirado em Ovídio, Hoffmannswaldau escreveu poesia erótica e várias "cartas heróicas" – publicadas em 1679 –, além de uma série de poemas acerca da fugacidade do tempo.

A série de *Epitáfios* é de 1663 e assinala a estréia – tardia, em livro – de Hoffmannswaldau na lírica.

VI

JOHANN CHRISTIAN
GÜNTHER

2

A um teólogo

Grimoni, de quem fogem Deus e os sábios,
Espalha por aí, sem cansar de abrir os lábios,
Que só sei mesmo é trabalhar na roça,
Ora, acredite quem quiser na sua troça.
Sempre pensei ser capaz de fazer bem mais.
O quê? Agüentar o imbecil e seus ais.

Uma mulher e um livro

Dizem que uma mulher e um livro
Podem nos dar a mesma alegria;
Mas quem haverá de achar prazer,
Em se deitar sobre um livro todo dia?

COMENTÁRIO

Johann Christian GÜNTHER (1695-1723) viveu na transição entre o barroco e o romantismo, movimento do qual foi precursor, sobretudo ao emancipar o "eu" dentro da poesia alemã. Sua única obra foi publicada um ano após sua morte e reuniu a produção de sua vida inteira.

Günther foi o último representante da famosa escola silesiana de Martin Opitz. Filho de um médico de Striegau, estudou Medicina, mas logo na adolescência escreveu suas primeiras comédias, encenadas em grupo nas vizinhanças. Quando um dia lhe disseram que um homem pobre como ele jamais lograria progredir usando apenas as muletas do estudo, Günther foi tomado pela amargura e jurou a céus e

50   Marcelo Backes

terra que sua vida provaria o contrário. Depois de um período de miséria em Leipzig – durante o período de estudante –, Günther já se destacava nos círculos literários com suas "poesias de ocasião", gênero no qual foi mestre. O amor por Lenore Jachmann, seis anos mais velha do que ele – a Lenore de suas poesias –, anteciparia o grande amor entre Hölderlin e Diotima, imitando Petrarca e Laura, Dante e Beatriz, poetas aos quais Günther chegou a se comparar em vários de seus poemas.

Em 1718, Günther escreveu uma ode pindárica a Eugênio, príncipe de Savóia. A obra lhe abriu definitivamente as portas da fama poética e tornou-se uma das obras-primas do gênero. Mas se Günther foi sublime na ode, foi ainda melhor na poesia satírica, sobretudo na de brevidade epigramática.

A sátira do primeiro grande poeta alemão que sucumbiu ante a força do próprio "eu" é afiada, ocupa-se de fatos reais e serve à defesa do poeta contra seus opositores, entre eles o jornalista e advogado Theodor Krause e o padre G. Minor (referido sob o anagrama de Grimoni no primeiro dos poemas acima), além dos acadêmicos que lhe atravancavam o caminho. Em alguns casos a sátira de Günther chega a adquirir feições cruéis e grotescas, especialmente quando assume características "coisificantes" (conforme o segundo dos poemas aqui traduzidos), extremas e cruas, plenas de humor e crítica e avançadíssimas no âmbito da lírica da época. Gryphius, por exemplo, ainda que manifestasse alguns impulsos de personalismo, era todo "Deus e harmonia". Em Günther, a vida é retratada na poesia e a poesia é vida. Com a lâmina de sua sátira, o poeta buscou romper a rede das calúnias – clericais, jornalísticas e acadêmicas – que ameaçavam sufocar seu "eu", sua arte e sua vida. Seus poemas estão tão distantes do estilo empolado do barroco e são tão cheios de paixão subjetiva que fazem de Günther o grande precursor da poesia romântica alemã.

Antecipando Heine, Günther parecia escrever apenas quando se sentia pessoalmente afligido e só movia a pena quando o mundo – ou alguém dentro dele – tocava seus sentimentos. Ou para se defender, ou para elogiar, ou para agredir. Admirado por Goethe, criticado por Gottsched – o que depõe a seu favor, fique claro! – e louvado por Lessing, Günther soube trabalhar com primor a influência dos grandes poetas latinos, sobretudo de Ovídio, Horácio – a quem admirava de modo especial – e Juvenal, o mestre da sátira.

O ILUMINISMO DO SÉCULO XVIII

"O que é iluminismo?", pergunta Kant secamente em 1784.
E ele mesmo responde:
"A libertação da crendice".
A partir de então, a coroa da teologia – que já se encontrava a perigo desde a renascença – passa a estar na iminência da queda.

Ainda que muitos tenham fincado a estaca do princípio do iluminismo alemão em Leibniz, reconhecendo no filósofo o introdutor das tendências racionalistas na Alemanha, o "descobridor" da mônada[12] não foi mais do que apenas o padrinho que lhe deu o nome: *Aufklärung!*. O sistema universal leibniziano, que – ao cabo de contas – termina em Deus – a mais alta das mônadas –, no fundo não postula o iluminismo, não quer esclarecimento, mas preserva o "segredo universal", a mais poderosa das expressões da época barroca.

Foi a obra de Immanuel Kant, criador do idealismo transcendente, que deu o passo definitivo para a independência da filosofia e da cultura alemãs. A afirmação de que o conhecimento da realidade apenas pode ser alcançado pela imersão nas faculdades do próprio sujeito, com a conseqüente defesa do individualismo e da liberdade humana, constituiu o germe do idealismo metafísico e do romantismo que dominariam a primeira metade do século XIX.

---

[12] Do latim tardio *monade* (monas, adis < gr. monás, ádos, "único"). *Grosso modo*, cada uma das substâncias simples e de número infinito, de natureza psíquica (dotada de apercepção e apetição), e que não têm nenhuma relação umas com as outras, que se agregam harmoniosamente por predeterminação da divindade, constituindo as coisas de que a natureza se compõe.

A estética e a crítica

O século XVIII promoveu uma reação racionalista que, depois de abandonar a influência inicial dos autores ingleses e franceses, desembocou num idealismo cujo maior objetivo – e esse é um traço característico da *Aufklärung* – era combinar o individual e o universal.

No âmbito da estética, Johann Cristoph Gottsched defendeu uma norma de beleza – "beleza é ordem" – baseada no classicismo francês de Boileau. Escritor "autorizado", erudito de ofício e de privilégio, conforme Marx o classificou em "Debates sobre a liberdade de imprensa" – opondo-o a Lessing, escritor "não-autorizado"; e grandioso, na minha e na opinião do maior entre os filhos de Trier –, Gottsched era conservador até a raiz dos cabelos... a ponto de manifestar desprezo crítico em relação a um poeta singular da estatura de Johann Christian Günther. Outros dois estudiosos, os suíços Jakob Bodmer e Johann Jakob Breitinger, foram os primeiros a postular um princípio que se tornaria básico no pensamento alemão: a imaginação criadora não pode submeter-se à razão, e ambas devem complementar-se.

Mas o autor mais determinante nos novos rumos artísticos do iluminismo alemão foi Gotthold Ephraim Lessing. Em *Laocoonte*, um tratado de suma poeticidade, Lessing preconiza um classicismo que busque a adequação entre o espírito e sua expressão literária, sem se prender aos limites do formalismo.

Junto com Klopstock e Wieland – dois outros importantes autores da época –, Lessing postula, pela primeira vez na Alemanha, uma literatura de caráter próprio, livre das influências francesas de Corneille e Racine, dos quais Gottsched – por exemplo – era partidário, achando até que deveriam servir de modelo inconteste a toda tentativa de teatro alemã. Lessing mostrou-se inclemente: atacou Gottsched com violência em suas *Cartas dirigidas à nova literatura* (Briefen, die neueste Literatur betreffend, 1759-1765), negando os méritos atribuídos a Gottsched na revigoração do teatro da Alemanha e angariando, por tabela, famas de maior e mais agressivo crítico literário alemão de todos os tempos. Lessing assegurava nas mesmas *Cartas* que o caminho – se é que havia algum – era Shakespeare, e já pensava que, a partir de um teatro genuinamente nacional, poderia levar a cabo sua missão educadora e desencavar uma opinião pública favorável à unidade nacional do povo alemão.

G. C. Lichtenberg foi outro dos grandes nomes – o mais fulgurante – do iluminismo alemão. Mestre do aforismo, Lichtenberg é – até mesmo em âmbito universal – um dos mais dignos entre os célebres comensais reunidos à mesa do humor, junto com Luciano, Plutarco, Catulo, Horácio, Montaigne, Erasmo e Sterne, entre outros. Christian Fürchtegott Gellert (1715-

A ARTE DO COMBATE

1769), representante lírico do período, chegou a contribuir na consolidação da língua literária alemã. Poeta e fabulista saboroso, foi o escritor mais popular da Alemanha anterior a Schiller.

Eterno crítico do romantismo, Friedrich Nicolai (1733-1811) foi o último prelado – tardio – do iluminismo alemão. Na condição de editor e autor, esteve no centro da *Aufklärung* berlinense. A troca de cartas com Lessing, a luta comum contra o "francesismo" de Gottsched, bem como a sátira ao irracionalismo de Ludwig Tieck e seus colegas românticos, fizeram de Nicolai um dos grandes nomes do iluminismo alemão. Seus relatos de viagem têm sabor moderno e são pintalgados de humor. A paródia ao *Werther* de Goethe é carregada de sarcasmo e chega a ser incômoda em sua ousadia despropositada e absurda. No final de *As alegrias do Jovem Werther* – é esse o título da paródia de Nicolai –, Alberto manda as pistolas que Werther lhe pedira. Só que em vez de balas, a arma vai carregada com bexigas de sangue de frango... do frango que Alberto e Carlota comeriam no jantar. Pensando que arrebentou seu crânio com o tiro, Werther jaz na cama agonizante. Alberto visita-o e conta-lhe a verdade, ironizando a estupidez do romântico. O *nonsense* – de caráter intrigantemente adiantado – é avassalador... Werther percebe que não está ferido, exulta e ainda recebe caminho aberto para se casar com a Carlota amada logo em seguida. E, depois de dez meses de plenitude meio sarcástica, receber dela o primeiro filho. Heinrich von Kleist – algum tempo depois – também parodiaria o romance goetheano.

Outro representante do iluminismo na Alemanha, Christoph Martin Wieland (1733-1823), editor de *O Mercúrio alemão* – a mais influente revista literária da época –, foi o primeiro tradutor de Shakespeare para a língua alemã. Além de 22 peças do escritor inglês, Wieland traduziu as comédias de Aristófanes, os diálogos de Luciano, as sátiras de Horácio e as cartas de Cícero.

Religioso e sentimental na mocidade – e mais tarde seguidor do galante rococó francês –, Wieland desenvolveu intensa atividade literária. *Narrativas cômicas* (Komische Erzählungen, 1765), uma série de contos versificados de tom alegre e não raro obsceno, revelam um autor bem mais descontraído do que aquele dos poemas iniciais. *A história do jovem Agathon* (Die Geschichte des jungen Agathon, 1766-1767), a obra-prima de Wieland, é um dos grandes "romances de formação" da literatura alemã. A ironia serena da obra, bem como seu clima finamente erotizado, fez com que Lessing a louvasse como o primeiro e único romance digno de ser lido por uma cabeça de pensamento profundo.

A influência da obra de Wieland estendeu-se ao romantismo. O poema épico *Oberon* – fantástico e humorístico ao mesmo tempo – chega a antecipar o movimento romântico também em termos temáticos.

Karl Philipp Moritz (1756-1793), outro dos autores do período, ficou conhecido sobretudo por seu *Anton Reiser* (1785-1790), o primeiro romance "psicológico" da literatura alemã. Os estudos patológicos da alma humana empreendidos na obra, bem como a força simbólica de algumas de suas passagens, estão bem à frente de seu tempo. Visto por alto, o romance analisa as circunstâncias atormentantes do homem genial, oriundo da casta social mais baixa, em sua luta pela auto-realização; luta que por vezes o leva por caminhos tortos – caso do teatro na vida de Anton Reiser – em direção à maturidade final. O romance é, na verdade, uma autobiografia de Moritz – coisa que o próprio autor-narrador confessa no prefácio à segunda parte do livro – e, como tal, uma das maiores obras do gênero na literatura alemã. A virtude da auto-observação manifestada por Moritz é surpreendente e sua obra consegue ser – ao mesmo tempo – um dos retratos mais precisos do morredouro século XVIII.

Em seus ensaios sobre estética – entre eles o "Ensaio sobre a versificação alemã", de 1786 –, Moritz ajudou a estabelecer o classicismo de Weimar.

VII

GOTTHOLD EPHRAIM
LESSING

<u>10</u>

FÁBULAS

O avestruz

– Agora eu quero voar! – exclamou o avestruz gigantesco, e o mundo dos pássaros pôs-se em séria expectativa, reunido em volta dele. – Agora eu quero voar! – exclamou ele mais uma vez, abriu as imensas asas e disparou, semelhante a um navio de velas enfunadas, direto ao chão, sem lograr deixá-lo um passo que fosse.

Vede, pois, uma imagem poética daquelas cabeças apoéticas que nas primeiras linhas de suas odes monstruosas bravateiam com volteios cheios de orgulho, ameaçando elevar-se por sobre as nuvens e as estrelas, mas ao fim acabam sempre fiéis ao pó!

O macaco e a raposa

– Diga-me o nome de um só animal jeitoso que eu não seja capaz de imitar! – fanfarronou o macaco, dirigindo-se à raposa. A raposa, porém, limitou-se a responder: – E tu, diga-me o nome de um só animal desprezível ao qual ocorra a bobagem de te imitar.

Escritores do meu país!... Será que eu terei de ser ainda mais claro?

COMENTÁRIO

Gotthold Ephraim LESSING (1729-1781) foi o primeiro grande escritor alemão, o autor da primeira comédia realista, da primeira tragédia burguesa e da primeira tragédia realista da literatura alemã. Além disso, foi o maior e mais agressivo crítico literário de seu tempo, concedeu identidade ao teatro alemão – com o estudo crítico de Shakespeare – e foi dos maiores educadores de sua pátria. Um sábio, portanto.

Grande polemista, interessado em questões gerais de estética, Lessing abriu caminho, com sua obra, para o neoclassicismo de Goethe e Schiller.

A fábula foi apenas um entre os inúmeros gêneros dos quais Lessing se ocupou.

Durante o humanismo e o renascimento – e o nome que vem à telha é o de La Fontaine –, a fábula foi muito apreciada e exerceu à perfeição seu papel pedagógico. A peculiaridade da fábula reside, aliás, na apresentação direta das virtudes e defeitos do caráter humano, ilustrados pelo comportamento antropomórfico dos animais. O espírito é realista e irônico e a temática é variada. No barroco, a fábula quase desapareceu. E há razões sociais e histórico-espirituais a explicar o fato. A fábula quer ensinar e pressupõe uma visão de mundo de base otimista, que acredite na possibilidade de êxito por intermédio do ensino. Diante da *vanitas* típica da mentalidade barroca, é perfeitamente compreensível que um gênero tão pragmático tenha sido jogado ao esquecimento.

Lessing – um iluminista em todos os sentidos – se ocupou da fábula das mais diferentes formas: na condição de crítico, de filólogo e por fim na condição de autor.

Por meio da fábula, Lessing cultivou a fina arte do diálogo, quase com a concisão do epigrama, exerceu seu ímpeto original de crítico e, por extensão, o papel de educador.

Oh, avestruzes da pena e macacos das letras! Mais fôlego e originalidade, menos empáfia e topete!

11

NOVAS FÁBULAS

O rouxinol e a cotovia

O que é que se pode dizer aos poetas que gostam tanto de levantar vôo bem acima de toda a compreensão da maior parte de seus leitores? O quê, além daquilo que o rouxinol disse um dia à cotovia: "Voas tão alto, amiga, apenas pelo fato de não quereres ser ouvida?".

Hércules

Ao ser recebido no céu, Hércules cumprimentou, entre todos os deuses, primeiro a Juno. O firmamento inteiro e Juno, inclusive, ficaram surpresos com isso.

– Justo a tua inimiga – exclamaram – tratas com tanta deferência?

– Sim, justo a ela – replicou Hércules. – Foram apenas suas perseguições que me deram oportunidade para realizar as façanhas pelas quais acabei merecendo o céu.

O Olimpo aprovou a resposta do novo deus, e Juno reconciliou-se com ele.

A ARTE DO COMBATE

COMENTÁRIO

No começo do século XVIII, a Alemanha começava a ressurgir econômica e socialmente das ruínas da Guerra dos Trinta Anos. No que diz respeito à política, continuava atrasada – até em conseqüência da referida guerra –, permanecendo um conglomerado de Estados quase independentes. Duzentos e sessenta e nove deles – quantidade absurda! – estavam representados na Dieta Imperial, mas sabia-se que existiam mais de trezentos.

Nessa situação – com o retrocesso da burguesia e a subida privilegiada de uma classe nobre dominante, até mesmo na ocupação de cargos militares e políticos –, apenas as Cidades Livres de Hamburgo e o Principado da Saxônia conheceram um desenvolvimento econômico, social e cultural superior ao resto da Alemanha. E foi justamente na Saxônia que Lessing nasceu. Espírito moderno, imbuído de uma sensatez realista a qualquer prova e ansioso por criar uma sociedade fundamentada na racionalidade, o maior autor do iluminismo alemão viu desde logo – e isso se tornou uma tese de sua atividade literária – que a arte em geral e o teatro em particular poderiam ser dispostos ao objetivo absoluto de elevar o nível cultural do homem e ilustrá-lo sobre si mesmo e sobre a realidade que o rodeia.

Sendo assim, e sabendo disso, Lessing dedicou sua vida à literatura. Trabalhou no jornalismo, fez traduções, adaptações, críticas e outros trabalhos literários que tornaram possível sua vida de escritor livre, independente de cargos oficiais e donativos de mecenas, caso da imensa maioria dos literatos de sua época. Dessa maneira, não precisou ver jamais sua tão prezada liberdade debatendo-se no cárcere dos limites impostos por terceiros.

As duas fábulas acima dão a medida da importância formativa que Lessing dava ao gênero e à crítica. O rouxinol – e toda a autoridade de seu canto – critica a pomposidade inalcançável – e ademais nem de longe tão brilhante – da cotovia, enquanto Hércules tributa a grandeza de suas façanhas a Juno, sua perseguidora crítica.

Oh, tivessem nossos autores a sabedoria de Hércules! A única coisa hercúlea na maior parte deles é a vaidade... Que tem de existir...

<u>12</u>

LESSING *em verso*

À bela filha de um mau poeta

O pai faz rimas, e sua maior aspiração
É agradar aos críticos, sem exceção.
A filha namorica, oh, não a condenem!
A boa moça quer apenas, num ai,
Agradar a todos, como as rimas do pai.

À mesma de antes

Que bela, amigo, a tua filha trigueira!
Até a inveja mais mesquinha o reconhece.
Tão bela, que a gente até esquece,
O fato de ela ser um tanto namoradeira;
Tão bela que eu deslembro, de bom humor,
Que o pai dela é apenas um versejador.

COMENTÁRIO

Desde cedo Lessing conheceu e estudou as comédias clássicas no original, tanto as gregas quanto as latinas. Principalmente influenciado pelas de Plauto e Terêncio, fez profissão de fé de dramaturgo e declarou o propósito – irônico, mas revelador – de escrever pelo menos o triplo das comédias que Lope de Vega escreveu.

Já aos 19 anos, Lessing publicaria sua primeira peça: *O jovem erudito* (Der junge Gelehrte). Com uma ironia finíssima e grande noção da cena teatral, Lessing mistura nessa comédia – a única que possui tintas autobiográficas – recordações pessoais do internato com elementos da comediografia tradicional e experiências vividas à época de sua chegada a Leipzig. Com a publicação de *Miss Sara Sampson*, em 1755, Lessing dá à Alemanha sua primeira tragédia burguesa, estabelecendo, por tabela, os fundamentos desse gênero. *Minna von Barnhelm*, de 1763, foi a primeira comédia alemã. Já *Emília Galotti*, escrita em 1772, significou, para Roberto Schwarz – sintética e acuradamente –, o nascimento do realismo e foi a primeira tragédia política alemã.

Com *Nathan, o sábio* (Nathan der Weise, 1779), peça composta em verso branco, mescla de comédia e de tragédia, Lessing dá ao mundo sua derradeira obra dramática. A peça gozou de grande fama durante o século XIX, época em que o poder secular do papa dava seus últimos suspiros, e desapareceu de cena com a subida do nazismo ao poder. Mas foi na época imediata ao fim da Segunda Guerra Mundial que a mensagem de humanidade e tolerância entre as raças e os credos pregada na peça alcançou sua maior popularidade.

Na lírica, Lessing não chegou a produzir muito – em termos comparativos –, e boa parte do que produziu é marcada pelo caráter epigramático e pelo tom chistoso dos exemplos aqui traduzidos.

VIII

GEORG CHRISTOPH
LICHTENBERG

13

AFORISMOS *autocontemplativos*

Hoje permiti ao sol levantar-se mais cedo do que eu.

Continuamente percebo que as pessoas em cujos rostos há uma certa falta de simetria, muitas vezes são as mais finas de cabeça.

Há muitas coisas que a mim causam dor, quando a outros apenas causam pena.

Na verdade eu fui à Inglaterra para aprender a escrever em alemão.

Tome cuidado para que a minha paciência não caduque ante a tua lentidão. Pela minha honra, não haverei de afagá-la mais uma vez por tua causa.

COMENTÁRIO

Georg Christoph LICHTENBERG (1742-1799) foi um mestre do aforismo. Sua inteligência fulgurante – de talhe clássico – fez dele um filósofo da sentença curta. Contemporâneo de Kant, Lessing, Goethe, Fichte e Schiller, Lichtenberg viveu num dos períodos mais produtivos da história intelectual alemã. Mesmo assim alcançou destacar-se individualmente e sua obra apenas ganhou em respeito – e admiração – no decorrer dos anos.

Lichtenberg nasceu em Ober-Ramstadt, perto de Darmstadt, no estado de Hessen. Incentivado desde cedo pelo pai – que era pastor e professor –, mostrava talentos enormes para a matemática e a física já em tenra idade.

Depois de ter sido professor por algum tempo em Darmstadt, Lichtenberg muda-se para Göttingen, onde assume uma cadeira de professor-assistente. Estabelecido na pequena cidade universitária, faz duas viagens – até longas – à Inglaterra. Mas o

60   MARCELO BACKES

autor sempre confessou cultivar o prazer do lar e a solidão do trabalho individual. Conta-se que, de certa feita, Lichtenberg ficou durante um ano e meio trancado em casa, sem pôr os pés na rua. Aliás, se viajou à Inglaterra foi – conforme ele próprio diz – apenas para aprender alemão. A profundidade do aforismo, comandada pela própria experiência, seria confirmada mais tarde por Goethe, quando escreveu que quem conhece apenas uma língua não conhece, na verdade, nenhuma.

O dia de Lichtenberg começava bem antes de o dia chegar, conforme fica claro no primeiro dos aforismos aqui traduzidos. Além de trabalhador incansável, o pai do aforismo alemão era também um sujeito potente e consciente, que mede a força de sua vontade com o poder do sol... capaz de dizer – numa ironia plena de beleza e cheia de "eu"– que permitiu ao mesmo sol levantar-se mais cedo do que ele no dia em que resolveu esticar a noite sob os lençóis.

Diferenciado pela inteligência, pela agudeza e pela finura, Lichtenberg também foi peculiar no físico e na biografia. Décimo oitavo filho – e temporão –, nasceu com uma torcedura na coluna – oriunda de raquitismo –, que já o segregava do contato social em criança. Adulto, Lichtenberg foi um gigante de menos de um metro e meio, nove filhos e calhamaços de sabedoria. Ao aspecto ananho de seu corpo, opôs o gigantismo de sua sabedoria. Em relação a sua corcunda, dizia que era melhor carregá-la às costas do que tê-la em frente aos olhos.

Lichtenberg amava sua mãe como a uma deusa e ousou começar a mais conhecida das orações cristãs por "Mãe Nossa que estais...". Sensível, porque observador – ou observador, porque sensível –, o mundo lhe doía fundo; humano, analisava as pessoas por sua essência, não pela aparência; crítico, não perdoava a estultice – ainda mais quando unida à lentidão – e admitia que ela era das poucas coisas no mundo que o tiravam do sério. Lichtenberg foi um mestre na contemplação de si mesmo, da alma humana e do comportamento mundano.

14

AFORISMOS *analíticos*

A gente tem de saber atirar muito bem quando faz uso de uma arma depois de ter bebido alguma coisa; vede aí, pois, o parentesco entre a arte do tiro e a poesia.

A primeira sátira com certeza foi escrita por vingança. O fato de usá-la para ajudar na melhora do próximo contra o vício, e não na luta contra os seviciadores, já é, em si, um pensamento lambido, resfriado, amansado.

Choveu tão forte que todos os porcos ficaram sujos, e todos os homens limpos.

A mosca que não quer ser morta senta-se logo sobre o moscadeiro, que é o lugar mais seguro.

A ARTE DO COMBATE

Se a história de um rei não foi queimada um dia eu não tenho o menor interesse em lê-la.

COMENTÁRIO

Aforismo é um estilhaço de pensamento; uma máxima espirituosa de fôlego curto e sabedoria imensa, capaz de emitir um juízo ou expressar um conhecimento na mais breve das formas. Aforismo é uma formulação arguta – ora combativa, ora contemplativa –, apta a desvelar o mundo na ligeireza de um conceito.

Hipócrates foi o primeiro autor a escrever aforismos e criou um gênero ao publicar seus *Aphorismoi*, por volta de 400 anos antes de Cristo. O opúsculo era apenas uma compilação de regras de tratamento médico, expostas de forma curta e programática. A partir do renascimento, a abrangência do aforismo estendeu-se ao estudo de caracteres e ao ensinamento humano. Mas foi só no barroco que o aforismo veio a desenvolver-se de verdade. A tentativa de iluminar, em sentenças curtas, os paradoxos vitais que surgiram a partir daquele período histórico, deu origem ao aforismo segundo o conhecemos hoje. O espanhol Baltasar Gracián, carro-chefe do conceptismo[13] – e mais importante prosador espanhol do século XVII, depois de Francisco de Quevedo –, foi decisivo na popularização do gênero, com a publicação de *Oráculo manual y arte de prudencia*, em 1647. Pascal com *Pensées sur la religion*, de 1670, e La Rochefoucald com *Réflexions ou sentences et maximes*, de 1665, modernizaram o gênero.

Lichtenberg foi o primeiro aforista alemão. Inaugurou uma tradição secundada pelo romantismo universalizante de Friedrich von Schlegel e Novalis, incrementada pelo "irracionalismo" brilhante de Schopenhauer, pessoalizada e transformada em arma por Heine, trabalhada de forma oculta nos *Diários* de Hebbel e levada aos píncaros por Nietzsche. Karl Kraus, já no século XX, voltaria a fazer uso do aforismo em toda sua pregnância; assim também Franz Kafka, Georg Kayser e Ernst Jünger.

Na parte analítica de seus aforismos, Lichtenberg mostra toda sua capacidade de observação do mundo que o cerca e sua habilidade na busca da comparação. Ambas fazem-no chegar à sabedoria de um conceito através do mais insólito dos detalhes. No mais, há sempre uma dosesinha de crítica, assim como acontece no último dos aforismos da série. Nele, Lichtenberg condena a sabujice, afirmando a necessidade da iconoclastia, do combate artístico e da crítica.

---

[13] Movimento literário barroco espanhol que procurava realçar o texto – alcançando efeitos inesperados, tanto na poesia quanto na prosa – pelo uso abundante de metáforas e comparações aparentemente incompatíveis com o contexto. O estilo de Gracián – visto de modo geral, no entanto – era marcado pela sobriedade e pela concisão.

15

AFORISMOS *críticos*

Sempre preferi o homem que escreve de maneira a eventualmente se tornar moda um dia àquele que escreve seguindo a moda.

Quando ele tinha de usar seu juízo, sentia-se como alguém que sempre usou a mão direita para fazer as coisas e de repente era obrigado a se tornar canhoto.

A grande regra: se o teu pouquinho não é, em si, nada especial, procura ao menos dizê-lo de modo um pouquinho especial.

Dar a última demão na obra dele significa queimá-la.

O fato de se darem sermões nas igrejas não torna o pára-raio desnecessário sobre o telhado delas.

Assim que ele abria o bico, todas as ratoeiras da vizinhança disparavam sozinhas.

COMENTÁRIO

Superior a La Bruyère e La Rochefoucault na França e pelo menos equivalente a Bacon, na Inglaterra, Lichtenberg não chegou a fazer livro de seus fragmentos. Sua literatura foi seu *waste book*, inaugurado logo aos 22 anos – com anotações diárias – e publicado apenas após sua morte. Até mesmo seus aforismos seriam compilados pela primeira vez no ano de 1800, por seu irmão, que coordenou a edição de toda sua obra, publicada entre os anos de 1800 e 1806.

A perenidade dos aforismos de Lichtenberg é semelhante ao caráter imorredouro dos *Pensamentos* de Pascal. Eles caracterizam-se por um impressionismo preciso e classicizante, fundado na psicologia do auto-estudo e da análise pessoal, aspecto pouco típico na literatura alemã e comum na França do já citado Pascal e, mais ainda, em Montaigne, por exemplo. Nietzsche relacionava os aforismos de Lichtenberg entre os cinco livros que ele sempre gostava de voltar a ler.

Quando sua obra *Timorus* – publicada sob pseudônimo – foi atacada com violência pela crítica, Lichtenberg limitou-se a dizer: "Quando um livro e uma cabeça se chocam e o som que se ouve é oco, será sempre o livro que o produz?". Mas a crítica à crítica acrítica não impedia Lichtenberg de praticar a crítica em toda sua intensidade. A série de aforismos traduzida acima é uma prova disso. O autor critica a moda, mas critica mais ainda os que a seguem, louvando o "experimentalismo". Protesta contra o gasto inútil de papel e mostra-se cruel a ponto de recomendar a queima do lixo literário. Bate na Igreja e considera a prudência e o ceticismo dois valores maiores do ser humano.

Eu – de minha parte –, quando imagino as ratoeiras de Lichtenberg disparando, no mesmo instante ouço o grito desesperado de – desculpem, mas o nome ilustra – Olavo de Carvalho. "Olavo de Carvalho é filósofo." Ora, ora...

Buenas e me espalho! Nos pequenos dou de prancha, nos grandes dou de talho...

16

LICHTENBERG fabulista

O sapato e a pantufa

– Por que não tratas de arrumar uma fivela para ti, assim como a que eu tenho? – disse o sapato à pantufa, parada ao lado dele. – É uma coisa tão bonita!

– Uma fivela? – perguntou a pantufa. – E para que ela haveria de me ser útil?

– Para que ela haveria de ser útil a ti? A fivela? – retrucou o sapato, em tom veemente. – E tu não sabes disso? Meu Deus do Céu, sem fivela ficas atolada logo no primeiro lamaçal que encontrares.

– Pois sim, meu querido amigo – replicou a pantufa –, mas onde há lamaçais eu não vou.

A. Com certeza já arrumaste o comentário de *Toupeira*?

B. O comentário de *Toupeira*? Mas para quê?

A. Para que o comentário de *Toupeira*? Ah, meu Deus do Céu! Sem ele não entenderás uma linha da obra de Peru.

B. Pois sim, meu querido amigo, eu não leio a obra de Peru.

COMENTÁRIO

A sentença de Lichtenberg é precisa; o corte de seu texto, reto e seguro. Lichtenberg é economia clássica, clareza, sobriedade, pregnância e ao mesmo tempo transparência. "Podemos fazer uso de seus escritos como da mais maravilhosa dentre as varinhas de condão: quando ele faz uma brincadeira, é certo que há um problema escondido atrás dela", disse Goethe.

A crítica de Lichtenberg ia muito além dos aforismos – nos quais desceu o pau em Lavater, criticou Goethe e chicoteou Klopstock um punhado de vezes – e já estava presente na sátira fulgurante do *Timorus*.

Contribuições ao Calendário de Bolso de Göttingen, de 1778 – outra de suas obras – também apresenta Lichtenberg em todo seu iluminismo crítico – carregado de humor –, opondo-se mais uma vez às teorias fisiognomônicas de Lavater. *Esclarecimentos às gravuras em cobre de Hogarth*, de 1794-1799, é, por sua vez, uma obra-prima da tipologia de caracteres.

A historieta acima – Lichtenberg escreveu uma série delas – mostra a crítica do autor no terreno pedagógico da fábula.

Os autores-animais – nem todos os escritores são animais – referidos por Lichtenberg no original são o *Gimpel* e o *Truthahn*. Ora, o *Gimpel* é, na zoologia, o animal que leva o nome de pisco, mas também significa simplório, piegas; em português, "toupeira" em cheio, portanto. O *Truthahn* é o nosso "peru", com todo seu alvoroço inchado. Ademais, peru também pode ser – segundo outro significado oferecido pela simplicidade às vezes insuficiente do Aurélio, que aliás vem bem a calhar – "indivíduo que gosta de dar palpites".

Eu, por mim – e seguindo minha orientação iluminista –, dava logo nome aos bois, ou melhor, aos perus e toupeiras. E há tanta toupeira sob o sol da crítica, tanto peru sob a lua da ficção...

Num de seus aforismos geniais, Lichtenberg disse:

Não posso negar, minha desconfiança em relação ao gosto de nossa época talvez tenha alcançado uma altura digna de repreensão. Ver, diariamente, dezenas de pessoas atingindo o estatuto de gênio, assim como os tatuzinhos alcançam a condição de centopéia – não porque têm o número de patas necessário para tanto, mas porque a maioria se recusa a contar até catorze –, acabou fazendo com que eu já não acredite mais em ninguém sem o devido exame.

Aforismo-epígrafe! Princípio orientador da minha vida crítica! Tanto nas "farpas e tosquias" quanto nos "louvores e ovações"...

IX

FRIEDRICH GOTTLIEB
KLOPSTOCK

17

O ouvinte raro

Surdo eu sou, quando falam de proezas a serem realizadas.
Mas me faço todo ouvidos, em relação às já alcançadas.

Provérbios oraculares

Conforme os políticos
se metem a julgar
a espada do herói,
assim também os críticos
se põem a avaliar
a pena do poeta.

COMENTÁRIO

Friedrich Gottlieb KLOPSTOCK (1724-1803) nasceu em Quedlinburg, na Saxônia, e morreu em Hamburgo. A educação de Klopstock foi marcada pelo pietismo protestante da família, que viria a se transformar numa das características mais marcantes de sua obra. Klopstock foi aluno do colégio humanístico de Schulpforta na infância e estudou Teologia nas universidades de Jena e Leipzig. Em 1748, trabalhou como preceptor em Langensalza e, em 1751, foi para Copenhague. Viveu dezenove anos na cidade, na condição de protegido do rei Frederico V.

Em 1770, Klopstock fixou-se em Hamburgo, onde completou os vinte cantos de sua obra-prima, *O Messias*, publicada em 1773. Mais de vinte anos antes, o poema havia sido publicado na condição de fragmento num jornal de Bremen.

O Messias – uma epopéia em hexâmetros, vigoroso na língua e na expressão, sobretudo nos primeiros cantos, mas pesado como dez consciências – narra a salva-

66 MARCELO BACKES

ção da humanidade pelo sangue de Cristo. Na época do racionalismo – representado por Lessing e Lichtenberg, entre outros –, Klopstock já abre caminho à sensibilidade romântica do *Sturm und Drang*.

Influenciado por Milton, mas também entusiasmado com o passado germânico, Klopstock buscou nos mitos nórdicos a inspiração para uma literatura de caráter nacional. Seus versos deram novo sentido à poesia da Alemanha, exaltando a língua alemã como forma de expressão literária. Em suas odes à natureza, a Deus, ao amor e à amizade, Klopstock manejou com maestria o verso antigo, metrificado mas sem rima.

Além de poeta, Klopstock foi também dramaturgo. Escreveu uma trilogia de dramas históricos que giram em torno de Herrmann – ou Armínio –, o herói nacional alemão e líder tribal germânico, que aniquilou três legiões de Varo, o romano. Na condição de crítico publicou, em 1774, *A república alemã dos sábios* (Die Deutsche Gelehrtenrepublik).

18

Tempo perdido

Ele vive a sibilar pra mim, gostaria tanto
De guerrear comigo!
Responder? me perder,
Descer até onde ele está?
Prefiro ir, deixar pra lá.
Que ele continue a fazer,
O que tanto gosta;
Música para encantar serpentes.

COMENTÁRIO

Se no teatro da Alemanha setecentista Lessing se tornara um nome universal, conduzindo a dramaturgia alemã a alturas jamais vistas, Klopstock dignificava a lírica de seu país com versos nobres e bem talhados.

Ao referir-se ao *Messias* de Klopstock, o escritor Friedrich Hebbel foi categórico, sintético e preciso: "O *Messias* de Klopstock é, para o nosso tempo, similar a uma catedral gótica imponente. Ou seja, é magnífico, e todo mundo curva seu respeito diante dele, mas ninguém entra".

Uma das maiores marcas da poesia de Klopstock é, de fato, a dificuldade – altaneira e nefelibática – de seus versos. Ela é característica sobretudo do *Messias*, cantado e decantado no mundo inteiro[14].

---

[14] A influência do *Messias* de Klopstock alcançou o Brasil. O exemplo mais nefasto dela é um poema intitulado *A assunção*, escrito pelo frade franciscano fluminense

A ARTE DO COMBATE

Heine, quando falava do caráter insulso – ainda que nobre, altaneiro e eventualmente grandioso – dos alemães, voltava sempre a citar Klopstock. Em certa passagem de suas *Confissões*, fala de sua chegada a Paris e lembra do bardo alemão.

Logo fiquei admirado por vê-los todos falarem francês, o que entre nós é um sinal de distinção; aqui, pois, o povo inteiro é tão distinto quanto entre nós a nobreza. Os homens eram todos tão gentis e as belas mulheres tão sorridentes. Se alguém me dava um encontrão inadvertido sem pedir desculpas, de imediato eu poderia apostar que era um conterrâneo; e se uma beldade aparentava estar algo azeda por demais, das duas uma: ou ela havia acabado de comer chucrute ou sabia ler Klopstock no original.

Klopstock professava a união místico-sensitiva entre a percepção da Natureza e a experiência poética e pessoal do artista. Entregou-se à poesia com a mesma religiosidade – de talhe pietista – típica de seus poemas, antecipando o furor mediúnico – parte de sua concepção poética – de outro lírico da mesma cepa: Hölderlin.

Em seus epigramas – três deles aqui apresentados –, Klopstock mostra-se bem diferente – muito mais sóbrio e clássico – do poeta das *Odes* e do *Messias,* com seus versos venerandos e esotéricos, praticamente inacessíveis à comunidade leiga. Nos epigramas, Klopstock mostra ter, sim, uma envoltura mortal, ter pendores humanos e chega a ser sobremaneira interessante. Descendo do pedestal de sua grandiosidade – Goethe viria a imitá-lo nas *Xênias* –, Klopstock torna-se combativo até, discutindo assuntos relativos à sua vil pessoalidade, debatendo com críticos e lancetando desafetos.

Francisco de São Carlos. Composto "em honra da Santa Virgem", a obra faz parte do que há de mais abominável na lírica brasileira. São oito cantos, em versos decassílabos, rimados em parelha. A monotonia é muita e a pobreza das rimas gritante. O poeta descreve a assunção da Virgem Maria, da ressurreição, em Éfeso, à chegada ao Paraíso. Nesse intervalo, uma série de peripécias, creditadas todas elas à imaginação do poeta, além de descrições – sumamente artificiais, segundo as normas do pior romantismo – da natureza verde-amarela e de animais, plantas e frutas brasileiros. Se o poema de Klopstock é algo insosso, o do frei além de insosso é um pasticho de linguagem mesquinha e vulgar. Do bardo alemão, o frei tem apenas o nefelibatismo – em seu pior sentido.

ROMANTISMO E CLASSICISMO

O período entre 1770 e 1840 é chamado de "século de Goethe" na Alemanha. Três grandes movimentos artísticos marcaram a época: o *Sturm und Drang* (Tempestade e Ímpeto), o classicismo de Weimar – que corresponde à época da maturidade de Goethe e Schiller – e o romantismo.

A diferença entre classicismo e romantismo não foi tão clara e nítida na Alemanha quanto em outros países da Europa. As duas tendências compartilhavam a luta contra a racionalização simplista da natureza e do mundo exterior e buscavam estabelecer, tanto por intermédio do intelecto quanto do sentimento, a harmonia entre a subjetividade do indivíduo e a realidade captada por seus sentidos. Oriundo do idealismo metafísico que marcava a filosofia alemã da época, esse anelo objetivava – em última instância – fundir sujeito e mundo num único espírito universal. Na fase tardia do romantismo, essa maneira de pensar daria passagem à exaltação do fantástico e do irracional, característica básica da segunda geração romântica.

O *Sturm und Drang*

A primeira crítica importante às concepções racionalistas típicas do século XVIII – representadas na literatura por Lessing e Lichtenberg e na filosofia por Kant – partiu de Johann Georg Hamann (1730-1788), pai da teoria de que o homem era uma unidade sensual-espiritual-e-anímica. Foi Hamann quem pela primeira vez privilegiou criticamente a subjetividade do gênio em detrimento da racionalidade objetiva e pensante. Suas teses – expostas em estilo obscuro e intransponível, marcado pelo misticismo – foram aprofundadas e ampliadas por Herder logo em seguida. Inspirado numa obra de Friedrich Maximilian Klinger – e na exclamação de um fã –, Herder batizou o *Sturm und Drang*, definindo a nova sensibilidade da poesia da época. Por meio de suas compilações de "canções populares", Herder fincou o interesse dos poetas românticos na tradição dos cantos folclóricos, estimulando o nacionalismo alemão através do conceito de "espírito dos povos".

Gottfried August Bürger, o já citado Klinger e o Goethe da fase inicial, bem como o Schiller de *Os bandoleiros*, estão entre os poetas mais conhecidos do *Sturm und Drang*.

Mas o escritor mais singular – e ainda assim representativo – do *Sturm und Drang* foi, por certo, Jakob Michael Reinhold Lenz (1751-1792). Seguidor convicto de Goethe – inclusive factual e fisicamente –, Lenz encarnou o movimento em toda sua excentricidade, demonismo e infantilidade. *O preceptor* (1774), *Os soldados* (1776) – duas peças teatrais, ambas recriadas por Brecht quase dois séculos mais tarde – e *Pandemonium germanicum* – uma sátira em que o gênio é louvado e confrontado ao ser humano comum – são as obras mais conhecidas de J. M. R. Lenz. Antecipando Kafka – e não apenas no seguinte sentido, aliás –, Lenz deu à literatura uma série de figuras paternas dominadoras e negativas. Na peça *O inglês* – e a semelhança com o conto *O veredicto* e com a novela *A metamorfose* de Kafka é clamorosa! – o personagem principal Robert Hot justifica seu suicídio pela intenção de "arrancar ao pai para sempre o poder cruel que ele tem sobre mim". A similaridade temática é tanta que Lenz esclarece, com a frase, o destino de Georg Bendemann – personagem principal de *O veredicto*, de Kafka – mais de cem anos antes de ele se efetivar.

Se comparada à confusão da obra de Klinger, a obra de Lenz diferencia-se por apresentar uma visão quase naturalista da realidade. Politicamente engajadas, as obras de Lenz objetivam – em última instância – a mudança da ordem social e nisso estão – mais uma vez – muito à frente de seu tempo. Sobretudo a peça *Os soldados*, com suas 35 cenas estilhaçadas – as mais curtas compostas por apenas seis ou sete palavras –, antecipa o drama crítico-social típico do naturalismo.

No romance *Lenz*, de 1836, Georg Büchner descreve à maravilha a insânia extática – de êxtase – do poeta, peregrinando sem rumo através de seu mundo até encontrar repouso nos braços da loucura.

O classicismo de Weimar

A consciência racional, mas também as experiências interiores típicas do pietismo dariam base ao classicismo de Weimar, construído sobre o ideal humanitário do renascimento e a sobriedade da Antiguidade clássica.

A expressão "classicismo de Weimar" remete diretamente às obras de Goethe – e seu idealismo de ordem natural – e Schiller – e seu idealismo de marca fichteana. Entre os anos de 1794 e 1805 (Goethe desde 1775), os dois poetas viveram na cidade que deu nome ao movimento, sob a proteção do duque Carlos Alberto da Saxônia.

Gênio multifacetado, Goethe foi poeta, dramaturgo, romancista, ensaísta e autor de obras memorialísticas de suma importância, além de vários estudos de ciências naturais. Goethe descobriu, também, um osso do corpo humano (o *intermaxilare*), até então desconhecido pelos anatomistas, e uma planta que seria a matriz de todas as outras plantas e que ele chamou de *Urpflanz*. Das descobertas – e vá lá a importância até mesmo científica de Goethe –, foram tiradas algumas conclusões que antecipam as teses da evolução de Darwin.

Depois da chegada a Weimar, Goethe abandonou pouco a pouco o individualismo romântico – típico da fase inicial e característico do *Werther* – e passou a adotar uma postura mais próxima dos ideais clássicos. Sua segunda viagem à Itália, onde permaneceu entre 1786 e 1788, foi decisiva nesse sentido. Foi na Itália que Goethe deu forma definitiva a dois dos dramas que deram origem ao chamado classicismo de Weimar: *Torquato Tasso* e *Egmont*, obras em que a harmonia submete de vez os sentimentos. O *Wilhelm Meisters*, obra narrativa de evidente raiz autobiográfica, clarificaria os conceitos de Goethe acerca da vida, vista como um contínuo processo de aperfeiçoamento espiritual.

Mas a obra derradeira – e definitiva – de Goethe seria *Fausto*, a obra de uma vida. *Fausto* acompanhou o autor desde o período do *Sturm und Drang* e ficou com ele até a morte. Reconhecido desde logo como obra-prima da literatura universal, *Fausto* de Goethe invocou o célebre louvor de Púchkin, que disse que a obra-prima representa "a nova poesia", da mesma maneira que "*Ilíada* é o monumento da Antiguidade clássica".

Friedrich von Schiller também cultivou a lírica, o drama e o ensaísmo. Ainda que tenha morrido jovem, é grande o número de obras imortais do autor. O poema "Ode à alegria" ("An die Freude") – talvez um dos mais recitados do mundo, imortalizado por Beethoven na Nona Sinfonia – é a síntese dos ideais humanistas do autor.

Quem levou o classicismo às últimas conseqüências foi o poeta August von Platen. Sua lírica altaneira e nobre – em que predomina o louvor do belo – é trabalhada de maneira severamente clássica, respeitando tanto a métrica quanto a forma características da Antiguidade.

O romantismo

Se Goethe e Schiller impulsionaram a literatura alemã à renovação, a primeira conseqüência foi o surgimento de um grupo representativo de escritores que, abandonando a imitação das correntes literárias estrangeiras, deram expressão própria à literatura de seu país.

Além da atuação dos irmãos Schlegel – os teóricos mais célebres das novas tendências artísticas –, há que se destacar o papel de Wilhelm Wackenroder (1773-1798), cujo entusiasmo literário teve papel importante no desenvolvimento da obra de Ludwig Tieck – um dos líderes do romantismo – e também o idealismo subjetivo da filosofia de Fichte, que proclamava a liberdade da consciência.

Ainda que sua obra seja marcada pelo classicismo, Hölderlin foi o representante mais notável da lírica do romantismo alemão. Nikolaus Lenau (1802-1850), poeta austríaco, ficou reconhecido como o "Byron alemão". Romântico até a raiz, Lenau foi alçado às alturas – e em seguida lançado ao chão – pelo demônio de sua melancolia. Vítima de freqüentes crises de depressão – que vinculava deliberadamente à expressão poética –, Lenau alcançou os píncaros da poesia em vários de seus versos, arrancando pérolas da ferida de seu pessimismo. Seu *Fausto*, publicado em 1836, ousa abordar – e com êxito – um tema quase sacro da literatura alemã depois da abordagem de Goethe.

A compilação de baladas populares que leva o título de *Da cornucópia maravilhosa do garoto* (Des Knaben Wunderhorn, 1805-1808) foi encaminhada por Clemens Brentano (1778-1842) e seu cunhado, o também poeta Achim von Arnim (1781-1831). Lavrada pelo veio poético dos dois autores, a coletânea foi decisiva na definição dos rumos do romantismo alemão, evidenciando seu gosto pelo lendário e sua fuga para uma espécie de sentimento mágico da natureza.

Brentano foi, além disso, um poeta singular – sobretudo na temática – dentro do romantismo e o primeiro grande "poeta da cidade" da literatura alemã. Seu romance *Godwi* (1801), ademais, é uma obra peculiaríssima. Dividida em três partes, a obra é composta de narrativa, lírica (algumas das poesias mais conhecidas de Brentano são apresentadas no romance), drama (com várias inserções teatrais), epístola, tradução (com uma canção popular italiana citada no original e depois traduzida) e várias outras formas literárias. A primeira parte do romance – quase um romance em cartas, típico da época – é composta por 28 epístolas não datadas e cria uma teia de relações cheias de mistério entre um sem-número de personagens. A segunda parte é pretensamente linear e contada por Maria, um jovem autor, que procura dar à coletânea de cartas uma estrutura narrativa fechada e ao mesmo tempo apresenta Godwi, o mais importante dos epistológrafos e personagem-

A ARTE DO COMBATE 73

título. Na terceira parte, a forma fechada do romance é quebrada mais uma vez com a morte repentina de Maria, o autor; e Godwi – a personagem – prossegue a narrativa. A quebra da ilusão narrativa e a consciência de ficcionalidade da obra – além de sua forma revolucionária – fazem de *Godwi* um romance novidadeiro no âmbito da literatura universal. Há partes em que Godwi chega a criticar seu autor – Brentano, no caso – pela embrulhada narrativa em que o meteu[15]. E depois da morte de Maria, Godwi colige algumas das poesias do autor morto, entre elas uma dedicada a Clemens Brentano...

A obra de Eichendorff – o maior entre os poetas da segunda fase do romantismo –, por exemplo, pode ser compreendida com muito mais facilidade à luz da compilação de Brentano e Arnim. Seguindo a mesma tendência, Johann Peter Hebel chegou a escrever suas poesias em dialeto (alemânico), marcando ainda mais a força popular, oral e tradicional da poesia romântica.

Annette von Droste-Hülshoff (1797-1848) – a primeira escritora alemã de renome – é autora de uma série de baladas românticas e poemas épicos de forte inspiração religiosa. Na ficção, Droste-Hülshoff escreveu uma obra-prima, intitulada *A faia do judeu* (Die Judenbuche, 1842). Outra mulher, Bettina Brentano (1785-1859) – irmã de Clemens e mulher de Arnim –, ficaria conhecida como a grande epistológrafa do romantismo alemão. A correspondência com Goethe, reunida no livro *A troca de cartas de Goethe com uma criança* (Goethes Briefwechsel mit einem Kinde, 1835), constitui uma das obras mais célebres da epistolografia literária alemã. Antes dessas duas autoras, a Alemanha tivera apenas Sophie de La Roche (1731-1807), prima de Wieland e avó de Clemens Brentano. Com o romance *História da senhorita von Sternheim* (Geschichte des Fräuleins von Sternheim), Sophie de La Roche alcançou a fama de primeira romancista alemã. A personagem de seu romance é órfã – conforme o modelo romanesco da época – e uma tia inescrupulosa quer transformá-la na meretriz de um potentado. A moça não se submete e foge com um lorde. Mas o Casanova frauda o casamento ao travestir um de seus criados no padre que dá a benção matrimonial e, depois de gozar as benesses sexuais da moça, abandona-a. Esta, em vez de sucumbir à humilhação – conforme o pai do modelo, o escritor inglês Richardson, prescreve –, reage e supera-a através de uma intensa atividade social. Embora ainda fosse de índole quietista, o final proposto por La Roche cativou Herder, Goethe, Lenz e toda a geração de escritores do *Sturm und*

---

[15] Outro escritor romântico, Ludwig Tieck, usa a mesma estratégia em seus "dramas fabulescos", dos quais *O gato de botas* é o mais conhecido.

Drang, que viram no romance o testemunho de uma nova autodeterminação – unida à autolibertação – feminina.

Na ficção, a coletânea das narrativas da tradição germânica foi encaminhada pelos irmãos Grimm e acabou influenciando de maneira decisiva as obras de Ludwig Tieck, Adelbert von Chamisso (1781-1838) e Friedrich de la Motte-Fouqué (1777-1843). Vistas de modo panorâmico, as obras desses três autores são baseadas num modelo que prevê o relato curto e associa a atmosfera fantástica ao sentimento elegíaco típico do romantismo. Friedrich de la Motte-Fouqué, autor de romances e dramas medievais de fundo histórico, ficou conhecido no mundo inteiro por seu conto de fadas intitulado *Undine*, de 1811. Chamisso foi autor de índole aventureira, tipicamente romântica. Botânico, chegou ao Brasil numa de suas viagens marítimas e deu seu nome a um besouro e a uma planta. Seu *Peter Schlemihl* – talvez a narrativa curta mais conhecida da época – é um dos grandes contos universais acerca da dissociação da personalidade. Os poemas de Chamisso inspiraram várias composições de Schumann.

De um modo geral, a ficção romântica foi dominada pelas mesmas concepções da poesia. E.T.A. Hoffmann conferiu aspectos sombrios e sarcásticos à narrativa do romantismo e incrementou o "conto fantástico", influenciando todos os mestres universais do gênero. Jean Paul, o narrador mais interessante do período, se aparta bastante das tendências românticas. Com seu "realismo de costumes" antecipa a narrativa realista de Gottfried Keller, Theodor Fontane e Wilhelm Raabe.

Joseph von Görres (1776-1848), que popularizou a literatura medieval germânica durante o romantismo, e Wilhelm Hauff (1802-1827), famoso por suas obras soturnas e fantásticas, escritas à maneira de Walter Scott, anteciparam o romance histórico realista – de pouca expressão literária – de autores como Gustav Freytag e Willibald Alexis.

No teatro, o nome mais destacado foi Heinrich von Kleist. Além de dramaturgo multifacetado e grandioso, Kleist foi também um narrador de primeira grandeza, sobretudo devido a *Michael Kohlhaas*, uma obra selvagem, adiantada em relação à época em que foi escrita.

Bem menos importante foi August von Kotzebue (1761-1819), autor de mais de duzentas peças teatrais que alcançaram grande sucesso em seu tempo. A obra de Kotzebue, habilmente planejada para agradar ao gosto popular, tem pouco valor literário e é marcada por um nacionalismo de índole reacionária e antinapoleônica. Ferdinand Raimund (1790-1836), chamado de "Molière austríaco", seria outro autor a alcançar grande sucesso em sua época, ao trabalhar o teatro popular vienense em sua dramaturgia. As peças de Raimund são, todas elas, marcadas por um tom ingênuo e burlesco ao mesmo tempo; os enredos são triviais e algo melancólicos às vezes.

X

FRIEDRICH MAXIMILIAN
KLINGER

19

AFORISMOS

Aquele que expressou o desejo de ver uma vidraça posta no peito de todo mundo, a fim de deixar à vista o que se passa no gabinete secreto do ser humano, provavelmente já havia encomendado as cortinas para pendurar em frente à sua. De nobres e boas intenções o mundo vai cheio.

As pessoas são capazes de perdoar alguém por *se mostrar* direto e sincero; mas exigem silêncio profundo daquele que *é* direto e sincero. Só a respeito de outros elas permitem que esse alguém se expresse livre e ruidosamente.

COMENTÁRIO

Friedrich Maximilian KLINGER (1752-1831) nasceu em Frankfurt, a cidade natal de Goethe, três anos depois de Goethe. Foi um dos representantes mais vigorosos – e de quebra um dos fundadores – do *Sturm und Drang*. Fundamentado sobre as teorias de Herder e Hamann, o movimento literário pré-romântico – que abalou a Alemanha entre as décadas de 60 e 80 do século XVIII – era pautado pelos ideais de liberdade artística e política, propagava uma nova postura do homem diante da pujança da natureza e opunha-se às diretrizes dominantes do classicismo e do iluminismo. O irracionalismo de algumas das melhores obras do período apenas demonstra o realismo da própria irracionalidade.

Entre os anos de 1775 e 1776, Klinger publicou suas primeiras obras: uma série de dramas, todos eles marcados pelo ímpeto e pela fúria românticos. *Gêmeos* (Zwillinge) analisa o fratricídio, usando o mote bíblico de Caim e Abel. Outra obra, que originalmente recebera o título de *Barafunda* (Wirrwarr), foi cognominada *Tem-*

pestade e ímpeto (ou seja, *Sturm und Drang*) por um terceiro – o fã de teatro Christoph Kaufmann – depois da leitura pública em Weimar. A atenção crítica e categorizante de um espectador acabou nomeando não apenas a obra, mas também um dos mais importantes entre os movimentos literários alemães.

O romance tardio *Vida, feitos e descida de Fausto ao inferno* (Fausts Höllenfahrt), de 1791, desvela o moralismo vigoroso de Klinger, ainda semi-oculto nos dramas anteriores.

No primeiro dos aforismos acima, Klinger mostra todo seu ceticismo, imensamente realista, ao criticar o brilhantismo – de repente ingênuo – de um Xavier de Maistre e sua teoria fenestral. No fundo, Klinger mostra-se mais machadiano que o próprio Machado de Assis – que viria a parodiar as janelas do mestre francês citado –, antecipando-o de certa forma, com seu ceticismo. No segundo – também cético em relação à hipocrisia mundana –, Klinger mostra o quanto é suave a pimenta que cai nos olhos dos outros.

XI

GOTTFRIED AUGUST
BÜRGER

20

FÁBULA

De como o Barão de Münchhausen
salva-se a si mesmo e a seu cavalo puxando-se
pela trança do cabelo para fora do lamaçal

De outra feita eu quis pular sobre um lamaçal, que de primeiro não me pareceu tão largo. No meio do salto, no entanto, me dei conta de seu verdadeiro tamanho. Suspenso no ar, me virei e voltei para o lugar donde saíra, a fim de tomar maior impulso. Entretanto, voltei a pular muito pouco pela segunda vez e caí no lamaçal, afundando até o pescoço, não muito distante da margem oposta. Eu estaria irremediavelmente perdido naquela situação, não tivesse a força de meu próprio braço me agarrado pela minha própria trança e me puxado, junto com meu cavalo – que eu abracei com força entre meus joelhos – para fora dali.

COMENTÁRIO

Gottfried August BÜRGER (1747-1794) foi outro dos representantes do *Sturm und Drang*.

Filho de um pastor de Molmerswende (na região do Harz, Baixa-Saxônia), Bürger foi professor na Universidade de Göttingen; colega e amigo de Lichtenberg, o aforista. Embora poeta, jamais chegou a ser conhecido na Alemanha – de maneira mais divulgada – por sua poesia. E com razão...

Lenore (de 1773, mesmo ano em que Goethe publicou seu *Götz von Berlichingen*), a mais conhecida de suas obras, é uma balada que busca trazer o titanismo da natureza ao verso, mas não alcança fazer do autor um clássico. Depois dessa obra, Bürger escreveu pouco e a maior parte daquilo que produziu morreu na condição de fragmento, incluindo uma série de traduções poéticas da *Ilíada* (apreciadas e apoiadas por Goethe), de Shakespeare e de Ossian. Em 1791, Schiller se encarregaria de jogar a pá de cal sobre a fama do autor, ao publicar uma crítica devastadora sobre suas poesias, acusando-o de se nivelar à baixeza do público em vez de conduzir os sentimentos do mesmo povo ao alto com sua poesia. Bürger sentiu-se mortalmente atingido. Três anos depois viria a falecer, pobre e endividado, após viver um punhado de amores infelizes, sofrer com doenças e perder no jogo o que não tinha.

Bürger acabaria conhecido – depois de morto, é verdade – pela adaptação e escritura das *Aventuras do Barão de Münchhausen*, em 1786. Só depois do trabalho de Bürger é que as aventuras do barão mentiroso viriam a se tornar obra popular na Alemanha. Se Bürger não gozou a fama concedida pelo personagem, também não arrancou dinheiro com ele: cedeu a publicação a seu editor sem receber honorários.

As primeiras histórias do barão mentiroso, todavia, foram publicadas em 1781 na revista *Vade Mecum para pessoas divertidas*, de Berlim. Primeiro pensava-se que o autor era o mesmo Bürger. Mais tarde, no entanto, descobriu-se que o escritor das referidas narrativas era Rudolf Erich Raspe. Seria também o professor Raspe que publicaria a primeira versão das aventuras do Barão, em livro, na Inglaterra, para onde fugira depois de ter sido acusado de fraude. A publicação é de 1783 e leva o título de *Baron Münchhausens narrative of his marvellous travels and campaigns in Russia*. Em 1786, Bürger adaptaria a obra ao alemão e acrescentaria mais seis façanhas à coletânea de Raspe; dois anos depois, mais sete.

Na fábula acima, Münchhausen dá um testemunho da força de vontade, do poder imenso do sujeito, e arranca-se a si mesmo – e a seu cavalo – do lodo, ao puxar-se por sua própria trança para fora dele.

21

OUTRA MÜNCHHAUSÍADA
De como o Barão de Münchhausen
faz um urso explodir e voar pelos ares

Certa vez numa floresta polonesa acabaram-me a luz do dia e a pólvora. Quando me dirigia para casa, eis que um urso dos mais terríveis se atirou sobre mim, pronto a me devorar. Em vão revirei às pressas todos os meus bolsos em busca de pólvora e chumbo. Nada encontrei a não ser duas pederneiras, que aliás costumo levar comigo para qualquer caso de emergência. Tomei uma delas e arremessei-a com toda a minha força na goela aberta do monstro, de modo que ela entrou garganta abaixo. Como aquilo não parecia ter feito nele a menor cócega, meu urso deu a volta pela esquerda, ficando de costas para mim, e assim eu pude lançar a outra pederneira pela porta dos

A ARTE DO COMBATE

fundos. A coisa andou maravilhosa, perfeita! A pedra não apenas entrou, como também chocou-se à outra de tal maneira que lançou fogo e o urso explodiu num estrondo formidável. Diz-se que uma pedra tão bem aplicada *a posteriori*, sobretudo quando se encontra com uma outra jogada *a priori*, já mandou aos ares algum sábio e algum filósofo dado a ursadas.

COMENTÁRIO

Ora, essa fábula é maravilhosa, carregada de crítica e de duplo sentido. Senão vejamos: *a posteriori* é um conceito da Teoria do Conhecimento de Kant. Pode significar conhecimento, afirmação ou verdade proveniente ou dependente da experiência; ou, ainda, argumento, prova, raciocínio ou demonstração que passe de fatos a conclusões gerais, como os que vão do condicionado ao condicionante, ou seja, aquilo que conhecemos como empírico. *A priori*, por outro lado, é independente da experiência ou da comprovação. Münchausen, em sua narrativa, caricaturiza a filosofia e rebaixa os conceitos à geografia corporal: *a posteriori* – a pedra que foi lançada por último, depois da experiência – passa a ser, tão-somente, "por trás", e *a priori* – a pedra que foi atirada primeiro, sem a noção da experiência – significa "por frente". De quebra, os filósofos acabam por ser as vítimas de sua própria teoria, aplicada na prática – e com resultado objetivo – pelo Barão de Münchhausen.

Münchhausen, ou Karl Friedrich Hieronymus, Barão de MÜNCHHAUSEN (1720-1797) existiu de fato e viveu na Baixa-Saxônia, assim como o pícaro Till Eulenspiegel. Segundo consta, ele narrava suas aventuras de caça em rodas de amigos e nunca se soube ao certo quais de suas histórias foi ele mesmo que contou e quais foram inventadas por autores a se ocupar de sua *persona*. Certo é que Münchhausen virou lenda bem antes de morrer, o que depõe a respeito do magnetismo exercido por sua pessoa.

E assim é. Münchhausen tem a sedução das Górgonas; o apelo irresistível de Medusa – a mais conhecida das três Górgonas – com a sedução da Sereia. Sim, o poder do mundo imagético de Münchhausen é semelhante àquele da mitologia grega. Ele é um herói da cepa de Odisseu – o primeiro grande mentiroso da literatura ocidental –, de Robinson Crusoé e de Gulliver.

As aventuras do "herói" são tão fascinantes porque repousam sobre um fundamento civilizatório. Nos feitos de Münchhausen vivemos a autogeração – o nascimento – do mundo civilizado. A filosofia de Münchhausen determina que ele não se contente em apenas escapar ao perigo, mas em escapar e escapar com vantagem, arrancando usufruto. A reviravolta é o fundamento da filosofia münchhausiana e ela tem potência dupla, unindo a física e a metafísica no encaminhamento das façanhas. A lógica imaginária na exposição é evidente, o poder imagético imenso.

Münchhausen é um dialeta nato. A ação do herói é um calcular, um medir, um analisar constante – dialética da mais pura, pois. Sua ação e seu modo de pensar têm método. "Há método em sua loucura", diria o Macbeth de Shakespeare. A mistura de elementos reais e fantásticos, o acréscimo de uma ou duas probabilidades verídicas em meio a um sem-número de fatos totalmente improváveis acabam dando estatuto

80   Marcelo Backes

verossímil à lógica, mesmo que esta apareça cercada pelo inacreditável. E essa é a substância de todo chiste, aliás.

A münchhausíada é um tipo especial de história mentirosa – uma patranha encantadora. E a patranha tem larga tradição. Luciano, o grego, foi – *stricto sensu* – o iniciador desse tipo de narrativa, ao dar a suas sátiras o título irônico de *Histórias verdadeiras*. Elas seriam modelo para as futuras fábulas que contavam viagens ao mar e à lua. Münchhausen segue a mesma trilha e o faz rigorosamente, ao seguir o mandamento de dizer, conforme Luciano: "Eu – *ao contrário dos outros* – digo pelo menos uma verdade: eu minto". O mesmo recomendava Hans Wilhelm Kirchhof – um outro alemão – em 1602: "Se assim for, minta de modo que se possa percebê-lo". E se Münchhausen é grandioso, é também porque tem auto-ironia, a mais bela das ironias.

As aventuras de Münchhausen são jogos fantasiosos e exagerados. Elas cultivam a arte de mentir, fazem da mentira uma espécie de *art pour l'art*, mas de quebra manifestam intenção mentirosa, deixam claro que mentem, ainda que – seguindo antigas tradições – não se cansem de afirmar que dão conta da mais pura das verdades. Na verdade elas são pura mentira, e pura em seu duplo sentido de "inocente e cabal", de "honesta e total". O exagero do exagero empreendido por Münchhausen não tem nada de canhestro, é apenas irônico. Ele se proclama autor de façanhas para as quais seriam necessários pelo menos sete ou oito regimentos, conforme ele mesmo diz, ao referir a dificuldade de uma de suas aventuras.

Münchhausen segue seu caminho só, sem ajudantes ou auxiliares, ao contrário do que acontece na fábula tradicional, na qual há sempre uma fada, um duende, alguém pronto a ajudar. Münchhausen não tem conselheiro, não tem ninguém a não ser seus cães e seu cavalo, que são SEUS cães e SEU cavalo, animais de capacidades extraordinárias, simulacros do dono.

Os "causos" de Münchhausen – o correspondente alemão do Romualdo gaúcho de Simões Lopes Neto – me fascinavam desde os cueiros e hoje sei que eles eram um símbolo para o meu desejo assaz humano – e engenhosamente pueril – de realizar coisas grandiosas.

XII

NOVALIS

<u>22</u>

FÁBULA
O filósofo
A demora raramente prejudica

– Ensine Homero a meu canário, a fim de que ele possa recitá-lo de cor – disse um tirano a um filósofo – ou abandone o país; se aceitares o desafio e não tiveres êxito, terás de morrer.

– Pois bem, eu vou ensiná-lo – disse o sábio –, mas precisarei de dez anos.

– Por que foste tão insensato – perguntaram os amigos ao sábio depois disso – e aceitaste um desafio impossível de realizar?

Sorrindo, ele respondeu:

– Em dez anos um dos três, ou eu, ou o tirano, ou o canário estará morto.

COMENTÁRIO

Georg Philipp Friedrich von Hardenberg (1772-1801), mais conhecido por NOVA-LIS – antigo título nobiliárquico da família, adotado pelo autor –, nasceu em Oberwiederstedt, na Saxônia, e faleceu em Weissenfeld, antes de completar 29 anos.

Depois de uma infância marcada por enfermidades, Novalis estudou Direito em Jena e Leipzig. Na primeira das cidades sentiu de perto a influência do idealismo de Schiller; na segunda conheceu Friedrich von Schlegel, o crítico romântico. Novalis completou seus estudos com brilhantismo em Wittenberg, no ano de 1794.

A morte de Sophie von Kühn, que se tornara sua noiva aos 13 anos – e morrera dois anos depois, em 1797 –, despertou em Novalis a necessidade subjetiva – e marcadamente mística – de acabar com os estreitos limites da existência humana. Já em abril do mesmo ano, Novalis anotaria em seu diário: "Minha morte será a prova de meu instinto para o elevado". O impacto da perda marcou toda sua obra de maneira indelével, sobretudo os *Hinos à noite*, escritos em 1800. A prosa intercalada com versos dos *Hinos* celebra a morte como passagem em direção a uma vida superior, ante a presença de Deus.

Em 1798, Novalis passou a estudar Geologia em Freiberg. Nesse mesmo ano escreveu a série de fragmentos filosóficos e poéticos reunidos em *Os discípulos de Saís* (Die Lehrlinge zu Sais), além de *Pólen* (Blütenstaub) e *Fé e amor* (Glauben und Liebe). Os três textos propõem – em estilo algo obscuro e hermético – uma interpretação alegórica e mística do universo.

A fusão entre esoterismo e religiosidade característica da obra e do pensamento de Novalis encontrou plena expressão no ensaio *Cristianismo ou Europa*, de 1799, no qual o autor aborda a unidade essencial das igrejas cristãs.

O prestígio de Novalis chegou ao auge com a publicação dos poemas religiosos de *Cantos espirituais* (Geistliche Lieder), de 1799. O romance inacabado *Heinrich von Ofterdingen* foi publicado um ano após sua morte e decretou a eterna busca da flor azul do romantismo.

23

CONSIDERAÇÕES DISPERSAS

Críticos são policiais literários. Médicos também fazem parte da polícia. Daí que deveriam existir jornais críticos que lidassem com os autores de modo artisticamente medicinal e cirúrgico, e não apenas farejassem suas doenças, divulgando-as com satisfação malévola. Os métodos de cura aplicados até hoje foram, em sua maior parte, bárbaros. Uma polícia de verdade não é apenas defensiva e polêmica em relação ao mal existente, mas também procura corrigir a inclinação doentia.

As barreiras existem apenas para serem transpostas... e assim por diante.

Nós *procuramos* o incondicional por toda a parte, mas *encontramos* apenas coisas-condições.

COMENTÁRIO

Rodeado pelas eminências da época, Novalis freqüentou a casa de Goethe, discutiu filosofia com Fichte, foi aluno de Schiller e fundou a escola romântica alemã junto com Ludwig Tieck e Friedrich von Schlegel, seus amigos íntimos.

Vista por alto, a obra de Novalis é um canto à integração mística entre o espírito e a natureza, uma ode à convivência harmônica e pacífica da humanidade numa grande família universal. Embora tenha morrido antes mesmo de completar 29 anos e ainda que considerasse secundária a sua atividade de escritor – pois valorizava muito mais o papel burocrático de funcionário do estado saxão –, a influência de Novalis sobre a poesia romântica européia foi decisiva.

A lírica de Novalis é marcada por uma ingenuidade mística até a raiz, e seu romance *Heinrich von Ofterdingen* reflete o embate – ainda romântico, ainda místico – do autor consigo mesmo. A busca de Novalis é a busca – pouco ativa, essencialmente romântica, nada realista – de um mundo transcendental, cheio de paz, de amor e de harmonia. O objetivo de sua obra é a realização do infinito, em oposição à idealização do finito, típica do realismo clássico. A intenção fragmentária dessa obra – e seu caráter aforístico – evidencia o propósito romântico de expor a imensidão de suas próprias exigências e pretensões, tão elevadas que nada – nem ninguém – poderia lhes alcançar a completude.

Na fábula traduzida no capítulo anterior e em alguns de seus aforismos – que por vezes chegam a comentar a política estatal –, Novalis deixa o nefelibatismo de lado, finca os pés no chão e desce o cacete do realismo, aliás raro em sua obra. Sua proposta – exposta no primeiro dos aforismos aqui traduzidos – de crítica chega a ser eminentemente ativa e inclui o crítico na obra de arte, chamando-o a pôr mãos à obra.

XIII

FRIEDRICH
HÖLDERLIN

24

Bom conselho

Se tu tens razão e coração, mostra apenas um dos dois,
Se mostrares os dois a um só tempo, os dois serão condenados.

ADVOCATUS DIABOLI

Do fundo do coração odeio o séquito dos déspotas e dos padres
Mas o gênio rebaixa-se ainda mais com ele.

COMENTÁRIO

Johann Christian Friedrich HÖLDERLIN (1770-1843) nasceu em Lauffen, junto ao rio Neckar, Württemberg. Filho de um guarda de convento e neto de um pastor – por parte da mãe – perdeu o pai já bem cedo. Sua mãe mudou-se para Nürtingen – e logo a seguir veio a se casar com o prefeito da cidade –, onde Hölderlin passou a infância. Quando o segundo marido da mãe morreu, o poeta cresceu e foi educado à sombra de várias mulheres: sua mãe, sua avó e uma tia, todas elas marcadas pelo pietismo suábio e suas lutas em favor da fé, contra o domínio crescente da razão.

Hölderlin estudou Teologia em Tübingen – cidade em que se tornou amigo dos filósofos Hegel e Schelling –, mas não chegou a se ordenar. Em 1794, conheceu Schiller e Fichte na Universidade de Jena. No jornal do primeiro deles – *Neue Thalia* – publicou algumas de suas composições, já marcadas por uma certa profundidade mítica. O período produtivo de Hölderlin limita-se a cerca de quinze anos; depois deles o autor ainda viveria na semi-obscuridade da loucura por cerca de quarenta anos.

As primeiras obras de Hölderlin, basicamente hinos de consagração à liberdade, à beleza e à amizade, refletem de forma evidente a influência de Klopstock, de um

A ARTE DO COMBATE

lado, e de Schiller, de outro. Foi também graças ao último que Hölderlin conseguiu um posto de preceptor em Frankfurt, em casa do banqueiro Gontard. Entre os anos de 1795 e 1798, esteve em contato permanente com Susette Gontard, a mulher do banqueiro, apaixonando-se – e sendo correspondido – por ela. A interação com a mulher – a Diotima de sua poesia – concedeu a Hölderlin o tom e o vulto de grande poeta. Susette-Diotima viria a se tornar também a heroína de *Hyperion*, romance que o autor havia começado a escrever durante a estada em Tübingen e que seria publicado em dois volumes, de 1797 a 1799. A obra, elaborada de forma epistolar, representa um canto ao antigo espírito helênico, no qual o escritor via refletido seus ideais. A morte de Diotima dá completude ao romance, fechado com a sentença: "Tudo o que se separou, volta a se encontrar um dia".

Obrigado – pelo marido aspudo de sua Diotima – a abandonar Frankfurt, Hölderlin passou a levar uma vida errante. A separação de Diotima instila vigor à lírica do poeta. O período imediato à separação, passado em Homburgo – entre 1798 e 1800 –, é o mais produtivo de sua vida.

Nessa mesma época, Hölderlin experimentou os primeiros sintomas de desequilíbrio mental. A tragédia em versos *A morte de Empédocles* (Der Tod des Empedokles, 1798-1799) é inspirada na figura do filósofo e poeta grego que dá título à obra. A peça reflete as aspirações místicas do escritor e sua identificação com a mitologia grega, expressa em versos de rara beleza. A melancolia crescente de Hölderlin passa a se tornar evidente a partir do longo poema "Archipelagus", de 1800, e nas elegias que compôs entre 1802 e 1806. A partir de então, a saúde mental do poeta agravou-se de forma irreversível, e ele foi internado em casa de um entalhador, em Tübingen, onde residiria até a morte, em 7 de junho de 1843.

Hölderlin é, talvez, o mais impressionante – e certamente um dos maiores – entre os líricos alemães, além de tradutor grandioso e peculiar (sobretudo da *Antígona*, de Sófocles, obra que verteu ao alemão com renovado vigor e originalidade). O poeta vive e revive a realidade dos deuses gregos muito além da metáfora, conforme faziam Schiller ou Goethe. Esquecido por quase cem anos e revalorizado apenas no começo do século XX, Hölderlin é autor de alguns poemas visionários, que tornam obrigatória a revisão do debate sobre o limite entre gênio e loucura. Sua obra voltou a ser reestudada pela atuação de Wilhelm Dilthey e pelo círculo em volta do poeta Stefan George.

XIV

HEINRICH VON
KLEIST

25

Efeito inesperado

Por admoestares as crianças, consideras ter cumprido teu papel.
Sabes o que elas aprendem com isso? Admoestar, meu amigo!

Conselho de amigo

Se deves anotar o que disseram no diário? Aja! Se foi algo mau,
Sente-o, meu amigo, e esquece. Bom? Esquece-o mais rápido ainda!

COMENTÁRIO

Bernd Heinrich Wilhelm von KLEIST (1777-1811) nasceu em Frankfurt sobre o Oder, na Prússia, filho de uma cepa de soldados. Seu pai era major e participou de várias guerras. Com 15 anos, Kleist autodestinava-se à carreira militar, desistindo dela mais tarde para estudar Direito e Matemática. Interessado em Filosofia, foi influenciado pela obra de Kant, que o levou a deixar de acreditar na eficácia do conhecimento humano, dando a seus escritos um tema básico: o conflito permanente entre emoção e razão.

Desiludido com a ciência, que perdera o sentido para ele ante o relativismo da verdade, Kleist abandona os estudos e empreende várias viagens pela Europa na companhia de Ulrike, sua irmã adotiva. Na Suíça, Kleist escreveu seu primeiro drama, *A família Schroffenstein* (Die Familie Schroffenstein), entre os anos de 1801 e 1802. À mesma época pertence a tragédia inacabada *Robert Guiscard*, em que pretendeu unir os valores da tragédia grega às conquistas de Shakespeare, ao abordar a fatalidade do herói em meio à desgraça da peste. Numa das frases da peça – destruída a seguir –, Kleist propõe-se "a arrancar a coroa da testa de Goethe". Depois de sentir os primeiros achaques de sua doença, Kleist muda-se para Dresden. Lá escreve a

A ARTE DO COMBATE

comédia *A bilha quebrada* (Der zerbrochene Krug, 1802-1806), talvez a mais conhecida de suas obras, vaiada pelo público na estréia. Em 1808, Goethe recusa-se a permitir a encenação da tragédia *Penthesilea* no teatro de Weimar. A dimensão moderna e profundamente psicológica alcançada pela linguagem de Kleist nessa tragédia em versos e a seqüência de diálogos que se encadeiam um ao outro de maneira vertiginosa adquirem caráter musical, dionisíaco – sinfônico. *Penthesilea* inspirou duas grandes obras da literatura musical: a composição de Hugo Wolf e a ópera de Othmar Schoeck.

Em 1810, Kleist publica dois volumes de novelas, todas elas interessantes e adiantadas em relação a seu tempo. Duas delas são verdadeiras obras-primas: *Michael Kohlhaas* e *A marquesa de O.*. Criticadas de forma avassaladora pelos críticos contemporâneos do autor, devido à falta de conexão e forma e por causa da aparente "pressa" do talhe formal, as duas novelas são contadas em estilo lacônico e atingem a concretude de passar ao bom leitor a sensação quase física do perigo que ameaça os personagens.

Kleist suicidou-se em Wannsee, perto de Berlim – com apenas 34 anos de idade –, em 21 de novembro de 1811, depois de falar livremente sobre o suicídio em várias de suas cartas. Dez anos depois foi publicada sua última peça, *O príncipe de Homburgo*, baseada na condenação à morte de um general prussiano do século XVII.

26

KLEIST *anedotista*

Anedota

Quando perguntaram a Diógenes onde queria ser enterrado depois de morto, ele respondeu: "ao céu aberto, em meio ao campo". O quê? Alguém replicou. Queres que os abutres e animais selvagens devorem teu corpo? "Então enterrem meu cajado comigo", ele respondeu, "a fim de que eu possa expulsá-los quando se aproximarem." Expulsá-los! Exclamou outro; morto não és capaz de sentir nada! "Pois bem", replicou Diógenes, "que me importa então se os abutres me comerem ou não?".

COMENTÁRIO

Kleist é considerado o poeta do sentimento absoluto e foi trágico tanto na vida quanto na arte. O gênio atormentado e cético do autor ultrapassou os limites da estética romântica. Sua obra – tanto a teatral quanto a ficcional – é inclassificável e antecipa movimentos literários bem posteriores, como o expressionismo e o existencialismo.

O tom sombrio característico da obra de Kleist – tanto da dramática quanto da narrativa – ficou nítido logo em suas primeiras peças, notadamente na já menciona-da *A família Schroffenstein*. A tragédia – que aborda com maestria o tema de Romeu e Julieta – evidencia o colapso do arcabouço otimista de Kleist, desencadeado pela leitura da teoria do conhecimento de Kant. Mesmo nas comédias – tome-se o *Anfi-trião*, de 1807, como exemplo, mas sobretudo *A bilha quebrada* –, o que resta no final é o amargor da visão de mundo kleistiana. E esse amargor, o sentimento final da crueldade mundana, é ostensivo até mesmo em suas anedotas...

Kleist foi, junto com Johan Peter Hebel, o mestre clássico da anedota alemã.

Editor da revista de arte *Phöbus* – que lançou a primeira versão de várias de suas obras –, Kleist tinha em suas próprias mãos o meio adequado para publicar suas anedotas. O trabalho no gênero – além de revelar o talento de Kleist também na narrativa de talhe curto e matiz anedótico – deixa claro o quanto o autor era ativo e engajado na política do cotidiano... e quão longe estava da torre de marfim em que os críticos o isolariam mais tarde. Diferentemente de Hebel, as anedotas de Kleist abdicam da intenção moralista e didática e não se preocupam com descrições deta-lhadas e explicações conseqüentes. Elas são bem mais objetivas, céticas, jornalísticas no estilo e humoradas – sem pretensões – no impulso.

O realismo sensual da anedota acima é altissonante. Que importa se os corvos me devoram? Eu já não sinto mais nada...

XV

E. T. A.
HOFFMANN

27

Anedota sobre um professor

Há algum tempo, apareceu um estranho em ******, numa exposição de animais selvagens realizada no lugar. O professor **** – um famoso mestre na arte do salto, do pulo e do balanço – também estava por lá e a índole selvagem que afetava em sua aparência exterior por certo deixou o estranho surpreendido; pois quando o guarda dos animais havia identificado cada um dos exemplares pelo nome, pátria de origem e modo de ser tratado, do leão à mais insignificante das cacatuas[16], o estranho voltou-se gentilmente para ele e perguntou, apontando o professor:

– Seria possível me dizeres, meu amigo, qual é o nome *daquele* animal selvagem?

O guarda sussurrou:

– Meu senhor, mas aquele é o professor ****.

O estranho riu-se de seu engano e do homem-prodígio, deixando a sala dos animais selvagens a sacudir a cabeça.

COMENTÁRIO

Ernst Theodor Amadeus HOFFMANN (1776-1822) – batizado com o nome de Ernst Theodor *Wilhelm*, trocado por *Amadeus* em homenagem ao famoso compositor de Salzburgo – nasceu em Königsberg, na Prússia (hoje Kaliningrado, na

---

[16] Gênero de psitacídeos maiores que o papagaio, cuja plumagem pode ser branca, ou branca com manchas róseas, acinzentada, vermelha ou negra, conforme a espécie. Têm o bico volumoso, a cauda curta e um penacho grande e erétil.

Rússia), e morreu em Berlim. Descendente de uma tradicional família de juristas, Hoffmann seguiu a carreira jurídica até 1807. Depois da separação de seus pais, o poeta foi educado pela família da mãe, burguesa e severa. O excentrismo do pai se faria perceber no filho apenas no período em que este passou a atuar como adjunto governamental, em 1799. Depois disso, Hoffmann atuou em vários cargos burocráticos.

Transferido à Varsóvia, Hoffmann entrou em contato direto com as tendências românticas por meio de Zacharias Werner – representante do romantismo alemão no que ele tem de pior – e seu fatalismo exacerbado e místico. Depois de perder o emprego, em 1807, Hoffmann atuou como músico por algum tempo, tornando-se diretor de orquestra em Bamberg e Dresden.

Além de escritor brilhante, Hoffmann era excelente crítico musical e compositor respeitado. Seu balé *Arlequim* (de 1811) e a ópera *Undine* (de 1816) contribuíram à fama do escritor. Em 1816, Hoffmann volta a trabalhar na área da justiça e em 1816 torna-se juiz da Corte de Apelação em Berlim, permanecendo na profissão até a morte, em 1822.

A carreira literária de E. T. A. Hoffmann começou com a publicação de *Fantasias à maneira de Callot* (Phantasiestücke nach Callots Manier, 1814-1815), uma série de contos fantásticos, seguidos do romance *Elixires do diabo* (Elixieren des Teufels, 1815-1816), um verdadeiro *thriller*, empolgante e arrebatador.

O prestígio alcançado com essas obras tornou-se ainda maior com a publicação de mais uma série de livros, entre eles *Cenas noturnas* (Nachtstücke, 1817) e *Os irmãos Serapião* (Die Serapionsbrüder, 1819-1821). A marca principal dessas obras? A confusão angustiante entre o sono e a vigília, entre a vida real e o sobrenatural; e os personagens estranhos e sinistros que irrompem na vida cotidiana de seres humanos comuns, marcando-os indelével, profunda e decisivamente.

A última obra do autor foi um romance de título quilométrico: *Opiniões do gato Murr acerca da vida, mais a biografia fragmentária do maestro de capela Johannes Kreisler* (Lebensansichten des Katers Murr nebst fragmentarischer Biographie des Kapellmeisters Johannes Kreisler, 1820-1822). A obra prova, entre outras coisas, a imensa capacidade de observação do autor, que aparece tingida por uma ironia das mais finas e lúcidas.

As obras ficcionais de E. T. A. Hoffmann inspiraram óperas, balés e sonatas a vários grandes compositores, entre eles Wagner, Offenbach e Hindemith.

Embora tenha sido importante na música, Hoffmann foi ainda mais importante na literatura. Entre os românticos alemães, foi o escritor que mais influenciou a literatura universal de seu tempo. Na condição de precursor do moderno conto de terror – ainda que tenha buscado inspiração no romance gótico para algumas de suas narrativas –, Hoffmann superou em muito, pelo humor e pelo realismo fantástico, os limites do gênero. Seus fantasmas e demônios são catapultas irrompendo na realidade cotidiana e ocultam uma visão peculiar, em que o sobrenatural se confronta com a realidade do dia-a-dia a fim de esclarecer o absurdo da última. O "mestre do sinistro" – conforme o epíteto criado por Freud – influenciou escritores franceses do quilate de Gérard de Nerval e Baudelaire, russos do tamanho de Gogol e americanos da estatura de Hawthorne e Edgar Allan Poe.

A ARTE DO COMBATE

Eu – de minha humilde parte –, além de degustar o sabor sinistro da obra de Hoffmann, fiquei feliz pelo fato de seu talento ter catalogado, já nos alvores do século XIX, a espécie dos professores de cursinho, dos quais hoje em dia fazem parte o professor A. M. e o professor *******, que por sinal nem atua em cursinho fisicamente, embora metafisicamente faça parte da espécie.

XVI

JEAN
PAUL

28

AFORISMOS *auto-analíticos*

Os gatos apenas dobram a espinha para se defender.

Certos leitores logo acreditam estar escrevendo junto com a gente, só porque lêem o que está escrito; o cachorro arranha quando é arranhado.

Eu preferiria que me pagassem por aquilo que eu elimino do que por aquilo que publico.

Demora e custa mais apagar o erro do que escrevê-lo.

A poesia é a vista que se tem do quarto de enfermo que a vida nos concede.

COMENTÁRIO

Johann Paul Friedrich Richter, ou JEAN PAUL (1763-1825) – conforme o pseudônimo que adotou –, nasceu em Wunsiedel, principado de Bayreuth. De família pobre, viveu uma infância idílica no campo e em 1781 passou a estudar Teologia em Leipzig. Pouco depois, a morte do pai e a falta de dinheiro obrigaram-no a trabalhar como preceptor e mestre-escola, funções que desempenhou entre 1787 e 1794. Com 29 anos – e inspirado em Rousseau; "eu traduzi apenas 1/4 do meu nome", conforme escreveu num aforismo – adota o pseudônimo pelo qual viria a ser conhecido.

Os primeiros livros de Jean Paul passaram despercebidos, mas o sucesso discreto que obteve com *Seleção dos papéis do diabo* (Auswahl aus des Teufels Papieren, 1789) aumentou com *A loja maçônica invisível* (Die unsichtbare Loge, 1793), um romance de formação, e consolidou-se com *Hesperus*, publicado em 1795 e caracterizado pelos ditirambos em prosa. Em 1796 – depois dos elogios da crítica e do

A ARTE DO COMBATE

apoio de alguns patronos – Jean Paul ingressa nos círculos literários de Weimar, a capital do pensamento alemão na época.

Sua técnica narrativa, marcada pela busca de um equilíbrio entre o idealismo sentimental e a descrição realista e humorística da sociedade burguesa, encontrou expressão em livros como *Vida de Quintus Fixlein* (Leben des Quintus Fixlein), de 1796 – obra em que atinge o ápice do humor –, *Titan* (1800-1803) – o mais conhecido de seus romances, que narra a história do jovem gênio Albano, que, depois de várias confusões, torna-se príncipe – e *Mocidade* (Flegeljahre, 1804-1805). Em 1801, Jean Paul mudou-se para Berlim, onde entrou em contato direto com os românticos.

Depois de se casar, em 1804, Jean Paul voltou a Bayreuth, na Baviera, retornando ao idílio interiorano. Lá publicou seus romances seguintes e uma obra teórica, *Estudo preliminar de estética* (Vorschule der Ästhetik, 1804), na qual aborda o "chiste", a "metáfora", o "cômico" e o "humor". *Nikolaus Marggraf ou o cometa*, de 1820, é sua derradeira obra. Embora fragmentária, ela torna evidente a genialidade, curtida pela madureza, de Jean Paul.

Jean Paul morreu em Bayreuth, em 14 de novembro de 1825. Depois de sua morte, sua obra foi esquecida pelo grande público, mas exerceu influência decisiva sobre prosadores alemães como Friedrich Hebbel – que admitia a influência, criticando o autor – e ingleses como Thomas Carlyle, escritor do fim do século XIX.

29

AFORISMOS *combativos*

Ele, o meu imitador, mergulhou por completo dentro de mim e até mesmo está cheirando como eu; eu já sinto meu cheiro de longe quando o vejo.

O público não tira proveito nenhum do fato de eu devolver uma ou duas bofetadas a uma pessoa que me esbofeteou; mesmo assim isso tem de acontecer.

Muitas vezes quando carrego uma sátira e a disparo, o diabo coloca por engano – e inconscientemente – um coelho de verdade diante de mim, que eu acabo alvejando. De modo que sou um franco-atirador, que vai à janela, atira para o leste e acaba fulminando seu coelho no oeste.

Autores pequenos que ficam a se morder por aí com críticas pequenas são semelhantes a mendigos coçando seus piolhos.

COMENTÁRIO

Jean Paul foi um incompreendido da estirpe de Hölderlin e Kleist e sua obra permaneceu esquecida por um bom tempo na Alemanha, tachada de abstrusa, aformal e carente de unidade. "Unidade? Se nem mesmo a vida a tem? Considerem minhas biografias como a minha biografia, tomem-me por Montaigne, pois só assim conseguireis me perdoar", disse Jean Paul num aforismo, consciente dos "problemas" de sua obra.

O espólio literário de Jean Paul, que abrange mais de 40 mil páginas, viajou de uma cidade a outra sem encontrar interesse e chegou à Rússia durante os conflitos da Segunda Guerra, depois de o trabalho na edição do material ter sido proibido na época do nazismo. Apenas recentemente é que foi publicada uma nova edição de suas obras, que procurou peneirar o legado de seus escritos transformando-o em livro.

A obra de Jean Paul situa-se na fronteira entre o classicismo e o romantismo, que lutavam para impor seus princípios à literatura alemã na passagem do século XVIII para o século XIX. A maior conquista do autor foi a criação dos pressupostos estético-formais do romance moderno – de cunho realista – na Alemanha

Jean Paul foi um gênio da metáfora, um visionário da sátira. Sua obra é uma verdadeira plantação de chistes, aquilo que no alemão recebe o nome de *Witz* – é semelhante ao *wit* inglês – e significa tanto piada quanto juízo, perspicácia, agudeza, engenho e espírito.

A idealização do "pequeno" fazia de Jean Paul a antítese do romantismo de Novalis. O autor praticou todos os gêneros e trabalhava desprezando o "beijo da musa". Suas obras – e o número de páginas é titânico – parecem sair de uma oficina literária, à maneira da oficina pictórica de um Rubens. Jean Paul começou a escrever já aos 15 anos, saindo do pátio da escola direto ao Parnaso. "Muitas vezes mal sei o que fazer de mim, a não ser livros", esclareceu em outro de seus aforismos.

Goethe, depois de manifestar grande interesse pelo autor no princípio, chamava-o de "pobre-diabo na corte" e desprezou-o, chegando a chamá-lo de filisteu nas conversações com Eckermann, seu papagaio. Jean Paul vingou-se anotando: "Minha vida só pode ser escrita por mim mesmo, porque só eu sou capaz de revelar seu interior; a de Goethe qualquer andarilho a seu lado poderia observar e descrever".

Jean Paul gostava da vida de pantufas, do casamento burguês, mas desprezava-os ao mesmo tempo. Sobre as mulheres disse, num de seus vários aforismos relativos a elas: "Casar na juventude significa alugar uma lareira no verão; apenas no inverno é que a gente fica sabendo se ela esquenta ou apenas fumaceia". A duplicidade de sua vida era refletida até no pseudônimo, sobre o qual chegou a anotar: "Se vocês soubessem quão pouco eu pergunto por J. P. F. Richter. Um joão-ninguém, é o que ele é; mas eu moro ali, dentro desse joão-ninguém". Jean Paul fazia uso dos favores do álcool e louvou a cerveja num sem-número de aforismos, manifestando depressão quando a velha – curtida – terminava, e tinha de consumir a nova, ainda crua. Chegou a confessar que não eram as pessoas que viviam em Bayreuth que o mantinham lá, mas a boa cerveja que a cidade produzia. Por várias vezes, seus hóspedes viram o autor se retirando da convivência social com uma garrafa nas mãos. Mas Jean Paul bebia experimentalmente; buscava no álcool o entusiasmo prescrito por Platão e, cônscio do que fazia, anotou sua própria receita: "Crie com vinho, elimine com café".

Os aforismos aqui traduzidos fazem parte – todos eles – de seu espólio literário e caracterizam bem o *Witz* jeanpauliano.

A ARTE DO COMBATE

De mais a mais, não foram poucas as vezes em que senti vontade de mostrar que uma bofetada pode ser, também, um argumento poético. E caçar e abater nas letras sempre foi um dos meus passatempos prediletos. A índole de caçador é um dever do crítico. Cuidado, calma, concentração e pontaria certeira... Ah, tá, e filhote não se abate, se deixa crescer primeiro...

XVII

JOHANN PETER
HEBEL

30

Lições úteis

Dizem que *a gente tem de uivar com os lobos*. E isso significa: quando se chega junto a pessoas irracionais tem de se agir irracionalmente como elas. Nota bem: *Nada disso!*. Pelo contrário. *De primeiro*, não é recomendável te misturares aos lobos, é melhor, muito antes, saíres de seu caminho. *Segundo*, caso não conseguires te desviar deles, deves te limitar a dizer: "Eu sou um homem e não um lobo. Não sei uivar tão bonito como vocês". *Terceiro*: Se tu chegares à conclusão de que é impossível te livrares deles de outra forma, o amigo familiar haverá de permitir que uives uma ou duas vezes com eles. Mas não vá morder, como eles fazem, e devorar ovelhas que pertencem a outras pessoas! Pois do contrário virá o caçador e tu serás baleado junto com eles.

COMENTÁRIO

Johann Peter HEBEL (1760-1826) nasceu em Basiléia e faleceu em Schwetzingen, Baden. Filho de pais humildes, abandonou sua cidade natal depois de perder a mãe – o pai havia morrido antes dela – em 1773. Hebel fez seus estudos no Ginásio de Karlsruhe e cursou Teologia em Erlangen. De volta a Karlsruhe, tornou-se professor, profissão em que atuou até a morte.

Hebel viveu e cantou sua região, o extremo sudoeste da Alemanha. Tornou-se poeta – apenas aos 40 anos – pela saudade da terra natal. Escreveu as *Poesias alemânicas* (Alemmanische Gedichte, 1803) no dialeto pátrio, compondo retratos e cenas sereno-sérias, típicas de Baden, a região que – com o perdão da intromissão – também eu adotei temporariamente como pátria. O livro acabou sendo elogiado por Goethe e Jean Paul. Hebel deu feição e consciência a seu dialeto, antropomorfizando a natureza do torrão natal em versos marcados por uma suavidade quase pueril. Sua intenção poética não é restritiva, no entanto, mas comunicativa; Hebel quer escrever para o mundo usando o dialeto alemânico.

Se na poesia fez uso do dialeto alemânico, na prosa Hebel usou com maestria o alto-alemão convencional. As narrativas – todas elas de talhe curto – do *Rheinländischer Hausfreund* (algo como "O amigo familiar renano", publicado por Hebel ao longo de vários anos) são todas elas marcadas pelo classicismo da expressão, despojada e sóbria. Hebel abre mão da lâmina satírica em suas anedotas, mas fortalece tanto mais seus aspectos didáticos e morais.

No exemplo aqui selecionado, o "amigo familiar renano" – personagem e "autor" da obra – dá uma mostra concreta de seu humor pedagógico, da simplicidade formal de sua narrativa e da linguagem precisa de seu texto. O provérbio questionado por Hebel na lição acima lembra um dos provérbios registrados por Lutero no início do presente.

XVIII

FRIEDRICH VON
SCHLEGEL

31

AFORISMOS

A moralidade desprovida de senso para o paradoxo é vulgar.

O artista que não entrega e expõe todo seu ser é apenas um servo inútil.

O ato de mandar imprimir uma obra está para o pensar assim como um motel está para o primeiro beijo.

Alguns jornais críticos têm o mesmo defeito que a música de Mozart foi acusada de ter por tantas vezes: o uso desmedido de instrumentos de sopro.

Um crítico é um leitor que rumina. Sendo assim é bom que ele tenha mais de um estômago.

Quando o juízo e a falta dele se tocam, ocorre uma descarga elétrica. A ela dá-se o nome de polêmica.

COMENTÁRIO

Friedrich von SCHLEGEL (1772-1829) nasceu em Hanôver e morreu em Dresden. Filho de pastores e irmão mais novo de August Wilhelm von Schlegel[1], fez seus estudos universitários em Göttingen e Leipzig e, em 1796, radicou-se em Jena, à sombra de August, o irmão mais velho. Depois de ter sido recusado como colabora-

---

[1] O comentário para um dos irmãos já vai suficiente. Ao outro, uma nota de rodapé, pois. August Wilhelm (1767-1845) destacou-se mais na condição de tradutor, ainda que tenha sido um dos pais do romantismo europeu e dos maiores difusores do romantismo alemão. Além de

A ARTE DO COMBATE

dor da revista *Horen*, editada por Schiller, Schlegel vinga-se numa crítica afiada ao veículo e, mais tarde, funda a revista *Athenäum* – a maior divulgadora do ideário romântico – junto com o irmão. Em pouco tempo a revista virou uma torrente de fragmentos, contando com as colaborações de Schleiermacher, Tieck e Novalis. Líder do romantismo nascituro na Alemanha, Schlegel rompeu com o classicismo de Schiller e desenvolveu uma concepção progressiva, irônica e transgressora – mas também filosófica e religiosa, num saco-de-gatos que atende a todos os gostos – para a poesia romântica, fundamentada na filosofia transcendental de Fichte.

Ainda que em suas primeiras obras – *Sobre o estudo da poesia grega* (Vom Studium der griechischen Poesie) e *História da poesia dos gregos e romanos* (Geschichte der Poesie der Griechen und Römer) – Schlegel professe a admiração pela Antiguidade e seu modelo insuperável, o autor não deixa de incluir novas idéias sobre a origem e a significação da literatura em geral. Ademais, logo supera aquilo que chama de "dogma classicista", criticando as obras de Goethe e Shakespeare (*Interpretações e críticas*).

Os trabalhos ficcionais de Schlegel, entre eles o romance semi-autobiográfico *Lucinde* (1801) – pouco mais que a defesa conveniente do amor livre e o vômito mal talhado da paixão por Dorothea, a filha do banqueiro Mendelsohn, que o pensador praticamente raptou ao marido, levando-a consigo para Jena – e a tragédia *Alarcos* (1802), obtiveram pouco sucesso e guardam pouca importância dentro da história da literatura alemã.

Ainda em 1801, Schlegel mudou-se para Paris e passou a dedicar-se ao estudo do sânscrito e da Índia. Lá publicou *Sobre a língua e a sabedoria dos indianos* (Über die Sprache und Weisheit der Inder, 1808), obra que teve grande repercussão e deu ao autor os fumos de um excentrismo cultivado no Brasil por alguns dos propagadores de suas idéias, entre eles os irmãos Campos. Em 1808, depois de converter-se ao catolicismo, Schlegel segue a onda e junta a seu conceito de romantismo algumas das idéias da cristandade medieval. Em *História da literatura antiga e moderna* (Geschichte der alten und neueren Literatur, 1815), o autor vira definitivamente as costas para a realidade e passa a defender a necessidade obscurantista de criar "uma nova Idade Média", baseada nos princípios católicos. Vá lá, a Idade Média não é pintalgada de demônios como a pintam, mas a volta à "barbárie da origem" teve conseqüências bem amargas para a Alemanha...

No fulgor de seus aforismos, Friedrich von Schlegel alcança os píncaros da literatura. Apesar das críticas, tenho de concordar que muitas vezes desejei ter mais de

---

ter traduzido dezessete obras de Shakespeare, traduziu também obras de Petrarca, Dante, Boccaccio, Cervantes e Camões, reunidas no livro *Flores da poesia italiana, espanhola e portuguesa* (Blumensträusse italiänischer, spanischer und portugiesischer Poesie, 1804). A partir de 1804, A. W. viajou pela Europa em companhia da escritora e crítica francesa Madame de Staël, com quem manteve estreita ligação. Na obra *Sobre literatura e arte dramática* (Über dramatische Kunst und Literatur) August Wilhelm faz algumas interpretações originais de tragédias gregas e promove uma crítica demolidora do teatro de Racine. Vivo no Brasil pela lembrança dos irmãos Campos, A. W. dedicou-se aos estudos do sânscrito na Universidade de Bonn, onde lecionou literatura a partir de 1818.

um estômago – conforme a recomendação de Schlegel – para agüentar melhor a ruminação de tanta sensaboria literária. Da mesma forma, tenho a certeza de que a minha crítica a Altair Martins – conforme o último aforismo da coletânea – foi a manifestação do juízo, aliás ponderado, enquanto a defesa do autor, motivada pela minha crítica, foi tão-somente a divulgação da falta dele. Daí a polêmica.

XIX

GRAF VON
PLATEN

32

PENSAMENTOS RASGADOS

Vasos vazios produzem mais som do que vasos cheios. Um tagarela é, na maior parte das vezes, um cabeça oca.

A maior tarefa da arte não é mostrar o gênio, mas, muito antes, fazer com que ele se esconda atrás da própria arte.

Com o fito de aplacar

Nossos dísticos são buquês colhidos a esmo, sem cuidado,
Isso explica o ramo de urtiga, aqui e ali encontrado.

COMENTÁRIO

August Graf von PLATEN-Hallermünde (1796-1835) nasceu em Ansbach, descendente de nobres saxões e francônios, e morreu em Siracusa, na Sicília. Depois de começar na carreira de oficial em 1814, estudou em Würzburg – interessado sobretudo em latim e grego e na lírica da Antiguidade – e, a partir de 1819, em Erlangen, onde entrou em contato com Schelling, filósofo idealista alemão, e Jean Paul, grande humorista do romantismo. A partir de 1824, Platen viajou pela Itália, depois de permanecer algum tempo em Veneza. Contra a dissolução formal divulgada pelo romantismo, o poeta pregou o classicismo e, com ele, a importância da completude harmônica entre forma e conteúdo. Seus modelos nesse sentido são Goethe, o *Titã* de Jean Paul e as tragédias de Racine.

Cultivando o soneto, a ode e a balada – e todos os demais gêneros poéticos da Antiguidade –, Platen deu à literatura alemã uma série de belos versos, demonstrando a perfeição da métrica antiga, neolatina e oriental. No prefácio a sua primeira obra – *Folhas líricas* (Lyrische Blätter), 1821 –, Platen colocou seu nome e suas intenções poéticas na esteira da lírica de Petrarca e também de Camões, autor conhecido e estudado pelos românticos alemães.

A coletânea intitulada *Polenlieder*, publicada em 1939 – e portanto depois da morte do poeta –, reúne a poesia política de Platen, ignorada por um bom tempo na Alemanha – apesar do entusiasmo de escritores revolucionários como Herwegh e Freiligrath – e reavaliada apenas pelos germanistas da Alemanha Oriental, que viram no liberalismo bonapartista de Platen um elemento precursor do socialismo.

Seus *Diários*, publicados na íntegra apenas entre os anos de 1896 e 1900, documentam a história de um transtornado. Eles abrangem a vida de Platen desde os 16 anos até a época da morte e encantaram – por sua confissão quase insolente e ao mesmo tempo comovente – a Thomas Mann, um admirador e seguidor do gênero. Os *Diários* de Platen voltariam a causar espécie e despertar interesse entre os membros do círculo em volta do poeta Stefan George.

Ligado ao *Biedermeier*, Platen foi um dos autores – entre um sem-número de pares – que acabaram se desentendendo com Heinrich Heine. A polêmica entre Heine e Platen representou uma das mais violentas lavagens públicas de roupa – em água suja – na história da literatura alemã. Depois de dizer que Heine não faria boa figura num *gymnasium* grego com seu judaísmo circuncidado, Platen teve de ver suas inclinações "clássicas" – confessadamente homoeróticas nos diários – alcançarem os ouvidos públicos pela pena ferina – e ferida – de Heine.

XX

IRMÃOS
GRIMM

33

O tico-tico-rei

O tico-tico tornou-se rei através da astúcia, não através da bravura, e reinou sobre todos os outros pássaros, ainda que fosse o menor deles. Pois sim, quando os pássaros se reuniram para eleger um rei chegaram à conclusão unânime de que a honra caberia àquele que conseguisse voar mais alto. A águia falou:

– Quem entre os pássaros haverá de ter a ousadia de se comparar comigo e quem será mais rápido do que eu?

Mas o tico-tico pensou: "Vou me deixar levar por ela às alturas", e escondeu-se sob as asas da águia. Os pássaros levantaram vôo e a águia alcançou o dobro da altura dos outros. E então exclamou:

– Eu sou o senhor entre os pássaros!

Quando o tico-tico percebeu que a águia estava cansada e já não conseguia mais seguir adiante, reuniu todas as suas forças e voou mais um pedaço em direção ao alto. E assim ele foi premiado, tornando-se o rei dos pássaros.

COMENTÁRIO

Os irmãos Jacob (1785-1863) e Wilhelm GRIMM (1786-1859) nasceram em Hanau, Hessen, e morreram em Berlim. Os dois estudaram Direito na Universidade de Marburg, mas notabilizaram-se como compiladores, pesquisadores e filólogos. Influenciados pelo pensamento romântico – sobretudo pela coletânea de baladas *Des Knaben Wunderhorn*, de Clemens Brentano e Achim von Arnim –, reuniram centenas de contos e lendas populares, publicadas sob o título de *Contos de fadas para crianças* (Kinder-und Hausmärchen, 1812-1815). A obra incluía um apanhado crítico de fôlego e desde logo alcançou êxito no mundo inteiro. Pouco depois, os irmãos Grimm publicariam outro trabalho, de características semelhantes, compilando as *Lendas alemãs* (Deutsche Sagen, 1816-1818).

Em 1819, Jacob Grimm – o irmão mais velho – deu início a uma obra de grande envergadura, a *Gramática alemã* (Deutsche Grammatik, 1819-1837), na qual enunciou a "lei de Grimm", que estabelece o princípio da regularidade das leis fonéticas. As pesquisas dos irmãos Grimm também levaram à descoberta da metafonia (história da palatização das vogais) e da apofonia (explicação das estruturas verbais a partir das variações vocálicas). Toda a germanística moderna parte dessa obra e das novas teses dos irmãos Grimm. O empenho – e o volume de trabalho dos irmãos – era tanto que Heine dizia, gracejando, que ambos trabalhavam sob os auspícios de um demônio particular.

Em 1829, os irmãos Grimm foram nomeados professores e bibliotecários da Universidade de Göttingen. Na famosa cidade universitária, Jacob escreveu o tratado *Mitologia alemã* (Deutsche Mythologie, 1835). Em 1837, os dois foram destituídos de seus cargos por terem assinado o protesto dos "sete de Göttingen", dirigido contra o rei de Hanôver por ter assinado o ato que decretou a abolição da constituição. Depois de viverem três anos em Kassel, os irmãos Grimm mudaram-se para Berlim, onde iniciaram seu trabalho mais ambicioso: o *Dicionário alemão* (Deutsches Wörterbuch). A obra, cujo primeiro fascículo apareceu em 1852, seria concluída apenas no século XX.

Embora estejam entre os filólogos mais importantes de todos os tempos na Alemanha, os irmãos Grimm tornaram-se mundialmente conhecidos pelos contos de fada que compilaram, entre eles "Branca de Neve e os sete anões", "João e Maria", "Os músicos de Bremen" e "O flautista de Hammeln", narrativas que encantaram e encantam leitores de todas as idades, épocas e lugares. A compilação marcou – até mesmo em termos universais – o início dos estudos rigorosos na área do folclore. Os *Contos de Grimm* são, até hoje, o livro mais traduzido da história da literatura alemã.

Quanto à fábula aqui traduzida, eu me recuso a bater palmas louvando a esperteza do tico-tico. Ora, esse tico-tico é semelhante aos carrapatos da literatura, que se grudam à obra dos outros, alimentando-se de seu sangue até os verem fracos, para depois lhe arrancarem o cetro.

XXI

FRIEDRICH VON
SCHILLER

34

SCHILLER *em verso*
Largura e profundidade

São muitos os que brilham no mundo,
E a respeito de tudo têm algo a dizer,
Se alguma coisa irrita, ou agrada bem fundo,
É só perguntar a eles, que vão responder.
A gente pensa, quando os ouve falando tão alto
Que têm razão em se pôr assim sobre o salto.

Mas eles desaparecem sem deixar rastro,
Suas vidas foram em vão.
Quem quiser fazer algo bom, de lastro,
Ou dar à luz algo grandioso
Esse deve acumular em silêncio, sempre chão,
Buscando na menor das coisas o vigor mais faustoso.

O tronco se eleva para o alto, qual lume,
Com ramos opulentos e suntuosos,
As folhas brilham e exalam perfume,
Mas produzir frutos não logram,
Só a semente, em sua pequenez dura de mármore,
Esconde o orgulho da floresta, a árvore.

COMENTÁRIO

Johann Christoph Friedrich von SCHILLER (1759-1805) nasceu em Marbach, Württemberg, e morreu em Weimar, depois de prolongada doença. Filho de militar reformado a serviço do duque Karl Eugen de Württemberg, Schiller fez, contra a vontade, o curso de Medicina na Academia Militar de Stuttgart, supervisionada pelo próprio duque, que em seguida o designou para servir num regimento militar.

O autoritarismo de que foi vítima levou Schiller a fazer do abuso do poder um tema recorrente em sua obra. Ele já aparece em *Os bandoleiros*, sua peça de estréia. (*Semele*, uma opereta lírica em dois atos, também foi escrita na época e terminada antes de *Os bandoleiros*; mas seria publicada bem mais tarde.) Escrita provavelmente no ano de 1777, quando ainda não havia completado 18 anos, a selvagem peça de Schiller foi publicada apenas em meados de 1781, em edição própria e anônima.

Depois de deixar o regimento – sem a permissão do duque – para assistir à estréia de *Os bandoleiros* em Mannheim, Schiller foi sentenciado a quinze dias de prisão e proibido de escrever. Descontente, o autor fugiu de vez para Mannheim, onde procurou o apoio do barão Heribert von Dalberg, diretor do teatro que lançara sua peça. Levou junto uma outra peça, *A conspiração de Fiesco em Gênova* (1783), e escreveu a seguir uma terceira, *Intriga e amor* (Kabale und Liebe), em 1784.

Em 1785, Schiller mudou-se para Leipzig, na Saxônia. Acolhido pelo advogado Christian Gottfried Körner, pôde dedicar-se inteiramente à literatura e, em 1787, concluiu o drama em versos *Dom Carlos*, depois de vários anos de trabalho e um sem-número de versões, cada vez mais condensadas... e densas...[1] A tragicidade da figura histórica do personagem, o príncipe Dom Carlos, filho de Filipe II da Espanha, expressa a convicção do autor de que a liberdade moral e espiritual do indivíduo permite-lhe mudar seu próprio destino. É ainda desse período seu mais conhecido poema lírico, "Ode à alegria" (An die Freude), celebrizado por Beethoven no movimento coral de sua nona sinfonia.

A partir de 1792, Schiller sofreu repetidos e graves problemas de saúde dos quais nunca se recuperou totalmente. Dedicou-se então ao estudo da filosofia de Kant, que lhe inspirou uma série de ensaios sobre a natureza da atividade estética. Neles mostrou como a arte pode ajudar o homem a atingir a harmonia interior mediante a "educação estética". Entre os trabalhos desse período destacam-se as *Cartas sobre a educação estética do homem*, de 1794.

Trabalhando contra o tempo, Schiller ainda escreveu quatro peças em rápida sucessão: *Maria Stuart* (1800), drama psicológico sobre o renascimento moral da rainha da Escócia; *A donzela de Orleans* (1801) – qualificada de "tragédia romântica" pelo autor – sobre Joana d'Arc e sua morte heróica no apogeu da glória, após uma batalha vitoriosa; *A noiva de Messina* (1803), tentativa de renovar a tragédia grega; e *Guilherme Tell* (1804), que dramatiza a luta vitoriosa dos suíços contra a tirania dos príncipes.

---

[1] O *Dom Carlos* de Schiller é um dos documentos mais brilhantes no sentido de mostrar a qualquer estudioso o trabalho de um autor no burilamento poético e formal de sua obra.

Nas palavras de Goethe, "a idéia de liberdade tomou uma forma diferente à medida que Schiller avançou no próprio desenvolvimento e se tornou um homem diferente. Em sua juventude, era a liberdade física que o preocupava e encontrou lugar em sua obra; nos últimos anos, foi a liberdade espiritual".

35

SCHILLER *epigramático*

Sabedoria e esperteza

Se quiseres, amigo, alçar-te às mais sublimes alturas da sabedoria,
    Ouse-o, sob o risco de seres ridicularizado pela esperteza.
É que a visão curta dela vê apenas a margem que deixas,
    E não aquela que teu corajoso vôo um dia alcançará.

O poeta e a sua crítica de arte

Não te zangues pela minha canção jovial, só porque tuas faces queimam!
Não foi o que eu li... mas o que tu pensas que as tingiu de púrpura.

COMENTÁRIO

No começo de 1781, a Alemanha perdia G. E. Lessing, o grande autor e, sobretudo, o grande dramaturgo da literatura alemã da época. Foram muitos os que profetizaram a morte do teatro alemão depois da morte de seu Shakespeare. Poucos meses depois, no entanto, a primeira resenha jornalística – publicada no Jornal de Erfurt – sobre a peça *Os bandoleiros* já sentenciava: "Se um dia pensamos ter um Shakespeare alemão, então é este". Ao mesmo tempo que a Alemanha lamentava a perda de Lessing, o educador da pátria, ganhava um autor que marcaria profundamente os rumos de sua dramaturgia.

Schiller atingiu o auge de seu talento com *Wallenstein* (1800), trabalho titânico que inclui um poema como prefácio, um prólogo dramático e duas peças de cinco atos. O ciclo retrata a figura histórica de Albrecht Wenzel Eusebius von Wallenstein, comandante-em-chefe dos exércitos do Sacro Império Romano-Germânico durante a Guerra dos Trinta Anos. Contra o pano de fundo sombrio da guerra, destaca-se a figura sinistra de Wallenstein, que admite a possibilidade de traição para tornar-se árbitro do império. Wallenstein vê-se como um ser privilegiado, acima do bem e do mal, o homem do destino. Embora essas características despertem rejeição, seu comportamento em momentos de crise causa admiração e até mesmo certo grau de simpatia. O personagem é um estudo profundo sobre o fascínio e os perigos do poder.

O impulso ao extremo – característico também de Schiller – reflete-se também no primeiro dos epigramas aqui traduzidos e seu louvor faustiano à eterna busca.

XXII

GOETHE & SCHILLER

36

XÊNIAS
As xênias

Não trazemos malas! Não levamos mais do que dois bolsos,
E estes, como todo mundo sabe, nos poetas não são cheios.

Aos filisteus

Não vos alegrai pela borboleta: quem vos gera a malvada é
a lagarta,
Que quase vos arranca o repolho magnífico à travessa, devorando-o.

TABULAE VOTIVAE
À musa

O que eu seria sem ti, não sei; mas sou tomado pelo horror,
Quando vejo o que centenas e milhares são sem ti.

COMENTÁRIO

A colaboração poética entre Goethe e Schiller é das mais célebres da literatura
universal. Muito além das questões teóricas como as teses em relação ao classicismo
(o famoso classicismo de Weimar) e das centenas de cartas que trocaram, os dois
autores chegaram a trabalhar juntos poeticamente.

Quando, em julho de 1787, Schiller viajou para Weimar, já alimentava a esperança de encontrar os homens que faziam da cidade a capital cultural da Alemanha. No
ano seguinte conheceu Goethe, que o recomendou para a cadeira de História na

A ARTE DO COMBATE

Universidade de Jena. A partir daí os dois autores ficaram em contato até 1805, quando Schiller veio a falecer.

As *Xênias* são o fruto do trabalho conjunto dos dois poetas. Ora, as *Xênias* de Goethe e Schiller são poesias epigramáticas, de fôlego curto e espírito contundente. Xênia significava, entre os gregos antigos, tratamento hospitaleiro, hospitalidade; significava também o presente que se dava aos hóspedes, após as refeições, ou aos amigos, em certas épocas do ano.

Goethe e Schiller planejaram suas xênias para combater seus opositores; o motivo primordial foram os ataques sofridos pela revista *Horen*, dirigida por Schiller. Desde o início as *Xênias* foram consideradas uma declaração de guerra à mediocridade... a luta contra a parcela tapada do público, conforme Goethe; contra a platitude – o monótono, o trivial, o insosso, o enfadonho, o banal –, conforme Schiller. Os dois autores sentiam-se advogados do espírito de seu tempo, militantes de seu pensamento estético.

O plano principiou no outono de 1795. A época – a estação – é adequada, pois é no outono que a alma do alemão – e daquele que vive na Alemanha, conforme eu sinto de perto a cada ano – amarga de vez ao ver tudo escurecer de repente e o cheiro da neve tomar conta do ar, obrigando o corpo a tirar os casacos do armário e a alma a se vestir de casmurrice, pois até o espírito da gente fica cinza.

A idéia do título surgiu das *Xênias* de Marcial, o poeta latino nascido na Espanha, que usou pela primeira vez a palavra para intitular seu 13º livro de epigramas. Goethe e Schiller usam o título de maneira irônica, arrancando-lhe o qualificativo de "presente do anfitrião", para fazer delas flechas disparadas sobre os inimigos e a mediocridade. Um dos que mais sofreu foi o escritor Friedrich Nicolai, crítico ousado, daqueles que não poupavam Goethe só porque Goethe era Goethe.

Mas depois de algumas xênias combativas, surgiram também algumas amáveis, e a proporção do projeto avultou, encontrando uma "tendência à totalidade", conforme afirmou Schiller. Numa divisão posterior as xênias amenas receberam o nome de *Tabulae Votivae*, as críticas permaneceram sendo *Xênias*.

Nas conversações com Eckermann (ver a do dia 16/12/1828), Goethe esclareceu o seu e o trabalho de Schiller, dizendo: "Algumas vezes era eu quem tinha a idéia e Schiller quem escrevia os versos, em outras o caso era oposto; muitas vezes Schiller escrevia um dos versos e eu o outro".

Ao final resta dizer que as *Xênias*, nas quais Goethe e Schiller ousaram se expressar de modo um pouco mais sarcástico, íntimo e pessoal, foram apenas um sinal pálido daquilo que viria mais tarde, uma guerrinha de brinquedo perto da fúria combativa, subjetiva e corrosiva que Heine exporia em suas máximas.

XXIII

JOHANN WOLFGANG VON
GOETHE

37

GOETHE *em verso*
O crítico

Certo dia um tipo em casa hospedei
Não era um fardo para mim, bem sei.
Tinha na mesa um almoço normal
E o tipo se empanturrou de modo tal
Que a despensa abaixo veio.
E mal o tipo estava cheio
Ao meu vizinho levou-o o diabo
Para falar mal do meu preparo:
"A sopa estava sem tempero
A carne crua e o vinho azedo."
Ah, o grande cínico!
Matem esse cão! É um crítico!

COMENTÁRIO

Johann Wolfgang von GOETHE (1749-1832) nasceu em berço esplêndido, escreveu suas primeiras poesias aos 16 anos e morreu pedindo mais luz. *Mehr Licht!*

Goethe recebeu – desde cedo – educação enciclopédica e refinada. Estudou Direito de 1765 a 1770. Nesse ano conheceu Herder, o pensador romântico, que o iniciaria na leitura da poesia popular de seu país (da qual Herder foi o primeiro compilador, aliás) e, sobretudo, de Shakespeare. Junto com Spinoza e seu panteísmo, Winckelmann e seu classicismo, o poeta e dramaturgo inglês seria um dos autores mais importantes no desenvolvimento da obra de Goethe.

A ARTE DO COMBATE

A obra de Goethe evidencia uma inteligência poderosa e reflete todas as conquistas da literatura anteriores a ela, bem como as que apenas se anunciavam na época. Passados mais de 250 anos do nascimento de Goethe, continuam a ser feitas "descobertas" acerca da vida do gigante de Weimar. Depois de milhares de estudos biográficos – em 1874, Herman Grimm, biógrafo de Goethe, achava que já se dissera demais sobre o clássico alemão –, poder-se-ia pensar que nada mais havia a escrever sobre ele, a não ser referendar a muita atualidade e o vigor de sua obra. Ledo engano! Há poucos anos um tal Karl Hugo Pruys lançou a biografia *Die Liebkosungen des Tigers* (mal traduzindo: *As carícias do Tigrão: uma biografia erótica de Goethe*), na qual pretende provar por A + B que o maior dos escritores alemães, até hoje reconhecidamente um grande apreciador de mulheres, era bissexual.

O tal Pruys chega até a pôr Schiller, com quem Goethe teve apenas – segundo o que todo mundo soube – uma fraternal amizade, sob suspeita em chistoso capítulo intitulado "Matrimônio em cartas". O certo é que Goethe teve várias mulheres que – muito além de provar machezas e que tais – foram importantes também no desenvolvimento de sua obra. A primeira delas foi Katharina Schönkopf, que tanto o fez sofrer em seus ralos 16 anos; a segunda, Friederike Brion, filha de um pastor, que lhe inspirou várias poesias eróticas – as primeiras poesias líricas de valor na literatura alemã. Em seguida vieram Lili Schönemann e depois Charlotte Buff, a paixão inspiradora, fulgurante e dolorosa de *Os sofrimentos do jovem Werther*. Mais tarde foi a vez de Charlotte von Stein – mais de dez anos ligada a Goethe –, a quem o autor alemão dedicou uma série de poesias e toda a *Ifigênia em Táuris*, versão humanitário-cristã da obra de Eurípedes, que traz os mais harmoniosos versos escritos até então em língua alemã. As relações com Madame von Stein esfriaram depois da viagem de Goethe à Itália, em 1786, importante na sua trajetória em direção ao classicismo. Nessa "fuga", em que adotou identidade e profissão falsas, Goethe teria gozado o amor de pelo menos duas outras mulheres. De volta a Weimar, Christiane Vulpius surgiu em sua vida, e Goethe acabaria se casando com ela. A esposa lhe deu cinco filhos, quatro deles mortos logo após o nascimento. Mesmo aos 74 anos, o gigante de Weimar mostrava-se firme em relação às mulheres e, num arroubo juvenil, pediu Ulrike Lewetzow, de apenas 17 anos, em casamento. Marianne von Willemer, que ocupou a fantasia de Goethe alguns anos antes do vigoroso pedido de casamento, seria a musa inspiradora de sua obra lírica mais bem acabada: *West-östlichen Divan* (Divã do ocidente e do oriente, de 1819).

A poesia aqui traduzida é irônica e agressiva. Municiou incontáveis autores, de todos os lugares do mundo, ao longo de mais de dois séculos. Convém lembrar, no entanto, que o próprio Schlegel chegou a dizer que "Goethe foi poeta demais, para ser bom crítico de arte".

Ademais, Goethe, na função de crítico – e possuído pela soberba –, desprezou Friedrich von Kleist, um autor à frente de seu tempo, achava Friedrich Hölderlin um despropósito e não deu bola para Heine, dizendo que lhe faltava uma qualidade essencial: o respeito. Na pintura, a menina de seus olhos foi Tischbein, que sobreviveu na história da arte apenas por ter feito o clássico retrato de Goethe na Campagna. Na música, fez pouco de composições inteiras de Schubert sobre seus poemas – refinadas e trabalhadas –, por estas não adotarem uma posição submissa e encomiástica em relação à sua obra, ao mesmo tempo que elevava as composições de seu amigo Friedrich Zelter, nas quais a música é apenas uma espécie de embrulho do poema, que não ousa intervir em sua estrutura melódica e poética.

Foi Goethe também que dividiu a crítica em construtiva e destrutiva, coisa que Marcel Reich-Ranicki, defensor da crítica negativa – crítico conservador, espetacular e espetaculoso –, alegou, me parece que com razão, ser demagógica. Afinal de contas, tudo aquilo que aponta os erros e falhas de alguma coisa, criticando o que nela é ruim, é porque a quer, pelo menos em tese, boa. É negativa, segundo o veredito de Goethe, mas construtiva por princípio.

Ao traduzir o poema acima, não consegui deixar de ver, no entanto, a imagem sabuja, furtiva e pegajosa do crítico arrivista, saindo de uma mansão de Weimar com o rabo entre as pernas e mil escorpiões na cabeça, louco para picar o calcanhar de Goethe e virar constelação.

38

GOETHE *em prosa*
Máximas e reflexões

Quem se acostuma a defender o que é errado tem todos os motivos para pisar de leve e professar um estilo de vida sutil. Quem sente a razão do seu lado, contudo, tem de pisar duro; uma razão gentil não significa nada.

A perfeição é alcançada já no momento em que o necessário é realizado; a beleza, quando o necessário é realizado, mas permanece oculto.

As altas exigências são mais valiosas em si, mesmo que irrealizadas, do que as baixas, totalmente realizadas.

Diz-se: "O auto-elogio fede". Sim, até pode ser; mas o nariz do público não é capaz de identificar o cheiro de uma censura estranha e injusta.

Antes da tempestade o pó se levanta ainda uma última vez, violento, para depois se apaziguar por um bom tempo.

COMENTÁRIO

Com sua poesia, Goethe pleiteou e alcançou o estatuto de um dos maiores líricos de todos os tempos. Provando que o gênio é indispensável, mas que vai melhor se bem trabalhado e lavrado no crivo da experiência, suas obras mais bem acabadas em todos os gêneros são as derradeiras. É assim na lírica, com o *Divã do ocidente e do oriente*, que mostra um autor que chegou aos píncaros da elaboração poética, apresentando uma mescla feliz de humor com erotismo maduro.

Grosso modo, a poesia de Goethe poderia ser dividida em emotiva ou do sentir

A ARTE DO COMBATE

(*Gefühlslyrik*) – hinos, baladas e canções *(Lieder)* – e a do pensar (*Gedankenlyrik*), nas quais a reflexão domina a imaginação e o sentimento. Faz parte do segundo conjunto sua poesia proverbial, sentenciosa e epigramática, não coincidentemente aquela produzida na época da maturidade.

De seus três grandes romances – *Os sofrimentos do jovem Werther* (1774), *As afinidades eletivas* (1809) e a saga de *Wilhelm Meister* (1795-1821) – o último, um modelo de romance de formação moderno, é também o definitivo, apesar da imensa qualidade e importância das *Afinidades eletivas*, "um dos primeiros romances psicológicos da literatura européia", segundo Otto Maria Carpeaux. Na primeira parte da saga de Meister, os *Anos de aprendizagem*, Goethe descreve sua própria trajetória, com as experiências de poeta romântico que passa ao classicismo e as tentativas na prática teatral. Na segunda parte, os *Anos de peregrinação*, aparece o fundamento de uma "província pedagógica", espécie de sociedade utópica que corresponde ao ideal de formação total da cultura do indivíduo imaginado pelo autor.

Em *Werther*, o primeiro grande *best-seller* da humanidade e talvez a mais conhecida das obras de Goethe, também há muito de autobiografia e uma boa dose de estranhas relações entre o romance e a vida real de seu autor e um círculo de amigos de Wetzlar, cidade alemã que Goethe habitava à época em que escreveu o livro.[2]

Em outra obra madura, *Poesia e verdade*, que não tem nenhum conteúdo ficcional e é autobiográfica na essência, Goethe deu à humanidade um dos testemunhos definitivos do gênero. A obra por certo tem muito a dizer – e a ensinar – à fase desvirtuadamente biográfica e metaliterária da literatura contemporânea.

Fausto, um drama no qual a poesia está longe de ser o menor dos méritos, é a obra derradeira – e também a definitiva – de Goethe. No *Urfaust* (Fausto original) – descoberto apenas em 1887 e influenciado pela ardorosa juventude do autor e pelo pensamento do *Sturm und Drang* –, Fausto proclama o fracasso da ciência, a insuficiência de nossa capacidade de conhecer e saber. Quer ciência sim, mas também uma nova dimensão para a vida, um dilatar-se dos horizontes humanos que possa abarcar o universo. E, para isso, deixa os livros dos incansáveis – para ele infrutíferos – estudos e volta-se para a magia, buscando, através do pacto com o demônio, a força que lhe possibilite passar dos limites "proibidos". Tudo resumido na frase de Mefistófeles: "Cinzenta é toda a teoria, e verde a árvore de ouro da vida!". No final, Fausto não alcança a redenção, mas desaparece com Mefistófeles, perdendo tudo que amava, enquanto Gretchen clama, de longe, para que ele volte. Assim, o *Urfaust* – que, com algumas alterações, corresponde à Primeira Parte do drama goetheano definitivo – é o símbolo de uma humanidade que errou buscando desesperadamente um caminho que a levasse ao ideal da divindade.

Na Segunda Parte, menos dramática, mas muito mais filosófica, desenrola-se a tragédia do desenvolvimento. Nela, Goethe já passou do romantismo ao classicismo,

---

[2] Mais – muito mais – detalhes sobre as íntimas ligações entre a arte e a vida nesta obra de Goethe o leitor poderá encontrar na edição comentada do *Werther*, que preparei para a editora L&PM, 2001.

114 MARCELO BACKES

abandonando a visão opressiva e lacrimosa da primeira fase e adotando uma postura moderna – e clássica – diante do desenvolvimento. Nesse *Fausto* – o da segunda parte, fique claro –, a vida do homem aparece como uma harmonia que se desfaz para voltar a se formar por suas próprias forças, pela experiência da realidade. Goethe concluiu sua obra-prima pouco antes de sua morte, em 1832. Trabalhou nela a vida inteira e deu ao mundo a mais acabada representação de uma época.

As *Máximas e reflexões* de Goethe fazem parte do melhor de sua obra e a sintetizam de certa forma. Refletem – assim como o *Fausto* e assim como o *Wilhelm Meister* – a sabedoria de uma existência e o mundo em que essa existência "viveu, teceu e foi", conforme o próprio Goethe gostava de afirmar. De quebra, revelam toda a gravidez e a gravidade da experiência de um autor que, além de genial, era maduro, e com suas máximas deu ao mundo um novo "Livro da Sabedoria".

39

Máximas em fulgores mínimos

Quem erra o primeiro botão, jamais conseguirá levar a cabo a abotoadura.

O mais fino dos cabelos lança sombra.

Um arco-íris que dura meia hora, ninguém mais olha.

Nem em todo lugar onde há água, há sapos, mas em todo lugar onde a gente ouve sapos, há água.

Muita gente fica batendo o martelo a esmo pelas paredes e acredita que a cada golpe acerta o prego em cheio.

Não há maior consolo para a mediocridade do que o fato de o gênio não ser imortal.

COMENTÁRIO

Usando a régua da comparação, Goethe está para a lírica universal assim como Dante está para o poema épico, Shakespeare para o drama e Cervantes para a prosa romanesca. Sua obra é tão importante que são poucos os autores que, em algum momento, não refletiram sobre ela.

Em 1999, a Revista *Spiegel* mediu a importância de Goethe em números e o resultado foi acachapante. Mais de 20% dos alemães possuíam uma obra de Goethe e 25% dos ex-alemães orientais souberam recitar pelo menos uma das poesias de Goethe de cor, enquanto "apenas" 10% dos ex-ocidentais alcançaram a mesma façanha. Da estatística uma observação e duas perguntas: 1) Não é por acaso que as edições de Púchkin alcançavam 50 mil exemplares na União Soviética, e o que mais se lê em Moscou hoje em dia são revistas pornográficas americanas; 2) Quantos

A ARTE DO COMBATE

brasileiros sabem um poema de Drummond – de João Cabral nem se fala – de cor?;
3) Quantos têm uma obra de Machado de Assis em casa?

"Eis um homem!", disse Napoleão ao encontrar Goethe em dois de outubro de
1808. O imperador francês – Goethe sempre se gabou de que ele havia lido o seu
Werther sete vezes e o carregava consigo em sua biblioteca de campanha – invocava
humanamente àquele que seria o deus da literatura alemã. Tão deus que sua estátua
"em tamanho natural" em Weimar é maior que a de Schiller, a seu lado, embora em
vida o segundo tivesse sido – em termos físicos, é claro – mais alto do que o
primeiro.

XXIV

LUDWIG
TIECK

40

Luta

Que seja! Estão previstos a guerra e o tormento
　Ao homem armado, em pé para a disputa,
　Mas quem em favor da paz teme a luta,
　Jamais se fará digno do firmamento.

A vida de Um é um amor eterno e manso,
　A arte a ele se entrega, como ao marido,
　O Outro erra por mar e terra, perdido,
　Acossado pelo destino, sem descanso.

Para arrancar a fruta da árvore milagrosa,
　Hércules busca as Hespérides, às pressas,
　E só é coroado Deus depois de luta cansativa.

Ele derribou tanta caterva em vida ativa,
　Antes de entrar enfim para a paz eterna,
　Não deviam paz e alegria tolher sua força poderosa.

COMENTÁRIO

　Johann Ludwig TIECK (1773-1853), além de grande tradutor da literatura espanhola e do teatro inglês, foi um dos autores mais populares da escola romântica e um dos precursores do romance histórico alemão.

　Tieck nasceu e morreu em Berlim. Depois de estudar em Erlangen, na Bavária,

A ARTE DO COMBATE   117

até 1794, Tieck escreveu um romance em três volumes. A obra leva o título de *A história do senhor William Lovell* e caracteriza bem o nascente romantismo alemão, marcado pelo titanismo e pelo demonismo do *Sturm und Drang*. Escrito entre os anos de 1795 e 1796, o romance relata – em todos os detalhes e aspectos – a autodestruição moral de um jovem sensível. A coleção de *Contos populares* (Volksmärchen, 1797) e várias versões teatrais de histórias tradicionais – entre elas uma d'*O gato de botas*, de Perrault[3]. vigorosa em seu humor burlesco – acabaram por levar o autor ao palco da fama. Em 1798, Tieck lançou um romance sobre a vida artística da baixa Idade Média, intitulado *Peregrinações de Franz Sternbald*.

Em 1799, Tieck entrou em contato com os irmãos Friedrich e August Wilhelm von Schlegel para formar um dos principais núcleos do movimento romântico alemão. Nesse período – e estimulado pelas traduções de Shakespeare, empreendidas por A. W. Schlegel – traduziu *Dom Quixote* (1799-1801) de Cervantes e escreveu o drama poético *Vida e morte de santa Genoveva* (1800). A partir de 1802, Tieck dedicou-se a estudar a Idade Média – voltando romanticamente as costas para a realidade – e publicou uma série de trabalhos sobre autores contemporâneos, como Novalis e Heinrich von Kleist. *Montanha das runas* (Runenberg, 1802) é sua última obra e – adentrando livremente o misticismo – trata do mundo mágico dos cristais. A alta literatura dava estatuto oficial a um tema – "filosofia de empregadas", segundo Thomas Mann – que hoje municia qualquer palhaço esotérico de milhões de livros vendidos.

A partir de 1819, Tieck passou a trabalhar como jornalista em Dresden e foi nomeado conselheiro e crítico do teatro da cidade em 1825, cargo que exerceu até 1842. Retomou então o entusiasmo de seus primeiros trabalhos e escreveu quarenta pequenos romances – marcados pelo realismo e influenciados por Walter Scott –, nos quais polemizou tanto com os jovens românticos quanto com o movimento *Jovem Alemanha*. A convite de Frederico Guilherme IV da Prússia, Tieck instalou-se em 1842 em Berlim, onde, tal como em Dresden, passou a ocupar posição central na vida literária.

---

[3] Na verdade, a fábula foi trabalhada pela primeira vez por Giovanni Francesco Straparola, falecido em 1557.

XXV

JOSEPH VON
EICHENDORFF

41

Máxima

Construa segundo o favor do mundo
Fique atento a toda dica e saudação,
E jamais alcançarás a felicidade!
O cão que mais sofre, no fundo,
Tem de seguir os passos do patrão,
Proibido de gozar a liberdade!

E o poeta?

De alegria o meu coração
Arderá por todos, sem exceção,
Por todos terei de sofrer,
Por todos irei florescer,
E quando as flores, frutos tiverem dado,
Eles há tempo terão me enterrado.

COMENTÁRIO

Joseph, Barão von EICHENDORFF (1788-1857) nasceu no castelo de Lubowitz, em Ratibor, na Silésia, e morreu em Neisse, também na Silésia. Começou seus estudos em Halle, no ano de 1805, e em 1807 foi a Heidelberg, onde conheceu os poetas românticos Arnim, Brentano e Görres e a escola romântica de Heidelberg. Completou seus estudos de Direito em Berlim, no ano de 1810, entrando em contato íntimo com Friedrich von Schlegel e seu círculo de amigos. Participou das Guerras de Libertação – contra Napoleão – na condição de tenente e em 1816 iniciou sua carrei-

A ARTE DO COMBATE

ra de funcionário público, chegando a trabalhar no conselho do Ministério da Cultura prussiano.

Eichendorff foi o maior autor de canções populares do romantismo alemão tardio, logrando captar a alma do povo em toda sua essência ingênua. Influenciado por Goethe e Novalis – e pela riqueza do cancioneiro popular alemão, cujas baladas foram compiladas por Arnim e Brentano em *Des Deutschen Knaben Wunderhorn* –, Eichendorff representa o último suspiro do romantismo na Alemanha. Caracterizada pelo tom popular, sua poesia é tingida por uma espécie de ingenuidade conscientemente ingênua, simples, de lavra melancólica e resignada. Marcado pela pecha de bardo das florestas germânicas, Eichendorff foi – na verdade – um dos maiores líricos alemães de todos os tempos, profundo em sua simplicidade, grandioso na expressão pura de suas canções.

A visão de mundo católica – presente em toda sua obra – fê-lo aventurar-se pela dramaturgia de inspiração calderoniana (de Calderón). Além de poeta e dramaturgo, Eichendorff foi também um prosador de alto nível. Seu romance *Fragmentos da vida de um joão-ninguém* (Aus dem Leben eines Taugenichts, 1826) é um documento literário preciso na caracterização do romantismo tardio e suas tendências. Pleno de lirismo, o livro é uma obra-prima de sua época.

O REALISMO PÓS-GOETHE

Antes de morrer, em 1805, Schiller declarava ver em Goethe o tipo ideal do escritor realista. Vá lá, pois... Muito antes de alguém pensar em usar o conceito a fim de classificar um período literário-artístico, Schiller denunciava a precariedade das classificações, ao invocar o "realismo" de um autor que pelos manuais é identificado ora no "classicismo" ora no "romantismo". Ora... Mas nem por isso o ato de classificar deixa de ser didaticamente interessante, sistematicamente necessário!

O século XIX nem chegara ao meio e as tendências românticas – na literatura – e o idealismo metafísico – na filosofia – já sofriam ataques sucessivos e cada vez mais vigorosos. A agitação política que se estendia por toda a Europa punha um fim no aconchego apolítico e na ordem patriarcal, familiar e conformista do *Biedermeier*[4], que imperou na Alemanha depois do fim do domínio napoleônico.

A tendência agora era a *Jovem Alemanha*. Se o conceito é artificial e foi criado pela censura alemã para designar uma série de escritores sem hegemonia ideológica – mas unidos pela crítica –, a fim de melhor controlá-los, não deixa de caracterizar bem os tempos de mudança vividos pela literatura na Alemanha posterior a Goethe e ao *Biedermeier* e seu conservadorismo comodista e apolítico. Georg Büchner, uma das maiores expressões do grupo, foi o responsável pela introdução – até mesmo em sua obra ficcional – de um sentimento de rebeldia que ultrapassava o indi-

---

[4] A palavra foi mencionada pela primeira vez – posteriormente – por Ludwig Eichrodt (1827-1892) numa coletânea de poesias de 1850.

122 MARCELO BACKES

vidualismo romântico e abria as portas da crítica social. Na filosofia, Marx teorizava o materialismo revolucionário, e Schopenhauer pregava o niilismo. Ferdinand Lassalle (1825-1864), político e ideólogo alemão, organizador do movimento operário, dava um matiz nacionalista às idéias socialistas – e internacionalistas – de Marx, influenciando poetas como Herwegh e Freiligrath. Friedrich Nietzsche – um pouco mais tarde – defendia uma espécie de vitalismo trágico, baseado na aceitação do destino humano e na subversão dos valores morais. A produção literária alemã do período moveu-se entre pólos semelhantes, oscilando – conforme o autor – entre o nacionalismo exaltado, a crítica social e o pessimismo de índole niilista.

A narrativa

A progressiva ascensão do realismo marcou a narrativa alemã posterior a Goethe. A intenção crítica – mais débil no romance – era perceptível em escritores como Karl Gutzkow (1811-1878), um dos líderes da *Jovem Alemanha*. Defensor do liberalismo no campo do pensamento, Gutzkow foi uma opinião condutora entre os escritores de sua época e respeitado tanto na condição de crítico quanto na de autor.

Visto por alto, o realismo romanesco alemão – diferentemente do realismo francês e sua ausência de ilusões (vide Balzac) ou sua análise psicologizante (vide Stendhal e Flaubert); diferentemente do realismo inglês e a homogeneidade de seu etos vitoriano (Dickens); diferentemente do realismo russo, que revolve a realidade até suas últimas instâncias existenciais, movido pelo abalo religioso (Dostoiévski e Tolstói, tão diferentes ao cabo, mas tão semelhantes no princípio) – é um realismo de marca "poética". Jamais se preocupou em solucionar grandes questões sociais pela atuação política, ocupando-se, muito antes, do ser humano em suas angústias gerais. Otto Ludwig (1813-1865), dramaturgo, novelista e estudioso de Shakespeare, foi o fundador desse "realismo poético" e encarou-o como programa para as novas gerações de escritores. Cartas abertas, portanto... Se o pessimismo de Schopenhauer influenciou o realismo alemão de maneira decisiva no âmbito da narrativa, a perspectiva materialista de Marx, assim como o criticismo moral e religioso de Nietzsche, não chegou a ter papel determinante nos rumos do movimento.

Foi no realismo que a literatura em língua alemã se dividiu pela primeira vez de maneira nítida em literatura alemã, austríaca e suíça.

Na Alemanha, o realismo de Wilhelm Raabe (1831-1910) se caracteriza pela abordagem humorada e precisa – dotada de rigoroso senso histórico – da vida da classe média alemã. Raabe é uma espécie de guardião – por vezes cheio de humor – dos valores básicos da vida burguesa. Gustav Freytag

A ARTE DO COMBATE

(1816-1895) fundamentaria sua literatura de modo ainda mais claro na análise histórica. Sua potência ficcional, no entanto, não chega perto da melhor produção de Raabe. Willibald Alexis (1798-1871) – nome de guerra de Georg Wilhelm Heinrich Häring – é outro dos autores de segunda mão da época. Também no âmbito do romance histórico, limitou-se a macaquear Walter Scott, alcançando meia colher de humor, de quando em vez. O humor de Fritz Reuter (1810-1874) – ainda que não empolgue – já se mostra bem mais afinado. Suas narrativas tristes – e de colorido autobiográfico – foram escritas no dialeto *baixo-alemão* (platt-deutsch) de sua terra natal, Mecklemburgo. *Do meu tempo de vadiagem* (1863) é sua obra mais conhecida.

Charles Sealsfield (1793-1864) – pseudônimo do escritor austríaco Karl Anton Postl –, escritor redescoberto pela crítica há poucos anos, ocupou-se do espírito pioneiro da América, entusiasmado com as possibilidades da democracia no Novo Mundo. Depois de passar pelo romance indianista à maneira de Fenimore Cooper, Charles Sealsfield dá uma guinada em direção ao realismo – que o faz ver também os aspectos infundados de sua esperança na democracia americana, viciada pela corrupção e pelo arbítrio –, ao enfocar a guerra que deu origem à independência do Texas. *O livro do camarote* (Das Cajütenbuch, 1841), romance que reúne várias narrativas de valor independente, é sua obra principal. O *Cajütenbuch* (Kajüte – camarote – é o nome do fortim do capitão Murky, no qual oficiais e proprietários se reúnem à noite para debater a anexação do Texas aos Estados Unidos e contar suas histórias) teve grande função esclarecedora e didática durante sua época. Proporcionou ao público alemão, descontente com os rumos da política em uma Europa conservadora, a visão de uma alternativa democrática e republicana, representada pelos Estados Unidos. Nesse sentido, aliás, o romance de Sealsfield se posiciona na tradição – já antiga – do romance iluminista, inaugurada por Johann Gottfried Schnabel (1692-1760) com seu *A ilha de Felsenburg* (segundo o título de Ludwig Tieck, reorganizador da obra em 1828). No romance – tido como o *Robinson Crusoé* alemão –, Schnabel também apresenta uma alternativa – de base escapista – à "velha Europa": a sociedade perfeita, a utopia estatal de uma ilha paradisíaca da qual ninguém quer voltar depois de tê-la alcançado, ao contrário do que acontece com Crusoé. Devido a seu "realismo exótico", Charles Sealsfield foi comparado – e limitado – a Karl May e a Cooper durante um bom tempo por alguns críticos. Günter Schnitzler – especialista contemporâneo de sua obra – alerta para a simplificação grosseira da perspectiva e percebe que Sealsfield é muito mais do que um autor escapista, ocupado de maneira deslumbrada com o fulgor das paisagens americanas... A ordem de seu mundo, muito além de inteiriça, é transtornada... e seu "eu" literário é um eu a perigo, que já apresenta as marcas claras da dissociação típica da modernidade posterior... Günter Schnitzler vê – aliás com razão – dissonância e dialogismo onde outros viam simplicidade; a dilaceração interna de uma época – da qual Heine foi o maior representante – onde outros ainda viam apenas a unidade harmônica típica das obras do *Biedermeier*. Segundo Schnitzler, alguns detalhes psicológicos e artísticos de caráter inovador – sobretudo na concepção do "eu" – elevam Sealsfield ao nível de um escritor vanguardista da estirpe de Hugo von Hofmannsthal, que aliás o cita em sua obra e se ocupou em profundidade com a dissociação do eu moderno.

O grande representante narrativo do realismo austríaco é Adalbert Stifter (1805-1868). Sua obra traduz os aspectos simples e as virtudes da vida "comum", analisando de maneira notável a psicologia da sociedade rural – e cosmopolitamente limitada – da Áustria. Na obra de Stifter já podem ser vistos alguns sinais da análise psicológica que caracterizaria Arthur Schnitzler décadas mais tarde. *Brigitta*, de 1844, *Nachsommer*, de 1857, e *Witiko*, de 1865, estão entre suas obras mais conhecidas. Leopold von Sacher-Masoch (1836-1895), outro austríaco, adentraria livremente o terreno patológico da psicologia na novela *Vênus em pele* (Venus in Pelz, 1869), ao estudar o comportamento de Severin em sua relação com a viúva Wanda, a quem o rapaz se submete sexualmente. Sem alcançar o vigor das melhores obras do Marquês de Sade, *Vênus em pele* seria decisiva no rumo da psicologia sexual. Em 1886, na obra *Psychopathia sexualis*, Richard von Krafft-Ebing – lembrando o sobrenome do autor austríaco – daria o nome de "masoquismo" à perversão sexual que caracteriza a obtenção de prazer mediante a flagelação do próprio corpo.

O representante realista da Suíça – o mais denso entre os primeiros realistas da língua alemã – é Gottfried Keller. Jeremias Gotthelf (1797-1854), com seus romances didáticos – de algum talento épico –, juntaria seu nome ao de Keller, marcando a importância da Suíça no realismo. Sua novela *A aranha negra* (Die schwarze Spinne) ainda hoje guarda interesse e importância.

Outro escritor suíço de destaque na época do realismo foi Conrad Ferdinand Meyer (1825-1898). Cultor do romance histórico, Meyer caracterizou-se pelo estilo heróico, pela ética protestante e pelo contorno plástico de suas narrativas. Com *Jürg Jenatsch* – seu romance mais conhecido e mais bem-acabado –, Meyer descreve a desoladora situação da Europa durante a Guerra dos Trinta Anos, comparando-a simbolicamente com a Europa de sua própria época. Pouco conhecido como poeta, Meyer escreveu poemas de grande qualidade, dignos de reavaliação crítica.

Na ficção de costumes destacaram-se Theodor Storm, um escritor do alto-norte alemão – e seu ambiente rural –, e Theodor Fontane, um humorista a analisar a vida burguesa e citadina de Berlim.

A ARTE DO COMBATE

A lírica

O principal impulsor das tendências líricas do realismo alemão foi Heinrich Heine. Ainda marcado pelo romantismo nos poemas iniciais do *Livro das canções* (Buch der Lieder), Heine aliou suas descrições líricas à sátira contra os costumes da época. *Alemanha, um conto de inverno* e *Atta Troll, sonho de uma noite de verão* – duas das obras-primas de Heine – são poemas épicos de fôlego, de traços sumamente sarcásticos e intensamente críticos em relação à literatura e à política de seu tempo.

Ainda mais revolucionários em sua lírica – e mais combativos em sua arte – foram os poetas Ferdinand Freiligrath e Georg Herwegh.

Ferdinand Freiligrath (1810-1876) foi colaborador de Marx na revista *Nova gazeta do Reno*. Autor de poesias políticas de conteúdo revolucionário – constantes nas obras *Minha profissão de fé* (1844) e *Novos poemas políticos e sociais* (1850) –, Freiligrath também escreveu baladas exóticas, carregadas de *páthos* – a "Balada do Príncipe Eugênio" alcança os píncaros da poesia – e traduziu Musset, Lamartine e Victor Hugo. Georg Herwegh (1817-1875) – irmão poético e político de Freiligrath – foi o mais ousado dos líricos revolucionários alemães.

Os temas populares, matizados pelo classicismo em Eduard Mörike, dominaram a lírica de Karl Immermann, Ludwig Uhland (1787-1862) – marcada pela singeleza e pela simplicidade – e Joseph von Scheffel (1826-1886). Scheffel também alcançou sucesso com suas paródias – bem-humoradas – ao romance histórico, praticado à exaustão por alguns de seus contemporâneos, os já citados Willibald Alexis e Gustav Freytag.

O drama

A volta à tragédia e sua capacidade de expressar os conflitos entre o homem e a sociedade tomou conta do teatro alemão posterior a Goethe, embora já o caracterizasse anteriormente. No realismo, ela foi sustentada pelo escritor alemão Friedrich Hebbel e pelo austríaco Franz Grillparzer.

Bem antes desses dois autores, Christian Dietrich Grabbe (1801-1836) assinalou o início efetivo do realismo na dramaturgia alemã. Marcado pelo pessimismo de índole schopenhaueriana, Grabbe foi analisado com suprema ironia – e algum louvor – por Heine em suas *Memórias*. Depois de colocá-lo entre os maiores escritores alemães, Heine passa a descer o sarrafo do chiste ao dizer que Grabbe foi, entre todos os dramaturgos de seu país, o mais aparentado de Shakespeare. E a caracterização – resguardada a maldade heineana – é perfeita:

126 MARCELO BACKES

Talvez ele tenha menos cordas em sua lira do que outros, que exatamente por causa disso se sobressaem em relação a ele; mas as cordas que ele possui têm um som que só pode ser encontrado no grande britânico. Ele tem as mesmas repentinidades, os mesmos sons naturais através dos quais Shakespeare nos assusta, nos abala e nos encanta. Mas todos os seus méritos são obscurecidos por uma falta de gosto, um cinismo, um desabafo que superam as maiores loucuras e atrocidades que um cérebro humano já logrou trazer à luz. Contudo não é doença, ou talvez uma espécie de febre ou idiotice, o que Grabbe produziu; mas sim uma intoxicação espiritual e espirituosa do gênio. Da mesma forma que Platão acertou em cheio ao afirmar que Diógenes era um Sócrates alucinado, poderíamos, com o dobro da razão, afirmar que o nosso Grabbe foi um Shakespeare bêbado.[5]

Fato é que as obras de Grabbe – de difícil encenação – antecipam o expressionismo e chegam a apresentar algumas técnicas adiantadamente cinematográficas. *Don Juan e Fausto*, de 1829, é sua obra mais conhecida.

Heinrich Laube (1806-1884), autor de romances e textos teatrais, fez de seu *Jornal para o mundo elegante* o órgão condutor da *Jovem Alemanha*. O maior objetivo do movimento – que tinha em Heine,

e Büchner seus maiores nomes – era instaurar um teatro baseado em ideais democráticos. As peças que Laube escreveu – embora demonstrem grande domínio da técnica dramatúrgica – não chegam nem de longe a fazer parte do que há de melhor no teatro alemão.

O austríaco Johann Nestroy – menos engajado politicamente e longe da *Jovem Alemanha* – foi outro dos grandes dramaturgos da época. Desprezado pela crítica, escreveu suas peças – cheias de sátira e misantropia – em dialeto vienense.

---

[5] A análise completa de Heine pode ser encontrada em *Confissões e memórias*, livro que traduzi para a Editora L&PM.

XXVI

GEORG
BÜCHNER

42

Paz às cabanas! Guerra aos palácios!

O ano de 1834 parece surpreender a Bíblia numa série de mentiras. Parece que Deus criou os camponeses e operários no quinto dia e os príncipes e grandes no sexto. E parece que o Senhor disse aos últimos: reinai sobre todos os animais que rastejam sobre a terra, dispondo os camponeses e cidadãos entre os vermes. A vida dos príncipes é um longo dia de domingo; o povo, todavia, está deitado à frente deles como o esterco sobre o campo. O camponês anda atrás do arado, mas o funcionário do príncipe anda atrás do camponês e tange-o junto aos bois, incitando-o a puxar adiante; o príncipe toma os grãos e deixa as cascas ao povo. A vida do camponês é um longo dia de trabalho; estranhos consomem seus campos diante de seus olhos, seu corpo é um calo só, seu suor é o sal sobre a mesa do senhor.

COMENTÁRIO

Georg BÜCHNER (1813-1837) nasceu em Goddelau, Hessen, e morreu em Zurique, na Suíça. Filho de um médico – a medicina era tradição nos Büchner há séculos –, Büchner teve uma infância das mais burguesas, marcada pela fé da mãe, que adorava Schiller, e pela atividade do pai, que honrava Napoleão, servindo como médico em sua guarda.

Büchner até chegou a estudar Medicina em Estrasburgo no ano de 1831. Mas seu espírito revolucionário logo encontraria na literatura um meio de expressão mais direto e adequado. Depois de se formar em Giessen no ano de 1833, com apenas 20 anos, Büchner sente de perto a estreiteza do regime alemão e, em julho de 1834, escreve *O mensageiro de Hessen*, encabeçado pelo lema "Paz às cabanas, guerra aos palácios!". Sua intenção de promover uma insurreição no Estado motivou uma ordem de prisão, e o autor foi obrigado a se refugiar na casa de seus pais.

O fracasso prático de seu chamado à revolta acordou o poeta, que ainda assim escreveria no *Woyzeck*, sua obra póstuma e derradeira: "Vede a arte, agora ela anda ereta, veste casacão e calças, carrega um sabre!".

No inverno de 1834-1835 – sempre ameaçado pela prisão iminente – escreveu *A morte de Danton* (Dantons Tod), uma análise ao mesmo tempo exaltada e pessimista das causas do fracasso da Revolução Francesa. A obra é a própria revolução num drama, potente na análise do horror representado pelo "fatalismo da história". Ainda em 1835, pouco antes de a polícia publicar seu mandado de captura, Büchner foge de volta a Estrasburgo.

Na cidade, Büchner concentra-se em seu trabalho acadêmico, que tratava do sistema nervoso dos peixes. Depois de concluída, a obra sobre o tema é aceita como tese de doutorado em Zurique. Entre as obras que vieram a seguir – publicadas pelo irmão apenas em 1850 –, destacam-se a comédia *Leonce e Lena*, uma sátira às idéias românticas, e a novela *Lenz* – homenagem ao escritor romântico J. M. R. Lenz –, um estudo patológico e profundo acerca dos limites entre a genialidade e a loucura.

Com *Woyzeck* (1836), sua última peça – que em 1921 inspirou a ópera homônima do compositor austríaco Alban Berg –, Büchner alcança o tom do apocalipse, refletindo todo seu horror ante o nada. Ao narrar o assassinato de Marie, a noiva traidora, cometido pelo pobre e difamado Woyzeck, o primeiro proletário da poesia, Büchner influenciou decisivamente o drama social – bem posterior – dos naturalistas e expressionistas. Com um argumento baseado em fatos reais, o autor denuncia – por tabela – a opressão crua dos humildes. Woyzeck chega a proclamar, a certa altura: "A gente sempre vai acabar mal, neste ou no outro mundo; acho que se nós chegássemos ao céu teríamos de ajudar a trovejar". Perseguido pela polícia, Büchner foge para a Suíça. Pouco depois, morre de tifo em Zurique, com apenas 23 anos.

A literatura de Büchner, ainda que carregue as marcas do romantismo, é uma negação do idealismo schilleriano ao pregar a busca cruciante da existência nua. Sua obra é o grito da criatura contra o absurdo da existência. Os heróis de Büchner não são triunfantes, seus heróis são sofredores impelidos ao abismo e atraídos por ele. Precursor do expressionismo, que acabaria se impondo na Alemanha apenas no começo do século XX, Büchner é o poeta da revolta em meio ao conformismo apolítico e morredouro do *Biedermeier*, o período posterior ao fim do domínio de Napoleão, no qual a Alemanha se recolheu à burguesia fechada de seus lares.

O nome de Büchner seria honrado com o mais importante dos prêmios concedidos a escritores de língua alemã: o Prêmio Büchner de Literatura.

XXVII

LUDWIG
BÖRNE

43

MISCELÂNEA

Balas de canhão e chumbo de espingarda muitas vezes podem ser pedras de sabão dispostas a limpar a sujeira do mundo.

O cão uiva quando leva uma paulada. Por que o homem não haveria de fazer o mesmo? Todavia há homens que são mais caninos que os próprios cães – e nem uivam ao levar pauladas.

A cortesia é a letra de câmbio do coração. Quanto mais incerta sua capitalização, tanto mais altos os juros a serem pagos.

A leviandade é uma bóia salva-vidas na torrente da existência.

COMENTÁRIO

Ludwig BÖRNE (1786-1837) nasceu em Frankfurt, no beco dos judeus, e morreu em Paris, no exílio. Rejeitando o nome de batismo – Löb Baruch – e assumindo o nome pelo qual ficou conhecido, Börne converteu-se ao protestantismo em 1817, seguindo o caminho de vários dos judeus célebres da época. Börne estudou Medicina e Direito e chegou a trabalhar na polícia de Frankfurt, da qual foi despedido por ser judeu, antes da conversão.

Jornalista e crítico literário de índole combativa, Börne exilou-se em Paris, em 1830, depois de vários de seus artigos terem sido proibidos na Alemanha. As 115 cartas de *Cartas de Paris*, dirigidas a sua amiga – segundo Heine mais do que amiga, apesar de casada – Jeanette Wohl, testemunham a intenção do prelo antes mesmo de serem publicadas e revelam as considerações políticas, sociais e culturais de Börne, comentando episódios ocorridos na França e na Alemanha posterior à Revolução de Julho de 1830. As *Cartas de Paris* (1830-1833), obra que o tornou famoso, evidenciam que no exílio Börne abandonou suas posições de liberal relativamente comedido para tornar-se um republicano exaltado, que lutava com veemência pelos direitos humanos e pela dignidade revolucionária das classes menos favorecidas. Para Börne, ser escritor significava tomar partido. Segundo seu ponto de vista – e isso mostra seu caráter combativo na batalha da arte –, só depois que a liberdade política tiver sido alcançada é que a literatura pode assumir uma função estética, independente da política. Apoiado nesses postulados, Börne atacou Goethe com furor, acusando-o de escrever apartado da realidade política de seu tempo. "Desde que sinto, sempre odiei Goethe, desde que penso, sei por que", disparou em uma de suas cartas.

O estilo agressivo e irônico de Börne teve grande influência sobre os escritores de sua geração e a *Jovem Alemanha*, que se opunha ao comodismo acrítico e conformado do *Biedermeier*. O radicalismo republicano do autor e uma série de picuinhas pessoais desenvolvidas também nas *Cartas* provocaram o desentendimento com Heine, depois de uma convivência pacífica em Paris no princípio. A briga acabou dando origem a uma série de ataques mútuos que viriam a se tornar célebres na história da literatura alemã. Em seu livro *Ludwig Börne. Um memorial*, Heine traça um retrato sumamente irônico e agressivo do judeu revolucionário e republicano, seu companheiro de crença e exílio.

XXVIII

KARL
IMMERMANN

44

A casa que escrevia

Eu tenho um amigo, escritor conhecido,
Casado com uma escritora,
Pai de duas filhas que escrevem.
Faz pouco visitei o homem, era canícula,
Foi então que vi, o que se escreve hoje em dia,
E vou descrever o que se costuma escrever.

Pelo corredor vazio, no qual meu próprio passo
Reboava sombrio, eu subi pela escada.
Bati à porta do amigo, estava só encostada;
Ele me despediu num gesto, fazendo protesto,
Não tinha tempo, escrevia um tratado
Sobre a imensa importância da criação de ovelhas.

Pois bem, pensei, a mulher será mais cortês,
Fui ao aposento, onde a espirituosa tomava acento,
Lambuzada em tinta da cabeça aos pés.
Ela me despediu num gesto, fazendo protesto
Não tinha tempo, pois no ato escrevia:
"Idéias acerca da fineza na vida e no trato".

Sendo assim, o jeito era tentar com as filhas!
E subi até o terceiro andar. E bati.
Logo me pus a saudar Melânia e Armgard;
As duas me despediram num gesto, fazendo protesto,
Não tinham tempo, não, estavam à mesa,
Escrevendo um romance a duas mãos.

Ora, para o diabo com os escritores!
Não haverá um lacaio para mostrar meu quarto?
Enfim me decidi, corri à sala dos empregados...
Me despediram num gesto, fazendo protesto,
Não tinham tempo, não é. Sentada por aí,
A cambada de libré, toda ela, escrevia livros.

O cocheiro aborda o cominho, a pimpinela,
A ama escrêve a respeito da inocência,
Em ternos sentimentos maternos;
O serviçal escreve uma obra sobre Hegel,
A cozinheira imita Clauren, o divino:
"Não-te-esqueças-de-mim", ela escreve, "para empregadas".

O assado queima no espeto; no estábulo
Os cavalos berram pedindo feno e pasto,
As crianças famintas berram alto.
Deixa que berrem! Mesmo se o mundo acabar,
Os escritores a escrever não têm nada a ver,
Do térreo ao terceiro andar.

Me pus em fuga, e no pátio pensei escutar
Ruídos no estábulo; me aproximo pra ver,
E eis que vejo o cavalo a escrever.
Os animais distraem tempo e fome com poesias,
Na pocilga embebem as patas,
E arranham na areia: "Elegias".

Ah, onde vai parar o mundo com tanto autor?
Donde conseguem tanto papel, os marotos?
Faltam gansos para tantas penas!
Seus escrivães, sejam bons! Respeitem o papel
Poupem a pena, façam como a montaria,
Arranhem, arranhem na areia a vossa porcaria!

COMENTÁRIO

Karl Leberecht IMMERMANN (1796-1840) é escritor pouquíssimo conhecido no Brasil. Heine louvou-o como um dos grandes poetas da pátria alemã de seu tempo. Na realidade, Immermann foi, de primeiro, um epígono do romantismo. Perto do final da vida, no entanto, achou um estilo próprio, marcado pelo humor e por um realismo bucólico, de cor rural e telúrica.

Filho de um conselheiro real de Magdeburgo, Immermann cresceu à sombra do poderoso império prussiano, admirando Frederico, o Grande, rei da Prússia. O autor confessou sua reverência em sua obra derradeira, *Memorabilia*, publicada postumamente entre os anos de 1840 e 1843. Em *Cardenio e Celinde*, de 1825, e *Merlin*, de 1832, Immermann também apresenta-se autobiográfico, ao refletir em ambas as obras o conflito interno em que vivia, apaixonado pela bela condessa Elise Ahlefeldt, que se separara do marido – o famoso condutor do corpo de voluntários Lützow – sem casar-se com o escritor. Com o romance *Epígonos*, de 1836, Immermann segue o caminho aberto por Goethe com seu *Wilhelm Meister* e desnuda o caráter epigonal e turvo de seu tempo.

A partir de 1837, Immermann começa a escrever sua obra-prima, um romance gigantesco acerca de Münchhausen, o barão mentiroso da Saxônia. Se no princípio a obra – *Münchhausen* – é marcada pela sátira afiada do autor na análise de sua época, ela acaba no idílio rural e singelo do amor de Oswald, o enjeitado, por Lisbeth.

Immermann escreveu também algumas interessantes – e surpreendentes – novelas policiais, além dos poemas que Heine tanto louvava.

No poema acima, uma das marcas da obra de Immermann: a crítica ao desvirtuamento medíocre de sua época. O serviçal escreve uma obra sobre Hegel, a cozinheira imita Clauren – pseudônimo de Carl Heun, escritor de estilo pomposo, autor de contos sentimentais e moralistas, muito lido em seu tempo –, o divino.

"Onde vai parar o mundo, com tanto autor?" é – depois de quase duzentos anos – um retrato preciso da literatura brasileira contemporânea, um exército feito apenas de soldados, com pouquíssimos comandantes... um rebanho de bois de coice, com poucos bois de cambão, conforme a metáfora de Luís Augusto Fischer, ampliada nacionalmente.

XXIX

HEINRICH
HEINE

45

Desiderata

Eu tenho a mentalidade pacífica. Meus desejos são: uma cabana modesta, telhado de palha, mas uma boa cama, boa comida, leite e manteiga frescos; em frente à janela, flores, em frente à porta, algumas belas árvores. E se o bom Deus quiser me fazer totalmente feliz, me permitirá a alegria de ver seis ou sete de meus inimigos pendurados nelas. De coração comovido eu haverei de, antes de suas mortes, perdoar todas as iniqüidades que em vida me infligiram – sim, pois temos de perdoar nossos inimigos, porém jamais antes de eles estarem enforcados.

COMENTÁRIO

Heinrich HEINE (1797-1856) é um dos maiores poetas alemães de todos os tempos. Foi o descobridor do "eu" – em sua vertente mais profunda e subjetiva – na literatura alemã e influenciou autores como Dostoiévski, Nietzsche, Heinrich Mann e até Brecht. De quebra, é dos escritores mais citados por Freud e – ao lado de Dickens – um dos autores preferidos de Marx. Heine falou, antes do escritor d'*O capital*, da importância que o proletariado em breve seria chamado a desempenhar.

A sátira de Heine era afiada e sua ironia bailava entre a mordacidade e a tragédia. Seu pessimismo doía, e seu individualismo oscilava entre a espontaneidade e o objetivismo, entre o caráter romântico dos amores perdidos e a pregação iluminista da *Jovem Alemanha*.

O humor de Heine apunhalava e não poucas vezes ele fez de sua pena sua espada. Condenado à paralisia geral e enterrado na "cova dos colchões" durante os últimos oito anos de sua existência, Heine sofreu como poucos, mas se agarrou à

A ARTE DO COMBATE

vida com unhas e dentes. E morreu fazendo ameaças, dizendo que lhe cortassem a língua se não quisessem ouvi-lo criticando o mundo do além-túmulo.

Em carta escrita a Varnhagen von Ense, seu amigo e protetor berlinense, Heine pediu que, quando morresse, seu esquife não fosse adornado com louros, pois nunca dera excessivo valor à missão poética. A poesia nunca fora para ele mais do que um brinquedo sagrado e um simples meio para atingir a divindade, o que, convenhamos, não é – nem de longe – pouco. Pediu, no entanto, uma espada sobre seu caixão, pois era sim – e muito mais – dedicado soldado na guerra pela libertação da humanidade.

O fragmento aqui traduzido faz parte dos "Pensamentos e Idéias" e caracteriza a poética e a vida de Heine.

Quanto a mim – e para voltar ao meu próprio umbigo –, não foi nem uma nem duas vezes que senti vontade de escrever cordas a fim de ver a estultice em pessoa pendurada numa catilinária, balançando os pés em vão e espasmodicamente em busca do solo fora de seu alcance.

<u>46</u>

HEINE *aforístico*

Assim como Deus haverá de me perdoar as tolices que eu disse a respeito Dele, também eu perdôo as tolices que meus inimigos contra mim escreveram, até porque eles estão tão abaixo de mim espiritualmente, quanto eu abaixo de Ti, ó, meu Deus!

Jamais li Auffenberg... Penso que ele deva ser mais ou menos como Arlincourt, que também não li.

Ele se auto-elogia tanto, que o preço do incenso subiu no mercado.

COMENTÁRIO

Após visita a Goethe em que a acolhida não fora tão calorosa quanto julgava merecer, Heinrich Heine – ainda jovem, mas orgulhoso ante o titã das letras germânicas – limitou-se a poucas palavras na caracterização do encontro e do anfitrião: "As ameixas no caminho de Jena a Weimar são assaz deliciosas". Mais do que apenas um chiste, o ripaço heiniano reflete muito do caráter – e da genialidade – desse grande escritor alemão.

Essa tendência ao extremo, esse fogo viril e a crítica sempre mordaz fizeram com que os alemães ora elevassem Heine ao céu, ora o degredassem ao inferno. Os nazistas, por exemplo, o difamaram e, não obstante, admiravam e cantavam sua "Lorelei", assinando-a com as palavras: "de poeta desconhecido" e chamando-a de genuína canção popular. Na verdade, e segundo o afinco com que viveu e produziu, o lugar de Heine foi sempre a terra, onde foi dos maiores poetas alemães na lírica (ao lado de Goethe, Schiller e Mörike), na sátira trágica (ao lado de Kleist e Hebbel) e no humor (ao lado de Jean Paul).

Prodigioso na arte de seu lirismo, Heine fez da dor e do prazer, do amor e da morte o tema de seus cantos, dando-lhes unidade no seu "eu" ultra-sensível. A poesia alemã anterior a Heine – mesmo a do romantismo – era objetiva, a simples repetição da totalidade, o Universo criado mais uma vez num poema. Heine era subjetivo, fechado entre os muros de seu próprio "eu", até quando falava do vasto mundo a sua volta. Heine era tão "possesso de eu" que mudava tudo segundo seu gosto. Mudou sua religião, mudou a data de seu nascimento – porque acreditava ser o último suspiro de uma época decadente e o primeiro anúncio de um período novo na poesia alemã –, mudou seu nome de Harry para Heinrich, mudou o nome de sua mulher – porque Crescentia lhe "arranhava na garganta" – e ela passou a se chamar Mathilde. Heine mudou tudo. Renomeou tudo seguindo seus próprios sentimentos e as ordens que eles lhe davam, por se sentirem incomodados ou tocados, atraídos ou afligidos.

Heine criou algumas das mais belas rimas da literatura alemã e foi dos primeiros poetas de sua língua a sentir o poder – e a violência – da sociedade capitalista. Adorno chegou a dizer que ele mostrou o que Baudelaire pouco mais tarde aperfeiçoaria: força para transformar em imagem poética a imagem grotesca – e real – dos prejuízos do sonho da modernidade.

"*Armer lazarus*" (pobre lázaro), assim o poeta se autonomeava... e foi de sua dor que nasceu sua melhor poesia. Pessimistas, seus poemas soem começar numa louvação das mais ternas para acabar em terrível golpe; em harmonia vital para, num grito de dissonância, terminar no fio do machado.

Assim como Aristófanes – Marx já fez a mesma comparação –, Heine revelou os quadros mais terríveis da loucura humana usando tão-somente o espelho gargalhante do chiste. Heine fez de si o seu próprio sistema solar; se foi acusado de ser mero improvisador por alguns, de fazer nada mais que criar sentimentos e inventar dores, sua própria vida e seu terrível fim de cara testemunham o contrário. Se alguns de seus versos parecem artificiosos, é pelo fato de que o sentimento – que se eleva doloroso em sua poesia – perdeu a confiança em si mesmo e trabalha no esfriamento artificial de seu próprio calor, tornando a inverdade dessa frieza perceptível na casca, ainda que na realidade o poeta queime por dentro. Já se nota – nesses versos de Heine – o que Fernando Pessoa viria a conceituar meio século mais tarde:

> *O poeta é um fingidor.*
> *Finge tão completamente*
> *Que chega a fingir que é dor*
> *A dor que deveras sente.*

Os aforismos aqui traduzidos refletem um bom tanto da combatividade heineana. O primeiro deles mostra um Heine de volta ao monoteísmo – ele justificou o passo dado da seguinte forma, numa carta ao irmão: "pois que haja um céu, querido Max, agora é certo, desde que tenho tanta necessidade dele em minhas terríveis dores terrenas" –, mas ainda ácido e mordaz.

Com relação ao segundo, eu também jamais li uma linha de Madame Rowling e penso que ela deva ser mais ou menos como o Senhor Tolkien, que eu também não li. A propósito... Terei mesmo de ser o último? No que diz respeito ao terceiro aforismo, tenho a certeza de que um brasileiro – macaqueador sengraçante de Swift – contribuiu sensivelmente para o aumento do preço do incenso em Veneza.

47

HEINE *em recortes e laçaços*

A respeito de Wolfgang Menzel, crítico alemão e seu desafeto: "Pudesse eu escrever cordas e há tempo ele estaria enforcado".

Sobre a escritora George Sand: "Não ouso falar a respeito dela, outros podem descrever com muito mais precisão os atrativos de seu busto".

De Madame de Staël, divulgadora da literatura alemã entre os franceses, depois de uma série de ataques: "Feiosa ela não era, portanto... Nenhuma mulher é feia... Mas tenho certeza que tanto pode ser afirmado: se a bela Helena de Esparta fosse parecida com ela, a Guerra de Tróia não teria acontecido, o palácio de Príamo não teria sido queimado e Homero jamais teria cantado a ira de Aquiles".

Sobre as parisienses: "São grandes os seus olhos? Que sei eu! Não investigamos o calibre do canhão quando sua bala nos arranca a cabeça".

Da Alemanha: "Ó, Alemanha, terra dos carvalhos e da estupidez!".

Dos aristocratas de Hanôver, cidade de larga tradição veterinária: "Os aristocratas de Hanôver são asnos que só falam de cavalos".

COMENTÁRIO

Único autor alemão conhecido no mundo inteiro entre a época de Goethe e a de Thomas Mann, Heine foi um provocador de nascença, um perturbador da paz.

Quando atacava – e ele atacou tantas vezes –, jamais pensava nas conseqüências. Nunca tomou precaução alguma. Lutava sem escudo e sem tática. Era um criador fora da ordem, que só movia a pena quando o mundo exterior – ou alguém que fazia parte dele – tocava seus sentimentos. Ou para se defender, ou para agredir. Por vezes, Heine chegava a fazer uso da intimidade mais afrontosa, se mostrava egoísta até as últimas conseqüências, monstruosamente sensível e por sua sensibilidade fazia rolar cabeças. No fim sempre dizia: *"N'aie pas peur, mon chère, il* (Deus) *me pardonnera; c'est son métier"*[6]. E não foram poucas as suas vítimas, conforme podemos ver nos recortes acima, que representam uma gota no oceano dos ataques de Heine.

---

[6] Heine falava assim mesmo, em francês, quando conveniente: "Não se preocupe, meu caro, ele me perdoará, é sua profissão".

138 MARCELO BACKES

De fato, não havia nada mais distante de Heine que esses plácidos estados intermediários. A mornidão, a neutralidade, ele jamais as quis. Sempre arrancava – é certo – uma impressão. Era tão controverso e multifacetado, que mesmo as opiniões sobre seu físico, mais que divergentes, eram opostas às vezes. Théophile Gautier, o maldito francês, disse – e o exemplo vai sintomático, com a vantagem de, além do caráter físico do autor, falar do metafísico da obra e ser explicativo e crítico em relação a ambos:

> *Era um homem bonito (de 35 ou 36 anos de idade), aparentemente de boa saúde; poder-se-ia considerá-lo um Apolo germânico quando se via sua testa alta, pálida, pura como mármore, emoldurada por fartos cabelos louros. Seus olhos azuis brilhavam cheios de clareza e espírito; suas faces arredondadas, elegantemente moldadas, nada tinham daquela palidez macilenta do romantismo, em moda na época. (...) Seu nariz quase grego curvava-se um pouco hebraicamente, sem contudo perder sua pureza. Fechados, seus lábios bem desenhados, "harmoniosos como duas lindas rimas" (para usar uma de suas imagens), possuíam uma expressão graciosa; mas quando falava, chispavam de seu arco rubro flechas pontiagudas com farpas nas pontas e dardos sarcásticos, que nunca deixavam de atingir seu alvo; pois nunca alguém foi mais implacável e cruel contra a burrice: um sorriso divino de Musaget seguia-se à risada escarnecedora do sátiro.[7]*

Evidenciando a referida multifacetação e a controvérsia que Heine despertava, Wolfgang Menzel – sobre o qual Heine disse poucas e boas – caracterizou-o assim:

> *(...) o pequeno judeu Heinrich Heine, que usava uma casaca verde-escura longa até os pés e pequenos óculos dourados, que o tornavam ainda mais hilariante em sua formidável feiúra e impertinência, razão pela qual era ridicularizado com o nome de "raposa de óculos".*

Já o poeta lírico e editor conservador Johann Baptist Rousseau disse – e a segunda citação nem um pouco lisonjeira vai para equilibrar, pelo menos em extensão, as considerações sobre Heine:

> *De compleição pequena, bastante musculosa; cabelos louros mesclados de grisalho; testa alta e notável, constantemente um sorriso irônico e bonachão; na maioria das vezes, mantém as mãos cruzadas nas costas, e movimenta-se num passo claudicante. Considera-se belo e, às escondidas, adora-se diante do espelho. Expressa-se bem, gosta de se ouvir falar; tão logo produz uma piada, ri às gargalhadas; nessa hora, sua fisionomia, que de resto não tem nada de oriental, torna-se totalmente judaica, e seus olhos, já pequenos, praticamente desaparecem.*

Não foi sem motivos que Goethe disse faltar em Heine uma qualidade primordial: o respeito. Se isso é mérito ou demérito...

---

[7] Essa, como as duas citações seguintes, foi extraída de algumas considerações gerais sobre a obra de Heine, editada pela Aufbau de Weimar/Berlim, 1976.

48

HEINE *em verso*

Prelúdio às Lamentações do Romanceiro

Oh, que dama fácil, a felicidade!
Mal se acosta num lugar, ela já sai...
Afaga teu cabelo, cheia de vaidade,
Beija-te às pressas, bate as asas e se vai.

Dona Infelicidade, ao contrário,
Te prende ao coração a ferro e corda,
Para ir embora, diz não ter horário,
Senta-se contigo à cama e borda.

Lamentações

Quem tem coração e no coração
Amor, já está meio dominado.
É assim que me encontro agora
Sujeito à mordaça e acorrentado...

Quando eu morrer, cortarão
Ao meu cadáver a língua
Pois eles temem que eu volte
Falando do Reino das Cinzas.

Calado, apodrecerá o morto
Na cova; e jamais vou revelar
Os crimes ridículos e tortos que
Contra mim mandaram praticar.

COMENTÁRIO

Se Goethe fez a obra da harmonia – repetindo a totalidade, criando o universo mais uma vez num poema –, Heine fez a obra da dissonância. O que era épico e "ingênuo" no maior dos escritores alemães ficou subjetivo, lírico e consciente em Heine.

Heine libertou a poesia alemã de seu caráter hímnico, nobre e altaneiro, dando-lhe um aspecto leve, terreno e coloquial. Na prosa, Heine renovou a linguagem literária ao utilizar a fala das ruas, dos cafés, do dia-a-dia. Não vulgarizou nada, enriqueceu tudo. Trouxe o bate-papo aos alfarrábios, suplantou o abismo que havia entre a poesia e a vida, inscreveu o "eu" – em seu aspecto mais profundo – na lírica de seu país, aniquilou a barreira existente entre a arte e a realidade na literatura alemã.

A sátira afiada de Heine alcançava sua própria miséria. Abandonado pelos amigos, recebeu a visita de Berlioz, o compositor, certo dia. Quando sua mulher comentou a respeito – manifestando alegria –, Heine limitou-se a dizer: "Mas Berlioz foi sempre um original". Quando o irmão foi visitá-lo, e o criado o carregou nos braços da cama à cadeira, apenas proclamou: "Max, podes dizer na Alemanha como em Paris me carregam nos braços!".

Impossibilitado de mover as mãos para escrever devido à paralisia geral, Heine ainda teve forças para se apaixonar fogosamente pela moça que transcrevia seus poemas. O poeta chamou-a "La Mouche", afirmando que a mosca – a moça – fora atraída pelo cheiro de seu (quase) cadáver. Segundo testemunhos jamais provados, Heine teria escrito uma série de poemas eróticos em homenagem ao último bruxulear de sua vitalidade. Por respeito ao autor, familiares teriam destruído os poemas após sua morte.

O romanceiro é o canto de cisne de Heine. O primeiro poema aqui traduzido introduz as "Lamentações" e é a mais bem-acabada epígrafe à vida de um deprimido... O segundo reflete todo o desespero final de Heine e seu brilho apenas fugaz, mas ainda ameaçador.

XXX

MORITZ
SAPHIR

49

AFORISMOS

Por que tantos escritores temem tanto a morte? Porque eles chegarão completamente vazios ao além, pois o homem não leva nada consigo a não ser suas boas obras.

Muitos jornalistas e críticos são como os papagaios; encolhem suas garras quando alguém lhes dá de comer e fecham um olho quando lhes dão de beber.

Um bom satirista é como uma boa faca de trinchar, quanto mais afiado seu fio, tanto mais largas têm de ser suas costas!

Por acaso alguém já viu um leão açulando um cachorro? Não! Porém o contrário...

COMENTÁRIO

Moritz Gottlieb SAPHIR (1795-1858) nasceu em Lovas-Berény, na Hungria, e só foi dominar a língua alemã com 17 anos. Saphir pertenceu – junto com Heinrich Heine e Ludwig Börne – à primeira geração de judeus que atuaram fora do gueto, escrevendo e falando o alemão de maneira natural e desimpedida.

Numa autobiografia breve e marcada pelo humor, Saphir disse que a sina fê-lo nascer judeu; que o pai o destinara ao comércio, que a educação o consagrara ao rabinado aldeão e as circunstâncias a se tornar um pobre-diabo; ao passo que o acaso fizera dele seu joguete preferido... E apesar disso Saphir proclama com orgulho ter ousado pretender – e eu testemunho que alcançou – o título de "humorista alemão".

Saphir é o pai do folhetim na língua alemã... Mas que folhetim de nível! O fato de seus textos aparecerem em jornal e serem breves no talhe determinou o gênero, mas Saphir foi um dos poucos folhetinistas do contra – se é que isso existe – em todo o mundo. Temido pelo seu chiste, Saphir chicoteava o conformismo apolítico do *Biedermeier*, vivia em briga com os censores, foi expulso de Berlim e Munique e processado por difamação um sem-número de vezes. Em 1833 chegou a ser condenado à prisão por dezesseis semanas, mas cumpriu sete dias e foi solto devido à "superlotação dos presídios".

Estilisticamente, Saphir arrancava novos significados a velhas palavras alemãs. Em seus escritos passeia nos detalhes, perde-se em desvios, esquece o ponto de chegada. Seus textos atingem o gosto do leitor sem adulá-lo.

Depois de tentar o batismo cristão por vários anos, Saphir alcançou, em 1832, a permissão do governo bávaro. As autoridades, espicaçadas pelo satirista, pensavam calá-lo adotando a conhecida estratégia de fazer do bode o jardineiro. Saphir até se calou por algum tempo, mas em pouco já voltava a disparar suas setas.

Saphir fundou e dirigiu diversos jornais em Berlim, Munique e Viena, as cidades em que viveu. Os mais importantes entre eles foram *O bazar*, em Munique, e *O humorista*, em Viena. Em Berlim, Saphir criou um grupo chamado de "Túnel sobre o Spree", e a esquisitice do nome parece adequada ao espírito do autor... Ora, um túnel é sempre subterrâneo e impensável – pelo menos fisicamente – sobre um rio. Os membros do grupo eram jovens estudantes de ambição literária. Foi nas reuniões do "Túnel", aliás, que Fontane leu suas primeiras baladas e Theodor Storm atiçou sua veia artística.

Entre suas preferências – seu texto não vivia apenas da crítica –, Saphir destacou E. T. A. Hoffmann, entre suas influências Jean Paul. Com Franz Grillparzer viveu em combate. Hegel chegou a dizer que gostava de "se refrescar nos chistes" de Saphir.

Saphir coqueteava com sua própria feiúra, buscando a excentricidade e alcançando a atenção do público, sobretudo nas conferências que dava – nas quais Karl Kraus viria a se inspirar. Em Viena chegou a alcançar certo êxito oficial. Em 1848, tornou-se presidente da Sociedade de Escritores Austríacos, ficando no cargo... por dois dias. Saphir logo desistiu, sentindo-se cansado e manso por demais para o cargo.

Comentando os aforismos acima só resta dizer que está – de fato – explicado por que tantos autores – e o número dos brasileiros do século XXI é certamente bem maior do que o dos alemães do século XIX – temem a morte. Ademais, a imprensa é um testemunho diário da papagaíce mansa e barriguda de jornalistas e críticos. Ah, tá, e minhas costas são largas, bem largas... Mas eu só descanso à sombra do meu relho...

XXXI

ARTHUR
SCHOPENHAUER

50

Parerga e Paralipomena

Os *escritores* podem ser divididos em estrelas cadentes, planetas e estrelas fixas... As primeiras proporcionam os efeitos estrondosos momentâneos; a gente olha para cima e exclama: "Olha ali!", e já elas sumiram, para sempre... Os segundos, ou seja, os planetas ou estrelas errantes e orbitantes, são muito mais duradouros. Seu brilho pode ser medido pela proximidade, e muitas vezes é mais claro do que o das estrelas fixas; leigos no assunto confundem-nos com as estrelas fixas. Entretanto, em pouco eles também são obrigados a desocupar seu lugar; além disso caracterizam-se por uma luz pouco abrangente e por uma esfera de atuação limitada a seus colegas de órbita (seus contemporâneos). Eles gravitam e se transformam: uma rotação que dura alguns anos é o seu limite... Apenas as terceiras são inalteráveis, estão presas ao firmamento, têm luz própria, atuam em *um* tempo como em outro, uma vez que não mudam seu aspecto pela mudança de nosso ponto de vista, já que não têm paralaxe[8]. Elas não pertencem, como as outras, a *um* sistema (nação) apenas, mas ao mundo. Porém justamente devido à altura de sua posição, sua luz na maior parte das vezes precisa de muitos anos para se tornar visível aos habitantes da terra.

---

[8] Do grego *parállaxis*. Diferença aparente na localização de um corpo quando observado por diferentes ângulos. Na Astronomia – estritamente –, ângulo sob o qual seria visto, de um astro, um comprimento igual ao raio da Terra, no caso dos astros do sistema solar, ou o semi-eixo maior da órbita da Terra, no caso das estrelas.

COMENTÁRIO

Arthur SCHOPENHAUER (1788-1860) foi – ou pretendeu ser – o coveiro do classicismo. A sua obra – conceitualmente grandiosa, poeticamente interessante – é o fruto de sua desilusão com o mundo. E a negação da vontade de viver encarada pelo autor abriu caminho para o niilismo.

Schopenhauer nasceu em Danzig, Prússia (atual Gdansk, Polônia) e morreu em Frankfurt. Descendente de uma família de ricos comerciantes, perdeu o pai suicida aos 17 anos. O fato marcou-o para a vida inteira. À mãe – a espirituosa Johanna Schopenhauer – ele jamais conseguiu ligar-se de maneira mais íntima. Destinado à carreira de comerciante, o pai fê-lo conhecer o mundo desde cedo. A formação de Schopenhauer é devida mais às viagens da adolescência que a uma escola regular, o que também marcou sua obra, na qual a contemplação do mundo é um aspecto básico. "Em meus 17 anos, sem qualquer formação escolar erudita, fui agarrado pela desgraça do mundo assim como Buda em sua juventude, quando vislumbrou a doença, a idade, a dor e a morte", anota Schopenhauer no ano em que perdeu seu pai.

Depois de se mudar para Weimar – onde chegou a encontrar-se com Goethe, a quem mostrou sua tese de doutoramento –, Schopenhauer estudou nas universidades de Göttingen e Jena. Formou-se nesta última em 1813 e, em 1820, obteve a docência em Berlim. Por atacar Hegel – então o filósofo mais influente da Alemanha – com aspereza, ficou isolado. Em 1831 retirou-se para Frankfurt, onde permaneceu até a morte. Schopenhauer viveu em solidão na cidade, totalmente esquecido como escritor e filósofo. Só depois de 1850 e do fracasso dos movimentos libertários de 1848 – numa época de decepção geral na Europa –, sua filosofia pessimista começou a chamar a atenção e seus livros foram traduzidos em várias línguas.

Mas a principal obra de Schopenhauer foi escrita já aos 30 anos, em 1818. *O mundo como vontade e representação*, em seus quatro livros, transforma a "coisa em si" kantiana no "impulso à vida" schopenhaueriano, nada mais que o princípio metafísico original da vontade de viver. Ele se objetiva – atemporal, a-motivado – tanto no reino inorgânico, vegetal e animal, quanto no humano, que se diferencia por fazer do mundo uma representação. Para Schopenhauer a maior conquista do homem seria a anulação dessa "vontade", alcançada no caráter sublime da tragédia, por exemplo. Ao final das contas, a ética de Schopenhauer pretende alcançar a feição ideal da santidade e a renúncia ao princípio da individuação.

Apesar de todas as contradições internas da obra de Schopenhauer, seu pensamento atuou com força cada vez maior no século XIX. Em 1854, Wagner enviou-lhe sua obra *O anel dos Nibelungos* e, em 1860, Tolstói nomeou-o o "mais genial entre os homens".

Os simbolistas franceses, mais tarde, foram influenciados decisivamente por Schopenhauer e a marca de seu pensamento é visível – e profunda – nas obras de Friedrich Nietzsche e Thomas Mann.

Ainda no começo do século XX são significativas as analogias entre algumas das teses de Schopenhauer e a teoria dos instintos formulada por Sigmund Freud. A influência de Schopenhauer pode ser percebida com nitidez até mesmo – e ainda – em pensadores contemporâneos, como Emil Cioran (falecido em 1995).

A ARTE DO COMBATE

As qualidades de Schopenhauer na condição de pensador brilhante evidenciam-se também nos dois volumes de *Parerga e Paralipomena*, publicados em edição parcial pela primeira vez em 1851. Na obra, Schopenhauer antecipa Nietzsche e filosofa em espasmos, construindo o mundo de seu pensamento sobre o alicerce do fragmento de talhe aforístico.

<u>51</u>

Mais Parerga e Paralipomena

A pena está para o ato de pensar assim como a bengala está para o ato de caminhar; o andar mais fácil e leve, todavia, é sem bengala, e o pensamento mais perfeito não precisa da pena diante de si. Apenas quando a gente começa a ficar velho, passa a fazer gosto em usar a bengala, e a pena.

Para simbolizar a falta de vergonha e o descaramento tolo dever-se-ia escolher a mosca; pois enquanto todos os outros animais evitam o homem a qualquer custo, e já de longe fogem a ele, a mosca pousa justamente sobre o seu nariz.

COMENTÁRIO

Parerga é palavra de origem grega e significa – pelas raízes etimológicas – algo como "obra acessória". Por extensão, acabou significando – ainda que no português não seja dicionarizada – a reunião dos pequenos escritos de um autor. *Paralipomena* – paralipômenos em português – é outra palavra de origem grega e significa, por alto, "deixado de lado" e, por extensão, suplemento a qualquer obra literária. Especificamente, designa a parte da Bíblia que abrange toda a história sagrada até o exílio babilônico, ou seja, o Livro das Crônicas. Aportuguesando *parerga*, teríamos algo como *bagatelas*, vulgarizando *paralipomena* chegaríamos – por atalhos e caminhos vicinais – a *digressões*.

Mas que maravilha as bagatelas e digressões de Schopenhauer! Marcadas pela misantropia (refletida em toda sua força na bagatela acerca da mosca) e pelo irracionalismo típicos da obra de Schopenhauer, elas são grãos de sabedoria elevada que – tomadas isoladamente – chegam a ser verdadeiras preciosidades poéticas.

Através delas podemos ver como são poucas as estrelas fixas que a literatura brasileira catapultou ao céu da literatura universal... E como é imenso o número de estrelas cadentes que dominam o firmamento da literatura contemporânea, muitas vezes percebidas apenas por vagabundos que não têm nada a fazer e, em vez de dormir, ficam caçando estrelas à noite... Houllebecq!

Olhar o céu é poético – e necessário –, mas o crítico deve fazê-lo não por acaso... Precisa munir-se de telescópio, régua e compasso e jamais sair do observatório, a fim de não se deslumbrar com as estrelas cadentes e não confundir estrelas errantes e efêmeras – Houllebecq! – com estrelas fixas...

52

SCHOPENHAUER *em verso*

Força de atração

Pensamentos e chistes queres esbanjar,
A fim de o apoio das pessoas alcançar?!
Dê-lhes algo bom de comer, de beber:
Que vêm a ti em bandos, a correr.

COMENTÁRIO

O ponto de partida para o pensamento de Schopenhauer é a obra de Platão. Depois dela vem a de Kant, mas a fonte principal na qual bebeu suas idéias foi o budismo hindu.

Trocando seu pensamento em miúdos, a tese fundamental da perspectiva filosófica de Schopenhauer é a de que o mundo só se revela à percepção como representação. De modo que os objetos do conhecimento não têm realidade subsistente por si mesma e são – tão-somente – o fruto das condições gerais de suas possibilidades: o espaço, o tempo e a causalidade. Schopenhauer diz que a causalidade evidencia-se como razão suficiente na relação que encadeia as impressões sensíveis e que, portanto, refere-se: 1) ao acontecer no reino inorgânico e orgânico da natureza; 2) na relação lógica com que se encadeiam os juízos do entendimento; 3) nas intuições puras de continuidade (espaço) e de sucessão (tempo); e 4) na motivação voluntária do sujeito. Essas quatro perspectivas da causalidade são as quatro raízes do princípio da razão suficiente. A representação é, pois, enganosa, e o ser verdadeiro é a vontade. Individualmente, a vontade se revela pelo próprio corpo, que não é senão a própria objetivação da vontade. Ademais, a vontade é irracional e o sujeito "quer" não porque tenha razão para querer, mas "cria" razões porque "quer". Para Schopenhauer a vontade é a essência de todas as coisas; todas as coisas são formas de sua objetivação. Ela se manifesta em nível inorgânico (até mesmo na ausência de vida, portanto), orgânico (plantas e animais) e consciente (homem). No último nível – o do homem –, a causalidade mecânica é substituída pela motivação, e o mundo é simultaneamente dado como representação e como vontade.

Para Schopenhauer a vontade é a origem de todo o mal e de toda a dor. A consciência até descobre que a vontade é um mal e é graças a essa descoberta que ela tem a possibilidade – e o dom – de libertar e libertar-se. Essa libertação assume várias formas no pensamento de Schopenhauer, incluindo a mais efetiva delas – a rejeição consciente da própria vida. Daí, o pessimismo fundamental do filósofo.

Ao final, Schopenhauer dá um desconto, ao estipular a arte como uma outra forma de libertação que, embora momentânea, proporciona a possibilidade de matar a vontade pela contemplação, pelo quietismo, pelo nirvana búdico.

No frigir dos ovos, a filosofia de Schopenhauer é profundamente a-histórica e anti-histórica, e sua oposição feroz a Hegel, o pensador da história e da dialética, é

A ARTE DO COMBATE

um reflexo disso. Schopenhauer é irracionalista e sua filosofia é romântica; é por isso, aliás, que ela culmina na estética e considera a música a suprema manifestação do espírito humano, libertado das forças más da vontade.

A prova de que Schopenhauer não tinha razão em seu a-historicismo – era um bom poeta, um mau filósofo – é concedida por sua própria obra, que só passou a chamar a atenção do mundo a partir de 1850, numa época em que a Europa se mostrava decepcionada com o fracasso da Revolução de 1848, que abalou o continente em luta por mais liberdade e democracia. À "primavera dos povos" que não houve, o pessimismo quietista de Schopenhauer foi, nesse sentido, um bálsamo lenitivo à decepção do mundo, e sua "ascensão" filosófica é fundamentada de maneira radicalmente histórica.

A poesia aqui traduzida mostra um fulgor materialista – ainda que de fundo misantrópico e pessimista – de Schopenhauer. A "luta pelo pão"... Schopenhauer jamais a recomendou ao povo, do alto de sua torre de marfim.

XXXII

JOHANN
NESTROY

53

EXCERTOS

SENHORA VON ZYPRESSENBURG – O pai dele também é caçador?

TITUS – Não, ele conduz um negócio calmo e afastado, no qual o repouso é o único trabalho; jaz acorrentado por uma potência altaneira, mas mesmo assim é livre e independente, pois é um decompositor de si mesmo... Ele está morto.

SENHORA VON ZYPRESSENBURG *(com seus botões)* – Que modo esbanjador de dizer com vinte palavras solenes o que normalmente pode ser dito em duas sílabas. O homem por certo tem tendência a literato.

Se eu não gastasse meu aborrecimento na bebida, acabaria virando borracho de tanto desespero.

Certa vez avistei um velho baio puxando um carro de telhas. Desde então o futuro não me sai mais do pensamento.

COMENTÁRIO

Johann NESTROY (1801-1862) nasceu em Viena, capital da Áustria, e morreu em Graz, também na Áustria. Filho de um advogado tcheco e de uma vienense, começou no palco como cantor de ópera e só depois veio a se tornar comediante, chegando a suceder Ferdinand Raimund na direção do Teatro Popular Austríaco de Viena.

Muito mais do que um cômico local, Nestroy foi um mestre universal do humor, um dos satiristas mais importantes do século XIX. Embora tenha escrito mais de setenta peças, jamais se preocupou com a fixação literária de suas obras, adaptando-as à situação, ao palco e inclusive aos atores.

A ARTE DO COMBATE

O humor cético de Nestroy desvela o mundo de sua época. Suas farsas teatrais e comédias de costumes – de matiz cínico e misantrópico – são plenas de situações cômicas, inversões humorísticas – seus criados citam Goethe, seus nobres proferem vulgaridades –, chistes, trocadilhos e improvisações burlescas. Escritas em dialeto vienense, as peças alcançaram sucesso junto ao público, mas foram desprezadas pela crítica. Obras como *O homem velho com a mulher jovem* (Der alte Mann mit der jungen Frau, de 1849, mas encenada apenas em 1890 e publicada em 1891, por estar proibida pela censura) – tida hoje em dia como um dos dramas políticos alemães mais importantes do século XIX – e *Liberdade na aldeia* (Freiheit in Krähwinkel, 1849) – que se ocupa da Revolução de 1848 – mostram que Nestroy também era capaz de se ocupar com maestria de assuntos sérios. O nome de Nestroy seria reabilitado de fato apenas muitos anos após sua morte, já no século XX, por outro grande satirista vienense: Karl Kraus.

Antes de ter mergulhado na obra de Kraus, aliás, Nestroy era pouco mais do que um nome – até mesmo para mim... Atingido pela admiração de Kraus fui a Nestroy. E o caráter patético de sua sátira me fascinou desde logo, assim como a gravidade de seu chiste. Nestroy contempla o mundo através da cortina do *páthos*. Seu chiste não permite o riso, desenha um sorriso amargo. Nestroy chacoteia a hipocrisia estulta do mundo através da sátira, ignorando o tom moralizante típico de Raimund, seu antecessor.

O primeiro dos trechos acima selecionados reflete a crítica ao nefelibatismo – empolado, alambicado – típico dos literatos e mostra a tosquiadela de Nestroy à sociedade vienense de sua época. O segundo é um trocadilho grandioso, profundamente humano em seu humor. O último mostra – numa frase de profunda singeleza, plasticidade e melancolia – a preocupação humana em relação ao devir: depois das glórias da juventude, a carroça pesada da velhice.

XXXIII

FRIEDRICH
HEBBEL

54

HEBBEL *em verso*
Advertência

Tema até mesmo a mais desprezível das moscas!
Pois ela pode estragar-te o mais nobre dos vinhos:
Sim, ela cai dentro dele e se afoga!

Compensação

Quando o navio afundou, joguei uma tábua a alguém.
Salvo da morte, ele falou:
Quanto custa a tábua? Eu pagarei a lenha agradecido!

COMENTÁRIO

Christian Friedrich HEBBEL (1813-1863) foi um dos grandes dramaturgos alemães do século XIX. Segundo a apreciação de Lukács, o crítico húngaro – de feição marxista –, é "com Hebbel que começa a tragédia moderna".

Filho de um pedreiro pobre de Wesselburen, em Holstein, Hebbel nasceu em 18 de março de 1813 e viveu durante 22 anos em seu cantão provinciano, estudando autodidaticamente. Depois de se mudar para Hamburgo, conheceu o mundo.

Os primeiros poemas de Hebbel foram publicados numa revista da metrópole hanseática. A proprietária, Amalie Schoppe, levou o jovem poeta a conhecer a cidade grande e em seguida ajudou-o a cursar a universidade. Outra mulher, a costureira Elise Lensing – filha da dona de seu quarto –, foi sua companheira e apoiou-o em seus primeiros e difíceis anos de escritor.

Nessa época, Hebbel começou a escrever seus *Diários* (Tagebücher), tidos como modelos do gênero. Mais tarde, em Munique e Heidelberg, estudou Direito, Literatura, História e Filosofia, sobretudo a doutrina idealista de Hegel, que acabou influenciando toda sua obra.

Visto de maneira panorâmica, o teatro de Friedrich Hebbel deu maior profundidade psicológica aos personagens. Mesmo usando – na maior parte de suas peças – figuras históricas como pano de fundo – característica do teatro alemão da época –, Hebbel diferenciou-se por dar a seus personagens uma intensa vida anímica, mormente aos femininos.

A peça *Judith*, escrita em 1839, marca o início de sua fama e narra a luta de uma mulher por seus direitos. O drama seguinte, *Genoveva* (1841), evidencia o caráter monstruoso do mundo patriarcal. Depois de uma temporada em Paris e na Itália, Hebbel escreve *Maria Magdalena* em 1843, a obra que instigou Lukács à sua categórica afirmação de que Hebbel marcou o nascimento da tragédia moderna. Nela, o autor estuda a autodecomposição do mundo pequeno-burguês, indiciando-a na angústia de um pai e de uma filha diante da vergonha. A peça lembra de perto a *Emília Galotti*, de Lessing, a obra que marcou de fato – e bem antes – o nascimento da tragédia realista burguesa.

Herodes e Mariamne, de 1850, e *Gyges e seu anel*, de 1854 (que exalta a pureza feminina, sacrificada à vaidade masculina e às rígidas convenções da sociedade), são inspiradas pelos próprios conflitos íntimos do autor – ou seja, pela luta do ego do autor contra o universo a sua volta.

A Revolução de 1848 também iludiu Hebbel. O tema é abordado – tangencialmente – em uma de suas obras-primas: a tragédia *Agnes Bernauer*, de 1852, cujo pano de fundo é a história verdadeira de uma moça burguesa de Augsburgo, que se noiva em segredo com o duque Albrecht III e é acusada de bruxaria pelo pai deste – o duque regente – e em seguida afogada no Danúbio. A obra *Os nibelungos*, de 1862, apresenta a dramatização hebbeliana do velho poema épico alemão.

Autor de algumas baladas tão terríveis quanto belas (de exemplo, *Heideknabe*), Hebbel chegou a alcançar sucesso também na lírica. O encontro com Ludwig Uhland – segundo a confissão do próprio autor – teria lhe atiçado a veia poética... e ela fulgurou até mesmo em seus *Diários*, por exemplo. Os versos aqui traduzidos pertencem à seção de poemas reflexivos de Hebbel, que leva o título de "Epigramas e aparentados".

Mas a nata da obra de Hebbel está – indubitavelmente – em seus *Diários*.

55

DOS *DIÁRIOS*

Quando a gente come folhas verdes na segunda-feira, bebe vinagre na terça e óleo na quarta, nem por isso pode dizer na quinta que comeu salada. *(6/9/1850)*

Há uma gaivota sempre à caça de ostras. As ostras por vezes se abrem, a fim de buscar ar. E é justo nesse instante que a gaivota ataca. Se ela conse-

152   MARCELO BACKES

gue matar as ostras, lhe é dado devorá-las; se não consegue, a ostra volta a se fechar e a gaivota morre sufocada. *(5/5/1853)*

Apenas quando uma casa é tomada pelo fogo é que a gente fica sabendo quantos insetos habitam dentro dela. Nesses momentos até o rei descobre que dividia seus alojamentos com um punhado de ratos. *(8/7/1854)*

A vaca ordenhada por vezes coiceia o balde, derrubando-o quando ele está cheio de leite. *(17/8/1857)*

O poltrão cerra o punho afrontando o homem da lua, mas treme diante do besouro que começa a roncar um pouco mais alto perto de seu ouvido. *(Páscoa, 1861)*

COMENTÁRIO

Os *Diários* de Hebbel acompanham seu desenvolvimento humano e poético e são um modelo do gênero. Neles encontramos três décadas da vida do autor, que começou a escrevê-los já em 1835 e só foi parar de fazer suas anotações em 1863, ano de sua morte. A última nota foi escrita menos de um mês antes do fim, em 25 de outubro.

Apartados de sua obra completa por mais de vinte anos, os *Diários* de Hebbel seriam publicados pela primeira vez, em dois volumes, entre os anos de 1885 e 1887. A edição completa viria apenas em 1903.

A discussão em torno da validade do diário como obra literária é imensa, e a saída de muitos críticos que combatem a idéia é dizer que um diário como os *Diários* de Hebbel não é um diário.

Para falar em termos históricos, o diário começou a ser valorizado literariamente na Alemanha apenas durante o pietismo, movimento protestante do século XVII, surgido em oposição à teologia racionalista e ao dogmatismo que dominavam a igreja oficial alemã.

A auto-análise literária, da qual Montaigne é o primeiro grande representante moderno, foi o que deu ao diário, no entanto, o maior impulso universal. Não há referências precisas de que o diário tenha sido cultivado com regularidade antes disso. Casos como o do *Diário de um burguês de Paris*, escrito por um frade do século XV, são individuais e esporádicos.

Pouco mais tarde os diários passaram a ser vistos com interesse literário, máxime entre os ingleses. No século XVII, o gênero era cultivado na Inglaterra como em nenhum outro país, ainda que, em muitos casos, sem finalidade de publicação. Exemplo disso é o *Diário* (1660-1669) de Samuel Pepys, publicado apenas em 1825. A obra é um vasto painel da sociedade inglesa da época e sumamente penetrante na análise da burguesia de seu país. Outra crônica inestimável dos acontecimentos de seu tempo foi o *Diário* de John Evelyn, que abrange o período entre 1641 e 1697 e foi publicado em 1818. No século XVIII, os maiores "diaristas" ainda eram os ingleses: Daniel Defoe, Jonathan Swift e Henry Fielding, entre outros. Na França, o diário

A ARTE DO COMBATE   153

de Louis Petit de Bachaumont – primeira metade do século XVIII – é uma obra valiosa, sobretudo do ponto de vista histórico. Já o diário dos irmãos Goncourt, intitulado *Journal des Goncourts* – imenso em seus 22 volumes, publicação iniciada em 1851 –, é uma das obras mais importantes do gênero e talvez a única das obras dos célebres irmãos que ainda hoje guarda interesse. Na condição de documento de época, ela desnuda a vida social e literária da Paris do século XIX, num painel bem elaborado, de requintes impressionistas.

Voltando à Alemanha – ou à língua alemã –, Lavater praticou o diário em segredo e Herder disfarçou-o em relatos de viagem; ambos na segunda metade do século XVIII. Em Goethe – que passou a fazer apontamentos diários a partir de 1775 – o diário continua privado, ainda que *Poesia e verdade*, uma de suas obras-primas, seja puramente autobiográfica e mantenha algumas características típicas do diário. Ademais, Goethe fortaleceu a literariedade do gênero ao conceder ao Diário de Otília, nas *Afinidades eletivas*, uma potência literária poucas vezes igualada. Depois de Goethe vieram Platen – e sua confissão absoluta, irremediável, total – e Grillparzer, entre outros, e em seguida Hebbel, que registrou a vontade de que seus diários fossem publicados apenas depois de sua morte.

Os *Diários* de Hebbel são o registro de sua obra e de sua atuação em seu tempo. Influenciaram escritores da estatura de Kafka e Thomas Mann, que mais tarde se desnudaria por inteiro na imensidão oceânica de seus diários.

De grande valor poético, os *Diários* de Hebbel são um testemunho da obra de arte literária-total. Neles, o autor comenta sua vida pessoal e a do mundo que o rodeia, escreve e analisa cartas, relata suas viagens, anota suas leituras, glosa a respeito de suas obras, escreve os sonhos de suas mulheres, entabula poesias, pratica a crítica (sobra para Goethe, inclusive, mas com respeito, Heine, Jean Paul e outros; ao passo em que Lessing, Lichtenberg e Moritz Saphir – o folhetinista vienense – são elogiados à exaustão) e até faz comentários metaliterários acerca da importância do diário.

Os aforismos brotam por toda parte. Num dia apenas, Hebbel mostra-se capaz de escrever dezenas deles, às vezes. Os que foram traduzidos aqui são alguns entre milhares.

56

DOS *DIÁRIOS* II
Veia crítica

Um cão tem o faro tão aguçado que é capaz de descobrir e devorar a carne até mesmo quando está envolta pela lama. A conseqüência disso, no entanto, é que ele come lama. *(entre 1º e 8/1/1845)*

Todo mundo gosta de inventar na literatura; e quem não consegue inventar poesias, inventa poetas. *(26/9/1847)*

Criadinhas de vestido novo sempre parecem usá-lo para agradar o senhorio. *(20/3/1854)*

Alguns livros a gente lê com a sensação de estar distribuindo uma esmola ao escritor. *(1º/4/1859)*

COMENTÁRIO

O manancial de aforismos nos *Diários* de Hebbel é tão vigoroso, profundo e precioso que não há como não estendê-lo por mais um capítulo. De justificativa, sobra a importância – objetiva – que esses mesmos *Diários* têm, primeiro, dentro da obra do próprio Hebbel, e, segundo, dentro da história da literatura alemã, até mesmo na citada influência sobre Kafka e Thomas Mann, entre outros.

A sutileza crítica das considerações aforísticas de Hebbel é profunda e instigante.

Ora, quando leio Hebbel – não por causa dele, mas por causa de outras coisas que por vezes sou obrigado a ler –, não posso deixar de me perguntar quem vai pagar pela lama que sou obrigado a cuspir, por não querer engoli-la. Achar a carne em meio à lama literária atual é trabalho duro, e um crítico que late furioso talvez o faça apenas para protestar contra a sujeira que lhe adentra a boca. Mais fácil – por certo – é a vida daqueles que tentam inventar poesias e não conseguem e, de quando em vez, usam o jornal para inventar um poeta. Pseudo-escritores escambando elogios...

Quantas vezes já não li um livro com a sensação de estar distribuindo uma esmola ao autor, por dever de civilidade? Seguindo as ordens internas e o postulado da verdade, jamais tornei pública a esmola, no entanto... E quantos falsos críticos eu vejo elogiando publicamente um escritor só por sentir o dever da mesma esmola, ou para investir elogios que renderão juros elogiosos logo a seguir?

Comigo não! E não adianta vir com vestidinho novo – e humildade servil – depois de uma crítica! Ao bom crítico interessa se o autor emagreceu, "malhou" seu texto e corrigiu a estrutura épica ou a feição poética de sua literatura.

XXXIV

FRANZ
GRILLPARZER

57

EPIGRAMAS
Cão

Ladra, ladra o quanto quiserdes; mas por mais que ladrares, ó cão,
Não subirás à lua, nem alcançarás trazê-la até onde estás, no chão!

Brigar

Ah, recomece a briga! Tantas vezes quantas brandires o porrete de
tuas linhas
Eu haverei de lançar, de altura segura, minhas flechas douradas sobre ti.

O assecla

Tu o chamas de profundo? Lamento, mano!
Ao sapo qualquer banhado parece um oceano.

Regra

Queres avaliar a modéstia de um modesto, não investigue
Se ele desdenha o aplauso, mas se ele agüenta a crítica.

COMENTÁRIO

Franz GRILLPARZER (1791-1872) nasceu e morreu em Viena. Estudou Direito e
ocupou – entre outros cargos – o posto de bibliotecário e diretor dos arquivos do
Ministério das Finanças austríaco. Natureza aflita, sensível, Grillparzer muitas vezes

sucumbiu à melancolia e à depressão. Seu pai morreu cedo, sua mãe suicidou-se e Grillparzer teve de responsabilizar-se por sua família já aos 19 anos. Em 1821 conheceu Kathi Fröhlich. A inclinação foi mútua e duradoura. A moça seria sua "eterna noiva"... Os dois jamais viriam a se casar.

Em 1817, Grillparzer estreou na literatura com a tragédia *A ancestral* (Die Ahnfrau, 1817). A ela se seguiram as peças *Sappho* (1818) e a célebre trilogia *O tosão de ouro* (Das goldene Vlies, 1821), obras de inspiração clássica, nas quais o autor mostrava o pessimismo decorrente do conflito entre a consciência e a ação e da impossibilidade de conciliar a vida e a arte. Os personagens de Grillparzer parecem refletir a crescente incapacidade humana – aliás moderna – em afirmar seu "eu" em meio à complexidade das circunstâncias.

Depois de incursionar pelo teatro histórico (à maneira de Kleist, na Prússia), Grillparzer obteve êxito com o drama lírico *As ondas do mar e do amor* (Des Meeres und der Liebe Wellen, 1831). Fundada na análise psicológica, a peça mostra um autor que evoluiu – primeiro – do romantismo ao classicismo e agora chega ao realismo de cunho psicológico, situando-se – enfim – na conturbada época transitória entre Goethe e o modernismo.

Ao contrário de Goethe – e também de Schiller –, seus dois antecessores mais ilustres, Grillparzer fez uso do coloquialismo em sua obra e pintalgou-a de humor e de elementos farsescos inspirados na fala popular. Em sua obra dramática, percebem-se elementos tanto do barroco austríaco quanto do teatro popular vienense e do drama católico espanhol.

Admirador de Lope de Vega e Calderón de la Barca, Grillparzer inspirou-se no último para escrever o drama *O sonho é uma vida* (Der Traum ein Leben, 1834). Em 1872 – depois de sua morte – seriam publicadas mais três tragédias diretamente influenciadas pelos clássicos espanhóis: *A judia de Toledo*, *Libussa* e *Uma querela entre irmãos da casa de Habsburgo* (Ein Bruderzwist in Habsburg), que estuda o conflito entre o curso da história e as aspirações humanas.

Os epigramas de Grillparzer são uma fonte inesgotável de sabedoria crítica... Aliás, quem é capaz de agüentá-la... a crítica? À face deles (dos epigramas, e lembro o penúltimo) até os sapos (e os jabutis premiados, que afinal também habitam o ludreiro) da crítica brasileira contemporânea poderão entender por que costumam achar oceânicos os banhados ridículos dos livros que resenham.

58

VERSOS PROVERBIAIS
Distância

Tu me chamas de pequeno? Terás razão...
A ótica esclarece tudo, amigão,
E a distância é decisiva, no fim,
Tu estás muito longe, abaixo de mim.

A um crítico

Que tu não sabes escrever,
Nós dois sabemos com precisão,
Mas pelo menos aprenda a ler,
Pois isso é da profissão!

COMENTÁRIO

Franz Grillparzer foi um dos maiores dramaturgos – e o mais importante tragediógrafo – nascido em terras austríacas. No romance, também foi exitoso, sobretudo com *O pobre músico* (Der arme Spielmann), de 1848, uma obra-prima no estudo dos aspectos trágicos da ingenuidade humana. O romance de Grillparzer – que tem fortes características autobiográficas – já foi levado às alturas pelo louvor de Kafka e une à perfeição um enredo fascinante e a observação meticulosa da alma humana.

Também poeta, foi na lírica que Grillparzer se defendeu e ofendeu, mostrando sua natureza ao mesmo tempo sensível e agressiva. À maneira de Goethe e Schiller – e com os mesmos propósitos –, escreveu uma série de *Xênias*, em que revidava os ataques que sofria. Em epigramas e poemas de caráter proverbial – dos quais os selecionados acima são apenas alguns –, Grillparzer se bateu com o pensamento e com os artistas de seu tempo. Moritz Saphir foi um de seus maiores inimigos, numa espécie de antecipação de outra grande rivalidade vienense: Karl Kraus - Arhur Schnitzler.

Dando uma lancetada no próprio Goethe, Grillparzer pede em outro de seus epigramas que os alemães enfim reconheçam que Goethe construiu sua trilha apenas para si, enquanto o caminho de Schiller também leva outros a seu destino. Mas se ataca, Grillparzer também louva. Entre os que merecem seus elogios estão Lessing, louvado pela sua clareza límpida e pedagógica, Uhland, por sua força poética, e Immermann, por sua ousadia vérsica.

Quando os críticos o atacavam – Saphir era um deles –, Grillparzer respondia. São vários os epigramas em que revida. Num deles diz: "Injuriai o quanto vos fizer gosto, ó cambada de línguas críticas! / O senhor sobre o cavalo também atura os insultos do povo a pé".

XXXV

EDUARD MÖRIKE

59

Da maneira errada

Oh, meu amigo, percebo tão bem,
Queres picante a tua doce poesia!
O moinho de pimenta, todavia,
Não foi feito para esmagar açúcar.

Epitáfio de Pietro Aretino

Só maldades o malandro falou
De todo mundo, menos de Deus.
Mas por quê? Ele se justificou:
"É que aquele eu não conheci!".

COMENTÁRIO

Eduard Friedrich MÖRIKE (1804-1875) nasceu em Ludwigsburg, na Suábia, e morreu em Stuttgart, também na Suábia, Alemanha. Filho de um médico, foi destinado a ser pastor pela mãe, também filha de um pastor protestante. Durante os estudos de Teologia em Tübingen, Mörike conheceu Hölderlin e viveu em contato direto com ele. Sua maior influência poética, no entanto, viria a ser Goethe. Tanto que Emil Staiger chegou a dizer que por certo nenhum dos poetas do romantismo tardio ainda se sentiu "tão perto de Goethe quanto ele". Depois dos estudos, Mörike chegou a exercer o vicariato e – contra a vontade – tornou-se pastor, profissão que exerceu entre 1834 e 1843.

Depois de uma aventura amorosa com Maria Meyer e de um noivado de cinco anos com Luise Rau, Mörike acaba casando com Margarete von Speeth, moça católica, em 1851, e torna-se professor em Stuttgart.

Tido por muitos críticos – que guardam lá seu tiquinho de razão – como o maior lírico alemão depois de Goethe, Mörike tornou-se conhecido e respeitado no mundo inteiro pelas composições de Hugo Wolf, que musicou 53 de seus poemas. O compositor foi um dos primeiros a reconhecer o vigor da obra do poeta. Mas Brahms e Schumann – entre outros – também trabalhariam musicalmente sobre poemas de Mörike. A fama de Mörike em determinada época foi tão grande que Ivan Turgueniev, o escritor russo, sabia e recitava vários de seus poemas de cor. Os críticos alemães, no entanto, pareciam recalcitrar e custaram a reconhecer Mörike como um poeta de primeira grandeza, afetados pela tábua classificatória que exigia ver no lírico um mero epígono, um representante algo adocicado do *Biedermeier* tardio. A música, não viciada pelos esquemas da época, cantou o poeta tão alto até que a crítica foi capaz de ouvi-lo.

Profundo na ingenuidade de seus versos, saudável na expressão, límpido no estilo e colorido na fantasia, Mörike de fato levou a poesia alemã a alturas poucas vezes alcançadas. Seu veio crítico – meio atípico, até raro, mas presente nos poemas aqui apresentados – por certo foi atiçado pelas leituras e traduções de Catulo, o grande poeta satírico latino.

Também romancista, Mörike escreveu *Pintor Nolten*, em 1832, um romance sobre o artista e sua atividade. A obra – além da prosa grandiosa – traz alguns dos poemas mais conhecidos de Mörike, apresentados na condição de entreato lírico e encaixados com exatidão no decorrer da narrativa, a fim de revelar o mundo intermediário do inconsciente e do semiconsciente.

Mozart na viagem a Praga (Mozart auf der Reise nach Prag), de 1856, é uma novela bem-acabada tanto na linguagem quanto no enredo; vivaz, estilisticamente afiada e límpida, ela se mostra precisa na captação dos sentimentos do grande compositor, que, a caminho de Praga – cidade em que aconteceria a estréia de *Don Giovani* –, goza a ventura da criação artística.

XXXVI

GEORG
HERWEGH

60

FRAGMENTOS VERSIFICADOS
O partido

Os príncipes sonham, deixai os poetas agirem!
Enquanto Saul toca a harpa, nós jogamos a lança!

A canção do ódio

Até que nossa mão em cinza desmanche,
Ela não haverá de a espada largar
Sim, nós já amamos bastante,
Agora queremos, enfim, odiar!

Chamada

Arranquem as cruzes da terra!
Façam delas espadas para a guerra,
Deus no céu haverá de perdoar.
Contra tiranos e contra filisteus!
A espada também tem os sacerdotes seus,
E nós queremos sacerdotes nos tornar.

A ARTE DO COMBATE   161

COMENTÁRIO

Georg HERWEGH (1817-1875) foi o mais ousado dos líricos revolucionários alemães do período anterior à Revolução de 1848. Rebelde nato, já em 1836 Herwegh seria expulso do convento em Tübingen. Em 1839 fugiria para a Suíça – país em que passou a maior parte de sua vida –, desertando do serviço militar.

Irmão poético e político de Ferdinand Freiligrath – com quem veio a se desentender quando este abriu mão do radicalismo, alegando em seu poema "Vida partidária" que o poeta deve estar acima do partido –, influenciado por Lamartine, autor do qual traduziu as obras completas, e Béranger, Georg Herwegh logo encontraria seu próprio estilo: seco e panfletário. Seus versos – apaixonados e eloqüentes – empolgaram a Alemanha da época, que vivia sob o flagelo do pauperismo e do atraso político e industrial em relação à França e à Inglaterra.

Para Herwegh, a obrigação da poesia era partir em busca da "flor azul da política" – frase em que o autor parodia o mandado apolítico e não rara vez nefelibático do romantismo –, quer dizer, lutar pela democracia e pela liberdade. Num texto teórico intitulado "A nova literatura", Herwegh chega a proclamar: "Eu não escrevo para linhagens favorecidas, eu não escrevo para eruditos, eu escrevo apenas e unicamente para o meu povo, para o meu povo alemão". Depois de repetir a sentença no decorrer do texto – elevando-a à condição de refrão –, Herwegh escreve que em cada quarto plebeu há um romance à espera do escritor, e chega a dizer, até mesmo, que pouco se importava com seu "talento reduzido", tanto mais válido por estar a serviço do povo. A confissão de Herwegh municiaria Heinrich Heine, que atacou os ursos da revolução sem piedade em *Atta Troll*, um de seus grandes poemas épicos e satíricos. Para Heine, Georg Herwegh, Freiligrath, mais os romancistas Georg Weerth e Franz Dingelstedt eram ursos que dançam mal no circo da poesia, mas têm nobres convicções... A opinião de Marx – que também acabou se afastando de Herwegh, criticando suas atitudes aventurescas e vazias, entre elas o plano de formar uma legião armada entre os emigrantes alemães na França – não era diferente no que diz respeito à qualidade poética dos revolucionários. Num texto intitulado "A escola moderna", Marx escreve: "E cada vez mais se fez hábito, sobretudo entre uma espécie de literatos de segunda categoria, compensar a falta de espírito em suas obras através de alusões políticas".

Os trechos dos poemas acima – além do caráter guerreiro, a rima pobre e o panfletarismo são suas maiores características – são uma pequena amostra da vasta produção revolucionária de Herwegh, reunida parcialmente nos *Poemas de um vivo*. Em "Canção de ninar" (Wiegenlied), outro poema, Herwegh desce o cacete de sua crítica sobre Goethe, ao citar um dos versos do clássico dos clássicos alemães – "Durma, o que queres mais?" – já na epígrafe. Herwegh repete-o com insistência – sempre o refrão! – ao longo da poesia, denunciando a passividade política e social da Alemanha, da qual Goethe seria um dos representantes mais nobres.

Os *Poemas de um vivo* (Gedichte eines Lebendigen, de 1841-1843) – que parodiam o título de um livro de viagens do príncipe de Pückler-Muskau, intitulado *Cartas de um falecido*, obra elogiada por Heine e Goethe – alcançaram fama a Herwegh. A coletânea foi um dos maiores sucessos editoriais entre as obras publicadas pelos autores exilados devido ao rigor da censura alemã nos anos anteriores a 1848. Da

162 MARCELO BACKES

primeira parte dos *Poemas* – publicada em 1841 – foram vendidos quinze mil exemplares em menos de três anos; da segunda parte – publicada em 1843 – mais de sete mil em poucas semanas. Foi em *Poemas de um vivo* que Herwegh abriu mão de vez de seus alvores românticos, embrenhando-se nas profundezas da mata política e assumindo a bandeira dos jovens hegelianos. Na coletânea, o radicalismo de *O mensageiro de Hessen*, de Büchner, encontraria sua mais acabada expressão poética. A luta de Herwegh, sua "poesia da ação" e sua condição de alto-falante da oposição jovem na Alemanha foram louvadas em cerca de vinte poemas, escritos por autores do calibre de Theodor Fontane – amplamente engajado no início de sua produção literária, acomodado à distância do conservadorismo no final –, Gottfried Keller e até mesmo Heinrich Heine.

Georg Herwegh fundou sua postura política sobre a herança de Ludwig Börne, o único escritor entre os grandes da *Jovem Alemanha* que ele ainda honrava; os outros – sobretudo Heine – eram "estilizados" e subjetivos demais... Apesar da insistência de seus amigos – Ludwig Feuerbach e Richard Wagner entre eles – e de continuar publicando de maneira esparsa, Georg Herwegh não daria mais nenhuma coletânea lírica à luz depois do sucesso dos *Poemas de um vivo*. Em 1844 Heine já antecipava a situação do poeta revolucionário, ao chamar Herwegh de "ex-vivo".

XXXVII

KARL
MARX

<u>61</u>

Voltaire

Segundo todo o mundo sabe, Voltaire mantinha quatro macacos presos em Ferney, aos quais pôs o nome de seus quatro oponentes literários: Fréron, Beaumelle, Nonnotte e Franc de Pompignans. Todos os dias, sem falta, o escritor lhes dava comida da própria mão, presenteava-os com pontapés, beliscava-os nas orelhas, espicaçava seus narizes com agulhas, pisava em seus rabos, enfiava sobre eles capuzes de frades e os maltratava de todas as maneiras imagináveis. Esses macacos da crítica foram tão importantes para baixar a bílis, satisfazer o ódio e suavizar o temor do velho de Ferney ante as armas da polêmica, quanto os macacos da revolução são importantes para Luís Bonaparte na Itália. Também Kossuth, Klapka, Vogt e Garibaldi[9]

---

[9] Marx refere-se a Lajos Kossuth (1802-1894), político húngaro e líder da resistência contra a dominação da Hungria pela dinastia austríaca dos Habsburgos e Georg Klapka (1820-1892), general revolucionário húngaro, que formou – junto com Kossuth – uma legião húngara na Itália em 1859 (momento ao qual Marx se refere) e mais tarde na Silésia, em 1866, sempre contra os interesses dos Habsburgos. Giuseppe Garibaldi (1807-1882) é aquele mesmo... Em 1859 dirigiu a campanha contra a Áustria, que terminou com a anexação da Lombardia pelo Piemonte. Em 1860, acompanhado de mil voluntários, comandou a expedição dos mil camisas vermelhas; utilizando táticas de guerrilha aprendidas na América do Sul, conquistou a Sicília e o reino de Nápoles, até então sob o domínio dos Bourbons. Após a realização de plebiscitos nas regiões centrais de Umbria e Marcas e no reino sulista das Duas Sicílias, Garibaldi renunciou aos territórios conquistados, cedendo-os ao rei do Piemonte, Vítor Emanuel II. Vê-se, portanto, que Marx tinha razão em seu ceticismo diante dos revolucionários... Napoleão III (1808-1873) – Charles-Louis-Napoléon Bonaparte – firmou pé na esteira das conquistas de seu tio – Napoleão Bonaparte – e meteu seu bedelho em todos os cantos da política da

164 MARCELO BACKES

recebem de comer, são guarnecidos com argolas de ouro em volta do pescoço, mantidos entre grades e jaulas, ora adulados ora premiados com um par de pontapés, conforme o ódio ou o medo diante da revolução prevalece nos caprichos de seu senhor.

COMENTÁRIO

Karl Heinrich MARX-Levi (1818-1883), em que pesem as mijadas que algum cusco já deu em sua estátua, foi um dos filósofos mais importantes de todos os tempos. O trecho acima – arrancado ao texto "Spree e Mincio" –, Marx escreveu-o em 1859. Ele é apenas uma parte ínfima dos incontáveis comentários de Marx sobre a literatura e dá uma prova do caráter espirituoso – carregado de humor – do autor, um grande estilista da língua alemã. A referência irônica a Luís Bonaparte é só um acréscimo ao seu importante estudo, escrito em 1852, *O 18 Brumário de Luís Bonaparte*, obra em que analisa o golpe de estado de Napoleão III sob o ponto de vista do materialismo histórico.

Um parágrafo biográfico!

Marx nasceu em Trier e foi o primeiro filho homem entre os nove rebentos de uma família judaico-alemã. Ao ser batizado numa igreja protestante, da qual o pai – um advogado bem-sucedido – se tornara membro, Marx tentava garantir um mínimo de respeitabilidade social; vários autores da época, entre eles Heinrich Heine, fizeram o mesmo. Depois de encaminhar seus estudos primários em Trier, Marx ingressou na Universidade de Bonn em 1835, onde participou da luta política em agremiações estudantis. Na Universidade de Berlim, para a qual se transferiu em 1836, principiou a estudar a filosofia de Hegel e juntou-se ao grupo dos jovens hegelianos. Em 1841 – sua posição política era cada vez mais identificada com a da esquerda republicana –, Marx apresentou sua tese de doutorado; nela analisava, na perspectiva hegeliana, as diferenças entre os sistemas filosóficos dos filósofos gregos Demócrito e Epicuro. Nesse mesmo ano, Marx concebeu a idéia de um sistema que combinasse o materialismo de Feuerbach com o idealismo de Hegel. Em 1842, Marx já era diretor do *Jornal Renano* (Rheinische Zeitung); quando este foi proibido na Alemanha, em 1843, Marx exilou-se em Paris. Em 1845, Marx foi expulso da capital francesa a pedido do governo prussiano e partiu para Bruxelas, onde participou das reuniões da "Association démocratique". Em 1847, já em Londres, participou da fundação da "União dos comunistas". Entre 1848 e 1849, Marx voltaria à Alemanha, até ser expulso definitivamente, indo viver em Londres, cidade em que escreveria, entre outras, sua obra principal: *O capital*.

A ênfase de todas as exposições teórico-culturais e estéticas de Marx – e eu peço desculpas pelo grosso modo, e talvez as mereça pelo didatismo – está na busca da

---

Europa – e até do mundo... Unha e carne com a Áustria – que dominava boa parte da Itália –, chegou a impor o austríaco Maximiliano de Habsburgo como imperador do México, mas a campanha terminou com os soldados franceses expulsos e Maximiliano fuzilado pelos mexicanos.

A ARTE DO COMBATE

revelação das certezas objetivas e das leis gerais da cultura, da própria estética e da literatura. A infra-estrutura (o conjunto de relações econômicas e sociais de ordem básica) e a superestrutura (o complexo literário é, junto com a religião, a filosofia, o direito e a política, parte dela) iluminam-se mutuamente e são impensáveis uma sem a outra; quer dizer, literatura e ordem econômico-social andam de mãos dadas. Quando analisa uma obra – ou uma situação – literária, Marx sempre busca a possibilidade e as perspectivas do ser humano – o humanismo é parte essencial do pensamento marxiano – no interior dessa mesma obra ou situação. E a literatura foi – desde sempre e ademais – um fator poderoso na realização do humanismo segundo o pensamento de Marx.

Um exemplo mais preciso da conduta do autor em relação à literatura – e no papel de crítico – pode ser observado em *A sagrada família*, obra em que Marx não apenas dinamita o pensamento de Bruno Bauer e seus consortes, mas também descaracteriza – com um humor dos mais ferinos às vezes – o sensacionalismo da obra de Eugène Sue; e com ela todo o moralismo profundamente cristão do autor francês, cuja única proposta para solucionar a miséria da sociedade industrial precoce resumia-se à pregação pra lá de ingênua da humildade, do amor, da doação e do arrependimento.

<u>62</u>

Lessing

Se o alemão volta o olhar à sua história, encontra *um* motivo principal para seu moroso desenvolvimento político, assim como para a miserável literatura antes de *Lessing*... nos *escritores autorizados*. Os eruditos de ofício, de corporação, de privilégio, os doutorzinhos e outrozinhos, os escritores de universidade, faltos de caráter, dos séculos dezessete e dezoito, com suas perucas duras, sua pedanteria elegante e suas teses miúdo-micrológicas... eles se colocaram entre o povo e o espírito, entre a vida e a ciência, entre a liberdade e o homem. Os escritores *não-autorizados* fizeram a nossa literatura. *Gottsched* e *Lessing*, é preciso escolher entre um autor "autorizado" e um autor "não-autorizado"!

COMENTÁRIO

A crítica de Marx tem três pontos de partida fundamentais: 1) a dialética de Hegel, 2) o materialismo de Ludwig Feuerbach – discípulo de Hegel – e dos enciclopedistas franceses e 3) as teorias econômicas dos economistas ingleses Adam Smith e David Ricardo. Muito mais do que uma filosofia, o marxismo é uma crítica radical da filosofia – no que aliás pode ser comparado com o pensamento de Nietzsche –, principalmente do sistema filosófico idealista de Hegel. Em frangalhos – e mais uma vez a grosso e compendioso modo – poder-se-ia dizer que, enquanto

166 MARCELO BACKES

para Hegel a realidade se faz filosofia, para Marx a filosofia deve incidir – e avançar – sobre a realidade; e assim também com a literatura.

O miolo do pensamento de Marx é – a repetição dá a medida da importância – sua interpretação do homem, que começa com a "necessidade humana". Segundo a visão de Marx, a história principia com o próprio homem, que, na busca da satisfação de suas necessidades primárias, luta contra a natureza. À medida que luta, o homem pouco a pouco se descobre um ser produtivo e passa a ter consciência de si e do mundo. O próximo passo é perceber que "a história é o processo da criação do homem pelo trabalho humano". E o trabalho é, para Marx, a essência do homem, uma vez que é por meio dele que o homem se relaciona com a natureza e a transforma em bens aos quais se confere valor. Daí a desqualificação moral – e essencial – do capitalismo, um modo de produção que transforma a força de trabalho em mercadoria e, desse modo, acaba alienando o trabalhador como ser humano. Para Marx, os maus não são os capitalistas, mas o capitalismo em si. Ele não condena os representantes, mas sim o sistema, uma vez que o sistema necessariamente leva à dissolução – e com a dissolução a uma desumanização conformista – da quarta classe em favor de uma aristocracia liberal do dinheiro que – é o liberalismo – por sua vez é, também necessariamente, o império do dinheiro e jamais o império da liberdade.

As duas fontes essenciais do marxismo são: 1) o materialismo dialético, para o qual a natureza, a vida e a consciência se constituem – todas as três – de "matéria" em movimento e evolução permanente ("Não é a consciência do homem que determina seu ser, mas o ser social que determina sua consciência", conforme Marx afirma em *Contribuição à crítica da economia política*, 1859); e 2) o materialismo histórico, para o qual o fato econômico é aspecto básico e – ao mesmo tempo – causa fundamental dos fenômenos históricos e sociais, até mesmo das instituições jurídicas e políticas, da moralidade, da religião e da arte – e da literatura dentro dela. Na sua crítica à religião – que Marx chamou de "ópio do povo" na *Crítica da filosofia do direito hegeliana*, de 1844, recuperando uma expressão cristalizada por Heine, que disse em seu livro sobre *Ludwig Börne*, de 1840, ser a religião um "ópio espiritual" para a "humanidade sofredora" – Marx é bem mais concreto do que Feuerbach, ao interpretá-la como a cimentação consciente da injustiça social. Com a evolução de seu pensamento, o "materialismo humanista" de Feuerbach – assim como o democratismo burguês de Bruno Bauer e Arnold Ruge e o "socialismo verdadeiro" de Moses Hess – já lhe parece demasiado "moralista" – e coraçonal –, e Marx desenvolve a teoria da luta de classes: a conseqüência natural da história... e um dos passos decisivos para a transformação das sociedades de acordo com as leis do desenvolvimento histórico de seu sistema produtivo.

No âmbito da literatura e da estética, os grandes teóricos marxistas foram Antonio Gramsci, György Lukács, Theodor W. Adorno (pela Escola de Frankfurt) e Louis Althusser. Depois da Segunda Guerra Mundial, passou a surgir uma série de interpretações não dogmáticas – e muitas vezes estranhas – do marxismo, com a incorporação de filosofias como as de Edmund Husserl e Martin Heidegger – cujos fantasmas eu persigo pelos corredores da Universidade de Friburgo e pelas trilhas da Floresta Negra – e de idéias de teóricos de outras áreas, como Sigmund Freud. Ademais, muitos se resignaram a fixar os olhos nos furúnculos de Marx, amarelos de receio diante de sua filosofia.

A ARTE DO COMBATE

Não guasqueio sem precisão, mas à luz do trecho de Marx sobre Lessing – tirado de "Debates sobre a liberdade de imprensa", de 1842 – e sabedor da necessidade do escritor "não-autorizado", aviso de cara que a primeira lambada no governo brasileiro eleito em 2002 – a continuar no rumo em que está – não tarda... O plágio econômico é visível, o populismo irracional é palpável, a ação revolucionária é nula! Nada de inspiração! Mero partícipe na organização da ruína social, encaminhada sob a égide do politicamente correto... Bem que Elias Canetti disse em suas *Anotações 1992-1993*, cento e cinqüenta anos depois de Marx: "Os inconformados (*aqueles que não se ajustam e não se deixam ajustar: os Unangepassten*) são o sal da terra, são as cores da vida, são *sua* própria infelicidade, mas a nossa felicidade".

XXXVII

THEODOR
STORM

63

O trabalho pela metade

O fim da servidão foi apenas o esboço,
Só pela metade foi morto o dragão,
Que lá longe, do pântano feudal,
Ainda espicha até nós seu pescoço;
Decepar-lhe a cabeça é a missão
Dos homens audazes do mundo atual.

COMENTÁRIO

Theodor STORM (1817-1888) nasceu em Husum, Holstein, e morreu em Hademarschen, também em Holstein, na Alemanha. Depois de tornar-se advogado em 1843, Storm chegou a ocupar altos cargos na burocracia prussiana, nas cidades de Potsdam e Heiligenstadt. Em 1864 voltou à cidade natal, onde se tornou prefeito, passando a juiz mais tarde.

A lírica de Theodor Storm é marcada pelas influências de Mathias Claudius e Eichendorff; tardiamente ela ainda seria influenciada pela poesia de Mörike, de quem o autor veio a se tornar amigo. Marcados pela experiência pessoal, seus poemas valorizam a forma, a elegância da linguagem e – não raro – fazem uso de um tom crítico, típico dos cronistas de época. Ainda que o próprio Storm valorizasse sua lírica mais do que sua prosa novelística e apesar de Fontane ter dito que ele era um dos "três ou quatro melhores poetas surgidos após Goethe", Storm seria reconhecido – com razão, seja dito – no mundo literário por suas novelas. Quando Lukács vê em Storm o "último grande poeta da velha e inquebrantável época burguesa", o crítico apenas deixa claro o quanto Storm é tributário de uma tradição que lhe é anterior, quão pouco tem de original a sua lírica.

As novelas de feição realista – ambientadas na paisagem nórdica da Alemanha, marcadamente melancólicas, sentimentais no início da carreira, trágicas no final dela – dariam fama ao autor.

O cavaleiro do alazão (Der Schimmelreiter), de 1888, é a obra-prima e a novela derradeira de Storm. Ela narra a luta do homem contra o elemento obscuro e demoníaco representado pelo destino. Lavrada num realismo duro e sóbrio, formulada com densidade no enredo, a novela não apresenta nenhuma perspectiva de esperança e faz os personagens caminharem incólumes em direção ao abismo. *Opus magnum* da obra de Storm, o *Schimmelreiter* reflete a confissão humanista do autor, tributário do mesmo humanismo – que pregava o fim da barbárie, a superação da ignorância, a epifania da cultura e da liberdade e o cultivo do amor ao próximo – professado por Herder cem anos antes. A novela ainda hoje é apreciada – e constitui leitura obrigatória – na Alemanha.

XXXVIII

GOTTFRIED
KELLER

<u>64</u>

Pedir demais

Que alguém é de fato um canalha,
Poderá até vir a reconhecer no final
Se a tua prova não se mostrar falha.
Mas que se confesse um asno total,
Ah, esqueça, é tempo perdido.

Poesia e maldade

A malícia não pode ser a raiz, não!
Da árvore deve ser apenas a flor,
Onde a ordem do dia é a má intenção,
Até o mais sábio não tem valor!

Uma estrofe da "vida partidária"

Quando pessoas ruins brigam,
O cheiro não é do melhor;
Mas quando se reconciliam,
Ah, o fedor é bem pior!

COMENTÁRIO

Gottfried KELLER (1819-1890) é um dos principais escritores do realismo em língua alemã. Nietzsche – que em relação a alemães e aparentados não descansava o chicote – considerava-o o maior narrador em língua alemã de sua época. Anti-român-

A ARTE DO COMBATE

tico até a raiz, Keller zomba – sobretudo em suas narrativas curtas – da vaidade, da cultura avessa e da desonestidade provincianas. Seu estilo é rico em metáforas bem-humoradas e originais, e sua linguagem marcada pelo despojamento realista.

Gottfried Keller nasceu em Zurique, na Suíça, e morreu na mesma cidade. Perdeu o pai, mestre de torno, logo aos cinco anos, e foi criado com amor – e rigor – pela mãe. Expulso da escola secundária por bagunça – injustamente, segundo se diz –, Keller torna-se autodidata. Interessado em pintura, foi estudá-la em Munique, em 1840; mas fracassou e dois anos depois regressou a Zurique. Após publicar alguns poemas de inspiração libertária e política – bem ao sabor de 1848 –, obteve uma bolsa para estudar Filosofia e Literatura em Heidelberg. Em 1850, Keller mudou-se para Berlim. Na solidão da cidade grande, toma consciência de seu papel de escritor e escreve o romance pelo qual se tornaria conhecido: *Henrique, o verde* (1854-1855). De cunho autobiográfico, a obra relata a história de um jovem que, por sentir-se fracassado como artista, é tentado pelo suicídio. Numa segunda versão (1879-1880), Keller narra a evolução do protagonista que, após aceitar seu fracasso, regressa à cidade natal e contenta-se com um insípido cargo público. O romance é, até hoje, uma das referências do romance de formação alemão ou *Bildungsroman*.

Além dessa obra, Keller publicou também contos de fundo social e histórico, como *A gente de Seldwyla* (1856-1874), *Sete lendas* (1872) e *Novelas de Zurique* (1878). Já de volta à sua cidade natal, Keller vive retirado com sua mãe e sua irmã, não pára jamais de produzir e vê sua fama crescendo pouco a pouco. Em *Martin Salander* (1886), seu último romance, Keller aproxima-se do naturalismo, criticando com dureza o desvirtuamento da democracia na Suíça pela força cada vez maior do comercialismo. A lírica de Keller foi reunida num volume de poesias publicado em 1881.

Tanto o primeiro quanto o segundo poema aqui traduzidos fazem parte da lírica "epigramática" (*Sinngedichte*) de Keller. As poesias de Keller sempre foram acusadas de não serem suficientemente "líricas" e de fato não vestem a luva do esquema "poesia de vivência" ou "poesia do sentimento" (*Erlebnis- und Gefühlslyrik*), segundo o conceito estabelecido por Goethe.

A lírica de Keller é – há que se concordar – um tanto "a-poética", na maior parte das vezes viciada em demasia pelo realismo severo e reflexivo da índole realista do autor. Se o humor algo rude e a linguagem algo tosca de Keller caem à perfeição na prosa, viram alegorismo ou simbolismo frio na poesia.

XXXIX

THEODOR
FONTANE

65

Adorador do sucesso

Jamais li peça tão vulgar.
"No teatro não sobrou um só lugar."

Cores, linhas, tudo confuso, um horror.
"O júri aprovou-a com louvor."

Um escândalo a sua vida, ele não presta.
"O embaixador deu-lhe uma festa."

Acreditai em mim: é um charlatão.
"Mas tem um milhão e meio na mão."

COMENTÁRIO

Theodor FONTANE (1819-1898) foi o mestre do realismo alemão e um dos maiores romancistas do século XIX. Irônico no estilo e sóbrio na linguagem, Fontane abriu ao mundo o caráter trágico e burlesco da vida burguesa berlinense.

Descendente de protestantes huguenotes franceses refugiados na Alemanha depois da revogação do Edito de Nantes por Luís XIV, em 1685, Fontane nasceu em Neu-Ruppin. Filho de um farmacêutico, mudou-se em 1833 para Berlim, onde estudou Farmácia. Até 1849, Fontane foi farmacêutico (o que é quase um verso). Em 1850 publicou suas primeiras baladas; depois disso passou a colaborar com freqüência nos jornais de Berlim, a capital prussiana. Em 1852 e de 1855 a 1859, Fontane viaja para a Inglaterra e a partir de 1860 escreve para o *Kreuzzeitung* de Berlim, atividade que desempenhou até 1870.

A ARTE DO COMBATE

Em 1878, Fontane publicou seu primeiro romance: *Antes da tempestade*, obra de fundo histórico. Apenas em 1882, aos 63 anos, Fontane encontrou seu verdadeiro chão: a análise da sociedade berlinense. Logo aparecem *L'Adultera*, 1882, e *Cécile*, 1885, dois romances. Depois disso é que surgem suas principais obras, entre elas *Senhora Jenny Treibel* e sua análise – em humor grotesco – da burguesia berlinense. *Effi Briest*, publicado em 1894 e talvez a obra-prima de Fontane, expõe toda a tragédia da vida de uma mulher – o humor que flui no subsolo da narrativa é grandioso – em meio à mesma sociedade berlinense. O estilo coloquial da prosa e a posição do narrador de Fontane influenciariam Thomas Mann, cuja carreira de ficcionista começou quando a do escritor berlinense chegava ao fim.

A poesia aqui traduzida pertence à seção – organizada postumamente – "Sabedorias da vida" (*Lebensweisheiten*) e dá uma idéia do realismo cheio de humor de Fontane.

Fontane voltou ao centro dos debates na Alemanha com a publicação de *Um vasto campo* (*Um campo vasto*, conforme foi traduzido no Brasil, anula a força do título no original), de Günter Grass.

No romance, o Prêmio Nobel recria o romancista, poeta e crítico de teatro Fontane na pele de Fonty, conferencista de cultura e companheiro de Hoftaller, espião. Numa das passagens do romance, quando querem colocar anúncio procurando o desaparecido Fonty, decidem por – e Grass acerta em cheio a caracterização de Fontane: "Procura-se pessoa que escreve laconicamente sobre o que é grande e largamente sobre o que é pequeno".

As cartas, poemas e frases de personagens (excertos) espalhados no romance de Grass provam a qualidade de Fontane. De exemplo, a citação: "Além do pai e da mãe, compareceram ao enterro um cocheiro bêbado e o sol poente...".[10]

---

[10] Mais sobre o romance e a obra de Grass pode ser lido no "Adendo longuíssimo", que fecha *A arte do combate*.

MOVIMENTOS DIFUSOS:
A VIRADA DO SÉCULO XX E AS GUERRAS

A partir do século XX, qualquer tentativa classificatória em relação à literatura passou a se tornar mais difícil, seja pelo esfacelamento das tendências, seja pela proximidade temporal entre objeto analisado e sujeito analisante. Só a distância dá chances à visão panorâmica...

Se o caráter homogêneo de períodos como o iluminismo, ou mesmo a Idade Média, sói ser posto em questão, movimentos como o naturalismo, o impressionismo e o expressionismo passaram a ter pontos de intersecção difusos e fronteiras difíceis de ser determinadas. De autores exclusivamente naturalistas, ou exclusivamente impressionistas, torna-se ainda mais difícil falar.

O maior – e aliás pouco nobre – exemplo nesse sentido é Hermann Bahr (1863-1934), escritor austríaco. Bahr – ridicularizado ao extremo por Karl Kraus em alguns de seus ensaios – é o maior símbolo do caráter impreciso e fósmeo dos movimentos naturalista, impressionista e expressionista na literatura alemã. Vienense de ascendência silesiana, Bahr dava todos seus dedos – tanto os dos pés quanto os das mãos – pela liderança em qualquer movimento de vanguarda. De modo que passou sem titubear do naturalismo ao simbolismo, daí ao neobarroco – ridículo e ornamentado –, para enfim chegar ao expressionismo. Depois de participar da introdução de um movimento, o autor era o primeiro a dinamitá-lo, sem o menor pudor. Diretor e crítico de teatro, dramaturgo, poeta e folhetinista, Hermann Bahr jamais mostrou os resquícios de uma espinha dorsal artística e pulava de galho em galho conforme a conveniência lhe ordenava. Sua obra, no entanto, teve grande influência sobre a juventude intelectual vienense – muitas vezes frívola e vulgar – do fim do século XIX.

O NATURALISMO
e os últimos suspiros da unidade

O naturalismo levou o realismo às últimas conseqüências. "Criado" na França, o movimento europeizou-se através de Émile Zola, que o teorizou em *Le Roman expérimental* e lhe deu feição narrativa concludente no romance *Germinal.*

Na Alemanha os irmãos Heinrich e Julius Hart, editores da revista *Duelos críticos* (Kritische Waffengänge), foram os primeiros grandes divulgadores do naturalismo. Arno Holz (1863-1929), poeta e dramaturgo, desenvolveu sua própria teoria naturalista logo a seguir, difundindo o movimento. Num de seus textos teóricos, Holz proclama: "A arte tem a tendência de voltar a se tornar natureza". Embora tenha sido teórico do naturalismo, Holz viria a se destacar por sua lírica impressionista, caracterizada pela inovação rítmica.

A crítica ao estado guilhermino, ao nacionalismo militarista, ao clericalismo e ao anti-semitismo pautaria o naturalismo alemão. O grande nome do movimento foi Gerhart Hauptmann. Proclamando seu respeito a Zola e seguindo as teorias de Holz, Hauptmann expôs a desumanidade do mundo em sua arte naturalista inicial, descrevendo de maneira nua e crua as condições de vida das classes populares.

O grande oponente naturalista de Hauptmann foi Hermann Sudermann (1857-1928). Influenciado – reconhecidamente – pela literatura francesa de Maupassant na narrativa e de Dumas e Sardou no drama, Sudermann chegou a ser mais conhecido do que o próprio Hauptmann no início do naturalismo. Sua obra – vista com os olhos de hoje – está morta, no entanto. *Histórias lituanas* (Litauische Geschichten), coletânea de narrativas escritas na maturidade, ainda guarda algum vigor, sobretudo ao encarar com maestria a simplicidade trágica do destino dos personagens apresentados.

No romance, o naturalismo alemão jamais alcançaria a imponência de Zola, o pai-de-todos. Estilhaçado em temas individuais e obras particulares sem grande valor literário, o romance naturalista alemão abordou a temática da cidade grande (*Mestre Timpe*, de Max Kretzer) e a miséria das massas (*Os que estão em frente às portas*, de Clara Viebig). A obra romanesca mais bem-acabada do naturalismo alemão foi *O camponês Büttner* (Der Büttnerbauer), de Wilhelm von Polenz (1861-1903). O romance narra com precisão a inevitabilidade com que uma linhagem de camponeses (os Büttner – Büttner significa tanoeiro) se aproxima passo a passo da bancarrota, que provoca a miséria posterior e a desintegração final da família com o suicídio do pai. No final das contas, todavia, o romance é mais realista – e amargo – do que naturalista, uma vez que abdica do protesto. Ao depositar parte da culpa da bancarrota dos Büttner na usura de um comerciante judeu, a obra chega a

A ARTE DO COMBATE

antecipar perigosamente a tendência do *Heimatroman* – e seu nacionalismo anti-semita –, que tomaria conta da Alemanha na década de 30.

O "romance dos trabalhadores" à moda de Górki encontrou um epígono em Heinrich Lersch (1889-1936). A obra *Golpes de martelo* (Hammerschläge) conta as idas e vindas do autor pela Europa, sempre com o martelo de ferreiro sob o braço. Ludwig Thoma (1867-1921), redator do *Simplicissimus,* a famosa revista cultural e satírica de Munique, enriqueceu o naturalismo – mais em termos quantitativos do que qualitativos – ao escrever uma série de "romances camponeses".

Entre os autores mais populares de sua época, Stefan Zweig (1881-1942) também apresenta marcas naturalistas em sua ficção, de fundo psicanalítico. Autor de algumas novelas até interessantes e conhecido por suas biografias romanceadas e ensaios psicológicos, Zweig também foi poeta – ainda que de calibre menor. Depois de fugir ao nazismo, Zweig suicidou-se no Brasil. É autor do célebre livro, ainda hoje atual, sobretudo no título: *Brasil, país do futuro,* de 1941.

IMPRESSIONISMO, EXPRESSIONISMO, SIMBOLISMO
e as dificuldades de classificar

Do ponto de vista histórico e sociológico, as convulsões causadas pelas duas guerras mundiais e a fluidez das fronteiras alemãs influenciaram diretamente a produção literária da virada do século XIX para o século XX. Ademais, a concepção exasperada da arte típica do expressionismo, bem como a rejeição ao militarismo e à mecanização – características compartilhadas com o naturalismo –, só pode ser entendida em face dos acontecimentos que marcaram a Alemanha da época. O pacifismo foi – aliás – a maior marca do expressionismo alemão. Fritz von Unruh (1885-1970), um de seus representantes, chegou a receber o epíteto de "soldado da paz". Sua obra é – toda ela – um protesto antimilitar em defesa da solidariedade e da paz entre os homens. Walter Hasenclever (1890-1940) representaria a mesma tendência. O caso de Ernst Toller (1893-1939) não é diferente. Pacifista até a raiz, Toller escreveu uma série de peças sobre o movimento operário e a revolução social, entre elas *Os destruidores de máquinas* (Die Maschinenstürmer, de 1922). O representante oposto dessa tendência foi Ernst Jünger (1895-1998). Militante conservador e militarista ao extremo, Jünger apoiou – não por acaso, aliás – a ascensão do nazismo, para adotar um niilismo de caráter elitista mais tarde. O aspecto filosófico de seus romances passou a ser revalorizado a partir de 1960.

Por outro lado, qualquer gaveta classificatória seria limitadora se aplicada aos grandes nomes da literatura alemã do século XX. Exemplos? Em que movimento inserir a obra de Thomas Mann e seu estilo clássico e irônico, que revela marcas do impressionismo em *Os Budenbrooks*, é mágico-realista no *Doutor Fausto* e pícara no *Felix Krull*? E a de Robert Musil? E a de Hermann Broch? Não será limitador classificar de expressionista uma obra como a de Kafka – que sinaliza para um existencialismo bem posterior a sua época, e é tingida de absurdo até a medula –, ainda que sua prosa alegórica, o choque de realidade que ela promove e a escassez sombria de seu mundo artístico não deixem de ser expressionistas até a raiz dos cabelos?

Se o impressionismo não deixou de ser – no fundo – um movimento de caráter francês e pictórico, o expressionismo foi genuinamente alemão, tanto na pintura quanto na literatura e até no filme. Do *Blauer Reiter*, na pintura, aos filmes de Fritz Lang e à literatura de Alfred Döblin, o expressionismo foi marcado de maneira indelével pela arte alemã.

Falar em movimento expressionista, aliás, já é redutor em si. Mais do que um simples movimento datado, o expressionismo é uma tendência permanente, que sempre volta a se manifestar nas épocas de crise. Marcado pela visão humana do mundo, o expressionismo é, em última instância, um modo de ver a arte. Oskar Kokoschka (1886-1980) – pintor genial e tocante; jamais vi uma obra sua sem sentir um baque! – foi expressionista durante quase cem anos. Desde o lançamento de uma série de peças teatrais, no início do século XX – entre elas *O assassino, esperança das mulheres* (Mörder, Hoffnung der Frauen), de 1907, intensa na crítica social e no pessimismo –, ao fim da vida, perto do fim do século XX. À deformação expressionista, Kokoschka acrescentou sua própria subjetividade – "A pintura não se baseia em três dimensões, mas em quatro. A quarta dimensão é a projeção do meu eu", ele escreveu certa vez –, transformando-se num dos maiores pintores de seu tempo.

Muitos dos grandes escritores alemães do século tiveram sua obra marcada pelo expressionismo. Alfred Döblin apresenta sinais expressionistas evidentes. A primeira fase da obra de Brecht – e sobretudo a peça *Baal* – é nitidamente expressionista, e a lírica tardia de Georg Trakl – na medida em que se pode chamar de tardia a lírica de uma vida tão curta –, assim como a de Gottfried Benn, foi indiscutivelmente influenciada pelo expressionismo. O impressionismo, por sua vez, deixaria suas marcas nos grandes líricos alemães do século XX: Rilke e George.

Analisando impressionismo e expressionismo por alto, aliás, eles se tangenciam em vários pontos e caracterizam diferentes fases de vários autores. Else Lasker-Schüler, por exemplo, é impressionista e expressionista, conforme a fase de sua obra. Por outro lado, muitos escritores que em termos globais nunca poderiam ser classificados como impressionistas tiveram algumas de suas obras marcadas por características típicas do movimento. Heinrich Mann adotaria o impressionismo em *A pequena cidade*,

A ARTE DO COMBATE

romance de 1903, seguindo os passos de seu irmão Thomas Mann em *Os Budenbrooks*. Arno Holz, por sua vez, foi teórico do naturalismo alemão e produziu poesia impressionista na fase tardia de sua obra. Já Gottfried Benn foi tipicamente impressionista em algumas de suas obras e é considerado um dos maiores poetas do expressionismo alemão.

Estabelecidas as fronteiras temporais, portanto, uma classificação por gênero com certeza é mais eficaz, ainda que os gêneros também estejam longe de ser categorias estáveis...

Vá lá, pois.

A prosa

Na narrativa, as fronteiras entre naturalismo, impressionismo e expressionismo se mostraram particularmente difusas. Na verdade, o impressionismo já pode ser constatado de maneira nítida nos romances berlinenses – realistas – de Theodor Fontane, todos eles do século XIX. O impressionismo – vigoroso na análise psicológica – também seria uma das características da obra do vienense Arthur Schnitzler.

Entre os grandes prosadores da época – além dos referidos até agora – podem ser citados Hermann Hesse (1877-1962), Jakob Wassermann (1873-1934) e Klaus Mann (1906-1949), filho do já citado Thomas e sobrinho do também citado Heinrich Mann.

A obra de Hesse – Prêmio Nobel de 1946 – é um paliativo à crise espiritual e estética do século XX. A profunda tendência mística do autor – quase descabelada, às vezes – fê-lo popular entre a juventude ocidental, encolhida diante das ferroadas da crise de valores. Neo-romântico no início – vide *Peter Camenzind*, seu primeiro romance –, Hesse alcançou sucesso desde logo, mas a fama mesmo chegaria com *Demian*, romance de 1914. Inspirado em suas sessões de psicanálise, o livro trata do processo de conscientização de um adolescente inconformado. A viagem à Índia, que marcou a obra e o pensamento de Hesse de maneira decisiva, seria tematizada em *Siddhartha*, romance de 1922. *O lobo da estepe* (Der Stepenwolf), de 1927, romance de forte carga autobiográfica, é a obra mais conhecida de Hesse e narra a história de um intelectual solitário que se depara com experiências inusitadas e inesperadas. Os poemas do romance – de tom moderno, sóbrio e misticamente desesperado – são bem diferentes dos versos românticos que Hesse escrevera em sua juventude. Mas a obra-prima de Hesse – e também sua obra derradeira – é *O jogo das contas de vidro* (Das Glasperlenspiel), de 1943.

Marcado pela influência de Dostoiévski, Jakob Wassermann – escritor judeu nascido na Baviera, vienense por adoção – foi um dos escritores alemães mais lidos e mais traduzidos de sua época. A potência moral, a

180 MARCELO BACKES

análise psicológica, um tenaz sentimento de justiça e a abordagem do papel do artista na sociedade – em enredos típicos de novelas policiais – são as principais características dos romances e das novelas de Wassermann. Sua obra-prima é o romance *O caso Maurizius* (Der Fall Maurizius), de 1928.

Escritor do exílio, Klaus Mann foi o porta-voz da jovem intelectualidade alemã. Seu romance *O vulcão* (Der Vulkan), de 1939, seria o primeiro de uma série de grandes romances alemães produzidos no exílio. Marcada por um estilo semelhante ao do francês André Gide, a obra de Klaus Mann antecipou o horror hitlerista. Publicado em 1936, *Mefisto* – seu romance mais conhecido – denunciou a ascensão do nazismo e o carreirismo dos artistas que se esconderam sob suas asas. Em certo trecho do romance, Klaus antecipa o final do maior romance de seu pai, o *Doutor Fausto*, publicado mais de uma década mais tarde:

> *Pobre país, pois o céu que o cobre ficou escuro. Deus lhe virou o rosto. Uma torrente de sangue e lágrimas passa pelas ruas de todas as cidades. Pobre país, pois está enxovalhado, e ninguém sabe quando lhe será permitido tornar-se limpo outra vez. Por que penitências, por que imensa contribuição para a felicidade do gênero humano poderá ser expiada a gigantesca ignomínia? Junto com o sangue e as lágrimas, a imundície respinga nas ruas de todas as cidades. O que era belo foi emporcalhado; o que era verdade foi apagado pela gritaria mentirosa. A sórdida mentira usurpa o poder neste país. Berra nas salas de comícios, através dos microfones, das colunas dos jornais, das telas de cinema. Arreganha a bocarra, e suas faces exalam o fedor do pus e da pestilência; um fedor que faz com que muita gente fuja desta terra. Para quem é obrigado a permanecer, sua terra tornou-se uma prisão, uma fedorenta masmorra. ... Sua monstruosidade deverá ser idolatrada e venerada em toda parte. Sua fealdade terá de ser admirada como uma nova beleza.[1]*

A obra de Gustav Meyrink (1868-1932), escritor austríaco – e seguidor temático e estilístico de E. T. A. Hoffmann –, foi uma ilha fantástica e grotesca no meio da literatura alemã do século XX. Peter Altenberg (1859-1919) – pseudônimo de Richard Engländer –, outro escritor austríaco, descreveu a sociedade vienense do *fin de siècle* em suas histórias e poesias de fôlego curto. Marcado pelo impressionismo, Altenberg analisou com precisão o círculo de autores vienenses do período e a sociedade que o cercava. A graça de suas considerações por vezes alcança a grandeza do humor. Num de seus aforismos ele escreve:

---

[1] A tradução do trecho é de Herbert Caro e se encontra à p. 179 da edição brasileira do Clube do Livro.

A ARTE DO COMBATE

As mulheres tomam três quartos de nossa energia vital. Mas se nós não as tivéssemos, sequer teríamos energia vital. Na verdade até existem outras coisas que estimulam nossa maquinaria: as satisfações da vaidade, a ambição e a fome de dinheiro. Mas isso são fantasmas. O corpo da mulher é, lamentavelmente, um fato.

Escritor de menor expressão, Eduard Keyserling (1855-1918) também foi impressionista no estilo e descreveu a decadência da nobreza alemã, à qual ele mesmo pertencia. René Schickele (1883-1940), jornalista, escritor e dramaturgo, amadureceu cedo, publicando seus primeiros versos aos 15 anos. Impressionista fanático, Schickele nasceu na Alsácia, filho de pai alemão e mãe francesa. Dizia que não se considerava nem francês nem alemão, era visceralmente antibélico e postulava o europeísmo de sua obra rebelde.

Influenciado pela lírica de Walt Whitman, Franz Werfel (1890-1945) – um dos grandes talentos líricos judaicos da literatura alemã da primeira metade do século XX – foi um dos líderes do expressionismo. Tcheco nascido em Praga, Werfel ficou conhecido como dramaturgo e sobretudo como romancista. Fez parte da massa de escritores alemães exilados depois da ascensão de Hitler, em 1933.

Kasimir Edschmid (1890-1966) publicou textos teóricos defendendo o expressionismo e foi um dos primeiros representantes de vulto do movimento. No ensaio "Sobre o expressionismo poético", de 1917, chegou a dizer: "Há apenas uma exigência: crueldade". A prosa de suas primeiras experiências de narrador – caracterizadas pelo exotismo e pelo erotismo – alcançou divulgação européia. Mais tarde, Edschmid restringiu-se a publicar romances de viagem, ainda marcados pelo expressionismo da fase inicial.

Influenciado pela música de Wagner, pela filosofia de Nietzsche e pelo simbolismo francês, o neo-romantismo – que, *grosso modo*, é o simbolismo em sua versão tedesca – teve poucos representantes na Alemanha.

Um deles foi Robert Walser (1878-1956), escritor suíço surpreendente e de grande qualidade, sublime na ironia, vigoroso na poetização do cotidiano. *Irmãos Tanner*, de 1907, é o primeiro de um ciclo de três romances e conta a história de cinco irmãos, focalizando a narrativa em Simon Tanner, um jovem de 20 anos, simpático e volúvel: simpático porque volúvel... Esse primeiro romance de Walser ainda é mais "jovial" do que os dois romances posteriores; ainda não apresenta as digressões grotescas características do autor, dispostas no intuito de quebrar a suavidade e a beleza quase etérea da narrativa. *O auxiliar* (Der Gehülfe, escrito um ano depois) conta uma etapa da vida do auxiliar Marti – essa etapa lembra uma das fases da vida do próprio Walser –, que acompanha a decadência de uma família burguesa encabeçada pelo inventor Tobler, um sujeito bravateador e apatetado, que acaba levando os seus junto consigo à bancarrota: econômica e psicológica.

182 MARCELO BACKES

Jakob von Gunten, de 1909, é a obra-prima do autor; nesse terceiro romance do ciclo, a melancolia e a riqueza de nuanças, características da obra de Walser, atingem o ápice, unindo-se orgânica e homogeneamente a seu estilo narrativo. Jakob – assim como alguns dos personagens anteriores de Walser – sinaliza instintiva e biograficamente para a vida reclusa que o autor passaria a levar nas últimas três décadas de sua vida, internado num sanatório psiquiátrico a partir de 1929... Até 1933, Walser ainda seguiria produzindo, recolhido a seus microgramas – inscrições miudíssimas feitas a lápis em 526 folhas esparsas e bilhetes; antes de uma análise minuciosa, encaminhada a partir da década de 70, pensava-se que Walser havia criado uma "escrita secreta"–, para depois calar de vez. Precursor sutilizado da narrativa fantástico-alegórica em que Kafka veio a se tornar célebre, Robert Walser seria redescoberto mais de dez anos depois de sua morte, sobretudo após o deciframento dos microgramas. Eles são a prova objetiva e prática da tentativa radical de um autor – uma tentativa mais radical do que a de Kafka, inclusive – de se apartar da opinião pública. Com seus microgramas Walser parece querer deixar claro que o artista ideal é aquele que jamais deixa de escrever – ou de pintar ou de esculpir –, sem por isso atender ao desejo – narcísico ou altruísta – de legar ao mundo uma obra que seja. Escrever – de fato! – para si mesmo, sem dar atenção à interferência – seja ela do tipo que for – do mundo: esse parece ser o mandado da arte purista de Walser.

Walter Benjamin disse que as figuras de Robert Walser "vêm da noite, lá onde ela é mais escura; de uma noite veneziana, se quisermos, iluminada pelos lampiões escassos da esperança, com algum brilho no olho, mas transtornada e triste de chorar". Ator fracassado e admirador de Dostoiévski, Robert Walser compartilha/admite – comigo!/eu também – um parentesco com o príncipe Michkin, o idiota mais grandioso do mundo. Walser também escreveu dramas de tamanho ínfimo – chamados de "dramolettes"; Benjamin disse que "Branca de Neve", um deles, é uma das composições mais profundas da literatura alemã da época e que tão-só essa peça já permitiria compreender o porquê da imensa admiração de Kafka pelo autor suíço – e ensaios dos mais interessantes, sobretudo nos tempos em que viveu como jornalista em Berlim. Assim como o palhaço da ópera, Walser esconde sua tristeza nos fundos do riso. Suas lágrimas íntimas banham um mundo de ninharias; o temor de ver a máscara do riso caindo impede-o de se aproximar diretamente do que é grande. E, assim, Walser ilumina a existência humana pelas beiradas, desvelando o imenso valor das coisas "insignificantes".

Carl Spitteler (1845-1924), outro escritor suíço, transparece classicismo e realismo em algumas de suas obras. Prêmio Nobel em 1919, Spitteler brincou com a paródia em seu romance *Imago*, de 1906 (que acabou influenciando Freud e o círculo da revista *Imago*, nome que homenageia o romance). Na

A ARTE DO COMBATE

poesia – marcadamente simbolista –, Spitteler fica longe de convencer tanto quanto na prosa.

Se o realismo às vezes fulgura na obra de Spitteler, na obra de Hans Fallada (1893-1947) – pseudônimo de Rudolf Ditzen – ele constitui um aspecto fundamental. Seu romance *Homenzinho, e agora?* (Kleiner Mann, was nun?), de 1932, alcançou sucesso mundial e retrata com fidelidade a vida da população pobre alemã no período entre as duas guerras mundiais.

Sob outra perspectiva, Hans Carossa (1878-1956) defendeu o classicismo em sua obra, pretendendo recuperar as concepções estéticas de Goethe e tomando o estilo do austríaco Adalbert Stifter como modelo.

Um dos escritores mais conhecidos da época foi Erich Maria Remarque. Seu *Nada de novo no front ocidental* (Im Westen nichts Neues), de 1929, foi o mais representativo dos romances que trataram da Primeira Guerra Mundial. O laconismo narrativo de Remarque caracterizou bem o movimento – difuso e esfacelado – que ficou conhecido como "nova objetividade" (Neue Sachlichkeit).

Johannes R. Becher (1891-1959) expôs sua rebeldia contra o mundo burguês no expressionismo vigoroso de sua obra jovem. Mais tarde, o estilo do autor desenvolveu-se em direção ao realismo socialista típico da literatura da Alemanha Oriental. Ativo na reorganização do país depois da guerra, Becher chegou a se tornar presidente da União Cultural para a Renovação Democrática da Alemanha.

Klabund (1890-1928) – pseudônimo de Alfred Henschke – movimentou-se entre o impressionismo e o expressionismo. Poeta, dramaturgo e romancista, ficou conhecido como tradutor do chinês, do japonês e do persa.

A lírica

Na transição do naturalismo para o impressionismo, Detlev von Liliencron (1844-1909) – pseudônimo de Friedrich Adolf Axel – entregou-se ao gozo dos sentidos e da guerra em suas poesias. Primeiro poeta impressionista alemão, o aristocrata empobrecido Liliencron foi um escritor irreverente, distante das questões sociais, mas de notável brilho lírico em alguns de seus poemas.

O impressionismo seria cultivado também por Richard Dehmel e Else Lasker-Schüler (1869-1945), o "cisne negro de Israel". Entregue ao êxtase impressionista, a poesia de Lasker-Schüler move-se liricamente de uma idéia a outra, compondo quadros de nuança oriental. Em algumas de suas realizações, a poeta – que em algumas fases de sua obra é mais expressionista que impressionista – chega a alcançar os píncaros da lírica alemã. A poesia sardônica e desesperada – algo mística, no fundo – de Christian Morgenstern se encaixa – mais do que a de Lasker-Schüler, aliás – à perfeição no modelo impressionista.

O aspecto escandaloso e a desumanidade da civilização urbana foram os grandes temas da poesia expressionista. E Georg Heym (1887-1912) foi um dos seus principais representantes. Oponente de Stefan George e seu simbolismo, Heym foi um seguidor excêntrico de Rimbaud. Em poesias às vezes geniais – e até visionárias –, desvelou ao mundo a face apocalíptica das catástrofes vindouras. *O dia eterno* (Der ewige Tag) – coletânea de poesias de 1911 – e *O ladrão* (Der Dieb) – novela de 1913 – são suas obras mais conhecidas. O mais original dos poetas expressionistas, no entanto, foi o austríaco Georg Trakl. Seus versos herméticos e pessimistas antecipam o surrealismo.

O simbolismo, influenciado pelos autores franceses, teve em Stefan George e Hugo von Hofmannsthal seus escritores mais destacados. Rainer Maria Rilke daria maior ênfase às implicações metafísicas da poesia, depurando – de maneira excelsa – a linguagem de sua lírica.

O drama

Se a obra tardia de Gerhart Hauptmann involuiu para um simbolismo de feitio religioso, seu radicalismo inicial foi importante no sentido de abrir caminho para outros dramaturgos da passagem do século XIX para o XX. O mais representativo dessa transição temporal foi, sem dúvida, Frank Wedekind, crítico das convenções burguesas, que já apresenta alguma marca impressionista em sua obra.

Assim como na lírica, aliás, o teatro expressionista criticou de frente os rumos da sociedade da época, perpetuando o legado de Frank Wedekind. Reinhard Johannes Sorge (1892-1916) foi um dos primeiros dramaturgos expressionistas. Sua peça *O mendigo* (Der Bettler), de 1912, é considerada a primeira obra dramática do expressionismo.

O grande líder do expressionismo alemão foi Georg Kaiser (1878-1945), o mais conhecido dos dramaturgos alemães na época do fim da Primeira Guerra Mundial. Em suas primeiras obras, Kaiser caricaturou o neo-romantismo alemão e sua oposição radical ao naturalismo. A obra mais conhecida de Kaiser – e talvez a mais representativa do expressionismo alemão – é *Os burgueses de Calais* (Die Bürger von Calais, 1914), um retrato bem-acabado do conflito entre o homem e o mundo moderno da tecnologia. Mestre da prosa curta, Kaiser foi um anarquista da arte, um jogador de pensamentos. Em alguns de seus aforismos, o autor alcança o pathos heiniano. Num deles, o machado desce inclemente: "Os alemães não são um povo, os alemães são uma epidemia".

A ARTE DO COMBATE   185

A sátira foi a principal característica de Carl Sternheim (1878-1942), prosador e comediante. Sua obra é a realização literária da "teoria do riso" de Bergson, o filósofo francês. Tribuno de seu tempo, Sternheim satirizou a época guilhermina em peças fulgurantes, de apelo grotesco e fortes doses de crítica à burguesia hipócrita. No ciclo dramático *Da vida heróica burguesa* (Aus dem bürgerlichen Heldenleben, 1908-22), Sternheim delineou a época guilhermina em traços precisos, caracterizados por diálogos afiados, cenas grotescas e linguagem cativante.

Brecht, que principiou expressionista, logo adotaria o realismo marxista para produzir uma das obras mais importantes e revolucionárias do século XX, decisiva em vários aspectos, inclusive na criatividade lingüística. As marcas dialetais da pátria augsburguense – de Augsburgo, sua cidade natal, na Bavária – de Brecht são unidas à gíria e à linguagem burocrática da cátedra. A paródia salta de um jargão por vezes exótico, misturado ao alemão bíblico estilizado, assombrando – e provocando – pela originalidade e pela precisão. À sombra de Brecht, o teatro de Ödön von Horváth (1901-1938), dramaturgo iuguslavo-alemão, se ocuparia de temas populares. Ao contrário das peças de Brecht, as peças de Horváth – que também foi romancista – exaltam o valor do indivíduo ante a coletividade, mas também se mostram profundamente críticas em relação ao nazismo em gestação.

O expressionismo tardio ainda marcaria a obra de Carl Zuckmayer (1896-1977). Escritor suíço nascido na Alemanha, Zuckmayer caracteriza-se por um sensualismo às vezes cru, que faz lembrar Liliencron, o poeta. Suas peças – virtuosas e de uma atualidade quase fílmica – criticam as relações sociais de sua época e satirizam o militarismo alemão. *O capitão de Köpenick* (Der Hauptmann von Köpenick, 1931) é sua obra mais conhecida.

Um breve "a parte" para o dadaísmo

A ideologia antiburguesa do dadaísmo – algo anárquica, algo niilista – pregava o fim da cultura e a reconstrução do mundo. Ela aglutinou heranças do futurismo e do expressionismo, refletindo os efeitos da Primeira Guerra Mundial e opondo-se a todos os valores estabelecidos. "Literatura de revólver na mão", foi assim que o poeta Richard Hülsenbeck (1892-1974) – um dos maiores agitadores do dadaísmo – definiu o movimento.

Quando o expressionismo recém-emergia, August Stramm (1874-1915) escrevia poesias e dramas em estilo radicalmente novo, encurtando a frase ao máximo e embaralhando sua sintaxe ao reunir palavras sem ligação gramatical. Era o dadaísmo. *Sancta Susana* – drama de 1914, musicado por Paul Hindemith – é sua obra mais conhecida. Além de Stramm, a única manifestação de algum vulto do dadaísmo alemão foi Hugo Ball (1886-

1927), dramaturgo vanguardista. Foi em *Cabaret Voltaire*, livreto de Ball lançado em Zurique em 15 de junho de 1916, que a palavra "dada" foi mencionada pela primeira vez. O cabaré homônimo – que o escritor e sua companheira Emmy Hennings, cantora e poetisa, fundaram na cidade suíça – foi posto à disposição de escritores e artistas plásticos e abrigou vanguardistas de várias nacionalidades, que transformaram seus espetáculos em manifestações radicais. Os artistas mais importantes do "dada" em Zurique foram o próprio Hugo Ball, sua esposa Emmy Hennings, Richard Hülsenbeck e Tristan Tzara, editor da revista *Dada* – na literatura –; Hans Arp, Sophie Täuber e Hans Richter nas artes plásticas. O *Cabaret Voltaire* contou com a colaboração de artistas como Picasso, Modigliani, Kandinski e Apollinaire.

XL

FRIEDRICH
NIETZSCHE

<u>66</u>

AFORISMOS I

Em perigo – A gente corre o maior risco de ser atropelado exatamente quando acabou de se esquivar de um carro.

O mais distinto entre os hipócritas – Não falar nada a respeito de si mesmo é uma hipocrisia assaz distinta!

Aos que renegam sua vaidade – Quem renega sua vaidade normalmente a possui em grau tão brutal que fecha os olhos por instinto diante dela, a fim de não ter de se autodesprezar.

É terrível morrer de sede em meio ao mar. Tendes vós de salgar tanto vossa verdade, a ponto de fazer com que nem a sede ela mate mais?

O verme pisoteado se enrola. E isso é sábio. Com o ato, ele diminui a probabilidade de ser pisoteado de novo. Na língua da moral: humildade!

COMENTÁRIO

Friedrich Wilhelm NIETZSCHE (1844-1900) nasceu em Röcken, na Saxônia, filho de uma família de pastores protestantes. Seu pai e seus dois avôs eram pastores. Aos 10 anos já fazia suas primeiras composições musicais e aos 14 tornou-se professor numa Escola Rural em Pforta. Nessa época fez seu primeiro exercício autobiográfico, sinalizando a vinda do *Ecce homo,* trinta anos depois. *Da minha vida* é o título da obra de um autor que, em rala idade, já se sabia destinado a grandes tarefas. Mais tarde Nietzsche estudou Filologia e Teologia nas Universidades de Bonn e Leipzig.

Aos 20 anos, Nietzsche conheceu de perto a obra de uma de suas influências mais caras: Schopenhauer. Pouco depois prestou o serviço militar e entrou em contato –

188   Marcelo Backes

fascinado – com a música de Wagner. Aos 24 anos – e isso apenas confirma um gênio que se manifestou sempre precoce – Nietzsche foi chamado para a cadeira de Língua e Literatura Grega na Universidade de Basiléia, na Suíça, ocupando-se também da disciplina de Filologia Clássica. O grau de Doutor – indispensável nas universidades alemãs – seria concedido a Nietzsche apenas alguns meses depois, pela Universidade de Leipzig. Sem nenhuma prova e com um trabalho sobre "Homero e a filologia clássica", Nietzsche assumiu o título e mudou-se definitivamente para Basiléia.

Com 26 anos, em 1870, Nietzsche desenvolveu os aspectos teóricos de uma nova métrica na poesia, para ele, "o melhor achado filológico que tinha feito até então". Em 1872 escreveu sua primeira grande obra, *O nascimento da tragédia*, sobre a qual Wagner disse: "jamais li obra tão bela quanto esta". O ensaio viria a se tornar um clássico na história da estética. Nele, Nietzsche sustenta que a tragédia grega surgiu da fusão de dois componentes: o apolíneo, que representava a medida e a ordem, e o dionisíaco, símbolo da paixão vital e da intuição. Segundo a tese de Nietzsche, Sócrates teria causado a morte da tragédia e a progressiva separação entre pensamento e vida ao impor o ideal racionalista apolíneo. As dez últimas seções da obra constituem uma rapsódia sobre o renascimento da tragédia a partir do espírito da música de Wagner. Daí que, elogiando Nietzsche, Wagner estava, na verdade, elogiando a si mesmo.

Logo a seguir Nietzsche entrou em contato com a obra de Voltaire e, depois de uma pausa na produção, escreveu e publicou, em 1878, *Humano, demasiado humano – Um livro para espíritos livres.* Terminou, ao mesmo tempo, a amizade com o casal Wagner, depois de uma série de desentendimentos e alguns ataques mútuos via imprensa. As dores que Nietzsche já sentia há algum tempo progridem nessa época, e o filósofo escreve numa carta a uma amiga: "De dor e cansaço estou quase morto". Daí para diante a enxaqueca e o tormento nos olhos apenas fariam progredir.

Em 1882, Nietzsche publicou *A gaia ciência* e conheceu Paul Rée e Lou Salomé, com os quais manteve uma amizade a três, perturbada por constantes declarações de amor da parte dos dois homens a Lou Salomé. Os três viajaram e moraram juntos em várias cidades. Em 1883, Nietzsche publica *Assim falou Zaratustra* (Partes I e II), sua obra-prima. Em 1884 e 1885 viriam as partes restantes. Sob a máscara do lendário sábio persa, Nietzsche anuncia sua filosofia do eterno retorno e do super-homem, disposta a derrotar a moral cristã e o ascetismo servil.

Em 1885, Nietzsche leu e estudou as *Confissões* de Santo Agostinho e, em 1887, descobriu Dostoiévski. Em 1888, produziu uma enxurrada de obras, entre elas o *Ecce homo* e *O anticristo*. Em janeiro de 1889, sofreu um colapso ao passear pelas ruas de Turim e perdeu definitivamente a razão. Em Basiléia, foi diagnosticada uma "paralisia progressiva", provavelmente originada por uma infecção sifilítica contraída na juventude.

Em 1891 – aproveitando-se da fraqueza de Nietzsche –, a irmã faz o primeiro ataque à obra do filósofo, impedindo a segunda edição do *Zaratustra*. A partir de então Elisabeth (que voltara à Alemanha depois de viver durante anos no Paraguai com o marido, o líder anti-semita Bernhard Förster, que se suicidou depois de ver malogrado seu projeto de fundar uma colônia ariana na América do Sul; Nietzsche sempre foi terminantemente contra o casamento) passou a ditar as regras em relação ao legado de Nietzsche. E assim seria até 1935, quando veio a falecer. Nacionalista

A ARTE DO COMBATE

189

alemã fanática, assim como o marido morto, Elisabeth chegou a escrever uma biografia sobre o irmão. Na biografia, deturpou – a serviço dos ideais chauvinistas – os fatos biográficos e as opiniões políticas de Nietzsche, atribuindo caráter nacionalista às investidas do filósofo contra os valores cristãos e seus conceitos da "vontade de poder" e do "super-homem". A obra póstuma *A vontade de poder*, abandonada por Nietzsche, foi organizada pela irmã. Elisabeth reuniria arbitrariamente notas e rascunhos de Nietzsche, muitas vezes infiéis às idéias do autor. Antes de publicar uma versão "definitiva" do *Ecce homo*, a irmã faria fama citando-o em folhetins e ensaios polêmicos, bem como na já referida biografia (1897-1904). Elisabeth chegou a falsificar algumas cartas do filósofo, responsáveis em parte pela má fama que cairia sobre ele anos mais tarde, como profeta da ideologia alemã que veio a culminar no nazismo. (Erich Podach, editor das obras do filósofo, diz que a irmã malversou, sim, o legado de Nietzsche, mas mostra-se coerente ao dizer que ela jamais teria alcançado ludibriar o mundo acadêmico e letrado da Alemanha inteira se o mesmo mundo não estivesse preparado, e também não sentisse uma espécie de "necessidade" disso.)

Em 1895, os sinais da paralisia avançam definitivamente, e Nietzsche passa a apresentar sinais visíveis de perturbação nos movimentos dos membros. Em 25 de agosto de 1900, depois de penar sob o jugo da dor e da irmã, o filósofo falece em Weimar, cidade para a qual a família o levara junto com o arquivo de suas obras e escritos.

<u>67</u>

AFORISMOS II

O aforismo, a sentença, gêneros nos quais eu sou o primeiro entre os mestres alemães, são as formas da "Eternidade"; minha ambição é dizer, em dez frases, o que todos os outros dizem num livro... o que todos os outros *não* dizem num livro...

Lei draconiana contra os escritores – Dever-se-ia considerar um escritor como um criminoso, que apenas em raras ocasiões merece absolvição ou indulto: seria um meio contra o excesso de livros.

Calar a boca – O autor deve calar a boca quando a obra abre a sua.

Contra os originais – Quando a arte se veste com a matéria mais puída, é que a gente a reconhece melhor como arte.

A favor dos críticos – Os insetos não picam por maldade, mas porque querem viver: assim também os nossos críticos; eles querem nosso sangue, não nossa dor.

COMENTÁRIO

O impressionismo de Nietzsche desvendava o mundo aforisticamente. Na verdade, o autor parece capaz de filosofar apenas através do espasmo do aforismo e do fulgor poético do ditirambo. Nietzsche filosofou em aforismos e – a humildade jamais fez parte de suas características – considerava-se o mestre do gênero na pátria literária de Lichtenberg.

Os intérpretes de Nietzsche sempre colocaram o filósofo no apogeu de um desenvolvimento, no fim de uma evolução, no auge de um processo histórico.

Karl Jaspers dividiu a história do pensamento ocidental em dois períodos, fazendo de Nietzsche um divisor de águas. Se antes dele dominava o "conhece-te a ti mesmo" socrático – que perdurou até Hegel, com o qual alcançou seu ápice –, depois dele a filosofia se caracteriza por um profundo desengano em relação à racionalidade, pela dissolução de todos os elos e pela queda de todas as autoridades.

György Lukács viu em Nietzsche o "destruidor da razão", a "expressão da ideologia reacionária do imperialismo mundial", principalmente no livro intitulado *De Nietzsche a Hitler ou o irracionalismo e a política alemã*.

Heidegger, por sua vez, identificou Nietzsche como o último dos filósofos metafísicos e colocou o divisor de águas em si mesmo, dizendo ter sido ele o primeiro filósofo não-metafísico da história da filosofia ocidental.

Max Weber, de sua parte, disse: "O mundo onde nós mesmos existimos em termos de pensamento é um mundo cunhado pelas figuras de Marx e Nietzsche".

Foucault desenvolveu a Teoria do Filósofo e a base de todo seu pensamento sobre a visão que ele mesmo tinha da obra do pensador alemão. Foucault vê Marx e Hegel como os responsáveis pelo humanismo de seu tempo e Nietzsche como a opção não-dialética – e, portanto, não-humanista – a esse ponto de vista.

Fato é que Nietzsche foi um dos mais importantes pensadores alemães de todos os tempos e estendeu sua influência para muito além da filosofia, adentrando a literatura, a poesia e todos os âmbitos das belas-artes. Influenciou movimentos que vão do naturalismo alemão ao modernismo vienense, e escritores tão diferentes quanto Heinrich e Thomas Mann. Com sua obra quebradiça e aparentemente fragmentária, que no fundo adquire uma vitalidade orgânica que lhe dá unidade através do aforismo, Nietzsche mostrou, desde o início, que todo artista genuíno tem de, de uma maneira ou de outra, conspurcar o próprio ninho. E Nietzsche, que nasceu cercado de moral e religião por todos os lados, fez da moral e da religião o alvo de seus combates, considerando sua guerra pessoal contra elas sua maior vitória.

Fundamentais na reavaliação recente da obra de Nietzsche foram a biografia escrita pelo professor da Universidade de Basiléia Curt Paul Janz, em três volumes (que desvendou aspectos da vida e da obra de Nietzsche até então desconhecidos fazendo uma intensa pesquisa genética), e a edição de suas Obras Completas feita pelos italianos Giorgio Colli e Mazzino Montinari.

Mas a melhor obra para entender a obra de Nietzsche foi o próprio Nietzsche quem escreveu. É o *Ecce homo*, sua autobiografia escrita aos 44 anos, o penúltimo suspiro antes do declínio, um dos mais belos livros da história da lítero-filosofia universal.

A ARTE DO COMBATE

68

AFORISMOS III

De tudo aquilo que é escrito, me faz gosto de fato apenas aquilo que alguém escreve com sangue. Escreve com sangue e haverás de experimentar que sangue é espírito.

Quando os asnos são necessários – A gente jamais vai levar a multidão a cantar hosanas antes de adentrar a cidade montando um asno.

A postura triunfante – Um porte garboso sobre o cavalo rouba a coragem do inimigo e o coração do espectador... Por que haverias de atacar? Toma assento e adota a postura de alguém que triunfou.

Jamais esquecer! – Quanto mais alto nos elevamos, tanto mais pequenos parecemos àqueles que não sabem voar.

COMENTÁRIO

Nietzsche dançou sobre a navalha da interpretação. Mal interpretado como filósofo, já em função de seu estilo poético, já devido à exploração de certos aspectos de seu pensamento – malversados pela irmã e pelo nazismo –, Nietzsche foi, na realidade, um dos críticos mais ferozes da religião, da moral e da tradição filosófica do Ocidente.

O vigoroso espírito crítico de Nietzsche dirigiu-se especialmente contra a ética cristã. Se para ela o bom é o humilde, o pacífico, o maleável, e o mau é o forte, o enérgico e o altivo, para Nietzsche essa é a moralidade de um mundo dividido entre senhores e escravos. O valor supremo que deve nortear o critério do que é bom, verdadeiro e belo é, para Nietzsche, a vontade do forte. Trocando em miúdos e esculpindo o pensamento de Nietzsche *grosso modo*: é bom o que vem da força, é mau o que vem da fraqueza. Nos "Ditos e Flechas" de *O crepúsculo dos ídolos*, o filósofo faz um alerta contra a moral, foco de seus ataques desde o princípio da vida filosófica. Ele, que sempre seguiu o mandado de Goethe, que dizia que a "humildade é o postulado dos vagabundos", assegura que a humildade é (boa) para os vermes. Em *Humano, demasiado humano*, Nietzsche chegaria a corrigir o evangelista Lucas, que dissera no capítulo 18, versículo 14, de seu evangelho: "Quem rebaixa aos outros quer elevar a si mesmo". Nietzsche alega que melhorou a sentença bíblica com a sua versão, rematadamente irônica e nitidamente realista: "Quem rebaixa a si mesmo quer ser elevado".

Para Nietzsche o homem aspira à imortalidade, mas isso não significa – nem importa – nada, já que a realidade se repete a si mesma num devir renitente, que constitui o eterno retorno. O homem só se salva pela aceitação da finitude, pois assim se converte em dono de seu destino, se liberta do desespero para afirmar-se no gozo e na dor de existir. De modo que o futuro da humanidade depende dos super-homens, capazes de se sobrepor à fraqueza, e não da integração destes ao rebanho comum dos fracos.

<u>69</u>

NIETZSCHE *em verso*

Ecce homo

Sim! Eu sei muito bem de onde venho!
Insaciável como a chama no lenho
Eu me inflamo e me consumo.
Tudo que eu toco vira luz,
Tudo que eu deixo carvão e fumo.
Chama eu sou, sem dúvida.

Aos dançarinos

Gelo liso
Paraíso
Para aquele que sabe dançar bem.

COMENTÁRIO

Os dois poemas traduzidos fazem parte de "Chiste, manha e vingança – Prelúdio em rimas alemãs", a maravilha que introduz a *Gaia Ciência*. "Aos dançarinos" mostra Nietzsche quebrando o gelo da circunspecção filosófica alemã, que sempre declarou, cheia de alerta e usando a mesma metáfora: "Quando a coisa vai bem demais ao asno, ele começa a dançar sobre o gelo". Contra tudo isso, Nietzsche ousou, Nietzsche arriscou, Nietzsche dançou sobre o gelo. Ele foi o dançarino dionisíaco da filosofia e dançou cada vez mais ousadamente até que ninguém mais o entendeu, até que ninguém mais conseguiu dançar com ele na "insânia" sumamente poética do *Ecce homo*. Nos versos do primeiro dos poemas, Nietzsche resume sua filosofia, mostrando que ousa e arrisca, mandando a humildade às favas. "Ecce homo", o poema, antecipa *Ecce homo*, a autobiografia do autor.

Ecce homo ou *De como a gente se torna o que a gente é* é a mais poética, a mais grandiosa entre as obras dedicadas ao egocentrismo humano, a mais singular entre as autobiografias que o mundo um dia conheceu.

Depois de escrever que acha impreterível dizer ao mundo quem Nietzsche de fato é, Nietzsche abre o livro declarando que o retrato surgirá da proclamação da diferença existente entre sua própria grandeza e a pequenez de sua época. Ao mesmo tempo que diz que a última entre as coisas que desejou com sua filosofia foi a de melhorar o mundo, declara que o que mais fez foi derrubar ídolos, macular deuses.

A ARTE DO COMBATE 193

Já que a humildade nunca fez parte de sua índole, Nietzsche alerta desde logo que a sua é uma obra das alturas e que se tem de ir muito alto para alcançá-la. Declara, ainda no prefácio, que *Zaratustra* é o centro de sua produção, e não só o mais elevado dos livros que a humanidade concebeu, mas que a própria humanidade está numa distância incalculável abaixo dele. Diz também que *Zaratustra* é o mais profundo dos livros surgido do reino interior da verdade, uma fonte inesgotável da qual nenhum balde sobe sem estar carregado de ouro e bondade.

A seguir, Nietzsche passa a se auto-analisar. A primeira parte da obra leva o título mui humilde de "Por que eu sou tão sábio". Ela faz um apanhado geral de sua infância e seus primeiros passos intelectuais. É ali que Nietzsche se declara um fruto da decadência, dizendo que a soletrou de cabo a rabo, de fio a pavio, pratrás e prafrentemente, e por isso e só por isso pode ser o mais alto opositor dessa mesma decadência, o maior de seus inimigos. É lá, também, que volta a proclamar que tudo aquilo que não o destruiu serviu para fortalecê-lo. Nessa mesma parte, dá a prova do caráter infundado das declarações que o apresentaram como precursor do nazismo, ao se manifestar contra tudo o que é alemão, ao dizer que se sente polonês como seus antepassados – uma fabulação nietzschiana – e que como tal é reconhecido na rua. Referindo-se aos alemães, diz que a sua filosofia dele foi feita para amansar os ursos. Calar, para Nietzsche, foi sempre uma falta de fineza e diplomacia, que denota, acima de tudo, uma falha de caráter e, de quebra, estraga o estômago. Por isso, o filósofo diz que sempre falou, sempre protestou, sempre gritou. Nietzsche escreve que se considera um guerreiro na batalha da filosofia, que atacar sempre fez parte de sua índole e que sua práxis guerreira pode ser resumida em quatro pontos: 1) Atacar apenas aquilo que é vitorioso, pois atacar o fraco é sinal de fraqueza; 2) Atacar coisas para as quais não encontrará amigos de seu lado e contra as quais terá de lutar e se comprometer sozinho, pois todo o resto também é sinal de fraqueza; 3) Nunca atacar pessoas, mas tão-somente suas obras, a não ser que a pessoa seja representativa de uma situação que tem de ser contestada; 4) Atacar algo ou alguém apenas porque se o honra, não por desprezá-lo, e, no ataque, distinguir a pessoa – ou o fato – tão-só pelo fato de falar dela.

Na segunda parte, intitulada "Por que eu sou tão inteligente", Nietzsche estipula as diferenças entre ele e o mundo. Diz que não reconhece seu ateísmo como um resultado, mas apenas como um acontecimento, e que o entende como um instinto. Diz que Deus é apenas uma resposta violenta, uma indelicadeza contra qualquer pensador e, no fundo, uma proibição aviltante contra a atividade de pensar. Depois passa a buscar as razões "físicas" e materiais da força de seu próprio pensamento e escreve que ela reside no fato de nunca ter pensado sobre um assento, pois o movimento é indispensável a qualquer alta elaboração. Declara que até a eleição do alimento e da diversão tem a ver com a profundidade do pensar, e logo se proclama um leitor da escola francesa, de Dostoiévski, do *Manfredo* de Byron (que ele declara superior ao *Fausto* de Goethe para espicaçar os alemães), de Shakespeare e de Heine, ao lado do qual quer adentrar a eternidade na condição de maior artista da língua alemã. Nietzsche assegura que uma das coisas mais importantes de sua vida foi a relação com Wagner, desde a amizade até a inimizade, que ele declara ter começado quando o compositor se entregou definitivamente aos alemães, pois "onde a Alemanha mete a mão, a cultura se deteriora"... Diz que mesmo os grandes alemães são de ascendência eslava, croata, italiana, holandesa ou judia e que são raros os alemães de verdade dignos do nome de artista (cita, entre outros, Bach e Händel).

Na terceira parte, que leva o título de "Por que eu escrevo livros tão bons", Niezsche busca a razão direta da qualidade de suas obras e diz que as concebe de maneira semelhante a um romancista parisiense, com todas as suas audácias e finesses. Proclama-se o antiasno por excelência, aquele que, depois de Heine, puxou as orelhas dos alemães de maneira mais séria e dura.

Na parte seguinte, Nietzsche faz um levantamento de sua obra, livro a livro, passo a passo. Começa por *O nascimento da tragédia*. Primeiro lamenta que o subtítulo "O renascimento da tragédia a partir do espírito da música" tenha matado em parte o conteúdo principal da obra, qual seja, o esclarecimento de como os gregos lidam com o pessimismo e a prova final de que suas tragédias evidenciam com clareza o fato de não serem pessimistas. Declara que o livro é a obra de uma esperança monstruosa, que aponta para o futuro dionisíaco de seus escritos e de sua filosofia.

Em seguida faz a análise de *Humano, demasiado humano, uma obra para espíritos livres* e diz que a obra é um monumento à crise. Diz que não por acaso ela surgiu no centésimo aniversário da morte de Voltaire e que o pensador francês é, exatamente como ele, Nietzsche, um grão-mestre do espírito.

Depois dessa obra, Nietzsche chega à análise de *Aurora*, livro com o qual inicia de maneira direta sua campanha contra a moral. Com *A gaia ciência*, o livro que vem a seguir, o filósofo diz que fez a mais afirmativa, a mais positiva de suas obras no ataque contra a moral. Com *Assim falou Zaratustra, um livro para todos e para ninguém* ele mesmo reconhece sua obra-prima, o fulcro de sua filosofia, o apogeu de seu pensamento. Diz que jamais foi feita obra de tamanha força, e que tudo que é de mão humana é miserável ante o *Zaratustra*. Que nem Goethe nem Shakespeare alcançaram aquela paixão monstruosa, aquela altura torturante, que mesmo Dante se afigura tão-só e apenas um crente ante sua obra-prima.

Com *Além do bem e do mal*, Nietzsche declara que chegou à sua primeira obra negativa. Diz que o livro é a primeira crítica séria da modernidade, da ciência moderna, da arte moderna e até mesmo da política moderna. *Genealogia da moral*, segundo Nietzsche, prossegue seu ataque à moral, agora de maneira negativa. Com *O crepúsculo dos ídolos ou de como se filosofa com o martelo*, ele diz ter uma obra de exceção dentro de sua própria obra, e que no mundo jamais se fez algo tão substancioso, tão independente, tão destruidor, tão mau. Declara que não há realidade, não há idealidade que ele não toque com a obra... e tocar é um eufemismo dos mais carinhosos. Diz que antes dele, e antes da obra, ninguém mais sabia o caminho certo, o caminho para a frente, e que só depois dele e da obra se voltou a ter esperanças e deveres, caminhos na cultura, dos quais ele, Nietzsche, é o feliz mensageiro.

Na parte final do *Ecce homo*, intitulada "Por que eu sou um destino", Nietzsche faz a análise de seu próprio destino e do destino de sua obra. Declara, e a tradução vai *ipsis verbis*: "Eu conheço meu fado. Um dia haverão de unir ao meu nome a lembrança de algo monstruoso – uma crise profunda, como jamais houve outra na Terra". E a seguir diz:

A ARTE DO COMBATE

Eu não sou homem, eu sou dinamite. – E com tudo isso não há nada em mim que me torne o fundador de uma religião; religiões são negócios do populacho e eu sempre tive a necessidade de lavar minhas mãos ao entrar em contato com pessoas religiosas... Eu não quero "crentes", eu penso que eu mesmo sou demasiado mau para acreditar em mim mesmo; no mais, jamais invoquei as massas... Eu tenho um medo terrível de um dia ser declarado santo: e até por isso hão de adivinhar por que escrevi esse livro antes; ele foi feito para evitar que se cometam disparates em relação a mim. Eu não quero ser um santo, eu prefiro ser um maganão... Talvez eu seja um maganão...

Depois disso Nietzsche passa a citar algumas das verdades de seu *Zaratustra* e com elas encerra sua obra: "Quem quiser ser um criador, no bem e no mal, tem de ser, antes de tudo, um destruidor, arrebentar valores". E Nietzsche se declara o primeiro imoralista, o destruidor por excelência. Depois de perguntar três vezes: "Fui compreendido?". Ele pergunta ainda uma última vez, "Fui compreendido?" e responde em altissonância destacada: "Dioniso contra o crucificado...".

XLI

PAUL
HEYSE

70

O impaciente

"Tens de conhecer sua obra a dedo
Para estimar-lhe o valor com precisão!"
Não posso dizer que o vinho é azedo,
Antes de esvaziar o barril, então?

No enterro de um certo poeta

Saberá o padre o que disse, ou não,
Quando esse homem chegou à cova?
"Ele se foi, mas suas obras ficarão!"
Elas partiram bem antes dele, ora...

COMENTÁRIO

Paul HEYSE (1830-1914) nasceu em Berlim e morreu em Munique. Filho de um famoso lingüista da Universidade de Berlim, Heyse cresceu rodeado de cultura por todos os lados e atingiu a maturidade artística bem cedo, passando a fazer parte do *Túnel sobre o Spree* – grupo de artistas berlinenses fundado por Moritz Saphir – com apenas 18 anos. Em 1854, Heyse muda-se para Munique e passa a ser um dos pontos centrais da intensa vida cultural da capital bávara. Em 1890, Fontane chegou a dizer que Heyse daria seu nome à época a qual pertenceu.

Praticante de todos os gêneros, Heyse escreveu ficção, ensaio e poesia. Ainda que tenha sido contemplado com o Prêmio Nobel de Literatura em 1910[2], poucas

---

[2] A história dos alemães em relação ao Prêmio Nobel de Literatura é das mais indiciais

A ARTE DO COMBATE

das obras em prosa de Paul Heyse – entre novelas, romances e contos – continuam a despertar interesse ainda hoje. Das mais de cem novelas que escreveu – embora a fluência do estilo e alguma sutilidade psicológica do enredo –, são poucas as que chegaram perto da qualidade das melhores novelas de Gottfried Keller, Conrad Ferdinand Meyer, Wilhelm Raabe ou Adalbert Stifter. *L'Arrabiata*, de 1855, ainda é a melhor entre as obras ficcionais de Heyse.

Se na prosa sobrou pouco de Heyse, no epigrama o autor – que também traduziu, com brilhantismo, obras e autores importantes da literatura italiana e espanhola, incluindo vários poemas de Giacomo Leopardi – continua mestre. Se a poesia genérica de Heyse reflete apenas um epígono pouco original de Goethe, alguns de seus epigramas são verdadeiramente geniais, todos eles saborosos na crítica, coloridos na ironia e graciosos no talhe. Pois não? Todo crítico sabe que o gosto azedo de um romance pode ser detectado já no primeiro gole das três páginas iniciais...

---

em relação à seriedade do Prêmio concedido em Estocolmo. Se Heyse ganhou o prêmio, ganharam-no também Theodor Mommsen (em 1902), jurista e historiador – ora, ora! – e Rudolph Christoph Eucken (em 1908), filósofo idealista tardio e "avoado". Mesmo os exemplos literários – Hesse – não são convincentes. Ah, tá, e Kafka e Rilke e Musil e Brecht – para citar apenas alguns – jamais foram contemplados com o prêmio.

XLII

MARIE VON
EBNER-ESCHENBACH

<u>71</u>

AFORISMOS *ponderados*

Quem um dia não sofreu como um cão jamais escreverá como um Deus.

A opinião pública é a moça-dama entre as opiniões.

O artista não deve esquecer jamais de apagar os rastros do suor que sua obra custou. O esforço visível é esforço de menos.

O gênio mostra o caminho, o talento segue-o.

O único consolo que nos resta à chegada de algumas pessoas... é a esperança de sua partida.

COMENTÁRIO

Marie von EBNER-ESCHENBACH (1830-1916) descendeu de uma família antiga de aristocratas boêmios. Nasceu no castelo Zdislavic, em Mähren, e viveu os contrastes de uma infância dividida entre o castelo e a aldeia, entre o mundo da nobreza e o mundo do campesinato.

Ebner-Eschenbach gozou um casamento harmonioso e feliz – ainda que sem filhos – com um primo, oficial da guarda imperial. Estudou autodidaticamente as ciências naturais, a fisiologia, a biologia e a física; antes de aprender alemão, aprendeu tcheco e francês. Foi educada por criadas de origem eslava e cresceu ouvindo sagas, fábulas e histórias eslavas.

Depois de ler Schiller e sentir-se influenciada pelo idealismo do autor, Ebner-Eschenbach assume o desejo – nada humilde – de reformar o teatro alemão. Seu sucesso no drama é relativo, no entanto. Depois de ler Gottfried Keller, a autora conhece seu verdadeiro mestre e, perseguindo o exemplo de George Sand – ainda

A ARTE DO COMBATE

que por um modo de vida muito diferente –, tornou-se uma das primeiras narradoras de vulto da literatura alemã, depois de Anette von Droste-Hülshoff.

E sua grande arte foi a arte de narrar. Ebner-Eschenbach foi uma espécie de Tolstói de saias. Se a autora tem o amor à aldeia típico do escritor russo, tem também a magnitude – tantas vezes trágica – de seu olhar.

72

AFORISMOS *combativos*

O mais sensato cede! Uma triste verdade; ela fundamenta o reinado mundial da burrice.

Não são os que brigam, mas aqueles que se esquivam, que devem ser temidos.

Há casos em que ser racional significa ser covarde.

Por uma mão que não gostaríamos de apertar é melhor ser golpeado do que ser acariciado.

Quando os rouxinóis cessam de cantar, os grilos começam a cricrilar.

COMENTÁRIO

A ironia, que apenas comparece de modo suave e discreto na ficção de Marie von Ebner-Eschenbach, vira chiste nos aforismos. Eles são uma prova de que a "ingenuidade aldeã" da autora é apenas um argumento literário; usado com primor, diga-se de passagem. "Um aforismo é o último elo de uma longa corrente de pensamentos..." Foi o que Ebner-Eschenbach anotou à testa de seus pensamentos. E seus aforismos são brilhantes, cheios de vida, primorosos na comparação, aguçados na observação, certeiros na mira.

Por vezes eles alcançam a realidade direta da mulher. Ebner-Eschenbach é escritora num tempo em que os alemães estavam longe de louvar suas autoras como faziam os franceses e ingleses. Num deles, a autora anota: "Uma mulher sensata nasce com milhões de inimigos: todos os homens estúpidos". Em outro: "Não são poucas as escritoras que realizaram coisas grandiosas e até duradouras e podem dizer de si mesmas: Apenas chegava ao trabalho quando não tinha mais nada a fazer".

Mas se alguns dos aforismos são marcados pela suavidade – sempre analítica – subjetiva da alma feminina ("A razão do mais forte é a mais forte das irracionalidades." / "As pessoas que mais amimamos não são, necessariamente, aquelas que mais amamos."), outros são universais e até revolucionários. De exemplo: "Os escravos satisfeitos são os inimigos mais terríveis da liberdade".

MARCELO BACKES

A seleção que ilustra os capítulos dedicados à autora – e que reflete apenas um dos pesqueiros do manancial – prova a sabedoria combativa da autora e reitera seu vínculo radical à realidade.

A propósito: Quantos não são os que prostituem sua opinião – sobretudo no mundo da crítica –, fazendo-a nadar conforme a maré? E quantas vezes não vi na fingida racionalidade alheia as calças borradas da covardia, a fuga medrosa ao combate? Por que o sensato deve ceder? À guerra, pois, e abaixo o reinado universal da burrice!

73

DOIS EPIGRAMAS

Dois pesos, duas medidas

Por maior que seja a finura
E o apuro da tua repreensão,
Ela irá despertar oposição.
O elogio? Todo mundo o atura
Pode ser insulso e até aguado
É engolido com gosto e acatado.

Soberano

Quanto tempo se treinou,
Em enganar e mentir
Aquele que enfim pode dizer:
A mim ninguém pode iludir?

COMENTÁRIO

Na poesia – de caráter eminentemente epigramático –, Marie von Ebner-Eschenbach continua seu combate na arte. Os epigramas aqui traduzidos testemunham – mais uma vez – que a fuga à realidade de que acusam a autora é apenas disfarçada, que a ingenuidade de seus temas é tão-só aparente.

O mundo bucólico da aldeia – que aparece em toda sua vitalidade e ingenuidade na obra narrativa – é apenas um foco para o olhar afiado, analítico e abrangente de Ebner-Eschenbach, dirigido à totalidade e tipicamente austríaco. Embora aristocrata, a autora critica a aristocracia da qual faz parte, com algumas histórias de caráter até revolucionário. Entre elas a novela *Jakob Szela*, que aborda – em tom trágico, de sabor antigo – a revolta de Cracóvia, ocorrida em 1846.

Se há marcas de bucolismo, de simplicidade ingênua e até de idealismo em sua obra narrativa, os epigramas da página anterior mostram uma autora lúcida, cos-

A ARTE DO COMBATE

mopolita, consciente e crítica. A luta contra a hipocrisia – já assinalada nos aforismos – é ainda mais marcada nesses versos.

O primeiro dos epigramas é um verdadeiro bálsamo sobre as feridas do crítico literário...

Fazer reparos a uma obra significa levar pau; já a taça sensaborona do elogio é emborcada com sofreguidão por todo mundo.

XLIII

CHRISTIAN
MORGENSTERN

<u>74</u>

Ni dieu ni maître[3]

Um asno resolveu se emancipar,
e correu por aí, tolo, a folgar.
Pastava feno nos campos de dia,
à noite nos matos de leão se fazia;
e ornejava ao silêncio do éter
sua bravata: "nie dieu ni maître!"
Até que à tardinha de um dia fagueiro
ecoou o rugido de um leão verdadeiro.
Quando seu rei chegou à sua frente,
o asno lhe deu a mão, insolente
e falou: "Haverás de me perdoar;
de um grande espírito homenagear
não somos dignos, é bem antiquado.
Não queremos deus, nem potentado!
Nós somos reis os dois, de igual valia,
e um ao outro não faremos revelia".

Então o leão riu e sua garra fatal
desceu sobre a face do rei, seu igual;
inteiro não sobrou um só osso.
De modo que ao fim, resta a lição:
Aquilo que é permitido ao leão,
ao asno custa o pescoço.

---

[3] Em francês, no original. "Nem deus nem mestre".

COMENTÁRIO

Christian MORGENSTERN (1871-1914) nasceu de uma família de pintores – pai pintor, avós pintores, bisavô pintor – em Munique. Conhecido por suas poesias humorístico-fantásticas, de tom marcadamente grotesco – aparentadas do *nonsense* inglês –, Morgenstern escreveu também poesias melancólicas – algo místicas – marcadas pela antroposofia de Rudolf Steiner, filósofo austríaco que defendia a existência de um mundo espiritual compreensível ao pensamento puro.

Morgenstern escreveu várias paródias a obras de poetas de seu tempo – entre eles Stefan George – e ironizou o movimento conhecido como neo-romantismo em vários de seus poemas. *Canções da forca* (Galgenlieder, 1905) e *Palmström* (1910) são suas obras mais conhecidas.

Além de poesias, Morgenstern escreveu também grande quantidade de aforismos. Seu traquejo no gênero – ainda que volumoso – não proporcionou exemplares de vulto. Suas considerações pessoais de talhe curto são marcadas por uma análise mais ou menos ingênua e pouco agressiva. Mais que aforismos, são notas esparsas de diário, muito mais chãs e pessoais que as notas dos diários de Hebbel, por exemplo, tão ricos em aforismos. De exemplo – e eu tento extrair o sumo de uma fruta quase seca: "Filosofias são cintos de natação, feitos da cortiça da língua". Ou ainda "É uma verdadeira fortuna o fato de o bom Deus não ter feito as moscas do tamanho dos elefantes, pois caso contrário o ato de matá-las nos causaria muito mais trabalho e remorsos ainda maiores".

O fim último – e estratosférico – de Morgenstern era a cura do mundo com a ajuda mística do evangelho de São João, do budismo e, por último, da gnose de Rudolf Steiner, algo como um ramo torto do princípio da perfeição e da filosofia da pré-organização fundamental do mundo de Leibniz.

Ora, é este o melhor dos mundos?

XLIV

GEORG
TRAKL

75

Karl Kraus

Alvo sumo-sacerdote da verdade
Voz de cristal, na qual habita o alento glacial de Deus,
Mago irado!
Sob teu manto em chamas ressoa o canhão azul da guerra.

COMENTÁRIO

Georg TRAKL (1887-1914) nasceu em Salzburgo, filho de pai suábio e mãe eslava, e suicidou-se em Cracóvia. De família abastada, tornou-se farmacêutico. Morreu de *overdose*, desesperado com a Primeira Guerra Mundial – na qual serviu na condição de chefe de uma coluna sanitária –, depois da batalha de Grodek.

As primeiras poesias de Trakl – assim como as de Rilke, mais tarde – mostram influências evidentes do simbolismo francês, sobretudo de Verlaine. Nas mesmas poesias também é visível a marca do Hölderlin tardio. O autor não demoraria a achar, porém, seu próprio modo de expressão: pesaroso, melancólico e poeticamente grandioso.

Num olhar panorâmico, a poesia de Trakl caracteriza-se pela liberdade rítmica, apóia-se na força de imagens associativas e repousa sobre um punhado de sensações poeticamente desconexas mas convincentes. Os sentidos se misturam, sentimentos adquirem cor, uma voz pode ser de cristal e um alento tornar-se glacial. Os principais temas da poesia de Trakl são a morte, a finitude, a decadência e o sofrimento.

Misteriosa, às vezes obscura, a poesia de Trakl adquire força na condição de expressão individual – lírica fechada sobre seu próprio mundo – do autor. A linguagem de Trakl fala – e é bela –, mas nem sempre comunica. É beleza em si...

A ARTE DO COMBATE

Mesmo tendo morrido cedo e apesar do caráter individual de sua expressão poética – do arcaísmo final e dos recursos míticos –, Trakl foi um dos poetas mais importantes do expressionismo alemão e um dos grandes líricos do início do século XX. Louvado – e seguido, em certa medida – por Rilke, respeitado pela dureza crítica de Kraus – que chegou a ajudá-lo na publicação de seus primeiros poemas junto ao editor Wolff em 1913 –, Trakl influenciou todos os grandes poetas alemães do período pós-guerra.

Georg Trakl representa, até hoje, a quintessência do poeta puro em uma época decadente.

XLV

FRANK
WEDEKIND

76

A um poeta

Teus versos eram ouro verdadeiro,
Enquanto produzias tralhas em moda.
Para a admiração do mundo inteiro,
Punhas tarecos legítimos na roda.

Mas desde que um ídolo mais puro
Cativa teu coração, de fama sedento,
Como teu verso é oco, falso e duro,
Lambido de chavões, banal e grudento.

COMENTÁRIO

Benjamin Franklin WEDEKIND (1864-1918) nasceu em Hanôver e morreu em Munique. Passou a infância na Suíça e voltou à Alemanha em 1884, fixando-se na cidade onde viria a falecer. Jornalista, chefe de propaganda da Maggi, passou a colaborar com o célebre semanário satírico *Simplicissimus* em 1896. Foi cantor de cabaré, ator em suas próprias peças e, em 1899, acabou sendo preso – por pouco tempo –, acusado de caluniar o imperador.

Wedekind estreou na literatura em 1891 e desde logo provocou escândalo. A peça *O despertar da primavera* (Frühlings Erwachen) é tingida dos aspectos grotescos que se tornariam ainda mais característicos em sua obra tardia. Ela analisa o despertar da sexualidade em três adolescentes e desvenda a hipocrisia da sociedade burguesa de seu tempo.

O chamado "ciclo de Lulu" (*O espírito da terra* – Erdgeist, 1895 – e *A caixa de Pandora* – Die Büchse der Pandora, 1904) conta a vida de Lulu, a desencaminhadora

A ARTE DO COMBATE

de homens, mulher toda ímpeto e frieza. A luta titânica entre Lulu e o todo-poderoso Dr. Schön – ela é a força vital do sexo, ele a moral burguesa hipócrita em pessoa – acaba na destruição de ambos. Depois de ter sido livrada da rua quando tinha apenas 12 anos – pelo Dr. Schön, que a "criara" para si –, Lulu, já adulta, toma nas mãos a terrível vingança e depois da queda de seu protetor abre a caixa de Pandora. Ao final, Lulu acaba vítima de sua própria natureza impetuosa.

Em 1915, em plena Primeira Guerra Mundial, Wedekind escreveu a peça *Bismarck*. A aberração – exposta de modo assaz realista – dos tempos em que o autor vivia é deslocada historicamente para os conflitos entre a Prússia e a Áustria.

A obra de Wedekind analisa a vida como um circo, superintensificando – de modo até grotesco – a ação dos impulsos. Se a maior parte dos personagens de Wedekind estão situados à margem da sociedade, é porque o autor buscava entes que ainda demonstrassem aquele ímpeto genuíno e natural à vida – o instinto animal – e apenas o encontrava entre as prostitutas, artistas circenses e impostores. Nas obras de Wedekind, a "luta entre a carne e o espírito" é exposta de maneira provocadora. A "moral da beleza" e a ênfase freudiana na sexualidade objetivam desafiar a moral burguesa e sua hipocrisia, deixando claro que "a vida é um escorregador", conforme a última frase do *Marquês de Keith*, personagem da peça homônima de 1900.

Naturalista apenas na aparência, Wedekind manifesta uma consciência lúdica totalmente antinaturalista, embora ainda agressiva. Suas alegorias, símbolos e aspectos grotescos deixam claro que aí está um autor expressionista – por antecipação, mas expressionista.

Além de dramaturgo, Wedekind também foi poeta. Sua lírica, composta de baladas e *chansons*, é cheia de ataques satíricos ao burguês-padrão, reto e correto apenas na casca.

XLVI

RICHARD
DEHMEL

77

Adágio à luta

Vitórias, talvez até derrotas:
importa, é levantar as botas.

O nadador

Salvo! E ele afaga na praia, o chão,
pelo qual lutou com o mar bravio;
a espuma ainda vergalha sua mão.
E ele volta os olhos ao mar bravio.

Depois olha a sua volta, o mundo cão;
quedo em tempestade, sempre igual,
pesado e vazio.

Ali, o passar dos dias será banal.
E ele volta os olhos ao mar bravio...

COMENTÁRIO

Richard DEHMEL (1863-1920) nasceu em Brandemburgo, filho de um guarda-florestal de origem silesiana. Depois de ter estudado Ciências Naturais em Berlim e Leipzig, Dehmel torna-se agente de seguros. Em Berlim, faz parte da célebre mesa-redonda do "Leitão Negro", junto com August Strindberg e os irmãos Hart, entre outros.

Dehmel foi co-fundador da *Pan*, revista literária e artística de Berlim que publicou autores do calibre de Theodor Fontane e Detlev von Liliencron e contou com a

A ARTE DO COMBATE

colaboração de pintores do quilate de Max Liebermann. Suas primeiras poesias são publicadas em 1891. Entre suas obras iniciais podem ser destacadas *Redenções* (Erlösungen), *A mulher e o mundo* (Weib und Welt), de 1896, e *Dois humanos* (Zwei Menschen), de 1903. Todas se caracterizam pela erotização dos relacionamentos humanos e por desnudarem a tragédia individual do autor, que parece querer dinamitar as fronteiras ingênuas do próprio impressionismo estático a fim de atingir o "mundo do nós" por meio de um naturalismo às vezes patético em suas pretensões sociais.

Dehmel lutou contra todas as relações de poder. Um de seus poemas mais famosos é a "Canção ao meu filho!" (Lied an meinen Sohn), que termina num golpe certeiro: "E se um dia teu velho pai / quiser falar de dever filial, / não o escute!...".

O dever do poeta para com o povo fê-lo dedicar vários poemas à causa proletária, de quem se julgava defensor. Dehmel chegou a tornar-se diretor do movimento de jovens poetas-trabalhadores em 1909, mas só depois da morte do poeta conservador Liliencron, de quem era amigo.

Próximo do dramaturgo Frank Wedekind – tanto pessoal quanto ideologicamente –, Dehmel combateu a hipocrisia moral e sexual de seu tempo. Pertencente à geração dos impressionistas, Dehmel foi influenciado por Nietzsche em seu impressionismo e sobretudo no fato de trazer Eros e seu poder incontrolável para o centro das atenções líricas.

A última grande experiência de Richard Dehmel foi a participação na Primeira Guerra Mundial. O diário que o autor escreveu durante os combates – publicado em 1919 – dá a medida de sua desilusão com os acontecimentos e consigo mesmo. Os dois poemas aqui traduzidos fazem parte do livro *Belo mundo selvagem* (Schöne wilde Welt).

XLVII

FRANZ
KAFKA

78

Pequena fábula

– Ah – disse o camundongo –, o mundo fica menor a cada dia que passa. Primeiro ele era tão grande que chegava a me causar medo; eu corria adiante e ficava feliz quando enfim conseguia ver muros à direita e à esquerda, na distância; mas esses longos muros correram tão rápidos um sobre o outro a ponto de me escorraçar para o último quarto e lá, no canto, já vejo a ratoeira em direção a qual eu corro.

– Tu tens apenas de mudar a direção da tua corrida – disse o gato, e devorou-o.

COMENTÁRIO

Franz KAFKA (1883-1924) nasceu em Praga, filho de pais judeus remediados. Sua infância e adolescência foram marcadas pela figura dominadora do pai, comerciante próspero, que sempre fez do sucesso material a tábua de valores... para si e para os outros. Na obra de Kafka, a figura paterna aparece associada tanto à opressão quanto à aniquilação da vontade humana, especialmente na célebre *Carta ao pai*, escrita em 1919.

Kafka admitiu a influência intelectual de Heinrich von Kleist, Pascal e Kierkegaard e a atuação material do ambiente de Praga, cidade medieval gótica, dotada de elementos eslavos e alemães e marcada pelo traço barroco sombrio. De 1901 a 1906, Kafka estudou Direito na Universidade de Praga, onde conheceu seu grande amigo – posterior biógrafo e depositário de sua obra – Max Brod. Em seguida passou a freqüentar os círculos literários e políticos da pequena comunidade judaico-alemã, na qual circulavam idéias e atitudes críticas e inconformistas, com as quais Kafka se identificava. Concluído o curso, empregou-se em 1908 numa companhia de seguros, como inspetor de acidentes de trabalho.

A ARTE DO COMBATE

Apesar da competência profissional – foi promovido por duas vezes – e da consideração que lhe dispensavam os colegas de trabalho, Kafka sempre sentiu o toque da insatisfação no emprego, pois ele o impedia de dedicar-se totalmente à atividade literária. "Tudo o que não é literatura me aborrece, e eu odeio até mesmo as conversações sobre literatura", chegou a dizer.

A vida emocional de Kafka foi conturbada, e ele teve vários noivados e amores infelizes. Essas circunstâncias acentuaram o sentimento de solidão e desamparo, que jamais o abandonaria e manifestou-se desde cedo nos fragmentos publicados em 1909 sob o título *Descrição de uma luta* (Beschreibung eines Kampfes), volume do qual foi extraída a "pequena fábula" aqui traduzida. O livro seria publicado na íntegra apenas em 1936. Nessa inquietante e perturbadora narração, que passou quase despercebida à época em que foi publicada, o mundo dos sonhos – tema recorrente na obra do autor – adquire uma lógica desconcertante e obstinada – pervicaz – em meio ao real.

As obras-primas de Kafka, *O processo*, de 1925, e *O castelo*, de 1926, só seriam publicadas por Max Brod após sua morte. Nos dois romances, a ambiguidade onírica do universo kafkiano – o nome virou conceito na literatura ocidental – e as situações de absurdo existencial chegam a limites jamais alcançados. No primeiro dos romances, o bancário Joseph K. é preso por razões que nunca chega a descobrir e depois julgado e condenado por um tribunal misterioso e insondável. O tema da condenação é, aliás, outra constante na obra de Kafka.

Afligido pela tuberculose, Kafka submeteu-se a longos períodos de repouso a partir de 1917. Em 1922 largou definitivamente o emprego – depois de uma série de pedidos de férias – e, excetuadas algumas breves temporadas em Praga e Berlim, passou o resto da vida em sanatórios e balneários. Kafka morreu em 3 de junho de 1924, em Kierling, perto de Viena.

Contra o desejo expresso de que seus inéditos fossem queimados após sua morte, Max Brod publicou romances, textos em prosa, correspondência pessoal e diários de Kafka. A obra do escritor tcheco veio a influenciar movimentos artísticos inteiros, como o surrealismo, o existencialismo e o teatro do absurdo.

79

KAFKA *aforístico*

O caminho verdadeiro segue sobre uma corda estendida não no alto, mas pouco acima do chão. Ela parece estar destinada antes a fazer tropeçar do que a ser percorrida.

Os cães ainda brincam no pátio, mas a caça não escapa a eles, ainda que a esta hora já dispare pelo mato afora.

Ele come os restos de sua própria mesa; embora através disso fique mais satisfeito do que os outros por um instantinho, desaprende a comer da mesa; mas assim também acabam os restos.

COMENTÁRIO

Kafka é um dos maiores escritores de todos os tempos. Não há lista de romance universal em que não figure *O processo*, assim como não há lista de novela em que não apareça *A metamorfose*. Sua obra é tão importante que Heinz Politzer, um dos mais conhecidos comentaristas de Kafka, chegou a escrever: "Depois da metamorfose de Gregor Samsa o mundo onde nos movimentamos tornou-se outro".

Em 10 de setembro de 1912, às dez horas da noite, Kafka começou a escrever *O veredicto*. Quando terminou, por volta das seis horas da manhã do dia seguinte, totalmente esgotado, sem conseguir tirar as pernas de sob a escrivaninha, apontou em seu diário que havia descoberto "como tudo poderia ser dito"; que até mesmo para as idéias mais estranhas havia um grande fogo pronto, no qual elas se consumiam para depois ressuscitarem.

Dois meses depois viria *A metamorfose*, a mais conhecida, a mais citada, a mais estudada de suas obras. Em 7 de dezembro, Kafka escrevia à sua noiva, Felice Bauer: "Minha pequena história está terminada". A obra era concluída vinte dias depois de ter sido iniciada.

A metamorfose e *O veredicto* (cada uma com duas edições) viriam a ser duas das três únicas obras de Kafka reeditadas enquanto o autor esteve vivo. *O foguista*, que depois passaria a integrar o romance *América*, teria três edições. Embora tenha descoberto seu caminho de escritor logo em 1912, Kafka jamais chegou a alcançar fama em vida. Ainda que tivesse escritores do calibre de Robert Musil entre os apreciadores e incentivadores de sua obra e mesmo tendo recebido, em 1915, o Prêmio Fontane de Literatura Alemã – um dos mais importantes da época –, Kafka morreu sem saber que seria eterno.

Kafka chegou a participar da comunidade judaica, até de manifestações socialistas, mas foi sempre um solitário. Apesar de quatro noivados, apesar de um punhado de amigos – um deles tão fiel que foi incapaz de cumprir seu derradeiro pedido: Max Brod a quem o mundo deve a publicação d'*O processo* e d'*O castelo*, entre outras obras –, Kafka foi avesso à convivência. Embora tenha morado boa parte da vida com sua família, o autor sempre viveu sozinho. Kafka não era nada e era tudo ao mesmo tempo. Era judeu, escrevia em alemão, nascera na Boêmia e devia submissão ao Império Austro-húngaro. E nessa terra de ninguém, fechado dentro de si mesmo, Kafka se tornou um dos escritores mais importantes do século XX.

A obra de Kafka já foi analisada por todas as suas facetas, e o volume de sua fortuna crítica encheria bibliotecas inteiras. O desespero do homem moderno em relação à existência, a eterna busca de algo que não está mais à disposição, a pergunta por aquilo que não tem resposta são as características mais marcantes de seus livros. Seus personagens são vítimas de um enigma insolucionável – a própria vida. Com sua obra, Kafka escreve o evangelho da perda, assinala o fim da picada. Ele é o escritor do lusco-fusco, o poeta da penumbra, a literatura em seu próprio crepúsculo.

O realismo de Kafka é mágico, mas sóbrio ao mesmo tempo; seu humor às vezes é grotesco, outras vezes irônico, mas no fundo sempre carregado de seriedade. Sua prosa é dura, seca e despojada. Kafka reduz a riqueza da língua alemã a trezentas palavras, e mesmo assim é um dos maiores estilistas da prosa alemã. O que Kafka

A ARTE DO COMBATE

escreve é ele mesmo, o ser em si. Sua literatura é seu "eu" feito letra; seu estilo é marcante, embora uma de suas maiores características seja a impessoalidade. É como se o autor não necessitasse da muleta do estilo – em seu aspecto subjetivo – para fazer brotar seu eu, sua individualidade. Kafka não trata de ânimos ou ambientes, nem de experiências ou psicologias. Ele fala do fundamento da existência em si, do qual a parábola é o melhor modelo. Num dos fragmentos de seus *Diários* está escrito: "Escrever como forma de oração", e Kafka fez de sua arte sua reza.

György Lukács, marxista ortodoxo, viu em Kafka apenas a decadência tardia do mundo burguês. Theodor Adorno, marxista tardio, teórico da Escola de Frankfurt, disse: "Os protocolos herméticos de Kafka contêm a gênese social da esquizofrenia" e assinalou em Kafka a essência do mundo moderno.

<u>80</u>

Carta a Milena

Certa vez quando eu ainda era um menino bastante jovem, recebi um sextão[4] e tive grande vontade de dá-lo a uma velha mendiga, que sentava entre o grande e o pequeno anel viário da praça. Mas eis que a soma de repente me pareceu monstruosa, uma soma que provavelmente jamais fora dada a mendigo algum; e eu me senti envergonhado ante a mendiga por querer fazer algo tão monstruoso. Mas de qualquer forma eu tinha de dá-lo a ela, e por isso troquei o sextão, dei um cruzado à mendiga, rodeei o complexo inteiro da prefeitura e do caminho dos caramanchões, no peque-no anel, retornei pela esquerda, como se fosse outro benfeitor, e voltei a dar à mendiga um cruzado; em seguida voltei a andar de novo e repeti a ação, me sentindo feliz, por dez vezes. (Ou talvez menos, pois acredito que a mendiga perdeu a paciência mais tarde, fugindo de mim.) De qualquer modo, ao fim eu estava tão esgotado moralmente que corri logo para casa e chorei por tanto tempo até que minha mãe me deu outro sextão.

A versão de Milena para a mesma carta

Quando ele morreu – ele era de fato bom demais para este mundo, não tenho vergonha de usar esse lugar-comum, aqui ele é adequado –, li em seus Diários um acontecimento interessante; e por que ele me pareceu ser a coisa mais bonita que eu já havia lido, quero, para terminar, contá-lo agora a vocês. Quando ele ainda era bem novo e muito pobre, recebeu, certo dia, um sextão de sua mãe. Jamais, antes disso, havia possuído tanto dinheiro de

---

[4] Na velha Áustria, uma moeda de dez cruzados.

uma só vez, e recebê-lo foi um grande acontecimento para ele, muito maior do que ele mesmo julgava ser digno de merecer. Quando saiu de casa a fim de comprar alguma coisa com o dinheiro, viu uma mendiga tão pobre que chegou a assustar-se, e de imediato quis dar a ela sua moeda de dez cruzados. Mas naquela época a moeda representava um bom capital. Ele teve tanto medo da gratidão e do reconhecimento da mendiga, e da atenção que ele poderia vir a despertar, que trocou seu sextão por moedinhas unitárias, deu a ela um cruzado, fez a volta pelo bloco da moradia, voltou e deu-lhe o segundo cruzado, procedendo assim com todos os dez, sem ficar com nenhum para si mesmo. Aí ele rebentou num choro convulsivo, esgotado pelo esforço anímico da ação. Acredito que esta seja, entre todas, a mais bela fábula que eu jamais li em minha vida, e quando a li jurei a mim mesma jamais esquecê-la enquanto viver.

COMENTÁRIO

Uma das amantes de Kafka foi Milena Jesenská, sua tradutora tcheca. As duas versões da bela historieta acima – a primeira delas escrita por Kafka, a segunda interpretada por Milena – são exemplares na determinação das diferenças entre um fato e sua versão.

Ora, ora. A ironia – amarga, tímida e escondida – presente na narração de Kafka se perde por completo na versão de Milena. A tradutora – e amante – vai ao exagero e destrói a poesia, no bom intuito de transformar o autor num herói. De um retrato auto-irônico – e essa é a mais grandiosa das ironias, e Kafka a possuía –, o relato vira uma fábula moral. Kafka brinca de benfeitor, dá a moeda com um certo cálculo, chora subversivamente ao final, demonstra um caráter até dúbio, diz que dá os dez cruzados – mas não sabe se os deu de fato – e por fim os recebe de volta, caracterizando à perfeição a auto-ironia tipicamente judaica. O horror da doação, o caráter íntimo do diário feito carta, a confissão da mazela perdem-se na "publicação" jornalística de uma boa ação empreendida pela amante.

Milena rebenta o coração anedótico da narrativa, inventa um acaso bondoso no encontro da mendiga e transforma o autor num herói tão grandioso que chega a ser desumano. Kafka, em sua narração, mostra-se humano, de todo humano. O relato de Milena revela o que há de pior no caráter "público" e "publicista" do folhetim que, em favor do "exemplo", escamoteia a "verdade". Publicado após a morte do autor – em terceira pessoa –, o folhetim procura enobrecer Kafka, e, no fundo, é nada mais que uma estilização póstuma, a mitificação de um ser humano, demasiado humano – e genial.

XLVIII

RAINER MARIA
RILKE

81

A pantera

De tanto fixar as grades, ficou tão lasso
seu olhar; que nada mais retém, no fundo.
É como se mil grades houvesse, a cercar,
e atrás de mil grades, nenhum mundo.

Seu andar macio, de passo flexo e marcial,
que gira em círculos dos mais ínfimos,
é um bailado de força em meio ao qual
repousa, atordoado, um desejo íntimo.

Só às vezes a cortina das pupilas se abre,
sem rumor... Uma imagem adentra então,
rasga a paz dos membros qual um sabre,
para deixar de ser, enfim, no coração.

COMENTÁRIO

Rainer Maria RILKE (1875-1926) – que foi batizado *René*, mas pela influência de
Lou Salomé mudou seu nome para *Rainer*, mais másculo, na nossa e na opinião da
moça – nasceu em Praga e morreu em Valmont, perto de Montreux, na Suíça. Depois de fazer – a contragosto – seus estudos iniciais em escolas militares, Rilke
estudou na Universidade de Praga entre os anos de 1895 e 1896. Em constantes
viagens pela Europa – sempre sustentado por amigas nobres –, Rilke conheceu o
mundo e aprendeu a vida mundana, sem jamais exercer profissão regular alguma.

Filho de um funcionário e da feminista Phia Rilke – que, metida a literata, chegou a escrever um punhado de aforismos apeluciados e sengraçantes –, Rilke foi educado como menina durante os primeiros cinco anos de sua vida. (A mãe perdera uma filha mais velha.) A infância e também a juventude – com as agruras do colégio militar – marcariam para sempre a alma e a obra daquele que foi um dos maiores poetas do século XX.

Em 1896, já decidido a seguir a trilha da poesia – e influenciado pela lírica de Detlev von Liliencron, poeta alemão irreverente e naturalista –, Rilke passou a viver na atmosfera cosmopolita e artística de Munique. Seus primeiros poemas – e seu caso é semelhante ao de Trakl – mostravam a influência do simbolismo francês... *O livro das imagens* (Das Buch der Bilder), de 1902, ainda estava longe de apresentar o que o poeta tinha de melhor, de mais autêntico e genuíno. A leitura de Nietzsche e as viagens à Rússia – onde visitou Tolstói – em companhia da amiga, "amante" e guia Lou Salomé impulsionaram a lírica de Rilke à expressão panteísta característica de *O livro das horas* (Stundenbuch), de 1905.

Em 1901, depois de voltar das viagens pela Rússia, Rilke casou-se com a escultora Clara Westhoff, da qual se separou cerca de um ano depois. No outono de 1902, Rilke mudou-se para Paris. Na cidade luz – a capital artística da Europa no início do século XX –, veio a se tornar amigo e secretário de Auguste Rodin, o escultor. Paris tornou-se o centro geográfico das andanças de Rilke durante os doze anos seguintes.

<u>82</u>

O poeta

Tu te afastas de mim, oh, Hora.
O golpe da tua asa é meu açoite.
Mas: que fazer da boca, agora?
e do meu dia? da minha noite?

Não tenho amante, sequer um teto,
um simples cantinho onde morar,
tudo aquilo em que ponho afeto,
enriquece, para ao fim me vomitar.

COMENTÁRIO

Durante o tempo em que esteve em Paris, Rilke publicou os dois volumes de *Novas poesias* (Neue Gedichte, 1907-1908), nos quais figuram os chamados poemas-coisas (Dinggedichte). Eles limitam-se a abordar coisas, obras de arte, animais, pessoas e apresentam grande riqueza metafórica.

Em algumas dessas poesias, entre elas "A pantera" (Der Panther) e "O poeta" (Der Dichter) – mas também em "Torso arcaico de Apolo" (Archaischer Torso Apollos) –,

A ARTE DO COMBATE

prenuncia-se uma espécie de crise existencial, logo explicitada nas páginas do romance *Os cadernos de Malte Laurids Brigge* (Die Aufzeichnungen des Malte Laurids Brigge), de 1910. Influenciado pela filosofia de Kierkegaard e pela literatura de Jens Peter Jacobsen, o romance prova que, além de poeta, Rilke foi um prosador refinado e de fôlego.

Em 1916, depois de ser convocado pelo Exército austríaco a participar da Primeira Guerra Mundial por breve período, Rilke se estabeleceu na Suíça, a última de suas pátrias de eleição. Lá estudou de perto as obras de Klopstock e Hölderlin e concluiu duas obras-primas: *Elegias de Duíno* (Duineser Elegien), de 1923, e *Sonetos a Orfeu* (Sonette an Orpheus), também de 1923. As duas obras haviam sido iniciadas anos antes, em 1915, no castelo de Duíno, perto de Trieste, onde Rilke vivera, convidado pela princesa Maria von Thurn und Taxis.

Tanto em *Elegias a Duíno* – sem dúvida a obra mais importante do século XX no gênero elegia – quanto em *Sonetos a Orfeu*, Rilke adota o tom da vertigem e a fantasmagoria do transe. O poeta celebra a união da vida e da morte, do sujeito e do objeto, do mundo e do homem no "espaço cósmico interior" de sua poesia, cuja transcendência se revela no próprio ato da criação poética. As incertezas de uma época marcada pela decadência, bem como a tentativa de conferir coerência a essa época – ou pelo menos a busca de entendê-la –, são as marcas cabais dessas obras rilkeanas, irmãs – nesse sentido – de obras como *Terra esgotada* (Waste Land, de 1922), de T. S. Eliot, *Cantos*, de Ezra Pound, e do melhor da obra de Fernando Pessoa.

O mais conhecido dos livros de Rilke, *Cartas a um jovem poeta* (Briefe an einen jungen Dichter), seria publicado apenas em 1929, três anos após sua morte. Esse monumento da epistolografia mundial conceitua a poesia, esclarece a vocação do poeta e serviu de evangelho a várias gerações de escritores.

A lírica de Rilke constitui uma das maiores expressões da poesia universal do século XX, ao lado da poesia de Stefan George, na língua alemã, da poesia de Paul Valéry, na língua francesa, e da de T. S. Eliot, na língua inglesa. Verdadeira celebração da vida interior, a lírica de Rilke é musicalidade pura e peculiar, virtuosa na linguagem, precisa na forma e genial na sensação poético-existencial.

O hermetismo de alguns dos poemas de Rilke é uma necessidade da expressão e – conforme acontece com alguns dos maiores poetas do século XX – apenas objetiva renovar a linguagem poética e sua capacidade de transformar o mundo – o interior e o exterior – em verso.

XLIX

HUGO VON
HOFMANNSTHAL

83

O poeta e o tempo

Nós somos tuas asas, ó tempo, mas não as garras que carregam!
Ou és capaz de exigir tanto: asas e garras ao mesmo tempo?

COMENTÁRIO

Hugo Laurenz August Hofmann, Edler von HOFMANNSTHAL (1874-1929) nasceu em Viena e morreu em Rodaun, perto da capital austríaca. Filho de um banqueiro, estudou com professores particulares desde rala infância. Aos 18 anos já havia lido os principais clássicos da Antiguidade, da literatura alemã, francesa, inglesa, italiana, espanhola e russa, a maior parte deles no original. Hofmannsthal foi um dos principais representantes da brilhante geração de escritores austríacos da virada do século – junto com Schnitzler, de quem foi amigo, Karl Kraus, de quem foi inimigo, e Georg Trakl, para citar apenas alguns – e alcançou prestígio internacional também graças ao trabalho com o compositor Richard Strauss.

Em 1890, aos 16 anos, Hofmannsthal publicou uma coletânea de poemas simbolistas. Vigorosos na forma e provocadores na magia das imagens, os poemas alcançaram fama instantânea ao autor. Em pouco tempo, Hofmannsthal já conhecia – e freqüentava – os principais escritores de sua época, entre eles Henrik Ibsen, Stefan George e o já referido Arthur Schnitzler.

Entre 1891 e 1899, Hofmannsthal escreveu uma série de obras teatrais em verso – a maior parte delas de fôlego curto –, tão primorosas quanto seus poemas. O tema fundamental das peças é a tensão entre a realidade e a aparência, entre o tempo e a eternidade, e as transformações da personalidade humana. *Ontem* (Gestern), de 1891, foi a primeira delas. Em 1892 apareceria *A morte de Ticiano* (Der Tod des Tizian) e um ano depois *O tolo e a morte* (Der Tor und der Tod). Em 1897 seria publicado *O pequeno teatro do mundo* (Das kleine Welttheater), também parte da seqüência. Entre as várias minipeças, essas são apenas algumas.

84

HOFMANNSTHAL *aforístico*

A força da educação nobre reside na recusa.

O amor-próprio e o ódio-a-si-mesmo são as mais profundas entre as forças criativas terrenas.

Uma hora de contemplação é melhor do que um ano de adoração.

A águia não logra alçar vôo partindo do chão raso; ela tem de saltar com dificuldades sobre uma rocha ou um tronco de árvore: mas de lá é capaz de alcançar as estrelas.

Amadurecer significa separar com mais acuidade, unir com mais fervor.

Uma obra de arte é uma ação pormenorizada e distendida através da qual um caráter, o do autor, torna-se reconhecível.

COMENTÁRIO

Em 1902, um ano depois de se casar, Hofmannsthal publicou o ensaio "Uma carta" (Ein Brief), no qual renuncia ao lirismo puro que cultivara até então, reconhecendo-o fora de época. A carta – fictícia, dirigida por Lord Chandos a Francis Bacon – é considerada por muitos o documento introdutor da modernidade na língua alemã.

Antes da Primeira Guerra Mundial, Hofmannsthal compôs algumas de suas tragédias mais notáveis. Entre elas *Elektra*, de 1903, obra que Richard Strauss – seu amigo – logo converteria em ópera. Para o mesmo Strauss foram escritos os libretos das óperas *O cavaleiro das rosas* (Der Rosenkavalier), de 1911, *Ariadne em Naxos*, de 1912, e *A mulher sem sombra* (Die Frau ohne Schatten), de 1919.

Com o diretor teatral Max Reinhardt, Hofmannsthal fundou o Festival de Salzburgo, um dos pontos altos da vida cultural da cidade. Ali foi – e ainda é – representado com freqüência o seu drama *Todo o mundo* (Jedermann), de 1911, talvez sua obra mais conhecida. A derradeira peça – encenada ainda em vida – de Hofmannsthal, *A torre* (Der Turm), de 1926, é uma reflexão – inspirada em Calderón de la Barca – sobre o destino da cultura ocidental. Depois dela viria apenas *Arabella*, de 1928, cuja encenação o autor não chegaria a ver realizada.

Além de dramaturgo, Hofmannsthal também foi poeta, tradutor – de Calderón, entre outros –, ensaísta e romancista. Seu romance *Andreas ou os reunidos* (Andreas oder die Vereinigten) seria publicado postumamente em 1932.

Hugo von Hofmannsthal morreu em 15 de julho de 1929, depois de sofrer um ataque cardíaco no enterro de seu filho Franz, que se suicidara dois dias antes.

Os aforismos acima foram extraídos – todos eles – do *Livro dos amigos* (Buch der Freunde, planejado para 1919, publicado em 1922), uma coletânea de máximas e reflexões – de tom goetheano –, organizada por Hofmannsthal a partir de seus diários. Escritores do meu pago, a educação nobre ensina a dizer não – a recusar – ... e adorar... adorar não vale nada!

L

ARTHUR
SCHNITZLER

85

SCHNITZLER *em verso*

A um crítico

O senhor Invejoso decidiu,
E de modo cabal,
Que é esse meu destino:
hoje superestimado e sem igual,
Depois – e tanto mais rápido –
devidamente esquecido.
Já a fama de Invejoso
irá bem mais longe, não duvido.
Até a posteridade tardia
irá achar seu rastro...
Ainda que seja apenas,
nesses versos que eu faço.

COMENTÁRIO

Arthur SCHNITZLER nasceu em Viena no ano de 1862 e faleceu em 1931, na mesma cidade. Dramaturgo, contista, ensaísta, novelista, romancista – e poeta de espasmos –, Arthur Schnitzler elaborou na ficção aquilo que Sigmund Freud estudava na ciência. Sem relação direta de dependência, sem relação nítida de influência; paralela e simultaneamente.

A semelhança biográfica entre os dois autores é muita. Ambos nasceram em Viena, ambos viveram em Viena e foram contemporâneos. Os dois foram médicos e intelectuais judeus de calibre e até mesmo seu desenvolvimento profissional foi parecido: os dois estudaram hipnose e foram alunos do médico Theodor Meynert. O círculo de amigos dos dois escritores também era semelhante: ambos mantinham contato com Lou Salomé e seu grupo de conhecidos. Schnitzler e Freud foram acusados de imoralidade e pornografia e suas obras surgiram paralela e simultaneamente. Schnitzler escreveu novelas que podem ser analisadas como casos clínicos; Freud disse que seus relatos de casos clínicos poderiam ser lidos "como novelas" ou "romances analíticos".

Numa entrevista Schnitzler disse que se sentia "irmão gêmeo" de Freud. E Freud escreveu, em carta de 14 de maio de 1922, homenageando os 60 anos de Schnitzler: "Penso que eu tenha evitado o contato convosco devido a uma espécie de medo do duplo". Ainda assim os dois se encontraram poucas vezes e trocaram cerca de dez cartas apenas. Guardavam distância um do outro, e a propagada identidade entre ambos está longe de ser indiscutível.

Schnitzler sempre achou que os psicanalistas adentravam com demasiada rapidez a vereda do inconsciente. Para Schnitzler, o inconsciente não está tão próximo, tão à mão, quanto os psicanalistas imaginam. Em carta a Theodor Reik, psicanalista e crítico de sua obra, Schnitzler escreve, ironicamente: "Há mais caminhos que levam para a escuridão da alma (...) do que os psicanalistas sonham (ou sonham interpretar)". Schnitzler dava muito mais valor ao "semiconsciente", àquilo que se revela no detalhe oculto de um gesto, na clareza algo velada de uma reação. Ademais, autores como o físico e filósofo austríaco Ernst Mach[5] foram pelo menos tão importantes no desenvolvimento da obra de Schnitzler quanto Freud. Os estudos de Mach sobre o fenômeno da descontinuidade e da dissociação, assim como suas teses a respeito do "eu condenado" *(unrettbares Ich)*, foram decisivos na composição da obra schnitzleriana.

Freud, de sua parte, afirmou um tanto enciumado, mas com outro tanto de crítica: "De modo que eu tenho a impressão de que vós, através da intuição (...) ficastes sabendo de tudo aquilo que eu descobri com meu penoso trabalho em outros seres humanos". Ademais, quando Freud disse ver em Schnitzler um "duplo", não podemos esquecer, também, que o "duplo" – segundo a visão do próprio Freud – é muito mais o "sinistro", o "outro", do que a afirmação da identidade.

Ainda assim as afirmativas que dizem respeito à identidade entre ambos são compreensíveis. Schnitzler estudou – como nenhum ficcionista antes dele – o carrossel dos instintos, a paixão humana em sua dança macabra, o amor unido à morte: Eros e Thánatos em seu abraço fatal. Para Schnitzler – e assim o autor une os dois temas – o amor é marcado pela "aura dos condenados" e carrega o cancro de sua morte já ao nascer.

Em sua obra, Schnitzler revela a vida como um jogo de forças irracionais, desvenda a hipocrisia moral da sociedade e aponta seu dedo ficcional para as mazelas internas do homem. Schnitzler é o escritor do eu dilacerado: seus personagens afirmam a morte da individualidade, embora se almejem testemunhos dela, mos-

---

[5] Ernst Mach inventou também o que conhecemos por "número de Mach" ou "número Mach": o quociente da velocidade dum corpo que se move num fluido pela velocidade do som no mesmo fluido.

trando essa mesma individualidade em sua face mais patética. Em Schnitzler, a aristocracia aparece em toda sua decadência e a burguesia em toda sua voracidade. Ambas quedam impotentes ao final, pois assinalam a impotência geral do ser humano moderno. O pessimismo é imenso, a melancolia no subsolo é dura e a insatisfação final, garantida.

O crítico vienense Karl Kraus, que já abrira fogo contra o movimento *Jung Wien* – do qual Schnitzler fazia parte – em 1896, volta a questionar uma suposta "superficialidade" de Schnitzler em 1912, declarando-a característica dos dândis literários vienenses. O poema aqui traduzido – a poesia é parte ínfima na obra do autor – é a resposta de Schnitzler ao genial crítico. Embora admirasse Kraus – judeu assim como ele –, Schnitzler não suportou o novo ataque e revidou. Kraus é também o mote de vários dos aforismos do autor.

<u>86</u>

SCHNITZLER *aforístico*

Até podes impedir um homem de roubar, mas jamais o impedirás de ser um ladrão.

Não é nenhuma cortesia ajudar um coxo carregando sua bengala.

A verdade está no meio? De forma alguma. Só no fundo.

Queres vingar-te contra alguém que te difamou? Fala a verdade sobre ele e vocês estarão quites.

Não aquele que procura dar feição a um herói com meios insuficientes, mas aquele que sabe revestir de força um personagem fracote é o artista mais vigoroso.

COMENTÁRIO

Bon vivant, Schnitzler desde cedo ocupava seu tempo livre em corridas de cavalo, jogos de bilhar, cartas e dominó nos cafés de Viena. Freqüentava concertos e fumava havanas. Dessa maneira conheceu de perto e por dentro a sociedade vienense. Participou do círculo literário *Jung Wien* no famoso "Café Griensteidl", onde manteve contato com escritores de sua época, entre eles Hugo von Hofmannstahl, Felix Salten, Richard Beer-Hofmann e o folhetinista Hermann Bahr.

As incontáveis aventuras amorosas de Schnitzler também enriqueceram o manancial do escritor. A primeira entre as muitas mulheres de sua vida foi Jeanette Heger, uma "doce moça" *(süsses Mädel)* dos arredores da cidade. Schnitzler imortalizaria a "doce moça" como "tipo" em sua obra, principalmente na teatral. Suas experiências amorosas várias vezes apareceram contadas no palco, evidenciando que sua própria vida serviu de matéria-prima para sua obra.

224 MARCELO BACKES

A mulher sempre foi um mote do amor e da morte para Schnitzler. Se na vida as mulheres eram seu ponto fraco – um sem-número de paixões dá o testemunho disso –, na literatura elas foram seu ponto forte. Suas mulheres foram suas modelos. Ele não as pintou em óleo e tela, mas em letra e papel. A importância da mulher na obra de Schnitzler aparece resumida naquilo que Friedrich Hofreiter, um de seus personagens, disse:

Sim... as pausas entre uma e outra. Ora, elas também não deixam de ser interessantes. Quando se tem tempo e humor para tanto, a gente constrói fábricas, conquista países, escreve sinfonias, vira milionário... Mas, acredite em mim, isso é tudo acessório. O essencial... sois vós! Sim, vós, as mulheres!

Embora Schnitzler tenha começado sua carreira literária muito cedo – com a publicação de *A canção de amor da bailarina*, aos 18 anos –, a fama chegou apenas muitos anos depois, quando já era um homem maduro. No início da carreira, o autor debatia-se entre o fato de ser médico e o desejo de ser escritor, conduzindo ambas as atividades de maneira paralela, sem chegar a uma decisão terminante.

Apenas com a estréia da peça *A aventura de sua vida*, em 1891, é que Schnitzler anota em seu diário: "começa o reconhecimento literário". Com a publicação do conto "Morrer", em 1894 – uma de suas obras-primas no gênero – Schnitzler garantiria toda sua obra, incluindo a posterior, junto a Samuel Fischer, um dos principais editores alemães da época. Em 1900 apareceria "Tenente Gustl", talvez o mais conhecido de seus contos. Com ele, Schnitzler garante sua imortalidade literária, traz o monólogo interior para o âmbito da literatura alemã, concedendo a ela um verdadeiro divisor de águas. Em 1913, Schnitzler publicaria a novela *A senhora Beate e seu filho*, tematizando o incesto, e, em 1918, a novela *O retorno de Casanova*. Em 1924 apareceria uma de suas novelas mais conhecidas, *Senhorita Else*, na qual o autor apura ainda mais a técnica do monólogo interior. Em 1926 surgiria outra obra-prima do gênero: *Aurora*.

Também romancista – o autor publicara *O caminho para a liberdade* em 1908 –, Schnitzler publica, em 1928, o romance *Therese: crônica de uma vida de mulher* em primeira edição de trinta mil exemplares, coisa que era espetacular para a época. Depois do romance surgiria apenas *Fuga para a escuridão*, sua derradeira obra, uma novela genial a respeito do fratricídio e do "complexo de perseguição". Em 21 de outubro, Schnitzler faleceria, aos 69 anos, em Viena, depois de um ataque cerebral.

87

SCHNITZLER *fabulista*

Houve, certa vez, um cão assaz talentoso que latia, gania, mordia e ao fim chegou a se fazer de louco, inclusive... apenas para ficar na boca do povo. Mas nada parecia querer ajudá-lo nesse sentido, até que um dia levou uma chicotada no focinho; aí então toda a cidade falou dele.

COMENTÁRIO

Se a obra dramática de Schnitzler é centrada na análise social, foi na obra narrativa (contos, novelas e romances) que Schnitzler mostrou toda sua precisão no esquadrinhamento psicológico do ser humano. *Aurora* (1926), por exemplo, é uma das novelas mais bem-acabadas de Schnitzler e uma obra-prima do gênero na literatura universal. O enredo desenvolve-se na época anterior à Primeira Guerra, quando Viena estava prestes a viver seu apogeu antes da queda e a Monarquia dos Alpes ainda era uma potência mundial. Comparável a *O jogador* de Dostoiévski em termos de qualidade, essa novela de Schnitzler oferece um ensaio grandioso sobre o "jogo", sobre a alma do "jogador". O clima tem lá seus ares de mistério, indiciados no fulgor de alguma referência não explicada, e o desenlace é avassalador, incontinênti e irremediável.

"Meu querido pornógrafo"; com essas palavras o amigo e escritor Hugo von Hofmannsthal expressou todo seu carinho por Schnitzler numa de suas cartas ao autor. O que hoje apenas nos parece esclarecedor – e continua vigoroso em termos psicológicos e literários – na época de Schnitzler afrontava e agredia. Os que não o entendiam limitavam-no a "poeta da decadência" e classificavam-no de "pornográfico". O nazismo acusou-o de praticar uma "literatura porca" e de vilipendiar a imagem da mulher alemã, quando ele fez apenas dar a ela mais autonomia na escala social.

Já em 1912, o dramaturgo Frank Wedekind dizia que Schnitzler era um clássico. Hoje, passados mais de setenta anos de sua morte, o epíteto tornou-se ainda mais adequado. Schnitzler é – definitivamente – clássico e sua obra continua viva. Na condição de médico-autor, Schnitzler buliu na alma humana, auscultou os sentimentos mais secretos, anotou as paixões mais profundas e as perversidades mais doentias do homem, mostrando-se capaz de expressar na superfície morta da letra o âmago mais vivo do ser. Schnitzler jamais prescreveu receitas, mas foi preciso nos diagnósticos.

A fábula aqui traduzida também é dirigida – ao que tudo indica – a Karl Kraus, a pedra crítica no sapato de sua obra.

LI

GERHART
HAUPTMANN

88

EINSICHTEN UND AUSBLICKE[6]

Saul saiu para procurar a asna de seu pai e encontrou um reino; quantos são os que saem a fim de procurar um reino e não encontram sequer a asna!

Há asnos que depenam águias mortas com os dentes, apenas a fim de rolar sobre suas plumas.

A gente até pode tanger um rebanho de bovinos teimosos a chicote, mas enquanto os chicoteamos jamais lograremos fazer com que acreditem na bela pastagem em direção a qual os tangemos.

A vaidade é o berço encantador dos adultos.

Tu és capaz de segurar um elefante quando ele quer fugir, mas não consegues segurar o menor de teus cabelos quando ele for cair.

COMENTÁRIO

Gerhart HAUPTMANN (1862-1946) nasceu em Ober-Salzbrunn, na Silésia (hoje Szczawno Zdrój, Polônia), e morreu em Agnetendorf, na Alemanha. Depois de abandonar a escola aos 15 anos, trabalhou no campo, estudou escultura em Breslau por dois anos e mais tarde interessou-se por história, filosofia e ciências. Em 1885 radi-

---

[6] O título – geral – que Hauptmann deu a seus aforismos é complicado, belo e multissignificante. *Einsicht* significa ao mesmo tempo "conhecimento", "juízo", "inteligência" e "vista". *Ausblick*, por sua vez, significa "panorama", "perspectiva" e, também, "vista". A primeira palavra reflete um "olhar para dentro", a segunda, uma "vista para fora".

A ARTE DO COMBATE

cou-se em Erkner, perto de Berlim, passando a dedicar-se exclusivamente à literatura e ao teatro.

Depois de publicar um esboço prosado sem maior importância, Hauptmann escreve *Thiel, o guarda-cancela* (Bahnwärter Thiel), sua primeira obra-prima, uma narrativa intensa e vigorosa e contundente. Em 1889 surge *Antes do nascer do sol* (Vor Sonnenaufgang), uma pintura realista – de efeitos berrantes – sobre a opressão em que viviam operários e camponeses numa aldeia silesiana – corroídos pelo álcool e pela sífilis – em pleno processo de industrialização.

Na peça *Homens solitários* (Einsame Menschen), de 1891, fica clara a influência de Ibsen, o dramaturgo norueguês. *Os tecelões* (Die Weber), de 1892, é uma de suas obras mais conhecidas e descreve uma revolta frustrada de proletários acuados pela mecanização e pela fome.

Uma das marcas da obra de Hauptmann é a preocupação com os problemas do indivíduo comum, mais até do que com questões ideológicas. Os heróis de *O carroceiro Henschel* (Fuhrmann Henschel, 1899) e *Rose Bernd* (1903) são vítimas das condições sociais e da violência dos mais fortes; ambos acabam no desespero e no suicídio. A luta de classes, picarescamente travada entre ladrões espertos e magistrados imbecis, é apresentada na peça *A peliça de castor* (Der Biberpelz, 1893), uma sátira brilhante à arrogância das autoridades prussianas. A peça invoca o mesmo tema de *A bilha quebrada*, de Kleist, e revive sua ironia contagiante.

A partir de 1900, Hauptmann abandonou o naturalismo e passou a escrever peças de caráter poético-simbólico, que encantaram ao público, mas não resistiram ao tempo. No romance *Emanuel Quint, o louco em Cristo* (Emanuel Quint der Narr in Christo, 1910), Hauptmann fantasia sobre a aceitação do evangelho, caso o Messias voltasse ao mundo.

Vencedor do Prêmio Nobel de Literatura em 1912, Hauptmann introduziu as tendências naturalistas no teatro alemão, mas acabou – ele mesmo – num teatro complexo e abstrato, marcado pelo simbolismo metafísico e religioso.

Também prosador e poeta, Hauptmann jamais chegou a atingir alturas grandiosas em ambos os gêneros, ainda que seus romances, marcados pelo tom autobiográfico – sobretudo *O livro da paixão* (Buch der Leidenschaft) –, guardem lá sua validade. Seu *Till Eulenspiegel*, de 1928, contribuiu para recuperar e difundir as aventuras do grande maganão germânico.

Cara a cara com os aforismos brilhantes de Hauptmann – e lembrando especialmente o primeiro – eu me pergunto por que a gente, mesmo sem estar à procura de nada, dá de cara com tanta asna no reino da literatura...

LII

ALFRED
KERR

89

Homens
mais tarde
Le nazi pacifique

"Confie em mim, saia da toca"
(Disse o galo à minhoca).

"Vai ser uma festa de arromba"
(Disse o gavião à pomba).

"Vamos dançar o dia inteiro"
(Falou o lobo ao cordeiro).

COMENTÁRIO

Alfred KERR (1867-1948) – cujo sobrenome original era Kempner[7] – nasceu em Breslau (então pertencente à Prússia, hoje conhecida pelo nome de Wroclaw e pertencente à Polônia), na Silésia, em 25 de dezembro de 1867. Fez os estudos primários em sua cidade natal e, em 1887, mudou-se para Berlim. Em 1894 tornou-se doutor e, em 1898, publicou sua tese sobre *Godwi*, o romance selvagem – e aliás grandioso – do poeta romântico Clemens Brentano. Kerr casou-se em 1917, perdeu a mulher em 1918 e voltou a casar-se em 1920.

---

[7] Kerr encurtou o nome, de um lado para alcançar a concisão monossilábica e afiada de Kerr, de outro para livrar-se da associação com a fazedora de versos Friederike Kempner, a quem chegou a dedicar alguns poemas, insistindo em dizer: "Minha tia ela não é!".

Em 1906, Alfred Kerr incentivou – e ajudou – Robert Musil a publicar sua primeira obra, o romance *O jovem Törless*. Na condição de mais influente dos críticos teatrais de Berlim, Kerr incentivou também o naturalismo e Gerhardt Hauptmann, o mais conhecido dos autores do período.

O estilo seco, espirituoso e irônico de Kerr – pelo qual o autor lutou experimentalmente durante vários anos – singularizou-o no jornalismo praticado na Alemanha da primeira metade do século XX. A frase de Kerr é um concentrado. Breve. Espasmódica. Cheia de pontos. Ofensiva.

Para peculiarizar seu texto também no que dizia respeito à forma, Kerr passou a numerar os trechos de seus folhetins, individualizando-se no mundo uniformizador da imprensa também através da forma. Editor da revista *Pan*, Kerr marcou o folhetim berlinense e foi um dos primeiros escritores a usar a imprensa de maneira conseqüente, aproveitando-lhe todas as vantagens e benefícios.

Kerr era temido por seus juízos, e seu maior objetivo era fazer da crítica uma forma de arte. Para isso armou-a de potência lingüística e vigor poético. Satirista quebra-queixo, usou o chiste com soberania e foi um mestre do olhar comparativo. Suas guerras com Karl Kraus eram mortais, e as críticas ao dramaturgo Hermann Sudermann impiedosas. Kerr foi um crítico na condição de força da natureza, um fauno intelectual. Amou e odiou Berlim ("mais Esparta do que Atenas") e viveu na cidade a maior parte de sua vida. Era um cosmopolita sarcástico. Mostrava uma alegria de viver incontrolável e admirava as belezas não apenas da arte, mas inclusive as da vida mais prosaica. Viajava para experimentar a ventura terrena e, em seus relatos de viagem – gênero que também praticou com brilhantismo –, comunicava o mundo e o próprio "eu".

O verso de Kerr se inclinava à facilidade e Kerr tinha facilidade para o verso. Fazia poesia de ocasião e homenagem. Chegava a escrever sua crítica teatral sob a forma de versos. Seu lirismo – é lirismo? – é marcado pela defensividade em relação ao sentimentalismo. O talhe de seus versos é um tanto rude, até grosseiro, e mostra um autor que não amolece ou amaina ante os sentimentos, embora admire a música romântica de Schumann e Schubert.

Até os poemas de amor de Kerr são algo crus. Sua poesia seguia seu temperamento. Sua lírica estava a serviço de suas impressões, pronta a registrar seus impulsos críticos. Seus jogos de palavra eram despudorados, seus chistes por vezes escabrosos. Kerr usava as reservas da gíria e dos dialetos – tanto o berlinense quanto o bávaro – e brincava com exclamações e interjeições, transformando-as em frases. A necessidade da rima fazia com que eliminasse uma letra à palavra final ou alterasse uma sílaba a fim de alcançar um poema rimado. Daí – também – a feição ludo-tosca de seus versos. Os ritmos não apresentavam nenhum refinamento poético, nem mesmo variações de tom, como acontecia com os versos de Kurt Tucholsky, por exemplo, seu parente na crítica, na época e na ascendência.

Kerr não era um mestre da sutileza, jamais era insinuante, sutil ou discreto. Os pés de seus versos coiceavam e agrediam. Só no exílio – e perto do final da vida, quando chegou a escrever poemas em inglês e francês – é que sua poesia passou a apresentar alguns indícios de refinamento e uma que outra variação de tom. "O que é Pátria?" (Was ist Heimat?) – poema sobre a pátria, sobre a infância perdida e, em última instância, a vida perdida – chega a alcançar o vigor satírico e poético de Heinrich Heine, de quem era, aliás, admirador confesso.

Suas poesias jubilosas, de caráter nacionalista, louvando os alemães quando a Primeira Guerra estourou, em 1914, fizeram com que Karl Kraus – que desde logo se posicionara contra as pretensões alemãs – o chamasse de "bardo da guerra". Mas Kerr sempre criticou o ideal do "sangue e do ferro" de Bismarck, glosava as trapalhadas guilherminas e criticou desde logo a época de ouro da República de Weimar – ovacionada por tantos –, construída sobre o sangue dos revolucionários Karl Liebknecht e Rosa Luxemburgo. Pouco mais tarde já mostrava seu respeito em relação à experiência soviética, assinalando-a como opção ao nazismo. Ao próprio encanto em relação ao capitalismo – experimentado numa viagem a Nova Iorque – opunha a esperança no futuro do socialismo.

Violento na guerra contra o nazismo, Kerr foi um dos primeiros escritores a constar na lista de proscritos de Hitler, o que o obrigou ao exílio em 1933, quando os governos do mundo – por exemplo – estavam longe de fazer qualquer oposição aos avanços alemães. O nazismo – hoje ainda há os que fazem a mesma consideração; e nisso Kerr se aproxima muito de Brecht – fez de Kerr o protótipo do jornalista judeu, a fim de arrancar-lhe o estatuto de escritor alemão.

Alfred Kerr voltou à Alemanha depois do exílio em Londres, onde deixou seu filho Michael Kerr, hoje conselheiro da família real britânica. Suicidou-se em Hamburgo, em 12 de outubro de 1848, após um ataque cerebral de conseqüências fulminantes.

LIII

STEFAN
GEORGE

90

Sobre a poesia

Na poesia – assim como em toda atividade artística – todo aquele que ainda está tomado pela obsessão de querer "dizer" algo, de querer "atuar" sobre alguma coisa, não é digno sequer de adentrar a ante-sala da arte.

Todo antiespírito, toda ação de arrazoar e disputar com a vida, demonstra um estado penseroso tanto mais desordenado e tem de ficar apartado da arte.

Ritmos livres significam o mesmo que pretume branco • quem não souber se conduzir no ritmo, ande à solta.

Medida rigorosa é o mesmo que liberdade absoluta.

O ser da poesia é como o do sonho: que Eu e Tu • Aqui e Lá • Outrora e Agora estejam um ao lado do outro e se tornem a mesma e única coisa.

A beleza não está nem no início nem no final • ela é apogeu. ... A arte agarra melhor no momento em que a gente sente o respirar de espíritos novos, ainda dormentes.

A poesia tem posição especial entre as artes • ela • e só ela • conhece o segredo da ressuscitação e o segredo da transição.

COMENTÁRIO

Stefan GEORGE (1868-1933) nasceu em Büdesheim, junto a Bingen, na Renânia, e morreu em Locarno, na Suíça, poucos meses depois de optar pelo exílio voluntário e renunciar ao convite dos nazistas a aderir a suas fileiras.

Em 1890, George publicou seus primeiros *Hinos* (Hymnen), em Berlim. Na época, já havia percorrido grande parte da Europa ocidental para freqüentar cursos de Filosofia e de História da Arte. Impregnado de um novo classicismo e de ideais poéticos, criou sua própria escola literária. O instrumento divulgador da estética georgiana foi a revista *Folhas para a arte* (Blätter für die Kunst), editada pelo poeta entre os anos de 1892 e 1919.

No início, a poesia de George foi marcada pela lírica simbolista, sobretudo a de Verlaine e Mallarmé. *O sétimo anel* (Der siebente Ring, 1907) – sua obra mais conhecida – e *A estrela da aliança* (Der Stern des Bundes, 1914), no entanto, já mostram o profundo humanismo – meio distanciado e pedestálico, é verdade – do autor. *O novo império* (Das neue Reich, 1928), sua derradeira obra de fôlego poético, constitui um autêntico manifesto estético, menos coerente do que a obra anterior do poeta, é verdade. Nele o autor anuncia o reino do espírito, identificado com o renascimento dos valores da Antiguidade grega.

George foi o responsável pela introdução do simbolismo francês na Alemanha, ao traduzir várias das obras dos escritores pertencentes ao movimento. Em oposição ao naturalismo predominante na Alemanha, George formou uma nova elite intelectual, importante na revitalização da lírica da época e seu ideário estético.

Inovador também na forma elementar da escrita, Stefan George abre mão da maiúscula peculiar aos substantivos no alemão e restringe seu uso ao destaque estético e poético de uma série de substantivos abstratos, para os quais o poeta quer chamar atenção especial. A pontuação também é caracterizada pelo tom pessoal e sói desprezar a vírgula, conforme pode ser verificado nos fragmentos acima.

George fez do lema *l'art poul l'art* – do qual diz se apartar em favor de uma lírica perigosamente engajada já em 1900, com a publicação de *O tapete da vida* (Der Teppich des Lebens) – uma visão de mundo. Num movimento contrário àquele representado por Heine, George tentou ressacralizar a poesia alemã, devolvendo-lhe o pedestal que perdera.

LIV

KURT
TUCHOLSKY

91

RETALHOS

Quando um comunista é pobre, as pessoas dizem que ele é um invejoso. Quando ele pertence à classe média, as pessoas dizem que ele é um idiota, uma vez que atua contra seus próprios interesses. Mas se ele é rico, elas dizem que seu modo de vida não está de acordo com seus princípios. Sendo assim, restaria perguntar: Quando é que a gente pode, então, ser comunista?

Não há nada mais desprezível do que um literato chamando outro literato de literato.

Jamais permita que um especialista te impressione apenas porque diz: "Meu caro amigo, eu já faço isso assim há vinte anos!"... Pode-se fazer uma coisa errada também durante vinte anos.

Na Espanha fundaram, certa vez, uma sociedade protetora dos animais que precisava de dinheiro com urgência. Para impulsionar o caixa, a sociedade promoveu uma grande tourada.

O humor reside, muitas vezes, na aptidão de pessoas capazes de permanecerem frias quando a multidão está em fúria, e de se irritar quando a maioria "não vê mal nenhum" em tudo que acontece.

COMENTÁRIO

Kurt TUCHOLSKY (1890-1935) foi um dos críticos mais conhecidos de seu tempo e um humorista em prosa e verso. Jornalista, viveu em Berlim até 1924 e depois em Paris, suicidando-se em 1935 na Suécia, depois da ascensão do nazismo.

De família judia abastada, Tucholsky estudou Direito e participou da Primeira Guerra Mundial na condição de soldado. Em 1913, passou a colaborar com a *Weltbühne*, uma das grandes revistas berlinenses da época, escrevendo sob vários pseudônimos, entre eles Peter Panter, Theobald Tiger, Kaspar Hauser e Ignaz Wrobel. De 1926 a 1929 – e depois da morte de Siegfried Jacobsohn – dirigiu a *Weltbühne*, mesmo estando em Paris.

Muito mais do que um simples jornalista, Tucholsky foi um pensador, um crítico de seu tempo, um moralista espirituoso, um humorista talentoso. Sua sátira afiada e mordaz, ora grotesca, ora sentenciosa, tingiu seu moralismo de fulgor; e seu moralismo é o moralismo do revolucionário, do educador do povo.

Seu asco ao militarismo e a todo sistema de dominação afastou-o de uma Berlim demasiado prussiana, em relação à qual mostrou sempre uma espécie de ódio carregado de amor. Seu livro de retratos *Alemanha, Alemanha sobre tudo!*, de 1929, é um verdadeiro panfleto contra tudo aquilo que é genuinamente alemão.

Tucholsky foi um mestre da *chanson*, do estribilho que sempre acerta o alvo em cheio. A prosa de seu jornalismo – expressa ora em folhetins, ora nos aforismos que levam o título de *Retalhos* (Schnipsel) – é precisa, vigorosa, judicante, temerária e insolente.

Politicamente, Tucholsky buscou seu caminho entre o "pacifismo ativo" e a "marcha lenta do heroísmo". Literariamente, não cessou de gravar seus juízos na forma de sentenças. Kafka foi festejado como "neto de Kleist" com seus "retratos que adentram as portas da esquizofrenia"; O'Neill foi executado na condição de ser um "Joyce de nascença, um Ibsen fracassado, um Sudermann[8] enviuvado". Tucholsky foi, para o jornalismo, aquilo que Heinrich Mann foi para o romance, o mesmo que Georg Grosz foi para o desenho e a caricatura alemãs. Os três beberam da mesma fonte revolucionária e fizeram da crítica a uma Alemanha prestes a adentrar o obscurantismo o tema de suas obras.

Em 1932, Tucholsky silenciou depois de ter lutado durante toda sua vida contra o nazismo. É como se – conforme aconteceu com Karl Kraus – não lhe ocorresse mais nada acerca da tragédia representada por Hitler. O suicídio, em 1935, apenas reflete seu desconsolo em relação ao mundo atingindo o ápice.

Avaliando a crítica literária brasileira praticada nos jornais, fica-se impressionado com a quantidade de "especialistas" com vinte anos de experiência que a conduzem.

---

[8] Hermann Sudermann foi escritor naturalista de importância menor, adversário de Gerhart Hauptmann. Sudermann, para quem a família sempre foi um valor maior e intocável – daí a ironia de Tucholsky – também atuou – de forma ainda mais abstrusa – como dramaturgo, e teve algumas de suas peças protagonizadas por Sarah Bernardt.

LV

KARL
KRAUS

92

KRAUS *em verso*

Ave de rapina

Suas garras buscam fundo, dentro do meu eu:
Ele até rouba o que ainda não me ocorreu.

Produção

A riqueza da minha obra
É imensa, podeis ver:
Sobre todo imbecil
tenho algo a dizer.

Literatura

Só porque não teve vergonha,
ele crê ser um gênio e cria.
Só porque jamais nos divertiu,
ele pensa ter feito poesia.
Só porque um dia se masturbou,
terá uma autobiografia.

COMENTÁRIO

Karl KRAUS (1874-1936) foi o mais afiado entre os satiristas da primeira metade do século XX; um virtuose da palavra.

Nono entre dez filhos de um fabricante de papel judeu, Karl Kraus nasceu em

Jichín, na Boêmia Oriental, uma pequena cidade tcheca, pertencente ao Império Austro-húngaro. Estudou Direito e Filosofia; contudo jamais chegou a trabalhar em qualquer das áreas. O desejo de tornar-se ator ou escritor matou desde logo a possibilidade de outro ofício.

Embora nascido na província, Kraus viveu (já a partir de 1877) e morreu em Viena, a capital do poderoso Império dos Alpes. Lá viveu, escreveu e amou. Sua eterna noiva, a baronesa Sidonie Nádherny – amiga de Rilke –, mereceu incontáveis de seus poemas, mas jamais veio a se tornar sua esposa.

Em 1899, com a ajuda financeira da família, Kraus fundou a revista *A tocha* (Die Fackel). Durante o período em que existiu, a revista seria publicada de maneira independente: independente do interesse de grupos financeiros, independente do capital de patrocinadores, independente de panelas econômicas. Com a renda vitalícia a que teve direito depois da morte do pai, em 1900, Kraus assegurou a sua e a existência da revista. Quando faleceu, em 1936, *A tocha* morreu com ele. Kraus redigiu, compôs e corrigiu – praticamente sozinho – os 922 números de SUA revista. *A tocha* seria a revista mais subjetiva, a mais ligada ao nome de seu editor e ao mesmo tempo uma das mais vigorosas – se não a mais vigorosa, literária e culturalmente – que o mundo já teve.

Além de dirigir, redigir, compor e corrigir a revista, Kraus deu mais de 700 conferências, todas elas a público seleto. Dentre os participantes ilustres de suas preleções – sempre com leituras de suas próprias obras ou de outras obras aprovadas por seu crivo duríssimo – podem ser anotados Elias Canetti, Franz Kafka e Franz Werfel, entre outros.

O fato de a literatura em língua alemã ter tido dois grandes centros nas três primeiras décadas do século XX – Berlim e Viena – deve-se, e muito, a Karl Kraus e a *A tocha*.

Kraus pintou o retrato de seu tempo nas letras de suas páginas. A língua e a imprensa, a política e a moral foram julgadas de maneira inclemente em sua revista, o tribunal satírico de uma época.

Produção! A riqueza da minha obra é imensa, podeis ver... Muito embora eu não tenha falado de Dênis Rosenfield... Contei os botões da minha camisa três vezes, mas não teve jeito...

93

KRAUS *em prosa*

AFORISMOS combativos

O que não fere, não confere.[9]

Quem não cava nenhuma cova aos outros, acaba caindo ele mesmo dentro de uma.

---

[9] A tradução para "Was nicht trifft, trifft auch nicht zu" – um exemplo nobre, e profundo, do trocadilho – é de Peter Naumann; presente de um café de novembro.

A ARTE DO COMBATE

Os artistas têm o direito de ser modestos, e a obrigação de ser vaidosos.

O ódio tem de ser produtivo. Caso contrário é mais sensato, desde logo, amar.

COMENTÁRIO

Em 1914 foi publicada – em edição luxuosa – a primeira coletânea de ensaios de Karl Kraus. Intitulada *A muralha da China*, ela reuniu oito litografias do pintor expressionista – marcadamente subjetivo – Oskar Kokoschka e foi, depois de várias tentativas por parte de editores e incontáveis pedidos do público, a primeira obra de Kraus em forma de livro.

Literatura ou A gente haverá de ver, uma opereta político-satírica, apareceu em 1921. A obra é uma paródia ao escritor Franz Werfel – no passado um grande admirador de Kraus – e foi caracterizada por seu autor como um "gabinete do riso, dentro do qual, em todo caso, a gente preferiria chorar".

Logo a seguir, em 1923, apareceria *Wolkenkuckusheim*, uma sátira. Ela teria por base *Os pássaros*, de Aristófanes, a obra-prima entre as obras-primas do dramaturgo grego. Pouco antes, Kraus – que reconhece a influência do satirista grego na chamada à peça – havia atacado a descoberta quase semanal de um "Aristófanes vienense", encaminhada pela cegueira crítica da imprensa alemã e austríaca.

Em 1929, Kraus publica – sempre n'*A tocha* – o drama *Os insuperáveis*, uma peça pós-guerra, em quatro atos, encabeçada pela célebre epígrafe de Kierkegaard: "Um homem isolado não logra ajudar ou salvar seu tempo, apenas consegue expressar que ele naufraga". A inscrição é – certamente – um mote condutor na sátira do crítico vienense.

Mas se Karl Kraus fez literatura, também foi transformado em literatura. O exemplo mais famoso – entre muitos – é o crítico Rapp do romance *O caminho para a liberdade*, de Arthur Schnitzler, construído sobre a figura de Kraus. Schnitzler dedicou, além do romance, pelo menos duas poesias e uma série de aforismos ao crítico.

Os últimos dias da humanidade (Die letzten Tage der Menschheit), de 1922, é o manifesto dramático – e gigantesco – de Kraus contra a Primeira Guerra Mundial e o descalabro geral do mundo. Com mais de 760 páginas e cerca de 500 personagens, a peça é um monumento em versos, trágico, satírico e mordaz. A tragédia de Kraus é o retrato mais furioso de um tempo em que humanidade e destruição medem suas forças. Um *tableau* enciclopédico, uma colagem gigantesca – mas bem estruturada –, cujo tema mais íntimo é a irracionalidade humana. Os cerca de 500 personagens atuam nos palcos de Viena, nas frentes de batalha, na Itália, e ecoam até nos acampamentos de prisioneiros na Sibéria. Se no início a peça apresenta alguns personagens conhecidos como o imperador Guilherme e Ganghofer, aos poucos eles se transformam em tipos a serviço de seus papéis, assim como "o chefe militar" e "os jornalistas". Nos últimos dias da guerra, a tragédia adquire formas cada vez mais orgiásticas. Os personagens atuam sob nomes que as categorizam, assim como o "Capitão Massacré" e o "General Gloirefaisant". O "Otimista" e o "Critiqueiro" (Nörgler)

238   MARCELO BACKES

são os personagens mais completos da obra e pairam sobre o cenário e os acontecimentos, do início ao fim da peça, tecendo seus comentários.

A dança macabra da "Última Noite", ato que encerra a tragédia, engole tudo o
que vive sobre a terra, e o mundo se consome num cenário apocalíptico, espalhafa-
toso e chocante, tomado por sangue, cinzas e chuvas meteóricas. O inferno
impressionista de um império que sucumbia é esculpido nos escombros de seu
próprio nacionalismo vazio. *Os últimos dias da humanidade* é uma peça tão monstruosa – em todos os sentidos – que o próprio Kraus achava uma encenação integral
da obra totalmente impossível e recusou vários pedidos de diretores nesse sentido.

O canto de cisne – e aqui a metáfora volta a fazer sentido – de Kraus é *A terceira
noite de Valpúrgia* (Die dritte Walpurgisnacht). Obra inclassificável, misto de depoi-
mento e ficção, caracterizada pela lavra poética, *A terceira noite de Valpúrgia* é – ao
mesmo tempo – o fecho subjetivo de Kraus ao maior dos clássicos alemães: o *Fausto*
de Goethe e suas duas noites de Valpúrgia.

Depois de assistir em silêncio à ascensão do nazismo e surpreender aqueles que
o conheciam em sua verve, Kraus prova que seu mutismo era apenas fruto da
estupefação. Já quando a Primeira Guerra começara, em 1914, Kraus reagira calado,
deixando de fazer *A tocha* circular por cinco meses. Mesmo assim – já naquela
época – Kraus seria um dos escritores mais decisivos na oposição à Guerra e, depois
de ela ter acabado, dizia ter visto no fim da Primeira Guerra apenas o gérmen da
segunda e sua hecatombe.

A terceira noite de Valpúrgia – que inicia com a célebre frase "A respeito de
Hitler não me ocorre nada" – é um dos documentos mais violentos contra o nazismo
e contra aquilo que era considerado genuinamente alemão pelos nazistas e seus
seguidores. É, ademais, um apanhado integral e arrasador sobre a cultura, a arte e a
moral germânicas; a súmula crítica e definitiva de uma época deteriorada.

94

AFORISMOS lingüísticos

Eu só domino a língua dos outros. A minha faz de mim o que quiser.

Minha língua é a puta do mundo inteiro, que eu transformo em virgem a
cada frase.

A língua é a mãe, não a criada do pensamento.

COMENTÁRIO

O poeta Georg Trakl deu a Kraus o epíteto de "grão-mestre da verdade" e nada
do que acontecia na vida cultural e política da época de Kraus escapava ao tribunal
de sua sátira.

Foram vários os autores que penaram sob sua pena. Heine, o mais célebre deles.
Depois da confessada admiração da juventude, Kraus moveu contra ele uma guerra

A ARTE DO COMBATE

incessante e despropositada, promovendo uma espécie de "auto-expurgação" tipicamente judaica. Na verdade – e no fundo – os dois autores eram parecidos, tanto em origem quanto em índole e estilo. A maior diferença entre ambos: Heine foi o maior satirista da língua alemã no século XIX; Kraus o maior satirista alemão da língua alemã no século XX. Entre os autores contemporâneos de Kraus, também não foram poucos os que sofreram com a violência de sua crítica. De exemplo: Alfred Kerr – com quem teve discussões que se estenderam ao longo de anos – e Arthur Schnitzler.

Se era duro na crítica, Kraus tinha também seu lado benemérito. Ele assumiu sozinho parte da dívida do teatro *A trupe*, de Berthold Viertel, diretor e poeta, salvando-o da bancarrota. Em 1905, financiou a encenação da peça *A caixa de pandora*, de Frank Wedekind, a quem considerava – criticamente – como a nenhum outro dramaturgo contemporâneo, incluindo Gerhart Hauptmann. Kraus também alcançou, junto ao editor Wolff, a publicação da primeira coletânea de poemas de Georg Trakl em 1913, dando o impulso inicial à bela obra do poeta austríaco.

Entre os que mereceram seus elogios mais sonoros, estão Jacques Offenbach – na verdade Jacob Offenbach, o maior compositor de operetas de todos os tempos –, Johann Nestroy, escritor de farsas vienense, e Detlev von Liliencron, poeta naturalista alemão. Entre os clássicos que foram contemplados com seus louvores mais efusivos, estão Shakespeare – de quem chegou a traduzir e recriar, de maneira sublime, vários sonetos – e Lichtenberg, a quem seguiu no aforismo.

A importância de Kraus era tanta que Kurt Wolff, um dos mais respeitados editores alemães da época, criou uma editora exclusiva para Kraus, com o nome de Kraus. O satirista vienense manteve contato com todos os grandes nomes de sua época, de Sigmund Freud a Arnold Schönberg, Oskar Kokoschka e Adolf Loos.

Em 1927, Kraus mandou afixar um *outdoor* em Viena, no qual exigiu a demissão do Chefe da Polícia da cidade – e ex-chanceler austríaco – Johann Schober, por este ter dado a ordem de disparar contra o povo, em manifestação espontânea contra a absolvição de policiais acusados pelo assassinato de trabalhadores.

Sua obra *A língua*, editada em 1937 a partir de ensaios publicados em *A tocha*, reúne todos os ensaios do autor acerca da língua, assunto do qual se ocupou em prosa e verso, ensaio e aforismo.

<u>95</u>

AFORISMOS antijornalistas

Jornalistas e cabeleireiros, dois tipos que têm a mesma coisa a ver com a cabeça.

O cabeleireiro conta novidades quando apenas deveria cortar cabelos. O jornalista é espirituoso quando apenas deveria contar novidades. Esses são dois que querem subir na escala da vida.

240   MARCELO BACKES

Jornalistas escrevem porque não têm nada a dizer; e têm algo a dizer porque escrevem.

COMENTÁRIO

Os "jornalistas" – e aquilo que eles representavam – eram os maiores inimigos de Kraus, os representantes por excelência de uma época podre.

E no princípio era Karl Kraus. Já no começo do século XX, e antes de Walter Benjamin assinalar a reprodutibilidade técnica da arte e os teóricos frankfurtianos teorizarem a indústria cultural, Karl Kraus lutou contra a massificação implementada pela moderna comunicação de massas, declarando-a responsável pelo "naufrágio da humanidade".

Com uma severidade ética sem igual e um rigorismo línguo-estético quase desmedido, Kraus fez a crítica de seu tempo e desmascarou a frase feita e o clichê moderno, detectando neles a pedra basilar de um século decadente. Usando com primor a sátira – sobretudo no ensaio –, denotou o emporcalhamento da língua, alertou para os vícios da imprensa e lutou contra a massificação da estultice. O que era sinal se fez lei! Kraus – verdadeira Cassandra numa Viena até ilustrada – tinha toda a razão do mundo em seu pessimismo cético... Vide a imprensa nossa de cada dia, diante da qual a vienense do início do século XX era um manancial inesgotável.

Kraus acendeu *A tocha* em 1899 e ela queimaria durante mais de trinta anos, iluminando as trevas do século XX. A partir de 1911, depois de fazer o anúncio num aforismo brilhante – "Eu não tenho mais colaboradores. Sentia inveja deles. Afastavam os leitores que eu quero perder sozinho" –, Kraus passa a redigir sua revista sem a ajuda de ninguém e continua a fazê-lo durante 24 anos. *A tocha* é sua obra-prima e – ao mesmo tempo – uma obra-prima da modernidade.

A substância de *A tocha* era tanta – toda a obra de Kraus apareceu na revista – que ela era considerada pelos críticos não uma revista, mas um pré-impresso periódico de livros vindouros. Kraus cultivava a paixão da crítica furiosa e com ela arrebanhou incontáveis inimigos, sobretudo na imprensa vienense, considerada por ele a "síntese da afetação vazia e da falta de espírito".

A tocha publicou manuscritos de August Strindberg, dramaturgo sueco, Peter Altenberg, escritor austríaco, Frank Wedekind, dramaturgo alemão, Hugo von Hofmannsthal e Arthur Schnitzler, escritores austríacos, Else Lasker-Schüler e Detlev von Liliencron, poetas alemães, Houston Stewart Chamberlain, político e filósofo alemão nascido na Inglaterra, Oskar Kokoschka, pintor, Adolf Loos, arquiteto vanguardista austríaco e Oscar Wilde, entre outros.

Olavo de Carvalho é jornalista... e imagina ser filósofo. Ora, ora, quando imagino o dito cujo manuseando a pena sou obrigado a concordar com Kraus – e também com Proudhon, este sim um filósofo, que disse: os jornais são de fato os cemitérios das idéias.

LVI

JOSEPH
ROTH

96

EXCERTOS ENSAÍSTICOS
Viva o escritor!

Nada é mais tolo do que opiniões do tipo: "Sim, tudo bem... mas isso não é um romance". E daí, se não for! O que importa? Os livros de Proust são romances, os livros de Gide são romances, os livros de Balzac são romances! Quando Flaubert publicou *Education sentimentale*, os críticos também escreveram que aquele livro não era um romance, mas sim uma seqüência de pinturas. E o que eles diriam do *Wilhelm Meister* de Goethe! E de Jean Paul! E de Stifter!

Não existe "lei", não existe "norma", não existe "regra". Existem apenas bons e maus autores.

"Manual do crítico"

A opinião pública é um plebeu que se comporta de modo reservado em relação a toda e qualquer publicação que revela algum sintoma de nobreza, mas também sintomas de inteligência e de produtividade cultivada.

Luta implacável!

Não existe talento valioso de verdade sem as seguintes características: 1) Compaixão pelas pessoas oprimidas; 2) Amor pelo bem; 3) Ódio contra o mal; 4) Coragem para anunciar, alta e determinadamente – e de modo claro, portanto – a compaixão pelos fracos, o amor pelo bem e o ódio contra o mal.

Quem não possui essas características ou não as revela é, por certo, um talento medíocre ou um diletante.

Focinheira para escritores alemães

A verdadeira pátria do escritor emigrado é a língua na qual ele escreve, e sua liberdade é a liberdade de poder expressar o que pensa. E hoje isso é impossível.

COMENTÁRIO

Joseph ROTH (1894-1939) nasceu na Ucrânia, mas mudou-se para Viena ainda criança. Filho de pais judeus, estudou literatura alemã e participou da Primeira Guerra Mundial. Em 1923 passou a trabalhar como jornalista em Frankfurt.

A obra ficcional de Roth descreve – *grosso modo* – a amargura do homem marginalizado pela própria pátria. Depois de um princípio engajado, como autor de romances no estilo da "nova objetividade" (*neue Sächlichkeit*), Roth tornou-se um romancista conservador, mais poético, de temática essencialmente mitológica e base religioso-existencial. O romance que assinalou a mudança em sua vida e sua obra foi *Jó* (Hiob, 1930).

Em *Jó: romance de um homem simples*, o autor conta a vida do professor Mendel Singer – a personificação da simplicidade devota –, um homem cercado pela família e praticante dos hábitos do Antigo Testamento. Aos poucos sua família se dissolve, no entanto. Os dois filhos vão à guerra, o mais novo deles deserta, fugindo para os Estados Unidos, a filha perde-se em aventuras com soldados cossacos. Mendel e a mulher acabam indo em busca do filho desertado, deixando Menuchim, o rebento mais novo – um aleijão doente e fraco – para trás. A vida na América não traz o bem-estar esperado, muito antes transforma Mendel no Jó bíblico apresentado no título. O filho dileto morre na guerra, a filha perde o juízo no torvelinho da ninfomania, a mulher acaba morrendo também e Mendel fica só e abandonado. Até que acontece o milagre: um músico famoso, que se apresenta como um parente vindo da Rússia, diz ser Menuchim, seu filho. O monstro aparece redivivo no menino-prodígio e Mendel volta a encontrar sentido na vida.

Mas o romance mais conhecido de Roth é *A marcha de Radetzky*, 1932. A obra – lembrada entre os grandes romances alemães do século XX – encara o pessimismo vital do autor em toda sua profundidade ao mostrar o brilho e a decadência interior da poderosa Monarquia dos Habsburgos. O clima – essencialmente melancólico – da obra oscila entra a ironia trágica e o sentimentalismo.

Ativo como jornalista, no folhetim Joseph Roth alcança a elegância lingüística de Heine, uma de suas influências mais caras. Mas seu estilo liso e límpido é construído sobre os impulsos ingênuos de sua origem galiciano-oriental[10] – de forte apelo religioso – e não sobre a acidez do humor heiniano.

---

[10] Da, ou pertencente ou relativo à Galícia, não a espanhola (galego), mas à região da Europa central dividida, em 1945, entre a Polônia e a Rússia, na qual havia uma significativa colônia judaica.

LVII

ROBERT
MUSIL

97

AFORISMO I
Para um conceito de Gênio

Jamais deveria ter sido dito que um gênio está cem anos à frente de seu tempo. As pessoas sentiram-se tão incomodadas com isso, que de pronto se voltaram contra tudo o que é genial. A afirmativa também gerou e sustentou idiotas. E, no fundo, ela nem chega a ser verdadeira, pelo menos em parte não; pois justamente os indivíduos geniais representam o espírito de seu tempo, ainda que contra a vontade e a consciência deste. Talvez fosse mais correto e mais educativo dizer que o ser humano mediano está cem anos atrás de seu tempo.

COMENTÁRIO

Robert Edler von MUSIL (1880-1942) nasceu em Klagenfurtt, no Império Austro-húngaro, e morreu pobre – quase esquecido e dependendo da ajuda de amigos – em Genebra, na Suíça, em plena Segunda Guerra Mundial. Aos 10 anos Musil entrou para a Escola Militar em Eisenstadt, enveredando pela carreira de oficial, o destino que o pai lhe jogara aos pés. Estudou durante mais de cinco anos em instituições do Exército até chegar à Academia Militar de Viena, em 1897. Um ano depois, Musil decidiu largar a carreira de oficial e passou a estudar Engenharia em Brünn, obtendo o diploma da graduação em 1901. Depois de uma temporada em Stuttgart, cursou Filosofia e Psicologia experimental na Universidade de Berlim, doutorando-se em 1908 com tese sobre Ernst Mach, físico e filósofo austríaco. Os estudos de Mach seriam decisivos na formação de vários escritores vienenses, entre eles Arthur Schnitzler e o próprio Musil.

244   MARCELO BACKES

De 1914 a 1918, Musil participou da Primeira Guerra Mundial na condição de oficial de Infantaria do Exército austríaco. Ao final dos combates chegou a capitão, condecorado com a principal ordem de guerra do moribundo império (Ritterkreuz des Franz-Josephs-Ordens). Só a partir de 1923, e já morando em Berlim, é que Musil passaria a viver exclusivamente de sua condição de escritor.

A publicação de sua primeira obra – *O jovem Törless* (Die Verwirrungen des Zöglings Törless, 1906) – só foi levada a cabo pelo incentivo do crítico berlinense Alfred Kerr. O sucesso posterior e também a aprovação da crítica foram imediatos. No romance, Musil detém-se – com admirável agudeza psicológica – na consciência de um estudante de internato, às voltas com situações que antecipam – de maneira genial e visionária – o sadismo e a opressão nazistas. O filme baseado no livro, realizado sessenta anos depois da publicação da obra, foi um grande êxito na Alemanha envolvida com a expurgação de um passado tenebroso.

A ascensão do nazismo, em 1933, obrigou Musil a se mudar para Viena e, mais tarde – depois de se sentir numa ratoeira, conforme chegou a escrever em seu diário –, para Genebra, onde veio a falecer em 15 de abril de 1942.

As reuniões, de 1911 – duas novelas –, e *Três mulheres*, de 1924 – três contos esticados –, foram as outras duas obras ficcionais publicadas por Musil antes de *O homem sem qualidades*. O drama *Os entusiastas* (Die Schwärmer, 1921) e a comédia *Vicente ou A amiga dos homens importantes*, de 1923, provaram que a pena de Musil também era afiada no teatro. O espólio literário do autor ainda revelaria várias obras de qualidade, entre elas o conto *O melro* (Die Amsel).

O homem sem qualidades é a síntese final, tanto da obra quanto da vida de Robert Musil. Todas as obras anteriores do autor são uma espécie de preparação ao *Homem sem qualidades*, toda sua vida parece ter sido direcionada para a escritura final do romance. Contando apenas o tempo ativo, Musil trabalhou em sua obra-prima durante cerca de quinze anos, de 1927 até o dia da morte. A primeira parte foi publicada em 1930. Logo depois de ter sido lançada a segunda parte – em 1933 –, a obra foi proibida tanto na Alemanha quanto na Áustria. A terceira parte, ainda organizada pelo autor, seria publicada em 1943, na Suíça. A edição de 1952 traria o acréscimo de um quarto volume, organizado por Adolf Frisé e baseado nas notas deixadas pelo autor.

Pausa para medir importâncias...

Quando o segundo milênio dava seus últimos suspiros, a Alemanha fez o que todo mundo fez... Atendendo à necessidade dos registros – que é interessante e polêmica –, explorando o fim do milênio na justificativa de preservar a memória – e aproveitando para armar debates e aquecer as vendas –, a Alemanha também listou suas obras-primas... O resultado? O melhor romance alemão do século XX – na opinião de 33 autores, 33 críticos e 33 germanistas dos mais conhecidos e importantes do país, que votaram, cada um, em três títulos – é *O homem sem qualidades* de Robert Musil.

Setenta e seis romances receberam voto. E o romance de Musil apareceu em primeiro lugar, com uma vantagem confortável sobre o segundo colocado: *O processo*, de Kafka. Pausa para a curiosidade... O terceiro da lista – e não vou promover contendas, apenas mencionar resultados – foi *A Montanha Mágica*, de Thomas Mann. Desculpem, mas não posso me furtar ao questionamento; o *Doutor Fausto* é muito mais romance, embora tenha aparecido apenas em décimo lugar, depois de *Os Budenbrooks*, sétimo colocado, também de Thomas Mann... Em quarto lugar ficou *Berlin Alexanderplatz*, de Alfred Döblin; o quinto colocado foi *O tambor*, de Günter Grass; o sexto, *Dias do ano* (*Jahrestage* e seu título intraduzível, multissignificante, que poderia significar também *Aniversários*), de Uwe Johnson – quase 2000 páginas inéditas no Brasil.

98

AFORISMO II
Um sucesso público

Correto seria pensar que é mais difícil de reconhecer o relevante do que, quando este já está reconhecido, distingui-lo do irrelevante. Mas a experiência da arte – e até mesmo a experiência em geral – sempre volta a ensinar o contrário, ou seja, que é de longe mais fácil unificar um número significativo de pessoas em torno do relevante do que apartá-las de, à primeira oportunidade, confundir o irrelevante com ele.

COMENTÁRIO

A ação de *O homem sem qualidades* transcorre na Áustria imperial, dissimulada sob o nome de Kakânia. O romance constitui um vigoroso painel da existência burguesa no início do século XX e antecipa, de certa forma, as crises que a Europa viveria apenas na segunda metade daquele mesmo século. A obra é – em suma – o retrato ficcional apurado de um mundo em decadência.

Elaborado com fortes doses de sátira e humor, *O homem sem qualidades* é uma bola de neve de ações paralelas, que rola pela montanha do século abaixo, abarcando tempo e espaço, para ao fim engendrar um romance inteiriço, ainda que multiabrangente, pluritemático e panorâmico. Ulrich – o homem sem qualidades – faz três grandes tentativas de se tornar um homem importante. A primeira delas é na condição de oficial, a segunda no papel de engenheiro (vide a carreira do próprio Musil) e a terceira como matemático, ou seja, as três profissões dominantes – e mais características – do século XX. Os três ofícios são essencialmente masculinos e revelam o semblante de uma época regida pelo militarismo, pela técnica e pelo cálculo que, juntos, acabaram desmascarando o imenso potencial autodestrutivo da humanidade. O relato acerca da busca "desencantada" de Ulrich lembra a velha busca – ainda sagrada – do Santo Graal.

A compreensão da realidade característica da obra e do pensamento de Musil é rematadamente satírica. A índole "ensaística" do autor arranca máscaras e sua ficção trabalha na confluência dos gêneros. Musil é um escritor "contemplativo", de "postura clássica", situado à janela do mundo e atento a seus movimentos. (Tanto

246 MARCELO BACKES

que, em várias situações de suas obras, seus personagens aparecem à janela.) Ao utilizar vários elementos do ensaio, e até mesmo ensaios inteiros no corpo da ficção, além de fazer uso livre do discurso científico – ainda carregado de poesia – na compleição do romance, Musil dá vida à hibridez de sua narrativa. A frialdade da linguagem, a formalidade da postura do narrador são apenas superficiais. Se à primeira vista o olhar do narrador é marcado pelo intelectualismo – frio e impessoal –, logo se descobre que isso é apenas um meio apolíneo contra o perigo dionisíaco do mundo, e que a indiferença gelada da superfície apenas mascara a paixão ardente do interior.

Adotando uma atitude fundamentalmente irônica diante da sociedade, e decidido a lutar contra a estultice do século – contra "a imensa raça das cabeças medíocres e estúpidas" –, Musil muitas vezes foi compreendido como utopista, ou até místico, por alguns críticos, decididos a dinamitar o vigor de sua obra. O autor que foi tão corrosivo ao representar o mundo em sua realidade distorcida e deformada na figura mítica de uma Kakânia caquética, é transformado assim num sujeito extravagante e pouco afeito à realidade. Um leão sem garras nem dentes...

Já em 1972, Helmut Arntzen – analista da obra de Musil – dizia que os críticos pareciam fazer gosto em apresentar o autor na condição de animal exótico, místico e de movimentos graciosos. Dessa forma, o escritor combativo e heróico – conforme Musil se compreendia – era transfigurado num metafísico dócil, no *homme de lettres* que ele sempre renegou, num autor distanciado da realidade, provido de alguns requintes matemáticos na linguagem e de outros tantos talentos psicológicos na análise da alma humana.

A postura "contemplativa" de Musil foi entendida como passiva, a "utopia do ensaísmo" pregada por Ulrich – seu personagem – como uma visão utópica do mundo. Na verdade, Musil fez apenas lutar pela recuperação da atividade de mensurar melhor os sentimentos e o "volume espiritual" das relações humanas; sem a ingenuidade do romantismo, mas sem a secura do realismo bruto. De quebra, deu nova fisionomia ao sujeito, nova potência ao "eu" – considerado um sistema agregado de vários "eus", mutável conforme a circunstância –, tornando-o estética e radicalmente consciente, ainda que fazendo-o perambular no âmbito daquilo que um outro crítico – Wolfgang Lange – chamou de "loucura calculada" ou "suspensão calculada da razão".

A intuição poética de Musil, enriquecida por seu aguçado espírito científico, proporcionou ao autor a capacidade de traçar um vasto panorama ficcional de sua terra e da Europa do século XX. Postado à janela do mundo, Musil examina, em última instância, o valor da inteligência objetiva do homem diante das casualidades mundanas.

LVIII

HERMANN
BROCH

99

FRONTISPÍCIO
Para a casa do coveiro

Eu vivo dia a dia
e em quase todos eles cavo uma sepultura.
Vos espanta a agrura
De eu querer viver, à porfia!
Por acaso alguém o faz diferente?

COMENTÁRIO

Hermann BROCH (1886-1951) nasceu em Viena, na Áustria, e morreu no exílio, em New Haven, Connecticut, nos Estados Unidos.

De família abastada, Broch começou estudando Engenharia Têxtil, curso que apontava em direção à sua profissão e à herança familiar industrial. Em seguida aprofundou-se na matemática e na filosofia e só depois de ter atuado na indústria por muito tempo é que passou à atividade literária, tornando-se escritor aos 40 anos.

Broch alcançou a consagração artística ao publicar a trilogia *Os sonâmbulos* (Die Schlafwandler) entre os anos de 1931 e 1932. Composta de *Pasenow ou o romantismo, Esch ou a anarquia* e *Huguenau ou a objetividade* (Huguenau oder die Sachlichkeit), a trilogia é concebida como um painel histórico sobre a transição do século XIX para o XX e descreve a vitória das concepções materialistas sobre os antigos ideais individualistas. A complexidade estilística de Broch já se faz evidente e é tingida de uma ironia fulgurante, mas um tanto "inalcançável" e hermética.

Entre 1934 e 1936, Broch escreveu *O tentador* (Der Versucher), parábola antinazista que lhe custou a prisão e seria publicada apenas postumamente, em 1954. Depois de libertado, na Alemanha, Broch emigrou para Londres. Em 1940 seguiu para os Estados Unidos.

Cinco anos depois, em 1945, Broch escreveria seu mais ambicioso romance: *A morte de Virgílio* (Der Tod des Virgil). Nessa obra, realidade e sonho se misturam durante as últimas dezoito horas de vida do poeta latino homenageado no título. As reflexões de Virgílio sobre a função do artista, seu embate entre a vida e a morte, entre a obra e sua destruição são um retrato do niilismo fatalista da época. Augusto, o imperador romano, tem de arrancar a *Eneida* às mãos do poeta a fim de que ele não a aniquile. O clamor de Broch contra uma época em que os governantes arrancam as obras aos escritores não para salvá-las, mas para queimá-las, é gritante. Movendo-se entre uma infinidade de paralelismos encadeados um ao outro à maneira de espirais – com um mínimo de enredo, apenas –, o romance é uma epopéia em prosa, um dos grandes apanhados artísticos de seu tempo. Em 1950, Broch ainda publicaria *Os inocentes* (Die Schuldlosen), analisando a Alemanha pré-hitlerista.

Em narrativas originais, de estilo característico e linguagem peculiar – apesar das comparações com Joyce –, Broch mostrou a decadência dos valores na sociedade moderna. Devido ao estilo – não raro hermético –, suas obras acabaram se popularizando apenas tardiamente, embora a crítica elogiasse o autor desde bem cedo.

LIX

HEINRICH
MANN

<u>100</u>

RECORTES

O artista não é um tipo em si; ele é apenas um final, o final de um caule, a sua ponta, a parte que vibra de modo mais sensível. O artista não institui uma classe; é apenas a transfiguração daquilo que o gerou.

Os livros de hoje amanhã serão atos. Uma pré-forma da linhagem que ainda está por chegar já vive no escritor.

O esteticismo é um produto de épocas sem esperança, de Estados que matam a esperança.

O racional tem de ser alcançado pelo trabalho; o irracional, pelo contrário, todo mundo o tem à mão.

Quem exerce a força do poder não é menos servo dela do que aquele que a suporta. (...) A liberdade é a dança bacântica da razão. A liberdade é o homem absoluto.

Pela liberdade luta-se com a palavra e com a espada.

O ódio pode ser um meio de justiça.

A forma futura da liberdade humana terá de ser socialista, e o socialismo terá de se confrontar com o eterno-humano, denominado liberdade.

COMENTÁRIO

Heinrich MANN (1871-1950) nasceu em Lübeck e morreu no exílio, em Santa Mônica, na Califónia. Filho mais velho da célebre família Mann, Heinrich estudou

250   MARCELO BACKES

em Berlim e estagiou junto a Samuel Fischer, um dos maiores editores alemães de todos os tempos. Aos 22 anos, Heinrich Mann viajou pela França e pela Itália, vivendo de perto a Europa que passaria a defender em seus escritos mais tarde. Depois de morar em Berlim por vários anos, Heinrich Mann é obrigado a exilar-se na França com a ascensão de Hitler ao poder, em 1933. Foi no exílio francês que Mann escreveu o romance histórico *Henrique IV* (1935-1938), sua derradeira obra ficcional de vulto. Em 1940, ante a iminente invasão alemã na França, Heinrich Mann mudou-se para os Estados Unidos. Lá, entre os anos de 1942 e 1945, escreveria a obra híbrida *Ein Zeitalter wird besichtigt* – algo como *Uma época é visitada* –, em que mistura elementos do ensaio a relatos autobiográficos e reportagens de época.

Depois de sua primeira novela – *O maravilhoso* (Das Wunderbare) – Heinrich Mann logo publicaria a trilogia *As deusas* (Die Göttinen), de 1903. O romance *Professor Unrat*, de 1905 – que inspiraria o célebre filme *O anjo azul* de Josef von Sternberg –, daria fama ao escritor. A obra analisa a degenerescência moral de um docente da província, metido a tiranete. O romance impressionista *A pequena cidade* (Die kleine Stadt), publicado em 1910, mostraria uma técnica fílmica apurada e uma linguagem virtuosa.

Com o fim da Primeira Guerra Mundial, Mann passou a defender a República de Weimar, mostrando sua preocupação com o renascimento do militarismo em diversos ensaios da época. Sua crítica ao autoritarismo atinge o apogeu na trilogia *O império* (Das Kaiserreich, 1918-1925), sobretudo no romance *O súdito* (Der Untertan), que narra o pacto de Diederich Hessling – industriário emergente – com a Alemanha guilhermina.

Ficcionista virtuoso – *Professor Unrat* e sobretudo *O súdito* são dois romances grandiosos –, Heinrich Mann dedicou sua obra à defesa dos ideais democráticos. Seu olhar cínico-realista era marcado pelos ideais revolucionários franceses. Seu veio satírico – bastante saliente na obra mais jovem – espicaçava o autoritarismo alemão. Em sua obra derradeira, a fé cega no intelectual – Heinrich Mann chega a postular a criação de uma nova nobreza, fundamentada não no berço, mas no espírito (*Geistesadel*) –, aliada a um moralismo de caráter simplista, impinge um caráter ingênuo – e até conservador – ao pensamento do autor, que acredita piamente ser capaz de mudar a ordem das coisas através de sua intervenção intelectual. Ao mesmo tempo, o mais velho dos irmãos Mann passa a encarar o nazismo com uma espécie de "fatalismo esperançoso", que crê na necessidade da catástrofe, a fim de que a partir dela se torne possível a existência de uma Alemanha – e de um mundo – melhor. Heinrich Mann ainda acreditava que o mundo aprendia com a catástrofe...

Uma coisa é certa, no entanto. Se Thomas Mann acabou reto e íntegro depois do conservadorismo germânico da juventude, foi porque o destino o abençoou com um irmão mais velho, bem mais "à esquerda". Com efeito, Heinrich ajudou – com brigas até – a desviar Thomas do reacionarismo nacionalista das *Considerações de um apolítico* (1918), obra em que o mais famoso dos irmãos se declarava adepto da *Kultur* alemã em oposição a *Zivilisation* européia defendida por seu irmão mais velho.

Os "recortes" selecionados para ilustrar a obra de Heinrich Mann revelam o caráter combativo do autor, seu engajamento irrestrito, sua luta contra toda espécie de totalitarismo e seu amor incondicional pela liberdade.

LX

THOMAS
MANN

101

EXCERTO

A arte no século XX

... Esta é a época em que já não é possível realizar uma obra de modo piedoso, correto, com recursos decentes; a época em que a Arte se tornou impossível sem a ajuda do Diabo e sem fogos infernais sob a caldeira... Sim e mais uma vez sim, meus caros companheiros, por certo cabe aos nossos tempos a culpa de a Arte ter empacado, de ter se tornado difícil por demais e inclusive rir de si mesma, a ponto de fazer com que a pobre criatura de Deus já não perceba mais nenhuma saída em sua miséria. Mas se alguém fizer as vezes de anfitrião ao Diabo, a fim de superar o impasse e alcançar o êxito, comprometerá sua alma e tomará a culpa dos tempos sobre a própria nuca, de modo a acabar condenado. Ora, está escrito: "Sede sóbrios e velai!". Mas nem todos conseguem fazê-lo. Ao contrário, em vez de cuidar sabiamente de tudo quanto for necessário na terra, a fim de que nela as coisas melhorem, e de contribuir sisudamente para que entre os homens nasça uma ordem suscetível de voltar a propiciar à bela obra um solo onde possa florescer e ao qual queira adaptar-se, o ser humano prefere gazear as aulas e se entregar à embriaguez infernal: e assim sacrifica sua alma e termina por cair no podredouro.

COMENTÁRIO

A obra-prima, o romance mais grandioso de Thomas MANN (1875-1955) – que ganhou o Prêmio Nobel de Literatura em 1929 por *Os Budenbrooks* –, foi, sem dúvida, *Doutor Fausto*.

No *Doutor Fausto* – "aos setenta anos escrevi meu livro mais selvagem" – Thomas Mann traça um paralelo entre a vida do compositor alemão Adrian Leverkühn e a trajetória da Alemanha nazista. A história é narrada por Serenus Zeitblom entre os anos de 1943 e 1945; Mann escreveu-a de 43 a 47 e viveu aquilo que seu narrador apenas prevê. Serenus, erudito e humanista, cativado pela "frialdade", pelo desapego à vida, pelo coração desesperado e pelo brilhantismo de seu amigo de infância, justifica sua vida – e sua mediocridade – apenas para narrar a vida do gênio.

Adrian Leverkühn – compositor alemão, gênio dodecafônico – toma conhecimento de seus limites como músico e com isso o diabo entra em cena: fantasmagoricamente, através da aparição; fisicamente, pela sífilis contraída num bordel – cena que remete à biografia de Nietzsche.

Feito o pacto, o compositor alterna momentos de intenso obrar e de exaustão e improdutividade total. Suas feições vão se alterando; logo começam as enxaquecas hereditárias e em pouco seus comentários se resumem ao silêncio ou a uma risada curta e sarcástica. Leverkühn anula sua vida social restringindo-a às visitas que recebe. Emagrece e empalidece, a cabeça pende cada vez mais para o lado direito – semelhante à do Cristo crucificado –, talvez para afastar o cérebro resoluto, corrompido pelos *vírus nerveux* da sífilis, de seu coração atormentado. Ao final, o compositor carrega no rosto uma expressão do *Ecce homo,* sua barba grisalha alonga-lhe ainda mais as faces, suas sobrancelhas estão espessas. Parece uma pintura de El Greco.

Concluída sua obra essencial, *A lamentação do Dr. Fausto*, que para Serenus era "o lamento do filho do demônio", Leverkühn cai na demência, após inflamado discurso em que se proclama assassino de seu belo sobrinho, Nepomuk Schneidewein, e do amigo Rudolf Schwerdtfeger, ambos vítimas da sanha assassina dos ínferos. Leverkühn confessa ter matado o sobrinho com os olhos – "quando alguém veementemente se inclinar à maldade seu olhar se tornará venenoso e ofídico ameaçando sobretudo às crianças" – e o amigo com a astúcia. Se não pudera gozar o amor de uma mulher porque o pacto o exigia frio, pensara que poderia amar "a quem não era do sexo feminino e solicitara meu "tu" com tão ilimitada instância". Nem para isso o diabo lhe deu Sua permissão. Levou Schwerdtfeger à traição justamente com aquela que seria a esposa do compositor e a possibilidade de sua redenção – Marie Godeau, a nova Gretchen –, afastando os dois do caminho de "seu filho", um pela morte e a outra pela distância.

Se Mann pede perdão pela Alemanha que "cai de desespero em desespero, cingida de demônios, fechando um dos olhos com a mão e cravando o outro num quadro horrendo", Leverkühn a pede para si no final do livro. Diz:

> Concluí a obra em meio ao homicídio e à luxúria e pode ser que, graças à misericórdia, venha a se tornar bom o que foi criado em maldade, eu não o posso prever. Talvez reconheça Deus que procurei coisas difíceis e me esforcei duramente.

No final da obra, um homem é aniquilado e o diabo triunfa, vencedor. Ele, o diabo, o "outro", o "duplo", a alucinação que Lutero afugentou com o tinteiro e se tornou real e palpável no *Fausto* de Goethe – figurado em Mefistófeles –, volta a ser projeção "não-física", mas ainda presente, em Thomas Mann – e Baudelaire disse no *Spleen de Paris* que "a mais bela artimanha do diabo é persuadir que não existe".

A ARTE DO COMBATE

De modo que *Doutor Fausto* une a tragédia da Alemanha ao esgotamento da arte contemporânea. O gênio de Leverkühn, que não quis sucumbir à mediocridade, apela para o demônio e vira louco, e a redenção da arte torna-se sua própria condenação. O talento que se fundiu com o mal pelo pacto paga, na esfera artística, com a aniquilação do compositor e, embora de forma distinta, na esfera política, com a aniquilação da Alemanha. É este o caminho de Leverkühn e de sua pátria, que buscaram na barbárie a redenção, destruindo com sua especulação qualquer indulto.

O diabo entra em cena dizendo que a arte está esgotada e promete o que aos clássicos era concedido sem a "sua" intervenção. O "senhor do entusiasmo" – Deus abandona demais coisas ao esforço – promete uma "inspiração deveras deleitosa, fascinante, indubitável, férvida" que fará com que Leverkühn produza originalidade baseada no arcaísmo, no primordial, no, para ele, "autêntico". É o Diabo do nazismo, cujo inferno, terrível e amedrontador, é inspirado nos porões da Gestapo. O meio de Leverkühn é a música serial, dodecafônica, aparentemente racional, mas cuja "constelação" – e Serenus o percebe – já pertence ao campo da astrologia. Da mesma maneira, o racionalismo que Leverkühn invocava tinha, para a contida humanidade de Serenus, boa parcela de superstição, de crença num demonismo vago; um sistema que, antes de racional, parecia mais apropriado a "dissolver a razão humana em magia".

O nazismo não estava longe disso. Apesar de os ditos filósofos pós-modernos alegarem que ele foi o desenlace de uma época – a moderna – que supervalorizava a razão, o nazismo foi, muito antes, o retorno à barbárie da origem e seu misticismo vago. E Terry Eagleton – crítico inglês – já disse que Lyotard, um dos mais conhecidos entre os teóricos do pós-modernismo, parecia ver a modernidade apenas como um conto da razão terrorista que acabou engendrando o nazismo, o término letal do pensamento totalizante. Com toda a razão do mundo, Eagleton termina por acusar o filósofo francês de ignorar que os campos da morte foram nada mais que "o rebento de um bárbaro irracionalismo que, tal como alguns aspectos do próprio pós-modernismo, desdenhava a história, recusava a argumentação, estetizava a política e atribuía tudo ao carisma daqueles que contavam histórias".

O *Doutor Fausto*, legível na tradução de Herbert Caro[11] – o que está longe de ser fácil ao se tratar de trechos intraduzíveis de alemão luterano arcaico e do fumegar intenso de toda a cultura alemã, alta e baixa –, é centrado no pacto. O diálogo de Leverkühn com o Diabo – muitas das afirmações do demônio são citações, intencionais, do *Ecce homo* de Nietzsche – e a parte final, o discurso do compositor antes da queda, pertencem às mais belas páginas da literatura universal.

O trecho traduzido acima é parte desse discurso e dá uma chicotada – visionária – na obra de arte pós-moderna. Desvenda a concepção de Thomas Mann em relação à arte e desnuda o humanista que jamais deixou de confessar sobre o papel. Mostra-o na integridade plena do final da vida, quando denunciou as barbaridades

---

[11] No corpo do Comentário, foi usada a tradução de Caro. No trecho que abre o capítulo de Thomas Mann, fiz – assim como em todos os outros capítulos – a minha própria tradução.

do imperialismo norte-americano depois de Roosevelt, as inquisições políticas – e paranóicas – contra os comunistas e suas tentativas de "comprar o mundo". Numa catilinária contra a situação, Mann terminou dizendo: "foi também assim que tudo começou entre nós".

Com o advento do nazismo, Thomas Mann foi exilado e suas obras queimadas, junto com a de outros grandes. No exílio, Mann lutou incansavelmente contra a barbárie hitlerista e foi capaz de se comover às lágrimas – ele que era duro e insensível, e sequer foi ao enterro de Klaus, o filho suicida – quando Chaplin revelou sua fascinação pelo *Doutor Fausto*, o romance que sintetizou o duro caminho da arte e a tragédia da Alemanha. Sua vida foi sua obra: grandiosa... Se outros autores vitalizaram sua obra na busca da identidade entre o escrito e o vivido, Thoman Mann parece ter estetizado sua vida na mesma direção... Rolf Günter Renner – especialista abrangente na obra do autor[12] – disse que obra e vida são indissociáveis em Thomas Mann e estão intimamente relacionadas, até mesmo no sentido de encaminhar o projeto de uma vida-de-escritor ideal... que com sua obra – fique claro – acabou alcançando algumas das mais altas realizações da literatura do século XX.

---

[12] *Lebens-Werk* – o título é precioso e já mostra de cara o quanto a vida e a obra do autor estão intimamente ligadas – de Rolf G. Renner é, entre as obras que eu conheço, a mais completa acerca de Thomas Mann; e não são poucas as que eu conheço...

LXI

GOTTFRIED
BENN

102

Moral de artista

Só em palavras podes te mostrar,
e elas não podem chegar ao seio,
seu lado humano tem de ocultar,
quem de tormentos vai cheio.

Tens de a ti mesmo consumir...
e cuide para que ninguém o veja;
jamais deixe alguém carpir
o que te mortifica e peja.

Tu carregas teu próprio pecado,
teu próprio sangue é o único real,
teu eu é o único ente ao teu lado
e sobre ele descansa teu ser mortal.

COMENTÁRIO

Gottfried BENN (1886-1956) nasceu em Mansfeld e morreu em Berlim. Filho e neto de pastores luteranos, estudou Medicina, especializando-se em doenças venéreas. A experiência de médico acabaria influenciando decisivamente sua poesia, sobretudo a do livro *Morgue*, publicado em 1912. A obra é prenhe de impressões pessoais transformadas pela força do expressionismo lírico do autor. Quando Else Lasker-Schüler entrou em contato com o livro, limitou-se a dizer que cada um dos versos de Benn era "uma mordida de leopardo, um salto de animal selvagem".

Em 1933, Benn saudou a vitória do nazismo, vendo nele uma novidade na luta contra o marasmo do intelectualismo europeu. Mas o poeta logo passaria a suspeitar do regime hitlerista, quase em reação a um ensaio publicado em *A corporação negra*, órgão oficial da SS, que saudou suas "Poesias Selecionadas" de 1936 com o epíteto de "porcarias aberrantes". Ainda que proibido de escrever em 1938, Benn jamais deixaria de espicaçar os emigrantes fugidos do nazismo – sobretudo Klaus Mann –, dizendo que o que eles escreviam a respeito dos alemães não fazia sentido, que só quem vivia na Alemanha podia dizer alguma coisa sobre a Alemanha, pois só aqueles que viam e sofriam diretamente o que estava acontecendo tinham o direito de falar alguma coisa.

Expressionista às últimas conseqüências na fase inicial, impressionista e subjetivo mais tarde, Benn fazia uso livre de palavras técnicas misturadas ao jargão popular. O pessimismo histórico marca sua obra do início ao fim, bem como a mistificação da língua, alcançada – paradoxalmente – pela ação do trabalho, quase operário, no verso. Benn chegou a dizer em um belo texto teórico intitulado "Problemas da lírica": "Na verdade são pouquíssimas as vezes em que uma poesia surge pronta – uma poesia tem de ser feita". Quando foi contemplado com o Prêmio Büchner, em 1951, Benn foi saudado na condição de autor cuja obra "amadurecida através do sofrimento e do engano, abriu um novo mundo de expressão à palavra poética em prosa e verso". Entre as obras mais conhecidas de Benn estão *Poemas estáticos* (Statische Gedichte, 1948) – marcados por uma atenuação de índole maneirista – e *Vida dupla* (Doppelleben, 1950), obra em que justifica sua postura nos tempos do nazismo.

Benn mostra interesse no processo da poesia e, conforme Paul Valéry, acredita que o ato de elaborar – de fazer – uma obra de arte já é uma obra de arte em si. A grande busca do poeta é a redescoberta do mito. A maior característica da lírica de Benn é o choque brutal de originalidade, a coragem para o nada, a luta pelo vazio, empreendida por um "eu" personalista, "vítima da era do íon", cordeiro imolado das radiações gama. Schopenhauerianamente conformista, limitadamente individualista – sobretudo em sua última fase produtiva –, esse "eu" – condenado à solidão, ao monólogo – salva-se apenas pela arte, a única maneira de triunfar sobre o nada, a única possibilidade de voltar ao estado em que todos ainda "pensavam em Deus".

LXII

ALFRED
DÖBLIN

103

De resto eu sou um homem e não um sapateiro

Não vivo hoje, nem jamais vivi do meu trabalho literário "produtivo". Na verdade, nem mesmo no ano de 1910 a gente conseguia viver com uma renda anual de 2000 marcos; e os grandiosos 3000 marcos que eu vim a ganhar um bom tempo depois eram – calculados em manteiga – equivalentes a menos de 50 quilos, ou correspondentes a um terno, talvez. Sou médico e tenho uma grande aversão à literatura. Por muitos anos não escrevi sequer uma linha. Quando o "impulso" me ordenava, sempre tinha comigo um papelzinho e lápis, rabiscava nos vagões do metrô, à noite no prontosocorro, ou à tardinha em casa. Tudo que é bom cresce à parte. Eu não tinha nem um salário garantido, nem um mecenas; mas, ao invés disso, uma coisa que é pelo menos tão valiosa quanto eles: uma indiferença considerável em relação a meus produtos ocasionais. E assim continuo bem até hoje. Também agora ganho – levando uma existência simples – apenas uma parcela do que me é necessário com meu trabalho "produtivo". Ano passado consegui permitir-me a primeira viagem de férias à Floresta do Spree... Mas essa parcela me causa alegria, também por me conceder a oportunidade de me bater aos insultos com minha editora. (Conforme todo mundo sabe, qualquer exigência do autor compromete a base existencial do editor, e o autor – no frigir dos ovos – acaba tendo apenas a mesma base existencial que o editor lhe concede.) Eu faço meu serviço, sou ativo em todos os eventos literários possíveis, me incomodo, danço (bem mal, por sinal, mas danço), faço música, acalmo algumas pessoas, a outras acabo irritando, algumas vezes escrevo receitas, em outras capítulos de romances e ensaios, leio os discursos de Buda, gosto de olhar as fotos do jornal e tudo isso é a

258 MARCELO BACKES

minha "produção". Se é uma dessas coisas, ou a outra, que me dá dinheiro, pouco importa: seja bem-vinda. De resto eu sou um homem, e não um sapateiro.

COMENTÁRIO

No caso da obra de Alfred DÖBLIN (1878-1957), o romance mais importante é, sem dúvida, *Berlin Alexanderplatz*.

Poder-se-ia brincar de sancionar comparativamente. Em *Berlin Alexanderplatz* – um dos romances mais importantes do século XX, inclusive – ressoam a Bíblia, Homero, o *Manhattan Transfer* de John dos Passos, o *Ulisses* de Joyce, *A montanha mágica* de Thomas Mann e *A ópera dos três vinténs* de Brecht. Isso para citar apenas alguns, de presença mais nítida no romance do escritor alemão. Mas abandonemos as sanções – as que aprovam e as que penalizam – e usemos a comparação apenas como mote para esclarecer o romance. E é essa a sua máxima contribuição, aliás...

Alfred Döblin escreveu *Berlin Alexanderplatz* em 1929. Deu à literatura universal, senão o único, o maior "romance de metrópole" da Alemanha e garantiu seu nome entre os grandes romancistas germânicos do século XX, ao lado, ou depois (se me quiserem rigoroso), de Kafka, Robert Musil e Hermann Broch, de Thomas e Heinrich Mann. É o quinto ou o sexto em importâncias, para quem desejar listas ordinárias.

Médico de formação psiquiátrica, Döblin esteve em permanente contato com o meio criminal. Dirigiu, por algum tempo, um centro de observação para criminosos e conhecia muito bem o lado leste de Berlim, onde ficavam os bairros proletários e, no centro deles, a praça Alexandre, que deu título a seu livro. Döblin tinha, pois, todo o conhecimento prático do ambiente em que desenvolveu sua narrativa épica, se desejarem objetividades; e toda a pressão da miséria de uma vida judia de infância dura e a experiência de vencedor do Prêmio Fontane com seu já revolucionário *Os três saltos de Wang-Lun* (1915), se quiserem transcendências.

Comecemos a comparação, essa atitude tão natural no ser humano e atuante desde ralas infâncias, queira-se-a com método ou não. Saiu *Berlim...* da prensa e os críticos não demoraram a falar em Joyce e Dos Passos. Não sem ter razão, mas esquecendo-se de que as inovações e a maioria dos novos elementos do romance do século XX já estavam presentes também naquele primeiro livro de Döblin, de havia quinze anos. Döblin respondeu. Assegurou que não conhecia Joyce antes de ter terminado o primeiro quarto de *Berlim...*, mas reconheceu que o *Ulisses* foi, mais tarde, "um benfazejo vento nas minhas velas". Ademais, diferentemente de Dos Passos e seu *Manhatan Transfer*, *Berlim...* tem um "herói" e, diferentemente do vento benfazejo, esse "herói" se "desenvolve". É uma resposta singular e paródica à tradição do romance de formação (*Bildungsroman*) alemão, que tem como modelo o *Wilhelm Meister* de Goethe, mas começou com o *Simplicissimus* de Grimmelshausen e o *Parzival* de Wolfram von Eschenbach e desenvolveu-se com o *Titã* de Jean-Paul e *Henrique, o verde* de Gottfried Keller, para citar os mais representativos.

Franz Biberkopf, o "herói", cai no mundo de Berlim, após quatro anos de prisão pelo assassinato da amante, e tem a firme decisão de levar uma vida decen-

A ARTE DO COMBATE

te. É até exitoso no início e passa incólume por três grandes provações, mas acaba por voltar ao crime no fim, como proxeneta e até vigia de um furto planejado por seu bando: a realidade era mais dura que sua vontade. De quebra, Biberkopf perde um braço na fuga, porque Reinhold, o chefe, que o encaminhou ao bando mas desconfiava dele, o arrojou do carro em disparada. Mas o que é defeito físico pode virar honras de guerra, se a moeda for vista do outro lado, com boa dose de conformismo e uma pitada ladina de impostura. E é esse o expediente do "herói" para glorificar a manetice.

Em seguida surge Mieze, a prostituta, uma mulher que ama Biberkopf de verdade, ilumina sua vida e parece poder salvá-lo da queda, num dos mais singulares e belos amores da literatura alemã. Mas, desequilibrado, ele maltrata a mulher, física e espiritualmente, e logra voltar ao bando como membro ativo. Reinhold desconfia que ele está a preparar vingança. Antecipa-se, assassinando Mieze e, detido, acusa Biberkopf. Este escapa, mas logo – afligido pela culpa – acredita ser o verdadeiro culpado pela morte da prostituta. Depois de uma ação suicida, é detido. No manicômio sofre um ataque de nervos e bafeja a morte, mas, mais uma vez, decide começar a vida do princípio, como um novo homem, que até um novo nome recebe do narrador, pois está, definitivamente, diferente: agora é Franz Karl Biberkopf.

Aquele que exigia "da vida algo mais que o pão diário" e tinha "fome do destino" (Walter Benjamin), encontra, enfim, seu caminho, como porteiro auxiliar numa fábrica, sempre alerta a vigiar quem entra e sai e a ver "se algo está se passando no mundo".

O final é um tanto teatral, algo exitoso demais para o talhe de Biberkopf; e o narrador tem consciência disso, aliás. Aí parece ressoar *A ópera dos três vinténs* de Brecht, estreada em 1928, quando Döblin escrevia seu romance. E nós continuamos as comparações... "(...) Temos um desfecho diferente / Na ópera, a injustiça que nos laça / Fica vencida, às vezes, pela graça. / Eis um arauto com a boa nova, / Que salva o herói da escura cova", reza o desfecho de Brecht. E as semelhanças não param por aí; Döblin também interpreta o bando de ladrões como empresa capitalista, mas sem sátira. O romance tem, como a peça, algo de estilo didático-popular e a visão de um escritor que foi socialista convicto por um bom tempo e depois proclamava continuar socialista, mas não marxista, numa visão apolítica, tão comum – e tão problemática – em escritores alemães, entre eles, o Thomas Mann de antes do nazismo, por exemplo.

Aliás, Franz Biberkopf anda de mãos dadas com um dos heróis do mesmo Mann. Hans Castorp, de *A montanha mágica* – outra semiparódia do romance de formação –, quer se adaptar ao mundo por meio do intelecto, como o "herói" de Döblin quer se adaptar por sua força ingênua de bruto-menino. Ambos não encontram o mundo preparado para recebê-los. Castorp até está capacitado em termos intelectuais, evoluiu no sanatório mágico, mas o mundo para o qual volta se contorce em guerra e o vomita; Biberkopf postula ser decente desde o início, mas fracassa, e tem êxito teatral apenas depois de morrer simbolicamente. "Não se começa uma vida com belas palavras e bons propósitos, mas se a começa por reconhecê-la e compreendê-la e com o companheiro certo."

São as referências bíblicas que gritam alto: o grão que tem de morrer para vingar, o diga-me com quem tu andas que direi quem és, o relato da queda, os sofrimentos de Jó, a prostituta do apocalipse e o sacrifício de Isaac, presentes do início ao fim no romance de Döblin.

O relato épico das venturas e desventuras de Franz Biberkopf é pletórico de drama e de lirismo sublime (a passagem no matadouro de Berlim elevado à categoria de símbolo da existência é impagável) e de ironias disfarçadas em objetivismo científico (o assassinato da noiva bonita, de família decente, por ele feita puta, e os golpes do batedor de nata no peito da moça, explicados pela honradez já fortemente degenerada e segundo as leis da física de Newton; a atitude do "herói" depois do assassinato de Mieze e a intercalação, sem comentários, de um tratado sobre a conduta das plantas sob o efeito do frio).

Döblin foi um dos primeiros narradores expressionistas da literatura universal. No romance, vê-se impresso o estilo cinematográfico que tanto fascinou a Europa dos anos 20. Cenas breves, campo visual móvel dentro de cada cena, histórias paralelas, seqüências descontínuas. Pouco trabalho deixou a Fassbinder, que adaptou *Berlin Alexanderplatz* com notável fidelidade de um lado, imaginação de outro, para o cinema. Afora isso, Döblin usa pelo menos três níveis de linguagem: o dialeto berlinense, que a partir do século XIX veio a ser o baixo alemão das classes menos favorecidas; o alto alemão de nível médio dos jornais e propagandas; e o alto alemão do refinado narrador Döblin, que enxerta no romance anúncios de jornais, informes de publicações oficiais, cartazes de rua, boletins meteorológicos, artigos de enciclopédia e estatísticas de matadouros.

Ao final da obra, Döblin parece deixar claro que não quer literatura, mas vida em si mesma. "Acreditamos que escrevemos, quando na verdade somos escritos", diz. O narrador se afasta, mas não se oculta em sua onisciência, capaz de descrever diálogos com copos de licor, *stream of consciousness* do "herói", entranhas em funcionamento e a moral do submundo. Interrompe com comentários e apartes de alerta. Eles e o final, católico, mas ironicamente redentor, deixam claro: Aquilo é só literatura. O mundo? "O mundo é feito de açúcar e esterco".

LXIII

BERTOLT
BRECHT

104

BRECHT *em verso*
A máscara do mal

Pendurada na minha parede há uma obra japonesa,
Máscara de um demônio maligno, laqueada a ouro.
Compassivamente eu olho
As veias inchadas da sua fronte, que revelam
O quanto é penoso ser mau.

COMENTÁRIO

Eugen Berthold Friedrich Brecht era um nome bem burguês, com uns fumos de patriotismo. E assim está... na certidão. Na vida – depois da intervenção do autor – ficou sendo apenas Bertolt Brecht (com o "t" enérgico, sem o "h" e o "d" frouxos da tradição burguesa alemã); Bert Brecht, carinhosamente, ou, simplesmente, b. b., nas assinaturas de cartas e manuscritos. Brecht fazia sua opção desde rala idade e rejeitava, até no nome, burguesia e patrióticos delírios.

Bertolt BRECHT (1898-1956) – para debuxar uma biografia em largas pinceladas – nasceu em Augsburgo, na Baviera. Interrompeu o curso de Medicina em Munique para servir como enfermeiro na Primeira Guerra Mundial. Em 1918, com 20 anos, escreveu *Baal*. Na peça, Brecht já penetra fundo na natureza crua do homem. *Baal* – influenciada pelo expressionismo da época – já caracteriza tangencialmente o que veio a ser toda a intensa produção do vigoroso autor dos anos seguintes. A peça não apresentava ainda, é verdade, a sobriedade crítica – muitas vezes disfarçada em ironia – que veio a identificar esse humanista tão diferente do que a boa sociedade alemã considerava um escritor: Brecht não tinha a diplomacia meio pachola de um Thomas Mann, os requintes quase perfumados –

262   MARCELO BACKES

ainda que grandiosos – de Rilke, nem a soberana majestosidade de um Hofmannstahl. Mas isso é de superfície e aparência. Na essência, Brecht foi um dos mais importantes autores do século XX: é dos teatrólogos mais encenados no mundo e dos mais respeitados teóricos do teatro, com o seu conhecido "efeito de estranhamento" (*Verfremdungseffekt*) e a educação do espectador obrigado a assumir posição crítica ao ter o poder de julgar a ação representada.

Em 1924, Brecht mudou-se para Berlim, onde foi assistente dos diretores Max Reinhardt e Erwin Piscator. Em 1928, a encenação da *Ópera dos três vinténs* alçou Brecht à fama. A peça é, talvez, a mais conhecida das suas obras e já mostra a crítica e as teorias teatrais que Brecht veio a desenvolver efetivamente mais tarde.

Em 1929, Brecht passou a elaborar sua teoria do "teatro épico". Em 1933, com a ascensão do nazismo, exilou-se sucessivamente na França, Dinamarca, Finlândia e Estados Unidos (onde permaneceu durante seis anos, de 1941 a 1947). Acusado de atividades antiamericanas – e interrogado por McCarthy –, foi forçado a voltar para a Alemanha, fixando-se em Berlim Oriental, onde criou sua própria companhia, o *Berliner Ensemble*, que produziu suas últimas peças e foi um dos teatros mais ativos da Alemanha na segunda metade do século XX. Com a teoria que propunha uma representação épica do teatro, Brecht pretendeu opor-se ao "teatro dramático", que – segundo Brecht – conduz o espectador a uma ilusão da realidade, reduzindo-lhe a percepção crítica. O referido "efeito de estranhamento" tinha o objetivo de estimular o senso crítico, tornando claros os artifícios da representação cênica e destacando conseqüentemente o valor revolucionário do texto.

105

Sobre um leão chinês esculpido numa raiz de chá

Os maus temem tuas garras.
Os bons se alegram com teu garbo.
O mesmo
Gostaria eu de ouvir
Dos meus versos.

COMENTÁRIO

Na primeira vez em que esse poema foi publicado (na antologia *Cem poemas*), o editor, Wieland Herzfeld (irmão de John Heartfield, pintor e fotógrafo alemão, precursor da fotomontagem), disse a respeito do leão brechtiano: "figura esculpida numa raiz de chá, que, na antiga China, era considerada portadora de felicidade e tinha tanto mais valor quanto menos era trabalhada pelo escultor".

Brecht foi um escritor multifacetado, mas sempre manteve uma unidade básica, através da qual permanece atual ainda hoje. Sua obra abarca o teatro, a poesia, o romance, o ensaio, a crítica teatral e o aforismo. O autor inovou ao utilizar temas do mundo americano e da nova indústria de produção serial, foi audacioso no ritmo – e na secura – de sua lírica e inovou com as *Kabarettchansone* da época da inflação galopante da República de Weimar e com os *songs* americanos tão característicos a partir de *A ópera dos três vinténs*.

A ópera dos três vinténs é, aliás, um manifesto da perenidade brechtiana, da validade e atualidade de sua obra. Em síntese, a peça trata de um bando de mendigos que fundam uma empresa capitalista a fim de melhor competir no mercado. Ora, a ironia é muita, cheia de severidade crítica e alcança aspectos econômicos dos mais atuais.

Para seguir exemplificando – e não fazer da *Ópera dos três vinténs* um único achado fortuito de atualidade –, tome-se *A vida de Galileu*. A peça tem tudo a ver com as grandes descobertas da ciência na virada do milênio e ainda pontua muito bem a situação mui atual de um grande pesquisador obrigado a lançar mão de aulas particulares, abandonando suas pesquisas, porque o governo não lhe proporciona sequer o suficiente para o de comer.

Seguindo a trilha da obra brechtiana, *A boa alma de Setsuan* apresenta uma visão atualíssima da corrupção generalizada que reina no sistema: as qualidades da prostituta Shen Te, única alma boa encontrada pelos deuses, só lhe trazem desvantagens e exploração na ordem social vigente. Quando ela se metamorfoseia, fingindo ser um primo distante, de tino comercial, acaba por se adaptar à situação, passando a ser também uma exploradora capitalista.

A Santa Joana dos matadouros, com seu clima de sarcasmo generalizado, é outra obra que testemunha a atualidade de Brecht. Potente na crítica, a peça mostra a sujeição de absolutamente tudo ao motivo econômico e não poderia ser mais atual na apresentação fiel das emoções do mercado e das finanças.

Basta para referendar "validade" e "permanência"?

<u>106</u>

BRECHT *em prosa*

Se os tubarões fossem homens

– Se os tubarões fossem homens – perguntou ao Senhor Keuner a filha de sua caseira –, eles seriam mais gentis com os peixes pequenos?

– Com certeza – disse ele. – Se os tubarões fossem homens mandariam construir no mar resistentes caixas para os peixes pequenos usarem, com todos os tipos de alimento, tanto vegetais quanto animais. Eles cuidariam para que a água das caixas fosse sempre renovada, e adotariam todas as providências sanitárias cabíveis. Se, por exemplo, um peixinho ferisse a barbatana, imediatamente lhe fariam uma atadura, a fim de que não morresse antes do tempo. Para que os peixinhos não ficassem tristonhos, dariam cá e lá uma festa aquática, pois os peixes alegres têm gosto melhor do que os tristes. Por certo também haveria escolas nas grandes caixas. Nas aulas os peixinhos seriam ensinados a nadar direto para a goela dos tubarões. Eles aprenderiam, por exemplo, a usar a geografia, a fim de poderem encontrar os grandes tubarões deitados à larga por aí. A aula principal trataria, naturalmente, da formação moral dos peixinhos. Eles seriam ensinados que o ato mais grandioso e mais belo é o sacrifício alegre de um peixinho, e que todos eles deveriam acreditar nos tubarões, sobretudo quando estes dizem que velam pelo belo futuro dos peixinhos. Inculcar-se-ia nos peixinhos que esse futuro só estaria garantido se aprendessem a obediência. Antes de tudo, os peixinhos deveriam guardar-se de qualquer inclinação ignóbil, materialista, egoísta e marxista, e denunciar aos tubarões – sem perder tempo – qualquer deles que manifestasse alguma dessas inclinações. Se os tubarões fossem homens, eles naturalmente fariam guerra entre si, a fim de conquistar caixas de peixes e peixinhos estrangeiros. As guerras seriam conduzidas pelos seus próprios peixinhos. Eles ensinariam aos peixinhos de seu exército que, entre eles e os peixinhos de outros tubarões, existem gigantescas diferenças. Anunciariam que os peixinhos são, conforme todo mundo sabe, mudos, e calam nas mais diferentes línguas, sendo, por isso, impossível que entendam uns aos outros. Cada peixinho, que na guerra matasse alguns peixinhos inimigos – da outra língua de peixinhos mudos –, seria condecorado com uma pequena Ordem das Algas e receberia o título de herói. Se os tubarões fossem homens, com certeza haveria entre eles também uma arte. Haveria belos quadros, nos quais os dentes dos tubarões seriam pintados em vistosas cores e suas goelas seriam representadas como inocentes parques de diversão, nos quais se poderia brincar magnificamente. Os teatros do fundo do mar mostrariam como valorosos peixinhos nadam entusiasmados para as gargantas dos tubarões. A música seria tão bela, que os peixinhos, sob seus acordes – a orquestra na frente –, entrariam em massa para a goela dos tubarões, sonhadores e possuídos pelos mais agradáveis pensamentos. Também haveria uma religião no mar, se os tubarões fossem homens. Ela ensinaria que só na barriga dos tubarões é que começa a vida de verdade. Ademais, se os tubarões fossem homens, também acabaria a igualdade que hoje existe entre os peixinhos. Alguns deles obteriam cargos e seriam postos acima dos outros. Os que fossem um pouquinho maiores poderiam, inclusive, comer os menores. Isso só seria agradável aos tubarões, pois eles mesmos obteriam assim, mais constantemente, maiores bocados para devorar. E os peixinhos maiores, que deteriam os cargos, velariam pela ordem entre os peixinhos menores, para que estes chegassem a se tornar professores, oficiais, engenheiros da construção de caixas e assim por diante. Curto e grosso, só então haveria civilização no mar. Se os tubarões fossem homens.

COMENTÁRIO

"Se os tubarões fossem homens" é um dos textos mais conhecidos de Brecht e aparece na coletânea de aforismos intitulada *As histórias do Senhor Keuner*. Essa obra revela o Brecht da prosa curta, que, assim como o Brecht poeta e o Brecht dramaturgo – mais conhecidos –, constitui um e único e uno autor, que tudo fazia – teatro, poesia, prosa e teoria – para mostrar que no mundo ser bom é, muita vez, ajudar a perpetuar o mal e que a violência, teórica e prática, às vezes é necessária – e até imperativa – para transformá-lo.

O Senhor Keuner, o Pensante (o nome pode advir do grego *koinós* – "comum", "público" – ou de uma variante dialética do alemão *keiner* – "nenhum", "ninguém" –), está sempre às voltas com perguntas bem cotidianas e as responde em provocador estilo socrático, por vezes enigmático, desconcertando o leitor e obrigando-o a pensar, debater e assumir posição. O Senhor Keuner raramente diz aquilo que se espera e assume, assim, a voz do próprio Brecht, que disse algo no sentido de que, entre as mazelas do mundo, a única que suportava era a contradição.

Utilizando-se da máxima kantiana – o Kant tão combatido –, que recomenda: ousa usar o teu entendimento, e referendando o coro do iluminismo, Brecht criou o Senhor Keuner. Ele-personagem tem o estilo provocador do Brecht-autor. As *Histórias do senhor Keuner*, aliás, são uma espécie de súmula da obra de Brecht. Trazem a totalidade de sua obra – conteúdo, pensamento, crítica e teoria – reunida em sua unidade. As *Histórias...* são, ao mesmo tempo, uma espécie de manual de conduta brechtiano, desenhado com fino lavor ficcional e – vá lá um oxímoro – sérias tintas de ironia. O Senhor Keuner é – ao final das contas – o próprio Senhor Brecht, ensinando em prosa curta toda a sua visão de mundo – *Weltanschauung* –, se quiserem esse saco-de-gatos conceitual.

Se o Senhor Keuner é uma espécie de súmula da obra brechtiana, a parábola "Se os tubarões fossem homens" é uma súmula do *Senhor Keuner*. Na corrosiva metáfora da civilização humana, Brecht demonstra – entre outras coisas – que a naturalidade devoradora dos tubarões é, de longe, mais inofensiva que a perversidade humana, sobretudo porque a última atua à revelia da "consciência", que o animal não tem.

107

AFORISMOS

É duro ensinar a aqueles dos quais se tem raiva. Mas é especialmente necessário, pois são eles os que mais necessitam.

Quanto mais fraco é o cérebro do camponês, tanto mais fortes têm de ser os músculos de seus bois.

COMENTÁRIO

Os dois aforismos acima são – respectivamente – ensinamentos fundamentais do Senhor Keuner e de Me-ti, outro personagem da prosa aforística de Brecht.

A obra de Brecht é um testemunho do arrojo combativo da arte e por isso é temida, de modo que Brecht é – ao mesmo tempo – dos autores que mais vezes teve, se não a sentença de morte decretada, pelo menos a vida – e falo de atualidade e validade – posta em questão.

Sempre que Brecht é tachado de utópico, que é vinculado ao colapso do "socialismo realmente existente" e – argumentos mais recentes – que dizem que as únicas obras de sua produção que não estão ultrapassadas são as primeiras peças – *Baal* e *Tambores na noite* –, por serem as únicas que não possuem conteúdo "político" nítido; e sempre que dissociam (porque não conhecem) a obra teatral de Brecht de sua obra poética, estão buscando, de sorrate, estratégias e brechas para em seguida "matá-lo" mais facilmente.

Analisando com seriedade a obra brechtiana – coisa que os "assassinos" de Brecht jamais fizeram –, vê-se de cara que o autor será sempre atual ou pelo menos – e isso talvez equivalha a *sempre* – enquanto houver a exploração do homem pelo homem, a injustiça social, a miséria e a violência do poder...

A poesia de Brecht tem forte conteúdo crítico, ao contrário do que muitas vezes tentam insinuar, especulando a referida dissociação entre o Brecht dramaturgo e o Brecht poeta. Os exemplos – poético-epigramáticos – traduzidos nos capítulos anteriores apenas referendam a combatividade da lírica de Brecht. A poesia abaixo – uma referência direta a Hitler – confirma de maneira ainda mais clara a unidade combativa da obra de Brecht:

> *Lutam em meu interior*
> *O entusiasmo pelas macieiras em flor*
> *E a aversão ante os discursos do pintor*
> *Mas só a segunda*
> *Me obriga ao lavor.*

Quem quer ser ouvido no furacão, tem de se expressar em voz alta e brevemente, e Brecht sabia disso. Os "pintores", mais cordeiros hoje, continuam aí. Se os atuais trovejam tanto e de maneira tão unívoca e hegemônica, Brecht é uma voz dissonante, que mostra que na moeda do mundo ainda existe um outro lado. Com sua obra, Brecht fez dos versos de Heine – de quem é parente na crítica, um século depois – a sua missão, plena de objetividade, dessacralização e luta:

> *Uma canção nova, uma canção melhor*
> *Amigos, eu quero vos cantar*
> *Nós queremos, já aqui na terra*
> *O Reino dos Céus levantar.*
>
> *Queremos ser felizes cá na terra*
> *Não queremos mais ser padecentes*
> *A barriga vagabunda não irá dissipar*
> *O que conseguem as mãos diligentes.*

A ARTE DO COMBATE

Eia, pois, o tributo ao último dos combatentes da arte, alguém que, conforme disse Maiakóvski – e a citação também não vai gratuita, pois o parentesco é muito e a circunstância adequada (vejam-se as cobranças de atualidade, validade estética, etc.) –, sabia da missão dos poetas:

> *Mas eu afirmo*
> >*(e sei*
> > >*que meu verso não mente):*
> *no meio*
> >*dos atuais*
> > >*traficantes e finórios*
> *eu estarei*
> >*– sozinho! –*
> > >*devedor insolvente.*
> *A nossa dívida*
> >*é uivar*
> > >*com o verso,*
> *entre a névoa burguesa,*
> >*boca brônzea de sirene.*
> *O poeta*
> >*é o eterno*
> > >*devedor do universo*
> *e paga*
> >*em dor*
> > >*porcentagens*
> > > >*de pena.*[13]

---

[13] De "Conversa sobre poesia com o fiscal de rendas", tradução de Augusto de Campos. O trecho de Heine (Deutschland, ein Wintermärchen), citado anteriormente, e o poema de Brecht, mais anteriormente ainda, foram traduzidos por mim.

ADENDO LONGUÍSSIMO

A LITERATURA ALEMÃ CONTEMPORÂNEA

Durante o nazismo – de 1933 a 1945 – a Alemanha não produziu literatura digna de nota, limitando-se a diluir pensamentos – conforme fez com a obra de Nietzsche –, ideologizar compilações e proibir – quando não queimar – as obras dos escritores exilados... Além de queimar – literalmente, nos campos de concentração – vários autores alemães de ascendência judaica, entre eles o poeta Erich Mühsam e o dramaturgo e romancista Paul Kornfeld, levando outros tantos ao suicídio, caso de Walter Benjamin, Walter Hasenclever e Ernst Toller.

Em 1949 foram fundados os dois Estados alemães, depois de quatro anos de obediência às forças de ocupação. Surgiam a República Democrática Alemã, ou Alemanha Oriental, e a República Federativa da Alemanha, ou Alemanha Ocidental.

Entre 1945 e 1949, uma série de problemas de ordem básica impediu o florescimento da literatura alemã: faltava papel e a censura americana socava o tacão sobre qualquer possibilidade de publicar, vendo fantasmas comunistas por todos os lados, a torto e direito. Os escritores exilados nos Estados Unidos eram espionados sistematicamente na caça às bruxas promovida pelo Senador McCarthy e, em alguns casos, acusados de atividades antiamericanas. Veja-se o que aconteceu com Bertolt Brecht, por exemplo.

A instituição da "hora zero", patrocinada sobretudo pelas forças de ocupação americana, determinava uma moral simplista, coisa que acabou se refletindo até na linguagem de alguns autores... A *Stunde Null* – "hora zero" em alemão – propunha, em última instância, o reerguimento – também literário – de um país arrasado, segundo – e seguindo – as normas do *American way of life*. Além de perigoso em termos ideológicos, o conceito ignorava uma linha de continuidade nítida na literatura alemã, perfeitamente identificável em autores da estatura de Brecht, Gottfried Benn e Ernst Jünger.

Logo após a guerra

A lembrança da Segunda Guerra Mundial e o desejo de compreender suas circunstâncias dominaram os primeiros anos da literatura alemã depois do horror do nazismo. No romance, essa preocupação ocupou o talento tanto dos autores que desenvolveram seu trabalho na Alemanha Ocidental, entre eles Walter Jens (1923-) e Theodor Plivier (1892-1955), quanto dos que foram para o lado oriental, caso de Arnold Zweig (1887-1968) e Anna Seghers (1900-1983).

Com o romance *A sétima cruz* (Das siebte Kreuz), de 1942, Anna Seghers já havia encorajado as vítimas dos campos de concentração, demonstrando a vulnerabilidade do estado hitlerista ao narrar a fuga de sete judeus – um deles exitoso – ao jugo do nazismo. Comunista militante desde os anos 20, Seghers estreou na literatura em 1928 com *A revolta dos pescadores de Santa Bárbara* (Der Aufstand der Fischer von St. Barbara), novela pela qual recebeu o Prêmio Kleist de Literatura. Depois de viver exilada no México entre 1941 e 1947, Anna Seghers transferiu-se para Berlim Oriental, posicionando-se ao lado de Brecht na reconstrução socialista da República Democrática Alemã.

Stalingrado, romance de Theodor Plivier publicado em 1945, foi a primeira obra alemã pós-guerra. O romance evidenciou – documentária e factualmente – toda a miséria da Alemanha ao narrar a derrota do 6º Exército diante das forças russas no inverno de 1943. Mas o grande nome da *lost generation*, vítima direta da tragédia da guerra, foi Wolfgang Borchert (1921-1947). Em sua peça *Lá fora ante a porta* (Draussen vor der Tür), de 1947, Borchert é o primeiro de uma série de escritores a analisar a volta de um combatente – Beckmann – ao seu lar e propõe uma nova moral – edificante, mas crítica – ao caos pós-guerra. Dois anos depois, em 1949, Heinrich Böll (1917-1985) narraria os horrores da guerra em *O trem foi pontual* (Der Zug war pünktlich). Eles – os horrores da guerra – adquiririam cores ainda mais contundentes no mosaico grotesco de *Onde estiveste, Adão* (Wo warst du Adam?), outra das obras de Böll, publicada em 1951.

Na Áustria, Heimito von Doderer (1896-1966) – escritor de visão conservadora – procurou entender sua época buscando as raízes da tragédia na Viena de 1920, sobretudo no romance *Os demônios*. Na obra, Doderer refu-

A ARTE DO COMBATE

ta todo tipo de ideologia e restringe-se à análise do caráter humano de seus personagens.

O Grupo 47, encabeçado pelos escritores Hans Werner Richter (1908-) e Alfred Andersch (1914-1980), foi o grande movimento literário alemão pós-guerra e reuniu todos os jovens escritores do lado ocidental. Depois de verem que sua revista *O chamado* (Der Ruf) estava prestes a ser proibida devido às críticas às forças de ocupação americana, os escritores ocidentais reuniram-se em 10 de setembro de 1947 – daí o nome do grupo – com o objetivo de fundar uma outra revista, dessa vez fundamentalmente satírica.

O grupo 47 renunciava aos traços dominantes do neo-romantismo, do *Jugendstil* e do expressionismo, postulando a escrita simples, clara e precisa do realismo. Com a inclusão do fantástico e de alguns elementos surrealistas, o que sobrou no final foi um "realismo mágico", marcado pela influência dos escritores americanos Hemingway, Steinbeck e Faulkner. O primeiro grande produto romanesco do "realismo mágico" alemão foi *O tambor* (1959), de Günter Grass, e sua satírica e delirante reconstrução das últimas décadas da história do país. Do Grupo 47 participaram, ao todo, 204 escritores ao longo dos vinte anos em que vigorou. Difuso – os próprios membros do grupo reconheciam que não existiam na condição de grupo fechado –, o Grupo 47 acabou se concentrando sobre perguntas de ordem puramente estética em suas reuniões. Os autores liam suas obras diante dos outros e recolhiam-se em seu silêncio, enquanto os outros as comentavam. O Grupo 47 refletiu a primeira manifestação alemã de um conceito que nos Estados Unidos era típico já no início do século XX e virou praga no Brasil nos alvores do século XXI: a oficina literária.

A reconstrução

Pouco a pouco o "sentimento de culpa" vivido por muitos dos escritores alemães foi dando lugar a uma serenidade cada vez maior na análise dos anos anteriores. A obra de Heinrich Böll (1917-1985) mais uma vez seria determinante nesse processo. O autor deu atenção direta aos problemas da reconstrução pós-bélica em *Bilhar às nove e meia* (Billard um halb Zehn), de 1959. (O já citado *O tambor*, de Günter Grass, publicado no mesmo ano, também teria papel fundamental no processo.)

Prêmio Nobel de 1972, Heinrich Böll ainda relatou – em pinceladas amargas – a decadência de um homem levado à miséria pela bebida e pela incompreensão em *Opiniões de um palhaço* (Ansichten eines Clowns), de 1963. *Retrato de grupo com senhora* (Gruppenbild mit Dame), de 1971, obra em que – embora católico – critica o papel da Igreja durante o nazismo é uma crônica ambiciosa sobre a Alemanha do século XX. Em *A honra perdida de Katharina Blum* (Die verlorene Ehre der Katharina Blum), de 1974, romance que mostra mais uma de suas enigmáticas – e sempre bem talhadas – personagens femininas, Böll satiriza impiedosamente a imprensa sensacionalista da Alemanha. Em sua obra derradeira, *Assédio preventivo* (Fürsorgliche Belagerung), de 1979, o autor analisa – de maneira humana – as causas do terrorismo numa Alemanha revolvida e questionada pela atuação terrorista da RAF (Fracção do Exército Vermelho). Por causa dessa obra, Böll foi chamado de "anarquista de salão", chegando a ser espionado, junto com sua família, pela polícia. De maneira geral, a obra de Heinrich Böll se caracteriza por um modo simples – quase retrógrado e reduzidamente realista – de narrar; os enredos são interessantes, a crítica vigorosa e os personagens bem talhados. Sua narrativa é monológica, fechada, panfletária. Sua moral é redutoramente simplista; os entes do mundo de Heinrich Böll se dividem em bons e maus – sem meios-tons... Sua linguagem é enxuta, às vezes até desleixada; a certa altura do campeonato – vejam-se algumas páginas de *Katharina Blum* – o autor parece não dar mais importância nenhuma a qualquer orientação estética que determine um pingo de qualidade literária... Böll dá a impressão de limitar-se à proposta ingênua e professoral de educar. Alguns de seus contos ainda são o que de melhor resta em sua vasta produção.

Junto com Böll e Günter Grass, Siegfried Lenz (1926-) seria encarado desde logo como uma das grandes esperanças da nova literatura alemã. Suas narrativas também não primam pelo experimentalismo em voga... Já a narrativa experimental de Peter Weiss (1916-1982) e seu *A sombra do corpo do cocheiro* (Der Schatten des Körpers des Kutschers, 1960) – romance que influenciou uma série de escritores alemães de sua geração e foi publicado na esteira vitoriosa do *nouveau roman* francês – ajudaria a devolver à Alemanha um lugar privilegiado na vanguarda da ficção européia. A consagração internacional de Weiss seria alcançada com a peça – complexa, cheia de experimentos e de título quilométrico – *Perseguição e assassinato de Jean-Paul Marat, representados pelo Grupo Teatral da Casa de Saúde de Clarenton sob a direção do marquês de Sade*, de 1964. A obra – uma brilhante reelaboração do gênero "teatro dentro do teatro", baseado nas teorias de Brecht – confronta individualismo e revolução. A loucura e a razão aparecem unidas uma à outra, num clima pesado e arrebatador ao mesmo tempo, que induz o público a refletir sobre a necessidade de adotar uma postura política diante do grotesco da situação. A interpretação ideológica de *Marat/Sade* e a polêmica que a obra gerou levaram Peter Weiss a expressar sua adesão – heterodoxa – ao marxismo. Mas a obra definitiva e mais característica de Weiss – na opinião do autor e na minha opinião – é *A estética da resistência* (Die Ästhetik des Widerstands), publicada entre 1975

A ARTE DO COMBATE

e 1981. Nela, Weiss leva o experimentalismo às últimas conseqüências e desmonta de maneira definitiva as convenções estruturais e formais do romance. Ideologicamente, a obra é um coice literário e potente do autor contra o "espírito do tempo" (Zeitgeist). Segundo Hanjo Kesting, germanista, com o livro Peter Weiss alcançou realizar aquilo que Walter Benjamin concebeu em *Passagenwerk*: escrever o epitáfio de um século inteiro, caracterizar uma época a partir de suas ruínas.

A tradição experimental da literatura alemã seria seguida por vários autores, entre eles Alexander Kluge (1932-) e Uwe Johnson (1934-1984), autor multipremiado, que com *Dias do ano* (Jahrestage) – que recentemente foi eleito entre os dez melhores romances em língua alemã do século XX – deu quase 2000 páginas cheias de talento, humor e grandeza à literatura alemã. Em *Conjecturas acerca de Jakob* (Mutmassungen über Jakob), romance de 1959, Johnson abordara a divisão da Alemanha e o cotidiano socialista da República Democrática Alemã. A tetralogia *Jahrestage*, por sua vez, mostra um autor pouco preocupado com questões formais, que se limita a contar, contar e contar a vida de seu "outro eu" (a personagem Gesine Cresspahl), num estilo narrativo que lembra o de Alfred Döblin em *Berlin Alexanderplatz*.

Jurek Becker (1937-1997) foi outro autor a fazer sua carreira na Alemanha Oriental. Seu primeiro romance, *Jakob, o mentiroso* (Jakob der Lügner, 1969), é também sua obra-prima. O livro é o primeiro volume de uma trilogia a respeito da aniquilação dos judeus no Terceiro Reich. Trata da história de uma cidade qualquer da Europa Central, transformada em campo de concentração durante o regime nazista. Jakob, personagem-título, é um dos prisioneiros. Diz ter conseguido ficar em posse de um rádio e espalha as notícias que ouve a seus colegas em primeira mão, declarando que as tropas russas avançavam a cada novo anúncio e colorindo a desgraça cinzenta do dia-a-dia dos prisioneiros. "De um grama de notícias, faço uma tonelada de esperanças", diz Jakob. Tanto o rádio quanto as notícias são inventados e o romance antecipa – com grande qualidade literária, humor e suspense – a temática abordada por Roberto Benigni em seu filme *A vida é bela*. A trilogia de Becker encerra com *Os filhos de Bronstein* (Bronsteins Kinder, 1986), romance em que o autor aborda a vida dos descendentes daqueles que viveram em campos de concentração, mostrando que a polêmica contra a perseguição aos judeus não é apenas uma tarefa da geração diretamente atingida.

Longe da "literatura de escombros" típica de Böll e outros autores, Wolfgang Koeppen (1906-1996) não assumiu o estilo de reportagem característico dos escritores de sua geração, mas orientou-se em Kafka, Proust e Faulkner, assumindo o monólogo interno de Joyce e as técnicas de montagem de Alfred Döblin e John Dos Passos. Sua trilogia, formada por *Pombas na grama* (Tauben im Gras, 1951) – e a situação das pessoas em uma Munique ocupada pelos americanos, "orgulhosas de uma liberdade presumida e imaginada, que não levava a nada a não ser à miséria" –, *A estufa* (Das Treibhaus, 1953) e *A morte em Roma* (Der Tod in Rom, 1954), documenta com antecedência a restauração alemã-ocidental. As cenas construídas por Koeppen são breves, golfejantes e caleidoscópicas, associadas umas às outras – com engenho – na configuração do cosmo de uma cidade grande. Sua narrativa brota em cascatas cheias de ritmo, plenas de força e beleza ao mesmo tempo. A obra de Wolfgang Koeppen – um dos grandes estilistas da literatura alemã pós-guerra – é uma das expressões mais originais daquilo que se conhece como poesia em prosa. A índole do autor é a de um relegado, de um marginalizado – ferido e humilhado pelo mundo e pelas coisas, no que aliás se assemelha a Kafka –, aspecto que se torna ainda mais visível na obra autobiográfica *Juventude* (Jugend), de 1976. Lembrando a postura do mesmo Kafka – e a de Robert Walser –, Wolfgang Koeppen disse certa vez que suas obras eram "menos a tentativa de um diálogo com o mundo do que a de um monólogo contra o mundo".

A lírica alemã do período da restauração soube renovar o legado expressionista com a depuração estilística de Paul Celan (1920-1970) – cujo nome civil era Paul Anczel, que deu origem, anagramaticamente, ao sobrenome poético do autor. Celan tornou-se conhecido na Alemanha depois da publicação de *Papoula e memória* (Mohn und Gedächtnis), em 1952. A coletânea apresenta o célebre poema "Todesfuge", escrito em 1945, uma dança macabra, um jogo pervertido e melódico entre os assassinos nazistas e suas vítimas. Em *De limiar em limiar* (von Schwelle zu Schwelle), de 1955, a musicalidade dos poemas de Celan diminui e seus versos encurtam. No volume *Cárcere lingüístico* (Sprachgitter), de 1959, essas características se tornariam ainda mais perceptíveis para, na obra tardia do autor, hermetizarem ainda mais sua poesia. Embora tenha sido criado entre duas línguas e apesar das experiências aterrorizantes com o alemão, Celan acabou optando pela "língua dos assassinos" e deu à literatura alemã uma das obras líricas mais convincentes – cheia de angústia e solidão – do século XX.

Nelly Sachs (1891-1970) seria a outra grande voz a lamentar – com qualidade lírica – o trágico destino do povo judeu. A coletânea de poemas *Fahrt ins Staublose* (título de difícil tradução), publicada em 1962, baila soberana sobre a lírica do absurdo, típica da época. Com os anos, a poesia de Nelly Sachs – Prêmio Nobel de Literatura em 1966 – foi endurecendo aos poucos, as imagens se tornaram cada vez mais agudas e os versos mais abstratos. Sua obra é um anúncio trágico do sofrimento humano, um grito incessante contra a barbárie, uma oração fúnebre à época.

Günter Eich (1907-1972) – cuja poesia também se tornaria pouco a pouco mais quebradiça, concisa e obscura – e Ingeborg Bachmann (1926-1973) – bem mais acessível em sua força imaginativa, apesar da temática abstrata – seriam, junto com Celan, os representantes da fase tardia da lírica hermética alemã. Sarah Kirsch faria, anos depois, trajetória semelhante, laconizando seus versos pouco a pouco, dando cada vez mais sobriedade ao estilo e reduzindo inclusive o uso dos sinais de pontuação. Depois do abandono da Alemanha Oriental, em 1977, a lírica de Sarah Kirsch tornou-se cada vez mais privada; as paisagens imaginárias de sua produção inicial (ver *Estadia rural* – Landaufenthalt, 1967), que sinalizavam uma fuga ao mundo industrial-citadino, abriram espaço à expressão sombria e pessimista da obra tardia (*O calor da neve* – Schneewärme, 1989).

Günter Eich ficou conhecido também como o grande renovador da peça radiofônica (Hörspiel), gênero característico da Alemanha pós-guerra, praticado por vários escritores, entre eles Ingeborg Bachmann e seu *O bom Deus de Manhattan*, de 1958, peça de fundo carregadamente existencialista. Em suas narrativas – sobretudo em *Malina,* 1971, seu romance mais conhecido e ao mesmo tempo sua obra-prima –, Bachmann anteciparia aquilo que a "literatura feminina" passaria a invocar quase uma década mais tarde, no final dos anos 70, discutindo – com qualidade e partindo do fundo do próprio "eu" – a situação da mulher em uma sociedade orientada pelo domínio do homem. Na época, os críticos – homens – ainda acusaram a autora de "exibicionismo anímico", mas *Malina* acabou sendo reconhecido como um dos romances mais importantes da literatura em língua alemã da segunda metade do século XX. Misto de triângulo amoroso, romance policial e biografia literária, *Malina* atesta a qualidade de uma autora que custou a ser reconhecida como grande prosadora, depois de ter sido ovacionada em pé como lírica.

Na prosa, as obras de Hans Erich Nossack (1901-1977), Alfred Andersch e do suíço Max Frisch (1911-1991) apresentam os sinais indeléveis do existencialismo. Marcados diretamente pelo terror da Segunda Guerra, os dois primeiros procurariam assimilar a barbárie da experiência em suas obras. Nossack fê-lo sobretudo em *A cidade atrás da torrente* (Die Stadt hinter dem Strom), romance em que procura dominar a experiência apocalíptica da guerra através de movimentos bruscos de caráter onírico e alegórico. Andersch, que desertara em 1944 na Itália, aborda o tema de maneira bem mais direta, pelo relato autobiográfico *Die Kirschen der Freiheit* (As cerejas da liberdade), de 1952. Fundador do Grupo 47, Andersch se retirou do movimento em 1962, ao ver que ele se transformava num mero instrumento de mercado. Alfred Andersch também posicionou-se contra a tese da culpa coletiva alemã – simpática à *tabula rasa* promovida pelos americanos – e foi calado pelas forças de ocupação. A atitude inconformista voltaria a marcar a conduta do autor em 1972, quando, contrário ao processo de restauração alemão-ocidental, tornou-se cidadão suíço por protesto.

Se o existencialismo de Alfred Andersch era evidente pela sua identidade inconformista, em Max Frisch ele assumiria aspectos quase patológicos: o autor renega toda e qualquer identidade de caráter mais duradouro. Embora suíço, Frisch também fez seu relho cantar sobre a *reeducation* imposta pelos americanos na Alemanha. A crítica constante e cheia de ironia tanto aos preconceitos quanto aos convencionalismos e imposições da sociedade moderna é o único – e aliás robusto – fio condutor da obra de Max Frisch. Também dramaturgo – influenciado por Brecht, no início, e por Thornton Wilder, de modo mais duradouro – Frisch iniciou sua atividade literária com *Santa Cruz*, peça encenada em 1946. Na obra já aparece um dos temas recorrentes da produção do autor: a identidade esfacelada do indivíduo na sociedade moderna. A experiência individual passou a significar o ponto de partida para a abordagem de questões políticas na obra de Frisch; vide *A muralha da China* (Die chinesische Mauer, 1946), inspirada na destruição de Hiroxima, e *Don Juan ou o amor pela geometria* (Don Juan oder die Liebe zur Geometrie, 1953). O anti-semitismo foi abordado de maneira direta na sátira da peça *Andorra*.

Romancista de alta qualidade, Frisch daria à literatura de sua língua pelo menos três romances grandiosos: *Stiller*, *Homo faber* – brilhante luta do indivíduo contra o poder do acaso – e *Que meu nome seja Gatenbein* (Mein Name sei Gatenbein). Já a narrativa autobiográfica *Montauk*, de 1975, é uma obra original e grandiosa, a confissão soberana, íntima e terna – encabeçada por uma epígrafe de Montaigne e seu "Je suis moi-même la matière de mon livre" – de um escritor maduro, disposto a medir a riqueza do mundo a partir de seu próprio interior, a fazer de sua própria vida a matéria mais intensa da poesia.

Na Alemanha Oriental, os escritores foram chamados a se colocar a serviço do Estado na reconstrução democrática do país. As obras literárias do período são escassas e o destaque cabe mais uma vez a Anna Seghers. Seu romance *Os mortos permanecem jovens* (Die Toten bleiben jung), publicado em 1949, narra o esmagamento da revolta de Spartacus em 1919, liderada por Rosa Luxemburgo e Karl Liebknecht. Na narrativa curta, Anna Seghers também produziu um punhado de obras-primas, entre elas *O passeio das meninas mortas* (Der Ausflug der toten Mädchen).

O patrimônio dramático de Brecht continuaria vivo no trabalho teatral de Heiner Müller (1929-1995), sobretudo, mas também no de Peter Hacks (1928-2003), que abordou os problemas políticos e econômicos de sua pátria, a Alemanha Oriental. A réplica ao modelo brechtiano viria da Suíça, principalmente através das obras do já referido Max Frisch – ainda influen-

A ARTE DO COMBATE

ciado por Brecht no início de sua produção – e de Friedrich Dürrenmatt (1921-1990), ambos contrários à crença no progresso típica da obra do maior dramaturgo alemão do século XX.

Se o tom burlesco da obra de Dürrenmatt – visível sobretudo em seus dramas – é crítico, é também pessimista e cético. O começo existencialista da peça *Assim está escrito* (Es steht geschrieben), de 1947, já ridiculariza as noções simplistas de bem e de mal. Os elementos farsescos acentuam-se nas peças *Rômulo, o grande* (Romulus der Grosse), de 1949 – e abrangem a decadência geral das civilizações –, e *O casamento do senhor Mississipi* (Die Ehe des Herrn Mississippi), de 1952 – uma farsa acerca do problema da pena de morte. *A visita da velha senhora* (Der Besuch der alten Dame), de 1956, mostra Dürrenmatt no melhor de sua forma, numa parábola sobre o tema da culpa coletiva, preocupação fundamental da Europa pós-guerra. A peça *Os físicos* (Die Physiker), de 1962, aborda a responsabilidade moral da ciência moderna.

Além de dramaturgo, Dürrenmatt foi também ficcionista e renovou o gênero policial em romances como *O juiz e seu carrasco* (Der Richter und sein Henker) e *A suspeita* (Der Verdacht). Com a novela *A missão ou da observação do observador dos observadores* (Der Auftrag oder vom Beobachten des Beobachters der Beobachter), de 1986, Friedrich Dürrenmatt logrou um tratado filosófico dos mais sofisticados acerca de um mundo dominado pela mídia; de sobra, um enredo policial sumamente bem elaborado. Dürrenmatt escreveu também peças radiofônicas, roteiros para cinema e televisão e ensaios críticos sobre o teatro, a começar por *Problemas do teatro* (Theaterprobleme), de 1955.

Tempos de protesto

Em meados da década de 60, a Alemanha foi tomada por uma série de protestos que culminaram no atentado ao líder estudantil Rudi Dutschke, em 1968. Em 1970, a RAF (Fracção do Exército Vermelho) – expressão armada e radical do descontentamento geral – cometia seus primeiros ataques terroristas. No campo do pensamento, a filosofia existencialista de Jaspers e Heidegger, que atingira o apogeu da aceitação em anos anteriores, dava lugar às teorias críticas da Escola de Frankfurt. O tom resignado e hermético da lírica tardia de Gottfried Benn cedia passagem à linguagem didática, objetiva e instigante da poesia de Brecht.

Na Alemanha Oriental – depois da construção do muro em 1961 – a lírica renascia nas obras de Günter Kunert (1929-), Sarah Kirsch (1935-), Reiner Kunze (1933-), Volker Braun (1939-), Wolf Biermann (1936-) e Christoph Hein (1944-).

No Ocidente, Hans Magnus Enzensberger (1929-) – que no ensaio devassava a situação política e social da Alemanha – voltaria a elevar a poesia alemã a alturas universais, com as obras *A defesa dos lobos* (Verteidigunf der Wölfe) e *O naufrágio do Titanic* (Der Untergang der Titanic). Peter Rühmkorf (1929-) foi outro dos frutos líricos dos anos de protesto, ainda que sua poesia – sobretudo a dos anos tardios – se recuse à pretensão de atuar diretamente sobre a política. O esteticismo incondicional, no entanto, sempre esteve longe dos objetivos de Rühmkorf. Depois de ter estreado na poesia com *Lírica quente* (Heisse Lyrik), em 1956, e de ter publicado poesias esparsas sob os pseudônimos de Leslie Meier e Leo Doletzki, Rühmkorf faz um apanhado de sua obra em *Poesias reunidas* (Gesammelten Gedichten), de 1976. O livro reúne os momentos mais representativos de sua produção dos anos anteriores e apresenta algumas de suas novas poesias. Visionário e apocalíptico na fase inicial de sua obra, profético na postura e ousado na metáfora, cínico em relação ao progresso e cheio de desprezo perante a civilização – características que compartilha com Gottfried Benn –, Rühmkorf desloca-se para a paródia cética, para a ironia crítica na fase tardia de sua obra, aproximando-se das concepções poéticas de Heinrich Heine. Não poucas vezes Rühmkorf ridiculariza o caráter altaneiro da metafísica com piadas de banheiro público, dinamita a sobriedade lírica da poesia alemã – de Klopstock, Claudius, Hölderlin e Eichendorff – com o grafitismo de seus versos e o tom publicitário de suas invocações. O que resta no final, porém, é a sombra da melancolia, que se dissolve – não sem proclamar sua dor – em resignação.

No teatro, Rolf Hochhuth (1931-) criticou a posição da Igreja Católica, denunciando o silêncio do Papa Pio XII em relação ao assassinato de judeus cometido pelo nazismo na peça *O representante* (Der Stellvertreter), de 1963. Adepto do teatro documental, Hochhuth utilizou recursos cênicos de Brecht. Sua primeira peça foi dirigida por Erwin Piscator.

De maneira geral, o teatro da época caracterizava-se pelo forte aspecto documental e questionava tanto o passado nazista da Alemanha quanto a posição imperialista dos Estados Unidos. A primeira das peças do gênero foi *Em relação ao caso J. Robert Oppenheimer* (In der Sache J. Robert Oppenheimer), de 1964, a peça mais encenada na Alemanha da época. Escrita por Heinar Kipphardt (1922-1982), a obra é ácida a não querer mais e trata do conflito entre Oppenheimer e o governo americano, que acusou o cientista de retardar o desenvolvimento da bomba de hidrogênio em face do massacre de Hiroxima, acabando por denunciá-lo por sabotagem e afastando-o como fator de risco à segurança nacional. O teatro documental seria desenvolvido também por Peter Weiss em *O interrogatório* (Die Ermittlung), depois de ter acompanhado *in loco* os processos contra os

A ARTE DO COMBATE

guardas do campo de concentração de Auschwitz. Faz parte do mesmo gênero a peça *Interrogatório em Havana* (Verhör in Habana), de Hans Magnus Enzensberger, um tribunal dramático contra a invasão imperialista dos americanos na Baía dos Porcos. Max von der Grün (1926-) faria uso do gênero documental no romance e Günter Walraff (1942-) construiria toda sua obra sobre o processo da "observação participativa", constatando também *in loco* a exploração dos trabalhadores da Ford – por exemplo – e as mentiras deslavadas do jornal sensacionalista *Bild*. Peter Handke (1942-) usaria a peça radiofônica até mesmo para chamar o público às falas em sua obra *Insulto ao público* (Publikumsbeschimpfung), de 1966.

Retorno à subjetividade

A partir do início dos anos 70 ocorreu uma clara mudança de tendência na literatura alemã. Os autores – de um modo geral – se apartaram do engajamento político propriamente dito. Decepcionados com os rumos da política, tanto em âmbito nacional quanto mundial, eles se voltaram para os aspectos privados da vida humana, dirigindo-se a uma "nova subjetividade" – ou "nova sensibilidade" –, marcada pelo intimismo.

O precursor da "nova subjetividade" foi Arno Schmidt (1914-1979). Experimentador por excelência, Schmidt ficou conhecido sobretudo por seu romance *O sonho de Zettel* (Zettelstraum, 1970). Já o título da obra é multifacetado e lembra tanto o personagem de *Sonho de uma noite de verão* de Shakespeare, quanto as 120 000 idéias e motes anotados em bilhetes (Zettel, em alemão) que Schmidt teria reunido na composição do romance. *Zettelstraum* – publicado logo após a série de narrativas curtas de *Leviatã*, uma ironia à teoria do "melhor dos mundos" de Leibniz, que termina com a aceitação tácita do pensamento pessimista de Schopenhauer – é uma obra monumental: oito livros que perfazem 1 330 páginas em formato imenso (DIN A3). A ação do romance se passa num dia de verão do ano de 1968 e é narrada em primeira pessoa por Daniel Pagenstecher, escritor e tradutor que vive numa casa entupida de livros e discute a obra – e a tradução – de Edgar Allan Poe com seus amigos, o casal de tradutores Paul e Wilma Jacobi. O livro é um tapete de citações e recorre a obras tão diferentes quanto as de Freud e as de Karl May – colocado sob suspeita de homossexualismo, apesar de seus temas faroesticamente mui machos –, lembrando o *Finnegans Wake* de Joyce, com quem concorre, e o *Tristram Shandy* de Sterne, do qual guarda o gosto pelo chiste (Witz) lingüístico. Cansativo mais pela forma – tamanho da folha, divisão abstrusa das páginas em colunas, ortografia incomum, observações à margem, citações em diferentes línguas estrangeiras e referências bibliográficas – do que pelo conteúdo, o romance de Schmidt

280   Marcelo Backes

é um monumento – de alta qualidade – ao hermetismo literário... E mesmo assim vendeu mais de dez mil exemplares na Alemanha... Outro narrador marcado pela experimentação – e anterior a Schmidt – foi Hans Henny Jahnn (1894-1959). Jahnn é um dos escritores mais importantes, peculiares e controversos da literatura alemã do século XX. Lembra Joyce em suas experiências formais e lingüísticas. É autor, entre outros, dos dois volumes de *Perrudja*, 1929, e da trilogia *Rio sem margens* (Fluss ohne Ufer, 1949-1961), sua obra mais ousada e ao mesmo tempo mais caótica: a terceira parte foi editada postumamente. Tanto o primeiro quanto o segundo romance permaneceram fragmentários. Em *Rio sem margens* – cujo destino editorial é semelhante ao de *O homem sem qualidades* de Musil –, Hans Henny Jahnn transforma o ato de narrar em tema e problema da narrativa, alcançando resultados artísticos ainda mais notáveis do que aqueles que já alcançara em *Perrudja*, romance que assinalou a entrada definitiva do autor no âmbito da arte moderna do século XX. Jahnn foi também ensaísta e dramaturgo. Na dramaturgia, sua obra é marcada pela temática sexual – veja-se, por exemplo, *O médico, sua mulher, seu filho* (Der Arzt, sein Weib, sein Sohn, 1922) – e por uma prosa refinada no ritmo e arcaizante na lentidão quase oratória de seu discurso.

Peter Handke também retrocederia aos aspectos privados e subjetivos da vida humana – depois de um princípio crítico e experimental –, manifestando um ideal de arte neo-romântico, numa obra deliberadamente desconexa às vezes. O primeiro livro dessa fase em que, por assim dizer, Handke redescobre a subjetividade – depois de criticar a "literatura descritiva" praticada na Alemanha num encontro do Grupo 47 em Princeton – é o romance *Breve carta para um longo adeus* (Der kurze Brief zum langen Abschied, 1971).

Um romance anterior, *A angústia do goleiro na hora do pênalti* (Die Angst des Tormanns beim Elfmeter, 1970), é um de seus livros mais conhecidos. Na obra, Handke já retorna a uma forma bem mais convencional de narrar e afirma a intenção de adotar um estilo narrativo-historiográfico semelhante ao de Salústio, o historiador romano. *A angústia do goleiro...* repousa sobre o esquema do romance policial e narra a vida e o crime do montador Josef Bloch, ex-goleiro – o goleiro é alguém que, mais do que ninguém, está abandonado a si mesmo, sobretudo na hora do pênalti –, após o dia em que pensou ter sido despedido da firma em que trabalhava.

O chinês da dor (Der Chinese des Schmerzes, 1983) assinala – segundo Rolf Günter Renner, analista da obra de Handke – o renascimento efetivo do narrador em Handke. A partir dessa obra, o narrador de Handke passa a contar não apenas a sua história (no caso Loser, o narrador em primeira pessoa), mas também conta – e desde o início – o ato de "contar a história" em si. Consciente, o narrador aborda a dificuldade de narrar, a perda e a falta de uma relação original com a natureza, a busca narrativa do "limiar" (Schwelle), ultrapassando de longe a ação de um simples personagem. No final de uma história que parece centrada em uma ação narrativa – e continuo a citar Renner –, está o retrato do narrador; ele mesmo é o "limiar" buscado e por isso não quer contar nem o fim nem o começo, nem sequer o desenvolvimento dessa história, mas sim retratar o processo de sua própria "internalização" (Innenwerden). E isso apenas é possível pela experiência da dor, de modo que o homem que parece sorrir, mas na verdade apenas sufoca sua dor, é o verdadeiro "herói" da história. Segundo Renner, o texto desse romance trata – macro e metaliterariamente – dos motivos que levam ao ato de escrever, mas trata também do fundamento filosófico do ato de escrever. E, de quebra, assinala a apoteose do narrador, cujo propósito de penetrar na língua tem como pressuposto uma "história", que tem de ser "vivida" subjetivamente, mas que guardaria valor mesmo se não se tornasse objeto do ato de narrar.

Mas o romance mais representativo da obra de Handke seria publicado em 1986... *A repetição* (Die Wiederholung) conta a história de Filip Kobal, um austríaco de origem eslovena, e deixa claro que a mensagem de Handke – apesar dos desencontros, das relações humanas que por vezes se limitam a trocas mercantis, da catástrofe onipresente – é sempre positiva ao final. *A repetição* chega a constituir um manifesto contra a divulgada crise do romance moderno e acredita piamente – e até ingenuamente – no ato de narrar como meio de salvar um mundo ameaçado. Em termos subjetivos, a obra apenas referenda aquilo que Handke dissera em teoria anos antes: que a literatura só é de fato comprometida – e solícita e amável ao mesmo tempo – quando adentra "as profundezas mais extremas do EU". A redescoberta da subjetividade desemboca, pois, numa volta direta às origens do eu, que se limita a retrabalhar de maneira poética dados de ordem biográfica, elaborando uma poetologia do "si mesmo". Com o título de uma narrativa publicada em 1972 – *Wunschloses Unglück*, algo como "Infelicidade ausente de desejos" – Peter Handke deu à contemporaneidade um dos conceitos mais geniais e precisos na definição de toda uma época: satisfação na falta, conformismo na carência, saciedade no infortúnio. Em *Crítica da razão cínica* (Kritik der zynischen Vernunft, 1983), Peter Sloterdijk diz que Handke inventou uma fórmula suave na qual o luto resultante de um conhecimento afetuoso e desamparado ergue suas armas diante da realidade. Motivada pelo suicídio da mãe, a obra *Wunschloses Unglück* desenvolve – ainda que reflita um momento autobiográfico e assinale uma volta do autor a aspectos sociais e políticos e a um tom bem mais "realista" – um complexo temático universal, que Handke já abordara em livros anteriores, sobretudo na peça *Kaspar*, de 1968: o efeito aniquilador de uma existência "estranhada" e, de quebra, a língua como um instrumento de poder aceito pacificamente pela ordem social vigente. Em *Wunschloses Unglück* Handke une os dois aspectos e aponta a convergência profunda existente entre a consciência da língua e a consciência de si mesmo. Por outro lado, os problemas da língua são encarados como problemas da própria existência e da estratégia narrativa. O narrador é semelhante ao da *Breve carta...* Seu credo é o mesmo; ele vê a *poíesis* como um elemento capaz de implementar a "relação" (Zusammenhang) entre as pessoas. Os indícios subjetivos visíveis em *Wunschloses Unglück* se acentuariam em *A hora da sensação verdadeira* (Die Stunde der wahren Empfindung), de 1975, e acabariam por desembocar no subjetivismo quase narcísico – e escapista – de *Meu ano na enseada de ninguém* (Mein Jahr in der Niemandsbucht, 1994), um elefante branco de mil páginas. No romance, Handke ataca o crítico Marcel Reich-Ranicki de trivela, referindo-o como o "inimigo na Alemanha" – seu narrador está numa aldeia nas proximidades de Paris –, e antecipa os golpes bem mais diretos de Martin Walser e Bodo Kirchhoff ao mesmo crítico alguns anos mais tarde. *Meu ano na enseada...* é uma prova de que a literatura, para Handke – e para Botho Strauss também–, é, sobretudo, uma reflexão sobre a própria literatura e sobre o ato de escrever, incluídos os escrúpulos do autor e os desalentos de sua atividade... O que, não resta a menor dúvida, torna a mesma literatura insossa às vezes – e cansativamente repetitiva depois de tanta olhada ao próprio umbigo...

Bem diferente – grotesca e sombria, prenhe de uma visão catastrófica em relação ao mundo, porém não menos subjetiva – é a literatura de Thomas Bernhard (1931-1989), conterrâneo de Handke. Os romances de Bernhard tratam sempre de homens perdidos – sós, condenados ao fracasso e ao trabalho de se autodestruir em sua extravagância espontânea –, diagnosticam a miséria da existência humana e indiciam a catástrofe universal através de sua gramática patológica. A figura retórica que o autor mais aprecia é a repetição, elevada à condição de princípio estético-filosófico, até porque tudo o que acontece no mundo é uma repetição da repetição. A sintaxe de Bernhard é circular, e sua linguagem altamente rítmica e sugestiva. A hipérbole é seu meio estilístico de expressão e faz de Bernhard um "artista do exagero", conseqüente, crítico e macabro em seu pessimismo radical.

Se *Extinção* (Auslöschung, 1986) é o romance mais representativo da estética de Bernhard, ela já se faz presente – na condição de programa – em seu primeiro livro: *Geada* (Frost), de 1963, e atinge o cocuruto de suas próprias possibilidades narrativas em 1984, com *Holzfällen*. Mais longo dos romances de Bernhard, *Extinção*– e a história do escritor Franz Josef Murnau – constitui o píncaro de uma obra virtuosa, profundamente crítica em relação

A ARTE DO COMBATE

à Áustria e sua tradição cultural e histórica. Essa crítica fica ainda mais clara – e é tematizada de maneira direta – na obra derradeira de Bernhard, a peça *Praça dos heróis* (Heldenplatz), cuja estréia ocorreu em novembro de 1988, poucos meses antes da morte do autor. Também dramaturgo, Bernhard constituiria a metáfora perfeita do mundo como palco de uma farsa – na qual os homens desempenham seu "papel fatal" – na peça *O louco e o ignorante* (Der Ignorant und der Wahnsinnige), de 1972. A obra anuncia a renúncia definitiva dos personagens de Bernhard à possibilidade de uma existência que faça algum sentido. A escuridão total em que a peça encerra – outra imagem constante da obra de Bernhard – é apenas uma metáfora para a falta de saída inerente à vida humana. A genialidade dramática de Bernhard chegaria ao ápice – ápices, cocurutos e píncaros são os reflexos verbais de uma obra grandiosa sobre a verve caracterizante do crítico – de sua complicação, de sua estranheza e de sua grandeza em peças como *Antes da aposentadoria* (Vor dem Ruhestand, de 1979).

No final da empreitada crítica na lavoura artística da obra de Bernhard só resta uma coisa a dizer... Se há, na literatura em língua alemã do final do século XX, um autor capaz de ombrear com os maiores escritores alemães do mesmo século – falo de Kafka, Musil e mais uns dois ou três –, esse autor é Thomas Bernhard. A radicalidade orgânica, homogênea e cruel de sua obra é macro e microcósmica – cada elemento apresenta a essência do todo – e pode ser constatada até mesmo na simplicidade curta de um conto como "Os crimes de um filho de comerciantes de Innsbruck".

Os monólogos intermináveis – típicos tanto da obra em prosa quanto da obra dramática – de Bernhard, que parecem não querer abrir espaço à opinião contrária, apenas expressam a tensão entre as pretensões elevadas, radicais e idealistas de sua arte e o caráter miserando da realidade. Se Bernhard – vencedor do Prêmio Büchner em 1970 – é considerado um dos mestres da prosa e do teatro do século XX, foi na lírica que ele estreou na literatura, publicando seus primeiros poemas já nos alvores da década de 50. Em 1957 surgiria a primeira coletânea de poesias: *Sobre a terra e dentro do inferno* (Auf der Erde und in der Hölle), saudada por Carl Zuckmayer como uma das "maiores descobertas dos últimos dez anos". *In hora mortis*, obra lançada um ano depois, seria louvada pela crítica como herdeira genuína do lirismo de Trakl. Nessas obras já aparece vivo o desprezo ao mundo, a misantropia amarga que caracterizaria o Bernhard da obra posterior, tanto a prosada quanto a dramática.

O escritor Botho Strauss (1944-) eleva o subjetivismo ao máximo, tematizando-o de maneira direta e tingindo-o de um ceticismo melancólico e irônico. Strauss chega a admitir o romantismo de maneira direta, apondo-o a uma de suas principais obras... O romance *O jovem homem* (Der junge

284 MARCELO BACKES

Mann, 1984) vem caracterizado com as seguintes palavras: "Alegorias. Histórias de Iniciação. Romance de Reflexão Romântico". De grande vigor lingüístico, a obra é um amontoado caleidoscópico – fragmentário e episodiado, mas consciente – de movimentos narrativos e representa uma busca irônica do caminho através da vida que – lembrando de través as grandes buscas do *Bildungsroman* alemão – acaba em desilusão.

O subjetivismo se tornaria ainda mais patente numa onda de autobiografias, publicadas na época pela maior parte dos autores alemães: de Hubert Fichte (1935-) a Christa Wolf (*Reflexões acerca de Christa T.*), Max Frisch (*Montauk* e *Diários*), Peter Handke (*O peso do mundo. Journal* mais *A história do lápis* e *Fantasias da repetição*), Günter Grass (*Do diário de uma lesma*), Peter Weiss, Thomas Bernhard (com os cinco volumes inaugurados por *O motivo* – Die Ursache – de 1975) e, sobretudo, Elias Canetti (1904-1994), escritor búlgaro, de língua alemã, que estudou na Suíça e viveu na Áustria e na Inglaterra. As obras autobiográficas de Canetti, *A língua absolvida* (Die gerettete Zunge), de 1977, *Uma luz em meu ouvido* (conforme foi traduzida no Brasil a obra *Die Fackel im Ohr*), de 1980, e *O jogo dos olhos* (Das Augenspiel), de 1986, repetem a qualidade de seu ensaísmo (*Massa e poder*, 1960) e de sua ficção (*Auto-da-fé*, 1935). A reflexão sobre as relações do homem com o mundo massificado do século XX é a principal característica da obra de Elias Canetti, vencedor do Prêmio Nobel de literatura em 1981. Semelhante à obra de Musil em alguns aspectos, a obra de Canetti busca uma síntese entre as ciências exatas e a filosofia humanista, na figura do artista que se desenvolve também na condição de pensador e cientista. Se Peter Weiss – nitidamente influenciado por Kafka – já abordara a incomunicabilidade no mundo moderno em sua obra geral, em suas obras autobiográficas *Adeus aos pais* (Abschied von den Eltern, 1961) e *Ponto de fuga* (Fluchtpunkt 1962), ele fez apenas desenvolvê-la.

O subjetivismo é também a maior característica da obra dos dramaturgos Herbert Achternbusch (1938-) e Tankred Dorst (1925-), dois dos autores mais representados na Alemanha contemporânea. A peça *A bota e sua meia* de Achternbusch – que também é diretor de cinema, pintor etc. – é uma tragicomédia caipira baseada na vida e nos sonhos absurdos e desencontrados de um casal de velhos. De preocupação em preocupação – cotidianas, mas esticadas à transcendência pelo absurdo – os dois velhos chegam ao final como estavam no início, unidos, a esperar tudo – companheiros de mútua escora – de um mundo que só é capaz de dar uma bota e uma meia para dois pés. No final das contas, Achternbusch é um solitário que vaza seu subjetivismo sobre o papel; não pertence a nenhum grupo literário ou político e representa um mundo partido, incontido, furioso e satírico. Achternbusch enfoca e objetiva mostrar, com simbolismo e iconoclastia ao mesmo tempo, o inconcluso, o que parece fora do comum e de sentido; a própria vida, portanto, segundo o autor a vê. Sua obra é o romance de uma construção em si, a busca da completude na incompletude da vida.

Eleito Autor do Ano na Alemanha em 1994 e ganhador do Prêmio Büchner, Tankred Dorst é um dos dramaturgos mais conhecidos da Alemanha contemporânea. *O Estranho Sr. Paulo* (Herr Paul), sua obra mais famosa, é uma das peças alemãs mais exibidas no mundo. Ela conta a história de um morador de uma antiga fábrica de sabão que come livros, brinca com ratos e vê o mundo do "alto" de sua banheira. Nessa, e em outras peças, Dorst reelabora até o conceito de "drama", num estudo da criminalidade ao qual não falta boa dose de uma ironia peculiar ao autor alemão. Dorst é oposto ao princípio clássico da busca de certezas e de verdades; ele não as quer, até as refuta, sejam elas morais, estéticas, sejam ideológicas. Sua expressão é a deformação. As conexões históricas e culturais são quebradas e tudo é redefinido subjetivamente. Dorst faz representar apenas o que toca o seu individualismo meio romântico, e ele o confessa, quando se refere ao sempre acalentado tema dos reflexos entre realidade e arte, presente em toda sua obra. Em 1989, Dorst disse "A terra é uma região inóspita, sobre a qual foi deitado um fino cobertor de civilização, de moral e de convenção. Quando ele é tirado, voltam a aparecer o deserto, o nada, a rocha, a pedra". Dorst não qualifica esse processo, não o define como justo ou injusto, apenas o dá a conhecer por meio de sua obra. Dorst não quer verdades que acredita inatingíveis, apenas quer saber como poderemos viver melhor na dita "região inóspita".

Essa neutralidade cética – que faz de Dorst, apesar de autor, quase apenas um espectador entre espectadores, alguém que coloca perguntas e mais perguntas, que não calam, mas também não são respondidas – e o individualismo apolítico tanto de Dorst quanto de Achternbusch se opõem frontalmente aos sonhos da modernidade, da coletividade e do engajamento típicos da obra de Bertolt Brecht. Dorst e Achternbusch são – nesse sentido – os representantes do pensamento de toda uma corrente pós-utópica e fragmentária, rebelde mas individualista, revolucionária no âmbito restrito do próprio quarto; suspirante no protesto, mas passiva na ação.

O subjetivismo também caracterizaria a obra de Martin Walser (1927-), desde sua obra – indicial até no título – *Trabalho anímico* (Seelenarbeit), de 1979. O romance analisa a vida e os pequenos feitos de Xaver Zürn, um simples chofer de 40 anos, interpretando de maneira amarga e sarcástica a relação servo-senhor, já encaminhada nas obras magistrais de Diderot (*Jacques le Fataliste et son maître*) e Brecht (*O senhor Puntila e seu criado Matti*). Um ano antes, em 1978, Walser surpreendera o público e a crítica alemães com um dos grandes momentos de sua produção: o romance *Um cavalo em fuga*

(Ein fliehendes Pferd), uma obra breve, mas densa. Ela conta a história do professor Helmuth Hahn e já revela as figuras de Xaver Zürn e seu primo Gottlieb Zürn, corretor imobiliário. Bem antes disso, com a trilogia formada pelos romances *Intervalo* (Halbzeit, 1960), *O unicórnio* (Das Einhorn, 1966) e *A queda* (Der Sturz, 1973), Walser narrara a ascensão, o apogeu e ocaso de Anselm Kristlein, um intelectual pequeno-burguês, conformista e oportunista. Em 2001, Walser buscou resumir uma Alemanha no fastígio mórbido – e mais uma vez decadente – de suas conquistas econômicas e sociais – não necessariamente humanas –, com o romance *O currículo do amor* (Der Lebenslauf der Liebe). Com *A morte de um crítico* (Tod eines Kritikers, 2002), Martin Walser botou – sem querer – lenha na fogueira do anti-semitismo, ao tematizar a morte do crítico literário judeu – ainda vivo – Marcel Reich-Ranicki, registrado no personagem André Ehrl-König de Walser.

Coincidentemente, Bodo Kirchhoff (1948-) transformaria a morte do mesmo crítico em momento narrativo de seu romance *Schundroman* (Schund significa "refugo", "porcaria", "lixo"), lançado apenas um mês depois, em junho de 2002. No romance, Kirchhoff alerta – de soslaio – para a "espetaculização" da alta literatura, que alcança poder divino e desproporcional a quem usa e abusa da indústria cultural – no caso um crítico –, desautorizando considerações que não partam de pessoas integradas a ela. No romance sobra também para Michel Houllebecq, ridicularizado na figura do escritor Ollenbeck, um "mestre do plágio", que vive do escândalo e sua superfície. Três anos antes, em 1999, Reich-Ranicki – condenado à morte por duas vezes – festejava seus 80 anos com a autobiografia literária *Minha vida* (Mein Leben), livro mais vendido – até 2002 quase um milhão de exemplares – da Alemanha durante mais de um ano.

A década da reunificação

Na virada dos anos 90, a literatura alemã perdeu uma série de autores famosos, entre eles Hubert Fichte (1986), Thomas Bernhard (1989), Friedrich Dürrenmatt (1990), Max Frisch (1991), Heiner Müller (1995) e Wolfgang Koeppen (1996).

Pouco antes da reunificação – nos anos 80 – a literatura voltara à atividade crítica, um tanto deprimida com a corrida armamentista e profundamente pessimista em relação às catástrofes ecológicas. *A ratazana* (Die Rättin, 1986), de Günter Grass, seria a obra narrativa mais emblemática do período, junto com *Cassandra* (1983), de Christa Wolf, um verdadeiro monumento – de imensa qualidade – à chamada "literatura feminina". Na lírica da época, que reagiu de maneira bem mais sensível, o pessimismo e uma certa atmosfera de "fim dos tempos" ficaram ainda mais marcados.

Mas a maior parte dos autores – e o exemplo mais característico foi, outra vez, Günter Grass – se tornava repetitiva, e os críticos proclamavam a falta de novidades, declarando o marasmo da literatura tedesca contemporânea. Um dos poucos romances a destoar do dia-a-dia literário alemão foi *O perfume* (Das Parfum, 1985), de Patrick Süskind, e sua empolgante – mas nem por isso grandiosa – história de um assassino. Encantados com a novidade, os críticos chegaram a voltar a falar – e até louvar – a simplicidade policial de J. M. Simmel. O romance de Süskind, por sua vez, em poucos dias alcançou o cume das listas de mais vendidos, permanecendo lá durante meses, durante anos em alguns casos. Embora seja pouco mais do que "perfumaria" (até interessante no início, sobretudo no vigor com que caracteriza a podridão de Paris no século XVIII, quando chega a atingir nosso olfato por meio da escrita; mas algo "perdido" na seqüência, com o ajuntamento um tanto artificial de motivos para compor a narrativa; e totalmente tresloucado no final com a descrição do bacanal mitológico em que Grenouille, o assassino, sucumbe na voragem das massas), *O perfume* de Süskind assinalou um caminho de renovação na literatura alemã. Obras como *Irmão do sono* (Schlafes Bruder, 1992, título inspirado numa cantata de Bach, que chama a morte de irmã do sono), de Robert Schneider, também no romance, e *O piquenique dos cabeleireiros* (Picknick der Friseure, 1996), de Felicitas Hoppe, no conto, continuariam a depositar ênfase na renovação. Na lírica Durs Grünbein (1962-) prometia mudanças, sobretudo depois de – com a queda do muro – sua obra passar a ser conhecida também na Alemanha Ocidental.

Sobre esse trio de autores...

Robert Schneider teve seu romance *Irmão do sono* – a história do músico e gênio Johannes Elias Alder, transformada em balé, ópera e filme nos anos seguintes – recusado por mais de vinte editoras e vendeu mais de um milhão de exemplares. Fundado em alguns dos maiores temas da arte universal – o amor, a morte e o gênio –, o romance de Schneider é escrito num alemão vigoroso, de sabor antiquado e forma dialetal às vezes. Há passagens onomatopaicas inteiras, de incrível poeticidade, expressivas em sua força lendária e vigorosas no talante de "contar uma história". O "Último capítulo" – conforme o título que recebe – é o segundo na ordem do livro, e mostra o lugarejo em que se passa a narrativa aniquilado pelo tempo e pelo fogo um século depois dos acontecimentos. A morte do gênio – que se auto-imola à vigília, impedindo a chegada do sono para não deixar de amar por um segundo que fosse – é a prova final de que no livro de Schneider – e a lembrança do pacto fáustico, sobretudo o de Adrian Leverkühn no *Doutor Fausto* de Thomas Mann, é inevitável – é o próprio Deus quem vira Satã, ao regar tanto talento onde ele não pode frutificar... Os homens são Seus acólitos mefistofélicos, e apenas ajudam-No a encaminhar sua obra satânica... Outra obra de Schneider, *Sujeira* (Dreck, 1993), seria a peça mais encenada do ano seguinte na Alemanha e lustraria ainda mais o sucesso do autor. Os dois romances seguintes, que completariam a chamada "Trilogia do Vale do Reno" (*Die Luftgängerin*, 1998, pelo qual Schneider recebeu bem mais de um milhão de reais antecipados, e *Die Unberührten*, 2000) inaugurada por *Irmão do sono*, não alcançaram o sucesso – nem a qualidade – de seu primeiro romance, e foram duramente criticados[14]. Com a publicação de *O papa e a menina* (Der Papst und das Mädchen), em 2001, Robert Schneider abordaria a impotência humana, dando ao público uma novela despretensiosa – quase uma pausa em sua produção –, marcada pela melancolia e pelo humor.

Felicitas Hoppe – a segunda autora do trio – lembra um Kafka amenizado; seu estilo é insinuante e suas cenas, bizarras; com o romance *Pigafetta* (1999), a autora narra as façanhas do mirabolante cronista-marinheiro – sob um ponto de vista bem peculiar – e dá à novíssima literatura alemã uma obra breve, mas densa.

Durs Grünbein, poeta e derradeiro representante do trio, aglutina em si a poeticidade pura de Hugo von Hofmannsthal e a cientificidade de Gottfried Benn, sem deixar de ser individual e peculiar. Ao mesmo tempo que é capaz de alcançar a limpidez formal do lirismo antigo, Grünbein caracteriza-se por uma temática atualíssima e crua, típica da imprensa sensacionalista (sobretudo em *Aos caros mortos – Den Teuren Toten –* de 1994). De base reflexiva (e afilhada à *Gedankenlyrik* tipicamente alemã), a poesia de Durs Grünbein mostra intimidade com as conquistas mais novas da ciência – aliás, o autor diz que isso é indispensável à lírica contemporânea no volume de ensaios *Galileu sente falta do Inferno de Dante*, 1996 – e ao mesmo tempo domina com maestria as formas poéticas do passado.

Ainda na Alemanha Oriental, Christa Wolf repensava os rumos do comunismo e Volker Braun criticava o "socialismo realmente existente" da República Democrática Alemã, que o obrigava a publicar seus livros na Alemanha capitalista, "levando suas pérolas aos porcos do estrangeiro", conforme ele mesmo se expressou. O caminho era a sátira e foi por ele – por ela – que Braun adentrou. Volker Braun crescera junto com a Alemanha Oriental e não fora obrigado a contemplar o Estado socialista como a única alternativa ao

---

[14] Na Alemanha por vezes ocorre aquilo que no Brasil parece ser impossível. Um romance, que é sucesso de público e de crítica, é bom de fato; e um autor que não tem nada a ver com "paulocoelhices" e círculos menos nobres da literatura recebe mais de um milhão de reais adiantados por um romance. Ademais, o sucesso – mais uma vez de crítica e de público – é uma grandeza bem mais diretamente proporcional à qualidade do autor na Alemanha.

A ARTE DO COMBATE

domínio nazista (coisa que aconteceu com Brecht, por exemplo). Braun participou da construção do leste focalizando os antagonismos de seu desenvolvimento ao mesmo tempo que buscava um lugar no redemoinho resultante do choque entre as possibilidades e os limites de se realizar como indivíduo. O papel da literatura nesse contexto é um de seus temas fundamentais.

Suas primeiras poesias, sobretudo as reunidas no volume *Provocação para mim* (Provokation für mich, de 1965), foram influenciadas pela lírica do jovem Brecht. As imagens são forçudas. A linguagem é sucinta e provocante; a abordagem, desafiante e dialética. O apelo à ironia e ao sarcasmo já reflete um ceticismo em fase inicial. Ao fim e ao cabo, no entanto, Braun ainda quer chamar o leitor à reflexão e garantir intimamente o despertar político-social da sua Alemanha. Até o início dos anos 70 sua lírica serve, conforme ele mesmo diz, ao projeto de "fomentar a atividade política das massas". Em termos formais, as poesias do volume – e dessa fase – são marcadas pela lírica engajada de Maiakóvski.

Mais tarde, Volker Braun deixou transparecer a influência dos poetas clássicos alemães até nos títulos de seus livros. Assim, *Nós e não eles* (Wir und nicht sie), de 1970, é uma referência a Klopstock, bem como *Contra o mundo simétrico* (Gegen die Symmetrische Welt), de 1974, é uma citação a Hölderlin. Com a obra *Treinamento do andar ereto* (Training des aufrechten Gangs), de 1979, Braun radicaliza e personaliza suas poesias, ainda que continue testemunhando publicamente a favor da coletividade socialista. Esperanças destruídas – e a teimosia na reivindicação do direito de protestar – encontram expressão nas técnicas de montagem de T. S. Eliot.

Com seu primeiro romance, *O romance de Fulano e Beltrano* (Hinze-Kunze-Roman), terminado em 1981 e publicado em 1985, Volker Braun supera em caráter definitivo as normas do realismo socialista – do qual Anna Seghers, por exemplo, sugou todas as possibilidades em algumas de suas obras e do qual autores como Fritz Rudolf Fries lograram escapulir subjetivamente –, que vigoraram por tanto tempo na Alemanha Oriental. O narrador de Braun chega ao "absurdo" de comentar de maneira irônica o processo da escrita e nenhum de seus personagens se "desenvolve", aspectos que configuram o pior vício do romance decadente burguês... segundo as teorias vigentes no lado leste da Alemanha. A influência de autores como Laurence Sterne e Jean Paul – dois grandes humoristas – é visível, mas é a presença metafísica de Brecht que continua marcante acima de tudo. No romance, Braun recupera um tema levantado já em 1968 na peça *Fulano e Beltrano* e desenvolvido em 1983 nos *Relatos de Fulano e Beltrano*, que lembram em cheio – formal, conteudística e ideologicamente – as *Histórias do senhor Keuner* de Bertolt Brecht. Fulano e Beltrano são as máscaras de qualquer um e lembram desde o Quixote e seu Sancho Pança de Cervantes, ao Jacques fatalista e seu senhor de Diderot, passando por Lucky e Pozzo de Beckett, o burguês decadente... sem esquecer o senhor Puntila e seu criado Matti, do onipresente Brecht. Fulano (Hinze) é o motorista do funcionário do partido Beltrano (Kunze) e conduz seu "senhor" através da república num Tatra negro. Na figura de ambos, são desmascaradas as relações de poder em vigência no socialismo realmente existente. A sátira é grandiosa e expõe o manifesto crítico e solidário de um escritor socialista à realidade cotidiana – viciada – de seu país, desencaminhado pela propaganda e pelo burocratismo da elite dirigente. Volker Braun se situa com tanto vigor na esteira da arte do combate, que eu não resisto à tentação de traduzir um de seus relatos... O velho dilema da essência e da aparência renasce em toda sua força na crítica nem um pouco inofensiva de Braun:

Crítica inofensiva

Algumas das coisas que desagradavam a Fulano, ele não rejeitava terminantemente, apenas lhes arranhava o verniz. Diante de um monumento, ele censurava o material*; aquele general e primeiro servo de seu país, por exemplo, permanecia em pé, reluzente, sobre seu pedestal, como se os tempos não houvessem mudado. Fulano sugeriu que tais nobres cabeças ou bustos fossem feitos de matéria inflável: quando não fossem mais tão famosos, poder-se-ia deixar sair um pouco de ar, para em épocas mais benevolentes voltar a colocá-los em forma, moldando-os, em todo caso, conforme a ordem do dia. (A si mesmo Fulano desejava ver forjado em borracha, a cavalo, a fim de que os carros pudessem bater em sua estátua sem sofrer danos.) Uma vez que sua crítica fora formulada tão carente de princípios, ficou em aberto se ele de fato lutava contra os monumentos – ou apenas contra um modo inconstante de apresentar o passado (presente).*

A dificuldade de dizer "eu" – referida por Christa Wolf em *Reflexões acerca de Christa T.* (Nachdenken über Christ T.) – e a relutância em aceitar a preponderância dos valores coletivos, era parte do pensamento orientador da obra dos escritores orientais: das peças de Peter Hacks, à poesia de Wolf Biermann – e a ironia que o fez proferir "a Stasi é meu Eckermann", referindo-se ao amigo onipresente de Goethe –, ao romance de Ulrich Plenzdorf intitulado *Os novos sofrimentos do jovem Werther*, de 1973.

Na obra, que se tornou um clássico do comunismo, fazendo sucesso também no lado ocidental, Plenzdorf atualiza o romance de Goethe na realidade alemã socialista. Edgar, o novo Werther, é um *outsider*, trabalhador eventual da construção. Ele vive a citar – sem ser entendido – o *Werther* de Goethe e conta a história, depois de estar "do outro lado", numa montagem complicada (não tanto para quem já teve, e muito antes, umas *Memórias póstumas*...) que vê o passado a partir do presente do narrador já mor-

A ARTE DO COMBATE   291

to. Esse mesmo passado – que não é narrado cronologicamente – é visto como o presente dos fatos. Carlota é "Charlie", professora de um jardim-de-infância. Distante da inocência quase submissa da antiga Carlota, ela é a noiva de Dieter (ex-Alberto), que está no serviço militar. Edgar morre quando, depois da cena do abraço com Charlie – similar a do antigo Werther; a diferença reside no fato de que a mulher aqui é muito mais "ativa" –, vai testar seu invento, um aparelho de pintura, feito para contentar o seu chefe de obras. Descuidado, na pressa de querer fugir de Berlim e do amor de Charlie, Edgar deixa alta demais a corrente da voltagem. O lapso é fatal. Edgar sabia do perigo, mas não tomou as precauções necessárias. Ademais, "a coisa até que se passou ligeira", e ele nem notou muito o que lhe estava acontecendo. Assim, Plenzdorf recria o *Werther*, pleno de realismo, num retrato fiel da vida na Alemanha socialista, que parece não permitir mais a paródia nem o *taedium vitae* do antigo Werther, seu impulso genuíno ao abismo e sua melancolia.

Só Volker Braun abdica terminantemente do "eu" e continua firme – até o fim – na defesa do "coletivismo". O autor chega a proclamar numa entrevista: "Meu interesse acerca de minha pessoa não é suficiente para me fazer escrever uma autobiografia". A insatisfação – sempre crítica – com os rumos da Alemanha comunista não impediria Stefan Heym de publicar um último manifesto, em 1989, intitulado *Pela nossa pátria* (Für unser Land) – posicionando-se contra a reunificação –, alcançando a assinatura de Volker Braun e Christa Wolf. Mas o empenho dos escritores pouco adiantou; a experiência da Alemanha Oriental foi anexada ao capitalismo do Ocidente.

Em 1990, Christa Wolf publicaria a narrativa *O que fica* (Was bleibt), resumindo a difícil situação do "socialismo realmente existente" na República Democrática Alemã, que devido a uma série de contingências e desvios de rota acabara se transformando num Estado-espião. Os doze volumes de *Exame de arquivos* (Akteneinsicht, 1993) complementariam o trabalho de avaliação do Estado morredouro promovido pela autora. No romance *Eu* (Ich), publicado também em 1993, Wolfgang Hilbig mostraria sua versão literária dos últimos dias da Alemanha Oriental. No romance *Um vasto campo* (Ein weites Feld), de 1995, o ocidental Günter Grass faria um balanço da reunificação, deslocando a ação de sua obra para os dias imediatos após a queda do muro. O oriental – mais tarde exilado na Alemanha Ocidental – Erich Loest estudou a época imediatamente anterior à queda do muro no romance *A igreja de São Nicolau* (Nikolaikirche), também de 1995, focalizando as reuniões do povo na *Nikolaikirche*, em Leipzig. Simples e discreto nos meios – seus personagens são fortemente tipificados –, o romance é um documentário, às vezes parcial, acerca de sua época – Loest inclusive usa muito material documental em suas obras –; não mais que isso...

Um "a parte" para Thomas Brussig

Outro alemão oriental, Thomas Brussig (1965 –), focalizou o instante exato da queda em seu romance pícaro *Heróis como nós* (Helden wie wir), de 1995. No que aliás foi secundado por Thomas Hettche, um ocidental que ousou meter a mão na massa de um "assunto oriental" em seu romance *Nox* (noite, em latim), também de 1995... Sim, 1995 foi o ano dos romances sobre a queda do muro! Na esteira do grego Luciano, Hettche relata os acontecimentos sob a perspectiva de um cadáver, analisa a Alemanha como se fosse uma ferida – mórbida e orgiasticamente – aberta e está longe de bafejar a qualidade de Machado de Assis!

O caso de Thomas Brussig é mais embaixo... Provocante a não querer mais, sarcástico até o fim do mundo, *Heróis como nós* conta a história de Klaus Uhltzscht – sobrenome que mesmo em alemão soa pra lá de estranho em sua infinidade de consoantes e no caráter guturalizante de sua única vogal –, um jovem tímido e cagarolas que cresce no idílio quadrado da Alemanha socialista. "Se eu fosse homem de verdade cometeria suicídio prendendo a respiração", é o que o personagem conclui – cheio de autocrítica – a certa altura. Filho de um espião da Stasi e de uma inspetora de higiene, fracassado em tudo que encaminha – do esporte às especulações de se tornar um agente de primeira linha, passando pelas aventuras sexuais –, ele acaba sendo decisivo na queda do muro. Na noite em que o mundo aconteceu, Uhltzscht baixa as calças diante dos soldados pasmos e assustados com o tamanho daquilo que o herói revela ao universo atônito de seus olhos e os pobres se perdem na distração... Um fotógrafo ocidental eterniza a cena! Após ter sofrido a vida inteira com o tamanho de seu diminuto e tê-lo visto crescer a ponto de se tornar gigantesco – depois de uma operação arriscada, e em certo sentido malograda, em que salva o secretário-geral do partido através de uma doação de sangue –, Uhltzscht derruba o muro e torna-se uma estrela pornográfica no mundo comercial-selvagem do outro lado.

Klaus Uhltzscht conta sua história no monólogo interminável de uma entrevista gravada – real ao ficcional – para um certo Mister Kitzelstein, do *New York Times*, aproveitando o furor do boato que o responsabiliza pela queda do muro de Berlim. O romance lembra a picardia de *O tambor*, do velho Günter Grass... E de certa forma cristaliza as experiências pícaras recentes de Fritz Rudolf Fries em *As freiras de Bratislava* (Die Nonnen von Bratislava) – que fez do romancista picaresco espanhol Mateo Alemán seu personagem – e de Sten Nadolny[15] em *Um deus do atrevimento* (Ein Gott

---

[15] No Brasil, Sten Nadolny é conhecido pelo romance *A descoberta da lentidão* (Die Entdeckung der Langsamkeit, 1983), aliás traduzido no mundo inteiro.

A ARTE DO COMBATE 293

der Frechheit) – bem menos divertido em seu recurso à mitologia grega e muito mais raso no humor –, ambos publicados um ano antes, em 1994. Mas se Nadolny chega à mitologia grega e o foco espacial de Fries é o exotismo de uma série de lugares espalhados pelo mundo inteiro – uma das marcas precípuas do romance pícaro –, o foco espacial de Brussig – e nesse sentido o autor distorce a tradição do gênero – está nos limites de Berlim Oriental.

Ao girar sua metralhadora, Brussig não poupa ninguém... Christa Wolf é uma de suas vítimas preferidas. O ataque à postura do mundo – e da autora, que depois de ver o muro caído fez papel de vítima na obra *O que fica*, embora tenha sido uma das vedetes do regime – em relação ao "fim" dos acontecimentos é corrosivo: "Mas o ensaio mais bonito foi mais uma vez a nossa Christa quem escreveu".

A estréia de Thomas Brussig na literatura havia ocorrido em 1991 com o romance *As cores da água* (Wasserfarben), escrito sob pseudônimo. Nessa primeira obra, o tom de Brussig é bem menos agressivo, mais discreto, mais realista, quase clássico – a influência do *Wilhelm Meister* de Goethe é visível, sobretudo no desfecho do romance –, ainda que o tema seja aparentado: a vida da juventude na Alemanha socialista.

Depois do êxito de *Heróis como nós* – adaptado com sucesso para o cinema e para o teatro; o autor estudou dramaturgia e sociologia –, Brussig ainda publicaria um monólogo teatral (*Leben bis Männer*: algo como *Vida até homens*), no qual um treinador de futebol solta os cachorros de sua vida interior sobre o mundo, e o romance *Do lado mais curto da Sonnenallee* (Am kürzeren Ende der Sonnenalle), em 1999. O título da última obra reflete a situação mui peculiar de uma avenida – a *Sonnenallee*: Aléia do sol – de mais de quatro quilômetros que atravessa Berlim. Da rua inteira, apenas sessenta metros acabam sendo destinados – porque Stalin gostou do nome, amava a arte e se mostrou nobre ao oferecer fogo para Churchill acender seu charuto apagado; e só porque Churchill se permitiu o descuido de deixar seu charuto apagar – à parte oriental. E é lá que vivem os personagens centrais da obra... *Do lado mais curto da Sonnenallee* repete o humor agressivo – um tanto amenizado, vá lá – de *Heróis como nós* e mostra que o sol também brilhava às sombras do muro, no lado leste de Berlim – conforme anuncia, sintética, objetiva, correta e um tanto estereotipadamente, a página editorial que apresenta o livro.

Ao fim e ao cabo, Brussig significa leitura com prazer – a literatura alemã não produz apenas Hölderlins, Georges e Brochs; o grande lírico Robert Gernhardt é outra prova disso; Ingo Schulze, com seu humor bem mais discreto, também – mas sem concessões; de nenhuma ordem... Histórico até a raiz dos cabelos – no mesmo sentido em que Saramago é histórico, embora o alemão às vezes imole um fato histórico no altar de

294 MARCELO BACKES

um trocadilho –, Brussig dessacraliza o mundo com seu riso de Monty Python, levando o falocentrismo – é um parente de Philip Roth e Bukowski – às últimas conseqüências.

Voltando à Christa Wolf, a certa altura do livro – em outro dos ataques à autora – o pícaro Uhltzscht confessa ter usado o primeiro romance da santa autora – *Céu dividido*, Geteilter Himmel, de 1963, cujo enredo é aliás muito semelhante ao do romance *Conjecturas acerca de Jakob*, de Uwe Johnson – como inibidor de ereção... Brussig não poupa o feminismo da autora, que só faria aumentar em sua obra madura.

Um passeio no desvio – às vezes eles são o melhor caminho em direção ao ponto de chegada: o objetivo por veredas subjetivas...

Em *A caminho de Tabou* (Auf dem Weg nach Tabou, de 1994), Christa Wolf repete as lamúrias de *O que fica*; continua se esforçando no sentido de mostrar que sua distância em relação à Alemanha Oriental começou bem cedo e que teve um papel "importantíssimo" na criação de uma consciência crítica em seu país e volta a manifestar uma certa ingenuidade – forçada? – em relação à realidade do capitalismo. O feminismo sinalizado nessa e nas obras anteriores – e "tematizado" em *Cassandra* – atingiria o ápice – dentro da obra de Christa Wolf – em *Medéia*, romance de 1996, no qual os mitos gregos mais uma vez são usados para desmascarar o patriarcalismo da sociedade contemporânea. Na obra, a bárbara Medéia é redimida e elevada à condição de mulher "diabolicamente humana". Cólquida – que está para a Alemanha Oriental –, sua pátria, é um país no qual as mulheres ainda são ouvidas. Já em Corinto – que está para a Alemanha Ocidental – "se mede o valor de um cidadão segundo a quantidade de ouro que ele possui". A crítica vai bem e abandona um tantinho do tom lamurioso das obras anteriores... Wolf Biermann, por exemplo, às vezes parece ter se integrado *por co mpleto* e acriticamente ao mundo capitalista, depois de um princípio ainda crítico no lado ocidental... Eu, em todo caso – e no que diz respeito a Medéia –, sou muito mais o ponto de vista de Dürrenmatt – aliás outro humorista monty-pythoniano –, que disse no posfácio à peça *A visita da velha senhora*: "a mulher mais rica do mundo é aquela que pode se dar ao luxo de ser cruel como Medéia".

Retornando a Thomas Brussig, Klaus Uhltzscht de *Heróis como nós* é o personagem pícaro mais importante da literatura alemã contemporânea, um Simplicissimus redivivo, o bufão shakespeariano mais perfeito da Alemanha Oriental.

Enquanto isso, no "Ocidente"...

Bodo Kirchhoff, no lado ocidental, revelou – desde seus augúrios literários – a tentativa de "objetivar", de "coisificar" a subjetividade da literatura típica de sua geração. *Infanta* (1990), seu romance mais conhecido, conta a história de um herói narcisista, se passa nas Filipinas e apresenta características policiais e elementos eróticos que ficariam ainda mais marcados na obra-prima de Kirchhoff: *Parlando,* romance publicado em 2001. A história do roteirista de filmes policiais Karl Faller e a tematização do complexo edipiano mostram Kirchhoff no melhor de sua forma, em um romance intrigante, instigante, de feição policial e carregadamente hedonista, que não faz – muito embora – concessões de nível.

Outra grande revelação da Alemanha unificada é Bernhard Schlink (1944-), autor de projeção tardia, que começou sua carreira literária publicando romances policiais de alta qualidade.

Com *Der Vorleser* (O leitor, 1996; a tradução do título é insatisfatória e ao mesmo tempo impossível, em português), Schlink deu à Alemanha o maior sucesso literário internacional depois de *O tambor,* de Günter Grass, publicado quase quarenta anos antes. Traduzido também no Brasil, o romance de Schlink narra a relação entre um adolescente de 15 anos (Michael) e Hanna, uma mulher vinte anos mais velha. O palco temporal da história são os anos 50 e a relação – na qual ela é a forte e ele tem de "andar na linha" para não ser castigado com a privação do sexo – é coroada por momentos de intensa afetividade em que o adolescente lê os clássicos da literatura universal para Hanna em voz alta. Depois de meio ano juntos, Hanna desaparece de repente e Michael só a encontra anos mais tarde, por acaso, quando ela está sendo julgada por ter trabalhado para a SS em um campo de concetração. Hanna é condenada à prisão perpétua e Michael descobre o grande mistério que envolve a mulher: ela é analfabeta. Comovido, o rapaz manda fitas cassetes com os clássicos da literatura universal para a condenada. Esta fica 18 anos na prisão, aprende a ler e a escrever acompanhando as fitas, e um dia antes de ser solta comete suicídio, enforcando-se. O enredo comovente e a linguagem simples, mas elegante, fizeram do romance um sucesso editorial no mundo inteiro. *O leitor* foi a primeira obra de um autor alemão a encabeçar as listas de mais vendidos nos Estados Unidos.

Com o volume de contos *Liebesfluchten* (Fugas de amor, 1999, em outra tradução insatisfatória), Schlink deu mais uma mostra do brilhantismo de sua narrativa e da simplicidade elegante – elaborada e refinada – de sua linguagem. Contos como "Das Mädchen mit der Eidechse" ("A menina com a lagartixa") – outra história que volta com primor ao passado nazista da Alemanha – e "Die Frau an der Tankstelle" ("A mulher do posto de gasoli-

296   MARCELO BACKES

na") – com seu clima misterioso, imperscrutável, mas realíssimo – são das melhores produções do conto alemão contemporâneo.

Nascido no mesmo ano em que Schlink nasceu, W. G. Sebald (1944-2001) é dono de um estilo... surpreendente. Sim, de tantos séculos de literatura, depois de tantas décadas de literatura moderna, Sebald ainda é capaz de surpreender. Mesmo que – talvez porque – sua linguagem assuma um tom arcaizante, algo pomposo, quase empavonado – Bernhard Schlink e até mesmo Robert Schneider são maneiristas se comparados a Sebald – às vezes. O clima é pesadelar, a dicção superlativa...

Peregrino semelhante a Stendhal – com quem também partilha o amor à música e a quem transformou em personagem na obra *Vertigem. Sentimentos – sentimentos vertiginosos* (Schwindel. Gefühle, 1990) –, W. G. Sebald se alimentou da memória de suas viagens e deu ao mundo cinco obras de ficção decididamente novas.

Os emigrantes (Die Ausgewanderten. Vier lange Erzählungen, 1992) é a mais conhecida delas. A obra conta a história de quatro emigrantes, protagonistas das quatro longas narrativas do volume. Embora possam ser lidas de maneira isolada, as quatro narrativas estão intimamente ligadas umas às outras e são ordenadas num *crescendo* absoluto, tanto extensivo quanto intensivo. As duas guerras mundiais e sobretudo o holocausto configuram o pano de fundo das narrativas de Sebald. O livro se posiciona – e não esconde, conforme pode ser visto no título – na tradição goethiana das *Conversações de emigrantes alemães*. A presença de Kafka – que também já fora personagem de Sebald em *Vertigem. Sentimentos* – continua marcante no tom pessimista do livro. A dor aguda em relação à perda da pátria, viva em cada linha, lembra a dor de Joseph Roth e o sofrimento ancestral de autores como Heinrich Heine e Max Aub. Há também relações intertextuais nítidas com escritores austríacos caros – para o bem ou para o mal – a Sebald: Adalbert Stifter, Peter Handke e sobretudo Thomas Bernhard... Todos são estudados de perto, por dentro e no fundo nos ensaios de sua obra crítica: *A descrição do infortúnio* (Die Beschreibung des Unglücks, 1985) e *Pátria sinistra* (Unheimliche Heimat, 1991; que é, aliás, um título belíssimo, fundamentado sobre duas palavras de radical semelhante, que recuperam toda a polêmica de Freud em relação ao conceito "unheimlich").

As considerações ensaísticas – falo do ensaio segundo Montaigne, o pai do gênero, ou segundo a aplicação que lhe deu Laurence Sterne na ficção ou Heinrich Heine na poesia; sim, na poesia! – de *O anel de Saturno* são de ordem ficcional. Revelam um autor melancólico e contemplativo – aliás, todo melancólico é contemplativo, assim como todo contemplativo é melancólico – capaz de flanar da história inglesa à metamorfose do bicho-da-seda, da manufatura têxtil à anatomia dos peixes...

A ARTE DO COMBATE

Em *Austerlitz* – sua obra derradeira, antes dela o autor ainda publicara *Logis em uma casa de campo*, em 1998 – Sebald condensa sua prosa a ponto de dispensar parágrafos. A ficção e a documentação, características da obra do autor exilado – voluntariamente – em Norwich, na Inglaterra, voltam a se encontrar num conúbio indissociável, formando um labirinto borgeano que deixa o leitor confuso e atônito ao mesmo tempo.

As experimentações literárias de W. G. Sebald lembram as construções fototextuais e as narrativas documentadas de Alexander Kluge, bem como o projeto monumental de Walter Kempowski em *O ecômetro* (Das Echolot, 1993). Em *Currículos* (Lebensläufe, 1962), Alexander Kluge chega a biografar uma série de pessoas, misturando realidade e ficção. A diferença em relação a Sebald é que sua linguagem é – limitada e intencionalmente – documental; seca e apoética... Já o diário coletivo encaminhado por Kempowski em *O ecômetro* – que lembra Sebald apenas na condição de processo literário – suspende a presença do autor, reduzido à condição de organizador de recortes biográficos oriundos da pena de diferentes "outros". Enquanto Sebald parece levar a literatura às últimas conseqüências, esticando a corda das possibilidades lítero-ficcionais ao máximo, Kempowski a suspende-supera em *O ecômetro*. O autor desaparece, e seu grande mérito artístico é justamente o fato de abrir mão da narrativa artística para dar voz às pessoas que sofreram na carne os horrores do holocausto[16].

Voltando o foco à obra de Sebald, nela – e esta é, junto com a documentação fantástica do narrado, sua característica mais peculiar – o narrador se funde ao autor e ao personagem, constituindo um todo unitário, hegemônico e indissolúvel. Melancólico da raiz dos cabelos à planta dos pés, W. G. Sebald vê tanto nas pessoas quanto nos lugares que ilumina os sinais da decadência e da destruição de uma época. E, nessas circunstâncias, a morte não raro redime seus personagens de seu próprio vazio interior – a dubiedade vai bem: quer dizer, do vazio interior delas mesmas, mas do vazio interior do autor também...

---

[16] Teoricamente, a proposta de Kempowski já fora encaminhada por Walter Benjamin nas *Passagens de Paris*. A experiência também foi levada a cabo, parcialmente, por Peter Weiss em *A estética da resistência*. Tanto em Weiss quanto em Kempowski é visível o lamento profundo de Adorno acerca da lírica pós-Auschwitz: *O ecômetro* e *A estética da resistência* não são mais romances porque – por motivos óbvios – já não podem ser mais romances, mas apenas algo como memoriais fúnebres a uma época lúgubre e apocalíptica em sua miséria humana...

Veio político

Em *Guerra aérea e literatura* (Luftkrieg und Literatur), W. G. Sebald expõe suas teses contra a injustiça aniquiladora da guerra aérea, que arrasou cidades alemãs inteiras depois de o país já ter se rendido em 1945. Crítico em relação ao passado nazista de sua pátria – os germanos ficam de cabelo em pé tão-só ao verem seu nome ligado a uma palavra como *Heimat* –, Sebald não hesita em condenar também a incapacidade dos autores alemães de assumir posição diante daquilo que viram. A postura de um autor como Martin Walser no mesmo assunto não é muito diferente... Ainda que não faltem policiais de plantão – terroristas da virtude –, prontos a gritar "revisionismo!", muitas vezes apenas para acobertar os crimes contra a humanidade que algumas nações triunfantes na Segunda Guerra continuam praticando...

Na mesma linha de Sebald, Martin Walser – que politiza cada vez mais seu discurso – fazia seu personagem proclamar no romance *A guerra de Fink* (Finks Krieg), de 1996: "A história alemã não saiu da merda de Hitler, mas a merda de Hitler é requentada tantas vezes que a qualquer hora podemos vir a ser cobertos por ela. Salve-se quem puder". Aliás, se *Heróis como nós* de Thomas Brussig é uma sátira ao mundo da Alemanha Oriental, *A guerra de Fink* – o funcionário Fink é um Michael Kohlhaas da burocracia, e o romance de Walser lembra o furor político do já esquecido *Êxito*, de Lion Feuchtwanger, em algumas passagens – é uma sátira mui bem acabada, e não menos impiedosa, à Alemanha Ocidental, degregada à condição de Republiqueta de Funcionários no romance... A conclusão de Brussig em *Heróis como nós* não é muito diferente em relação ao socialismo realmente existente da ex-Alemanha Oriental...

As teses de Sebald e as considerações mais recentes de Walser apenas demonstram uma característica visível em parte significativa – mormente entre os escritores estabelecidos; a tendência entre os novos é contrária – da produção literária alemã dos últimos anos: a politização do discurso. E não poucas vezes essa politização causou polêmica...

Foi assim do lado esquerdo com *Um vasto campo* de Günter Grass; foi assim do lado direito com *Anschwellender Bocksgesang*[17], de 1993, de Botho Strauss... Botho Strauss que – assim como Hans Magnus Enzensberger – se afastou das posições esquerdistas de 68 para assumir uma postura pedestálica

---

[17] *Bock* é bode, ou macho de qualquer animal, inclusive do cervo; *Gesang* é canto. Portanto: o "canto do cervo ou do bode". Já o verbo *anschwellen* significa aumentar, inchar. Portanto: "o canto do cervo, que se eleva", coisa que acontece sobretudo quando corteja a fêmea. O título é intraduzível em sua poesia...

A ARTE DO COMBATE   299

e elitista, colocando-se na esteira de autores como Gottfried Benn e Stefan George, passando a defender a necessidade do isolamento crítico a fim de garantir uma "reserva de espírito".

E foi assim com Peter Handke, quando o autor lançou a grande pergunta sobre a Sérvia em *Uma viagem hibernal aos rios Danúbio, Sava, Morava e Drina* (Eine winterliche Reise zu den Flüssen Donau, Save, Morawa und Drina, de 1996). A obra causou polêmica, sobretudo depois de seus primeiros capítulos terem sido publicados no Süddeutsche Zeitung sob o título de "Justiça para a Sérvia". A potente crítica aos meios de comunicação – que voltaram a se portar de um jeito tão hipócrita na invasão do Afeganistão e do Iraque –, perfeitamente digna da soberania moral de um Karl Kraus[18], foi obnubilada pelo debate em torno da postura de Handke em relação à Sérvia... E Handke – lembrando Zola em *J'accuse!* – apenas fez aquilo que os jornalistas deveriam ter feito e não fizeram: uma pergunta...

A propósito, dezenove pessoas – a maior parte delas vindas de um único país – não cometem suicídio coletivo só porque alguém lhes dá um pisão no pé... Por quê?

A NOVÍSSIMA LITERATURA ALEMÃ

Judith Hermann, Karen Duve e o "Fräuleinwunder"

Quando lançou a coletânea de contos *Casa de verão, mais tarde* (Sommerhaus, später), em 1998, Judith Hermann (1970-) foi saudada como a grande esperança da literatura alemã contemporânea. A autora ainda não tinha 30 anos. Sua segunda coletânea de contos, *Nada além de fantasmas* (Nichts als Gespenster), de 2003, foi uma das obras mais esperadas nos salões literários da Alemanha do século XXI.

Mas que é da obra?

Os contos de Judith Hermann são olhadelas furtivas no cotidiano, que discutem a grande pergunta acerca da existência humana. O lugar-comum absoluto de um tema unificador como a busca do "sentido da vida" fez com que a literatura da autora fosse comparada – aliás com propriedade – à profundeza de Tchekhov. Os personagens de Judith Hermann são, todos eles – ora mulheres, ora homens –, Hamlets contemporâneos, cheios de eu e de dúvidas. A sociedade abordada pela autora não oferece mais relações

---

[18] Em *Os últimos dias da humanidade*, Kraus se proclamou ironicamente feliz ao constatar que a jornalista Alice Schalek sangrou pelo menos uma vez – ela ficou urubuzando acriticamente em sua mui conveniente distância jornalística por mais de trinta dias – no *front* sérvio.

afetivas de caráter amplo e obriga seus personagens à afetividade restrita do pequeno grupo.

Tanto em *Casa de verão, mais tarde* quanto em *Nada além de fantasmas* o palco da maior parte dos contos é Berlim, a cidade natal da autora. Os seres da cidade grande, umbilicalmente ligados ao mundo contemporâneo, são o foco da narrativa de Hermann. Temas como a reunificação alemã, fundamento de boa parte da literatura da virada do milênio na Alemanha, aparecem apenas – e no máximo – na condição de pano de fundo bem distante e difuso nos contos da autora berlinense.

Judith Hermann busca definir o pasmo emudecido da existência tanto no que diz respeito à linguagem quanto no que diz respeito ao conteúdo. Se sua linguagem é minimalista é porque o minimalismo é a essência do mundo que ela aborda. Hermann fala também através daquilo que seus personagens não dizem, mostra o que o homem é por aquilo que ele não faz. Laconismo, sobriedade, ausência de teatralidade... Esse é o mundo convulsivo da autora, no qual o significado de tudo muitas vezes se encontra naquilo que é mais convencional, mais trivial.

Em *Casa de verão, mais tarde* a contenção – o caráter lapidar da linguagem e da narrativa – ainda se apresenta maior do que em *Nada além de fantasmas*, cujos contos são bem mais extensos. A autora parece não querer mais deixar tanta coisa de lado, e suas tentativas na busca de rasgos épicos já não parecem mais tão autênticas, tão harmoniosas no sentido de configurar um mundo em que conteúdo, linguagem e postura narrativa aparecem indissociável e harmonicamente ligados.

Contos como "Sonja" – que apresenta um narrador masculino, um artista entre duas mulheres, que vê sua vida mudando ao conhecer Sonja em uma viagem de Hamburgo a Berlim no trem ultra-rápido – e aquele que dá o título à coletânea – "Casa de verão, mais tarde" – de *Casa de verão, mais tarde* são grandes produções da literatura contemporânea e não encontram pares à altura em *Nada além de fantasmas*.

A literatura de Judith Hermann – premiada e de alta qualidade – está bem além da simplicidade *pop*, limitada e estreita que caracteriza boa parte da literatura contemporânea. E não estou falando apenas da literatura alemã – lembro Benjamin von Stuckrad-Bare e seu *Soloalbum* e Alexa Hennig von Lange e seu *Relax*–, mas da literatura universal; da americana à russa, passando pela brasileira. Sexo, drogas e música são apenas subsídios pictóricos na narrativa de Judith Hermann e servem de elemento compositivo a um universo que, longe de ser raso, é até bem fundo. O mundo calmo e silencioso, as paisagens sombrias, cheias de neve e poeira são a negação apenas visível da frivolidade rápida e brilhosa do mundinho *pop* contemporâneo. Judith Hermann sabe que nada é mais calmo do que um canhão prestes ao disparo.

A ARTE DO COMBATE   301

Outra representante grandiosa daquilo que foi chamado de "Fräuleinwunder" – o milagre das senhoritas, do qual também fazem parte Felicitas Hoppe e Alexa Hennig von Lange, entre outras – na literatura alemã é Karen Duve. *Romance da chuva* (Regenroman, de 1999) é uma das obras mais bem acabadas de seu tempo no terreno da narrativa longa.

Que é do enredo?

Um rufião paga cem mil marcos mais sua mercedes velha para que um escritor obscuro – Leon Ulbricht – escreva sua biografia. Recebendo o dinheiro, Leon compra uma casa junto a um pântano, no lado leste da Alemanha, onde vai viver com a namorada Martina, catorze anos mais nova, que ele conhecera num *talk show* e que na verdade se chama Roswitha, nome pouco poético e inclusive associal, segundo a impressão do escritor. A partir daí o mundo desaba num temporal, o tapete úmido e mofado que cobre a superfície das coisas é levantado e a natureza do pântano domina tudo: da vida dos personagens à linguagem da obra. O romance é o pântano; o pântano é o romance... Ambos são borbulhantes, misteriosos e imprevisíveis.

As frases de Duve são curtas mas densas. A micrologia de algumas cenas é perfeita. O enredo é vigoroso e certeiro. As previsões de tempo que abrem os capítulos descortinam um romance que começa nublado, com chuvas esparsas, e termina num furacão inclemente. A narrativa bebe na fonte do romantismo negro de E. T. A. Hoffmann e Edgar Allan Poe – até as paisagens de Karen Duve são parecidas às dos dois autores –, no olho d'água do romance policial moderno – a profusão de cadáveres é macbethiana – e no manantial dos melhores *psychothrillers* da produção cinematográfica americana. Umidade e mofo. Podridão e decrepitude. A atmosfera entorpecente da decadência... Tudo é abafado, pesado e tortuoso no romance de Karen Duve. Drástico e burlesco ao mesmo tempo: tragicômico...

Karen Duve estreou na literatura em 1995 com a narrativa *Na neve profunda um lar sossegado* (Im tiefen Schnee ein stilles Heim) e coordenou a edição de enciclopédias de plantas e animais famosos, coisa que é visível em *Regenroman*. Em 1999, ano da publicação de *Regenroman*, Duve publicou também a coletânea de contos *Não faço idéia* (Keine Ahnung). Em 2002 surgiu um novo romance: *Esta não é uma canção de amor* (Dies ist kein Liebeslied).

Na obra Karen Duve estica o tema central do conto "Não faço idéia", que dá título à coletânea de 1999, e transforma a bulimia – tangencial nos vômitos circunstanciais de *Regenroman* – em tema central da narrativa. Anne Strelau, a narradora em primeira pessoa – aliás típica para a geração inteira do "Fräuleinwunder" –, conta sua vida em retrospectiva durante a viagem a Londres, cidade que decide visitar para encontrar pela última vez um amor não correspondido da juventude. Para agravar a situação, ela decide fazer a

302   Marcelo Backes

viagem justamente no instante em que atingiu o apogeu de seu peso – 117 quilos – e da frustração.

Esta não é uma canção de amor já não é tão grandioso – e mostra-se meio repetitivo às vezes, inclusive em relação à obra anterior da autora – quanto *Regenroman*, ainda que seja bom, sobretudo na crítica social inclemente e no sarcasmo ostensivo diante da sociedade, transformada em uma balança na qual as pessoas são avaliadas açougueiramente segundo o seu peso. Ademais, o romance perde ritmo no final. Em *Esta não é uma...* – a metáfora geral da balança está longe de ser tão orgânica quanto o pântano de *Regenroman* – o problema de uma geração que só fala de si, de suas espinhas púberes, seus amigos e suas músicas – "This is not a love song" – já é mais visível, e quase problemático. Ademais, *Regenroman* é mais incisivo ao se atirar no pântano das relações humanas. *Regenroman* é tão orgânico em sua metáfora globalizante que um dos títulos do personagem-autor medíocre Leon Ulbricht chega a caracterizar a obra de Karen Duve em profundidade: "Escreva ou grite"... O humor da obra é quase mau, e a humanidade é dissecada com uma navalha precisa, afiada e cruel, em metáforas histericamente bem-humoradas – Karen Duve é dona de um agudo senso de comparação, a base do humor –, que às vezes chegam à beira da tolice, mas jamais se precipitam nela.

Assim como em Judith Hermann, a história alemã desaparece do foco dos interesses de Karen Duve. Ao contrário, aliás, do que acontece com a geração dos escritores alemães estabelecidos – de Grass a Handke –, dos emergentes, mas mesmo assim já mais idosos, como Bernhard Schlink ou W. G. Sebald – falecido tragicamente num acidente de carro –, ou até dos "jovem orientais" Thomas Brussig e Ingo Schulze – cuja coletânea de contos romanceada *Simple Storys* analisa o cotidiano em escombros da antiga Alemanha Oriental – e de toda a geração feminina anterior: Gabriele Wohmann e Angelika Mechtel – do lado ocidental –, Monika Maron – do lado oriental – e Elfriede Jelinek na Áustria; além de Herta Müller – que pertence praticamente à mesma geração de Hermann e Duve –, ocidental nascida na Romênia.

Ei-las, uma a uma e brevemente...

Seguindo os passos intelectuais de autores como Trakl e Celan, Herta Müller é uma vítima do exílio – o passado de seus personagens mora no seio da SS – e estuda o lento e irreversível fenecer das relações humanas em suas obras. Elfriede Jelinek também jamais esquece a história, pano de fundo macabro em várias de suas histórias. A autora austríaca é dona de uma prosa marcada pela poesia; se analisada micrologicamente, sua frase revela qualidades poéticas de primeiro nível (veja-se, por exemplo, o romance bestial, não apenas porque tem 666 páginas, *Rebentos dos mortos*: Die Kinder der Toten, de 1995). Levantando a bandeira do feminismo –

A ARTE DO COMBATE   303

Christa Wolf é amena perto dela –, Jelinek parece insistir na velha pergunta "quem come quem?", como se ela fosse a chave de todos os mistérios e problemas do mundo; é o que pode ser constatado em obras como *Desejo* (Lust, de 1989) e *Rebentos dos mortos*. Monika Maron – a quem Judith Hermann relaciona entre os agradecimentos de *Casa de verão* –, por sua vez, também recorre sempre à fonte do acontecimento histórico, mesmo numa narrativa de amor como *Animal triste*, de 1996. A autora inclusive ruminou politicamente seu passado na Alemanha Oriental em obras como *Sossegada linha seis* (Stille zeile sechs), de 1991. O mesmo acontece com Angelika Mechtel – já falecida, embora mais nova – e Gabriele Wohman – profundamente experimental no romance *Intenção séria* (Ernste Absicht, 1970) –, ambas com inclinações intimistas, mas jamais – o burburinho da história as tocou de perto – apartadas do mundo político e histórico que as envolve...

TRÊS AUTORES QUE FIZERAM
A LITERATURA ALEMÃ POSTERIOR À GUERRA

O vasto campo de Günter Grass

Günter Grass foi o último Prêmio Nobel de Literatura do finado segundo milênio. Depois de ter seu nome cogitado por vários anos, o mais conhecido dos escritores da Alemanha atual recebeu a láurea que já era discutida pelo menos desde 1972, quando Heinrich Böll, o último alemão, fora premiado pelo Júri de Estocolmo. Canetti, premiado em 1981 – ainda que escrevesse em alemão –, era judeu-búlgaro.

Nascido em 1927, na cidade livre de Danzig (atual Gdánsk, na Polônia), Grass é artista plástico, escultor e gravador, mas sobretudo escritor. Pertenceu ao Grupo 47, a mais engajada e atuante reunião de escritores do pósguerra, e sempre se preocupou com as questões políticas de sua pátria. No início, mostrou o outro lado do "crescimento econômico" dos anos pósguerra, alegando que os alemães tentavam esconder o passado hitlerista ao mergulhar num consumismo desenfreado. Nos anos 90, assumiu posição contrária ao processo de reunificação, visto pelos eufóricos olhos da maior parte do povo como uma espécie de redenção da nação alemã. Socialdemocrata e redator dos discursos do chanceler Willy Brandt, que governou a Alemanha de 69 a 74, Grass rompeu com a socialdemocracia em 1992, quando esta se uniu em voto aos democrata-cristãos de Kohl na dura Lei do Asilo, corrigida em parte pelo socialdemocrata Schröder – com o apoio de Grass – na nova Lei de Imigração de 2002.

304 MARCELO BACKES

O primeiro grande êxito literário de Günter Grass foi o romance *O tambor*, publicado em 1959 e – até hoje – a mais bem-acabada de suas narrativas. A importância da obra fica mais clara quando se vê que *O tambor* foi o único dentre os dez maiores romances alemães do século XX escrito por um autor ainda vivo. No mais, foi *O tambor* que catapultou Grass à fama. O romance já superou de longe os quatro milhões de exemplares vendidos e é tão importante que, depois de ser publicado, fez todo mundo ter a certeza de que a mais alta láurea da Literatura era apenas uma questão de tempo no caso de Günter Grass. Só Thomas Mann alcançara o mesmo feito, meio século antes, com o lançamento de *Os Budenbrooks*.

Para meter sua chave na porta de saída do século XX, o último Prêmio Nobel do milênio escreveu, em 1999, *Meu século* (Mein Jahrhundert). No livro, Grass escreve cem impressões acerca do século, uma para cada ano, dando um panorama meio realista, meio autobiográfico do século. Os principais episódios dos últimos cem anos, aqueles que pertencem à história ampla do mundo – as duas grandes guerras, os milhões de desempregados de 32, a ascensão de Hitler em 33, o processo de Auschwitz de 64 e outros –, e aqueles que pertencem à história restrita de Grass – o nascimento em 27, a publicação de *O tambor* em 59 etc. – comparecem unidos num livro que é, sem dúvida, uma referência decisiva para a literatura e história alemãs.

Mas o balanço da última década e do último grande acontecimento histórico alemão – a reunificação –, Grass o faria no romance *Um vasto campo* (Ein weites Feld), escrito em 1995 e traduzido no Brasil em 1998, com o título limitado – metafisicamente limitado – de *Um campo vasto*. Além de proporcionar o maior debate literário da Alemanha dos anos 90, o romance de Grass vendeu cerca de 170 mil exemplares só nos quinze primeiros dias após o lançamento – também por causa do debate.

Radicado na tradição política e literária da Alemanha, o romance foi criticado quase que sistematicamente depois que Marcel Reich-Ranicki – o *showman* da crítica literária alemã – apareceu rasgando o calhamaço de Grass numa montagem da revista *Spiegel*. Sob a forma de carta, o crítico se dirigia ao escritor, em personalíssimo tom, descendo o pau na obra e dizendo, entre outras coisas, que seu autor não tinha nenhuma idéia literária para o novo livro e, por isso, expôs suas teses políticas em ficção.

O romance, que carregava o peso da esperança de ser o grande livro sobre a reunificação alemã, fez os críticos se proclamarem frustrados, até enganados, e o escritor foi acusado de preconceituoso contra a reunificação, de socialmente irrealista e ideologicamente ressentido.

Mas que é do romance?

Um vasto campo conta a história de Theo Wuttke, chamado de Fonty, conferencista de cultura, e de Hoftaller, espião, sua Sombra Diuturna. O

A ARTE DO COMBATE 305

primeiro é inspirado em Theodor Fontane, um dos maiores – e mais modernos – romancistas alemães do século XIX. Fonty e Fontane nasceram no mesmo lugar e no mesmo dia, separados por cem anos. Fonty vive de Fontane – o escritor – e faz dele um instrumento para analisar – "subjetivamente" – o mundo. Apropria-se dos personagens dele, dos livros dele, da vida dele e do mundo passado dele até para explicar as circunstâncias de sua própria vida e de seu próprio mundo. Fonty é o Funes memorioso e borgiano de Grass, que recita um Fontane de milhares de páginas de cor, sempre de acordo com a circunstância ou a pessoa em questão. Grass estabelece um paralelo nítido entre a outra unificação alemã, a de 1871 (tempo de Fontane), e a atual (tempo de Wuttke-Fonty). O segundo personagem é inspirado em Tallhover, agente policial, personagem do livro homônimo de Joachim Schädlich, escrito em 1986, e figura das mais valiosas da literatura alemã contemporânea. Tallhover é o herói negativo nascido na Era Metternich e morto nos anos 50 do século XX; o protótipo do servidor de qualquer poder.

Os dois andam sempre juntos e até se confundem num vulto. Fisionomicamente, ambos são como Dom Quixote e Sancho Pança: Fonty magro e alto, Hoftaller baixo e atarracado. Tradicionalmente, lembram Fausto e Mefisto, um sempre ao lado do outro, o último instigando o primeiro e devassando sua vida em busca de mazelas; ambos furungando no passado que, para a Alemanha, é tão atual e recorrente, segundo a visão de Grass.

O título do romance vem de uma expressão do velho Briest, de *Effi Briest*, um dos principais romances de Fontane, que em relação a tudo limita-se a comentar: *"ein weites Feld"*: *um vasto campo*. Fontane é recuperado em múltiplas situações de sua vida e sua obra, num trabalho que lembra o de Thomas Mann com a obra e a vida de Goethe em *Carlota em Weimar*.

Mas as referências não param por aí. Grass mapeia a literatura e a política alemãs desde 1848, chegando a referir acontecimentos anteriores, inclusive. Os Guilhermes são revistos, os Hohenzollers, Metternich, Hitler e Kohl. Literariamente, comparecem Schiller e sua *Maria Stuart*, seu *Tell* e seu *Wallenstein*; Paul Heyse e Theodor Storm; Lenau, Platen e Chamisso, Heiner Müller e Cristha Wolf, escritores orientais, além de um punhado doutros.

Toda a Alemanha é revisitada, a política, a econômica, a literária e a artística. E todos os seus protagonistas são citados. Até o Trabant, multirreferido como símbolo do lado oriental, aparece – "sucata de duas marchas, inimitável carro de papelão" – neste livro-tudo, que é romance, teoria da literatura em si, crítica literária, crítica econômica, dissertação política, crítica da crítica, tese sobre autor e tudo que se imagina: um mundo em si.

Que é da técnica narrativa?

O movimento narrativo do romance acontece todo ele no tempo atual. O tempo passado – reminiscências da vida de Fontane e dos seus escritos e atividades – é parado, estático, lembrado apenas para referenciar o presente. Wuttke e Fonty trocam de lugar a cada instante; um começa a ação e outro a termina, o primeiro sempre com reflexos físicos o outro com arremates mentais: Wuttke faz, Fonty se decepciona; Fonty corteja e Wuttke é quem casa... Assim como Oskar Matzerath – o anão de *O tambor* – se tratava ora em primeira, ora em terceira pessoa, dependendo do que estava fazendo. As coisas são sempre correspondentes, com a diferença de cem anos. No final, depois de uma febre nervosa, Fonty vai e volta, passa a misturar definitivamente os tempos, o passado e o presente.

O narrador é das coisas mais interessantes do livro. É um indivíduo do Arquivo – referido ora de maneira individual, ora como "nós do Arquivo" –, um investigador que acompanha Fonty de perto, intrometendo-se às vezes. Quando comparece à cena, escuta e entra no diálogo; quando não pode, observa escondido ou busca depoimentos, sempre espionando. O Arquivo acompanha tudo com seus sorrateiros olhos e tentáculos de espionagem. Sabe sempre tudo. Do que ele não participa diretamente, fica sabendo pela fala ou pela carta de um espião. A certa altura o Arquivo – uma imagem do Estado espião oriental – passa até a discutir a ordem cronológica do romance que vai contando.

Mas o mais vigoroso – e característico – do livro é a crítica. E ela é dura e começa cedo. Grass escreve: "Um pouco afastado das marteladas, na chamada segunda linha de desmontagem feita a partir do lado ocidental, já se fechavam negócios", referindo-se tanto à venda de fragmentos do muro quanto ao câmbio da moeda – funcionando a todo vapor enquanto o muro cai, e no qual, dum jeito ou doutro, o oriental sempre se sentia engambelado: "Em breve seremos um só povo, mas a princípio valemos só meio marco" – e as especulações imobiliárias.

A adesão é chamada de anexação e Grass, voz dissonante, em ironia autoreferente, diz, a certa altura: "agrada-nos adiar mais um pouco a unificação da Alemanha" e conta outros episódios particulares. No sério, conclui: "A unificação alemã é sempre a unificação dos vigaristas e dos gananciosos". E, lembrando o passado, sentencia: "Na Alemanha a unificação sempre arruinou a democracia". A tratorização cultural aparece referida em frases como: "segundo as regras da iminente Unificação, para justificá-la como vitória do capitalismo, não apenas todos os nossos produtos mas também todo o conhecimento oriental teriam de ser renegados como inúteis".

Grass – que na verdade viveu os primeiros anos da reunificação – faz as ameaças que, no tempo narrativo, ocorrem no momento da reunificação.

A ARTE DO COMBATE   307

Diz, pela boca de Hoftaller, enquanto a nona de Beethoven soa, imponente
e tétrica:

Isso mesmo, alegrem-se, seus ocidentaizinhos! Nós vamos agarrar vocês! Somos
verdadeiros amigos-ursos, a quem abraçamos não soltamos nunca mais! Não se
livrarão de nós, jamais. Nada de milhões, isso vai lhes custar bilhões! (...) Não
será uma alegria pura. Tudo bem planejado. Abre-se o muro: Alegria! Some o
dinheiro de lata: Alegria! Chega o novo marco: Alegria! Mas a conta também há
de chegar.

Grass aproxima-se diretamente da tese de Robert Kurz – sociólogo alemão, também crítico do processo de reunificação – quando fala dos
desmandos da *Treuhand,* comparada com uma sociedade do Terceiro Reich
que também se responsabilizou pelas propriedades dos judeus como a de
agora se responsabilizava pelas dos orientais. O mesmo acontece quando
refere que mais que a vitória do capitalismo, a queda do "socialismo realmente existente" (que Grass chama de Poder-Operário-e-Camponês) significava o início do colapso do capitalismo, seu irmão-gêmeo.

O que para os outros é redenção para Grass é tragédia. O autor expõe
todos os contos de fada da reunificação, fazendo reviver a tese do "retorno
do Potemkin", conselheiro da czarina Catarina II, que mandou construir
cenários de povoados na Criméia para impressionar sua soberana. Até os
soldados orientais, há pouco dispostos a disparar, aceitavam o champanhe
ocidental da comemoração.

As falas do romance por vezes são quilométricas, discursivas e
inverossímeis. Chatas, embora seguidas de auto-ironia, como em "Emmi
não parava de falar", que emenda, mas não tira o desprazer. Há muita – em
sentido negativo – colagem. O romance é fragmentário, composto de episódios aglomerados e sem muita homogeneidade narrativa. Grass mete o enterro de Gerhart Hauptmann – dramaturgo – no meio do texto fazendo
digressões e retoricismos meio inúteis e cansativos, que pesam no aumento
das páginas. Embora a passagem seja emendada com uma boa frase –
"Hauptmann puxava sempre, não importa a que carroça estava atrelado" –, o
caráter de excrescência incomoda. E a morte de Hauptmann logo é referida
à morte de Fontane, num paralelismo dispensável que termina com outra
bela frase: "A aristocracia prussiana brilhou pela ausência!".

Alguns desses desvios narrativos são extraordinários, no entanto. O mais
brilhante deles é aquele em que Fontane e Max Liebermann repassam a
sociedade berlinense sob seus ditos ferino-afiados, enquanto o último –
pintor – faz o retrato do primeiro.

A fantasia, o grotesco delicioso, a alegoria, tão típica do Grass de *O*
tambor e *O linguado,* comparecem quando Fonty, muito maior, é carregado
pelo atarracado Hoftaller compondo uma cena histriônica. No mais, o ro-

mance sofre de excesso de didatismo às vezes e, nesse sentido, responde bem a uma tendência negativa visível na obra recente de Grass: um tom pedagógico, retoricamente fácil e literariamente frágil... Assim como Heinrich Böll, o autor parece – em determinadas passagens – limitar-se à proposta ingênua de educar o leitor. No romance *Em passo de caranguejo* (Im Krebsgang), publicado em 2003, Günter Grass continua em sua velha postura, que não vê no mundo perspectiva alguma, ao mesmo tempo que detecta na história um ente repetitivo no interior do qual o mau – apesar da experiência, e tanto em termos estritos quanto em termos amplos – se repete *ad eternum*. O aspecto mais interessante do romance é a entrada definitiva de Grass, um representante da velha guarda literária, no mundo da internet, que interfere de maneira decisiva nos rumos – tanto formais quanto conteudísticos; na linguagem e no enredo – do romance.

Em *Um vasto campo* – para voltar ao foco de algo que já é um desvio – o casamento final da filha de Fonty é a metáfora essencial da reunificação e do livro. Se isso já fica visível na situação das coisas, ainda é reforçado por uma frase seca: "Mas quem sabe alguém pode nos contar como o rico ocidental Grundmann fisgou Martha, pobre ratinho oriental". E, depois de falar de unificação, Fonty diz em relação ao casamento "vai se arrastar sofrivelmente como qualquer casamento" e Grundmann poderá "cortar para si o filé mais suculento". Mas no final, Grundmann, o ocidental, acaba morrendo ao bater sua Mercedes num Trabant de papelão. Viajou sem cinto, "mas isso não constava no telegrama", refere Grass insinuando como se omitiam as coisas referentes ao acidente da reunificação.

Grass se manifestou contra a reunificação, mas unificou a Alemanha com seu romance. Ele é um dos poucos escritores que venderam tanto no oeste quanto no leste, pois, é preciso saber, o muro continua "nas cabeças" e as manifestações nostálgicas do Oriente não são nem um pouco insignificantes. Ademais, Grass provou a capacidade orgânica da literatura, movendo o mundo da Alemanha num debate, e ainda proporcionou várias novas edições de Fontane, um dos grandes romancistas alemães do século XIX, que, lamente-se, continua inédito no Brasil...

Enzensberger através de uma de suas obras

O naufrágio do Titanic, obra de 1978, constitui o centro da obra de Hans Magnus Enzensberger. Para ele convergem todas suas obras anteriores e dele nascem todas as posteriores.

Com seus 33 cantos, mais os 16 cantos de interrupção e comentário, *O naufrágio do Titanic* (Der Untergang der Titanic) é um titã épico-lírico de 49 cantos-poemas e mais de cem páginas. Construída sobre a catástrofe de

A ARTE DO COMBATE 309

1912, que levou ao fundo do mar a menina-dos-olhos da Marinha britânica, a epopéia descreve tudo: o cardápio dos lautos jantares, as riquíssimas salas de mobília suntuosa e decoração requintada; as notícias do dia posterior ao naufrágio – sendo que a última, um despacho lacônico da Reuter, assegura que todos foram salvos –; as estatísticas de mortos e sobreviventes, com percentuais e injustiças de classe; o desempenho duvidoso e arrogante do capitão; o milionário que quis se salvar vestindo-se de mulher; os cinco chineses, desconhecidos, isentos e sorrateiros, que acabam salvos, sem que ninguém saiba como...

O poema é desenvolvido em vários planos narrativos: o fato histórico de 1912; o naufrágio em si, visto num filme; a história de duas ilhas-Titanics – a Cuba da primeira versão do poema de Enzensberger (de 1969, cuja cópia única foi perdida ao ser enviada para a França, "escrito a lápis, / porque em toda Cuba / não havia sequer uma folha de papel-carbono") e a Berlim ocidental do segundo, "Ali onde a Europa é mais feia" – e a história de todas essas histórias, concretizada no poema do "agora narrativo" (1977).

Na Berlim atual que – há muito – já passara pelo seu (naufrágio)", o poeta diz:

> Eu me ocupo
> dos anúncios de rádio, do menu,
> dos cadáveres da água. Eu os ajunto,
> os cadáveres da água, do rio negro, /
> gelado, do tempo passado.

E relembra todos os passados: o histórico real, visto no filme em segundo plano, o do poema perdido na ilha tropical e a perdida esperança de uma sociedade melhor; ambos – poema e esperança – naufragados e entrelaçados. Só uma reprodução crassa – mas realista – dos acontecimentos parece fazer jus aos mais de mil afogados, mortos miseravelmente sob a impotência do progresso.

As imagens são fortes e contundentes. Começam na solidão do poeta, que antecipa:

> Nunca mais,
> voltará a ser tão calmo,
> tão seco e morno como agora.

para, logo a seguir, chegar à sentença: "Era o começo. / O começo do fim é sempre discreto".

O *iceberg* não demora a mostrar a carantonha e é descrito como "Uma unha de ferro, / Que arranha a porta e a golpeia. /", em imagens imponentes:

> Acreditava-se ver
> o fogo do sol,

> *se espelhando*
> *nas janelas*
> *de cem palácios*

de avassaladora isenção:

> *Não nos diz respeito,*
> *seguirá adiante, lacônico,*
> *de nada precisa,*
> *não se reproduz,*
> *derrete.*
> *Não deixa rastros.*
> *Desaparece com perfeição.*
> *Sim, assim se há de dizer:*
> *Perfeição.*

que acabam determinando uma morte bem particular: "Isto não é como uma carnificina, como uma bomba; / ninguém sangra, ninguém é dilacerado".

A ironia de Enzensberger também comparece e é pontilhada de crítica:

> *(...) A terceira classe*
> *não compreende inglês, nem alemão, só uma coisa*
> *ninguém precisa lhe esclarecer:*
> *que a primeira classe alcança primeiro,*
> *que o leite nunca é suficiente e nunca suficientes os sapatos*
> *e que nunca há suficientes botes salva-vidas para todos.*

Na hora fatídica, inclusive, a terceira classe nada compreende, estupefata e estupidificada, semelhante à formiga condenada à morte no deleite do açúcar:

> *nas barreiras, abriam caminho,*
> *Concordavam com ele, respeitosos,*
> *e esperavam, até que afundaram.*

A epopéia lírica do *Titanic* é o fulcro da obra de Enzensberger. Ponto de chegada do que é anterior, ponto de partida para o que é posterior. *Defesa dos lobos* (1957), seu primeiro livro de poemas, e os seguintes, *Vernáculo* (1960) e *Braille: escrita para cegos* (1964), caracterizam-se pelo ataque... tanto a poderosos quanto a dominados, ambos condicionados reciprocamente e ambos reproduzindo os mecanismos do poder. No poema "Defesa dos lobos contra os cordeiros" – do primeiro livro – Enzensberger diz:

> *Louvados sejam os salteadores: vocês (os cordeiros)*
> *convidam para o estupro*
> *deitando-se no leito preguiçoso da obediência. Mesmo gemendo/*
> *vocês mentem. Querem*
> *ser devorados. Vocês não mudam o mundo.*

A ARTE DO COMBATE

E n'*O naufrágio do Titanic* reaparece tudo, elaborado de um modo mais filosófico:

> *Que nós infelizmente não consigamos*
> *deixar de nos estuprar,*
> *de pregarmos na encruzilhada mais próxima,*
> *e comer os restos mortais; seria bom*
> *encontrar explicação para isso.*
> *Bálsamo para a Razão.*

O *Titanic* também recupera a recorrente discussão sobre a identidade do sujeito, trabalhada no poema "Identificação pessoal". O debate sobre o papel da arte volta à tona quando é levantado o axioma de que a arte não deve criar aparências falsas, nem ilusões tranqüilizantes, mas intervir na sociedade e dar testemunho do que é injusto, atuando como se rebatesse – refratasse, diria Adorno – a realidade:

> *Porque o momento*
> *em que a palavra* feliz
> *é pronunciada,*
> *jamais é o momento feliz.*

que se transformará na imagem concreta de *A fúria do sumiço*, obra de 1980: "Fora da cabeça do pintor / e do quadro dele / não há sapatos".

O *Titanic* condensa a poesia inovadora de Enzensberger e marca o sarcasmo cético de um autor que não acredita em progresso no caminho da História. O poema também faz a crítica da "indústria da consciência" – as notícias desencontradas e sua total ineficácia, porque os homens são arrogantes e o poder da técnica, ilusório – e a crítica da "indústria da arte" nas várias referências às vanguardas.

Tudo o que seria referido depois em *Guerra civil* – a ironia, o sarcasmo, a dúvida e a revolta, o "ovo da serpente" que continua a ser incubado, mesmo depois do fim da guerra fria e do socialismo real; o sonho da Europa unificada ainda estilhaçado pelos conflitos étnico-religiosos, pelas guerras contra a imigração e pelo esfacelamento da Iugoslávia (manifestações pós-ideológicas, pós-políticas e de longe não menos terríveis); a "guerra civil" cotidiana, o cidadão comum que pode ser um *serial killer*, um *skinhead* da noite; a "guerra molecular", não declarada, a permanência eterna de Hobbes – já aparece no *Titanic*:

> *A luta de todos contra todos,*
> *como se ouviu em círculos,*
> *próximos ao Ministério do Interior,*
> *nacionalizada logo será,*
> *até a última mancha de sangue.*
> *E saudações de Hobbes.*

O ceticismo dos cantos intitulados "A classe dos filósofos" e "Modelo da Teoria do conhecimento" – a "caixa com o rótulo de caixa", dentro da qual há uma caixa, e assim em diante, até aparecer uma caixa tão pequena, que se evapora borgianamente ante os olhos e, na realidade, só existe na imaginação daquele que abre – e as ironias ao tecnicismo e à inaptidão do homem prenunciam *Mediocridade e loucura*, obra de 1988, e o decreto da vitória do "analfabetismo secundário", daqueles que têm muita escola, pouco conhecimento e nada de sensibilidade.

Anatol Rosenfeld escreve que Enzensberger era respeitado na Alemanha Oriental como "burguês de oposição", infelizmente demasiado "individualista" e "sem contato com a classe operária". Já a Ocidental deu-lhe, depois de *Defesa dos lobos*, a alcunha de "jovem irado". Não suportou seus poemas de crítica social, quando imperava – em pleno milagre do crescimento econômico, do alvoroço desfrutante do consumo pós-guerra e da escassa lembrança de um nazismo passado – uma poesia meio ingênua, a-histórica e apolítica que fazia da natureza o seu principal tema.

Enzensberger, o provocador – que chega a acusador nas investigações, longe de serem apenas literárias, sobre o FMI e o Banco Mundial e os mecanismos ideológicos e morais que os movem, que ataca e fala e pensa porque não tem nada a temer e muito a dizer, até ensinar –, recupera a melhor tradição alemã de Heine e Brecht, com a ousadia, até insolente, do primeiro, e a combatividade política – não ideológica – do segundo. Tanto na poesia quanto no ensaio, Enzensberger é sempre crítico. O paradoxo e a destruição de tabus são a base de sua crítica à cultura. Quando recebeu o Prêmio Büchner – em 1963 – Enzensberger declarou, referindo-se ao Grupo 47, ao qual também pertenceu: "A única coisa que dividimos uns com os outros é a divisão. A ruptura é a nossa única identidade".

O naufrágio do Titanic – poema sem dogmatismo, prototípico na obra do autor – pode servir tanto de metáfora ao ocaso da sociedade burguesa quanto à derrocada do "socialismo realmente existente". Certo é que ele simboliza o fracasso da crença no progresso da humanidade. O grande navio naufragado em 1912 é ressuscitado por Enzensberger e trabalhado como se fosse a moderna – ainda clássica – nau dos insensatos, em que cabe toda uma humanidade de visão canhestra, não "iluminada", e sem condições para lidar assisadamente com suas próprias criações e inovações técnicas. Antes do fim de qualquer esperança, no entanto, convém lembrar sempre o que o próprio Enzensberger disse: "Mesmo o homem, ao qual a água já está pelo pescoço, ainda pode aproveitar sua cabeça: para pensar, não apenas para gritar". E fazer disso um manual de conduta.

Wolf Biermann

Wolf(gang) Biermann nasceu em 15 de novembro de 1936 na cidade cosmopolita – e portuária – de Hamburgo. Seu pai era judeu, comunista e trabalhador de estaleiro. Ativo na resistência ao nazismo, o velho Biermann foi preso pelo Terceiro Reich em 1936 – antes mesmo de o filho nascer – e assassinado em Auschwitz no ano de 1942.

Finda a Segunda Guerra, Wolf Biermann foi para a Alemanha Oriental em 1953, com apenas 17 anos. Por lá ficou até ser expulso em 1976, depois de um concerto na cidade de Colônia – na Alemanha Ocidental – promovido pelo Sindicato dos Metalúrgicos. Após estudar Economia Política, Filosofia e Matemática, Biermann trabalhou como assistente de direção no *Berliner Ensemble*. A partir de 1960, passou a viver como poeta, recriando sua própria lírica em composições musicais. Biermann cantou seguindo os passos de Heine e Brecht, adotando o jeito "desavergonhado e belo" de "François Villon, meu irmão mais velho".

Marcada pela crítica marxista – o que é quase uma tautologia, uma vez que o marxismo é sempre crítico –, a atividade poética de Biermann assumiu tons polêmicos e satíricos, sobretudo ao falar das contradições entre ideologia e realidade na Alemanha Oriental. Mesmo depois de ter sido expulso do país – e ainda que jamais tenha logrado publicar um livro ou um disco sequer na Alemanha Oriental –, Biermann sempre deixou claro que a melhor Alemanha era a comunista, aquela que o capitalismo inteiro chamava de "outra" e ele sabia ser a "sua"... E continuou acreditando e defendendo a necessidade da experiência socialista. Biermann queria ser socialista, queria ficar na Alemanha Oriental, considerava-a sua pátria, mas foi obrigado a assumir o papel de inimigo do Estado. Quis cantar "livre como um pássaro na floresta" e foi instado a ver que isso era impossível.

Com o livro *Harpa de arame. Baladas. Poesias. Canções* (Die Drahtharfe. Balladen. Gedichte. Lieder), lançado no lado capitalista de Berlim em 1965, Biermann estreou na literatura e deu à Alemanha a obra lírica mais vendida dos tempos pós-guerra. Em dezembro do mesmo ano, o poeta seria obrigado a parar de publicar seus poemas e fazer *shows* – em suma, de exercer sua profissão – na parte oriental... Um autor era impedido de alcançar o público ao qual se dirigia: os leitores da Alemanha Oriental. A partir de então, Biermann resignou-se a fazer parte de antologias e gravar seus discos em sua própria casa, limitando-se a musicar canções de amor, às vezes fortemente carregadas de sexo, assunto que o autor encarava – e dominava – com a maior naturalidade do mundo. O bardo se recusava a escrever "lírica encomendada" para os funcionários do partido e classificava o gênero de "comida aos porcos", dizendo que para eles reservava apenas o "sumo amargo da minha verdade". Em *Alemanha. Um conto de inverno* – referência

314   MARCELO BACKES

direta à obra homônima de Heine –, publicado em 1972, Biermann canta, sempre crítico, instando seus conterrâneos ao protesto:

> *Viva*
> *A revolução na tua terra...*
> *Foi sepultada viva!*
> *E tu festejas cedo demais, camarada.*

Se Goethe disse que a poesia que não nasceu para ser música errou de profissão, os discos de Biermann unem a poesia à música de um modo direto. Ele mesmo escreve as letras – poesias de altíssimo valor literário – e compõe a música, universalizando a expressão de sua arte. Biermann é uma espécie de Chico Buarque – que é grandioso, mareja meus olhos, ata um nó saudoso e dolorido em minha garganta, instilando em mim o orgulho de ser brasileiro a cada vez que o ouço – tedesco; a poesia unida à música num mesmo artista e de maneira grandiosa.

Os discos de Biermann são, todos eles, obra de arte – e que obra de arte! – tanto musical quanto poeticamente. Desde logo, no LP *Canções de amor* (Liebeslieder), Biermann questiona as relações entre interesse privado e interesse político, temática característica na Alemanha Oriental da época. No disco *Há vida antes da morte* (Es gibt ein Leben vor dem Tod), o tema do autor é o fascismo.

Depois da expulsão, em 1976, o primeiro disco lançado por Biermann foi *Apesar de tudo isso!* (Trotz alledem!). A obra mostra o caminho do poeta de uma Alemanha à outra, abordando – e criticando – aspectos típicos da vida na Alemanha capitalista, como a greve dos estivadores de Hamburgo – sua nova-velha e verdadeira pátria –, o terrorismo da RAF e o problema das usinas nucleares. Nos comentários a esse disco, o próprio Biermann declara que escreveu e musicou as canções para mostrar o quanto se sentia "estranho e familiarizado ao mesmo tempo" com os problemas da Alemanha Ocidental, depois de um ano e meio de vida capitalista. Na canção intitulada "Miserere alemão" (Deutsches Miserere) – um dos píncaros poéticos e musicais do disco –, o poeta compara diretamente as duas Alemanhas e arrebanha a fúria dos críticos ocidentais ao dizer que "saiu da chuva *(na Alemanha comunista)* para o esgoto *(na capitalista)*". A resposta – antecipada – à crítica dos jornais é dada na mesma canção, quando Biermann dispara:

> *E os jornalistas no ocidente*
> *Eles mentem descaradamente como querem*
> *Mas seus colegas no oriente*
> *Esses mentem corretamente como devem.*

Na mais recôndita das veredas de sua lírica, Biermann já parece sonhar – nesse disco – com a reunificação das Alemanhas, ponto de vista que a

A ARTE DO COMBATE

princípio poderia aproximá-lo dos direitistas. Mas a união vislumbrada pelo poeta é uma união sob a bandeira do socialismo, e nada estava mais distante desse alvitre do que o pensamento da direita...

Em *Ícaro prussiano* (Preussischer Ikarus), publicado em 1978, Biermann permeia as poesias com "prefácios", ou seja, 23 reflexões curtas e sintéticas acerca dos temas mais variados. Elas são sempre provocadoras, às vezes paradoxais. Em uma dessas reflexões Biermann diz ver com satisfação que há cada vez mais pessoas saídas da Alemanha Oriental que não se aninham ao lado direito da política, conscientes de que – apesar da experiência do "socialismo realmente existente" – um melhor futuro para a humanidade poderia ser alcançado apenas pelo socialismo. A obra assinala a mudança definitiva de Biermann, que de então em diante já não é mais um escritor da Alemanha comunista, mas fez da outra Alemanha – a capitalista – o seu tema. Se na Alemanha comunista Biermann verificava resquícios do velho pensamento estatal prussiano e seu controle da liberdade, na Alemanha capitalista ele constata a persistência de rasgos fascistas na condução dos destinos políticos. Nos discos seguintes, no entanto, quando chega a participar de campanhas políticas – sobretudo no intuito de evitar a chegada da Democracia Cristã ao poder, coisa que acabou acontecendo –, Biermann apenas deixa claro que sua integração ao novo estado – sempre crítica – já é total.

Nas obras mais tardias, entre elas *Affenfels und Barrikade*, de 1986, Biermann passa a avaliar sua própria posição de artista, dividido entre sua própria pretensão utópica e a o fato da realidade social. O resultado é uma série de poemas desiludidos e melancólicos, "cegos de esperança", que no entanto jamais deixam de investir tudo na "violência suave da razão".

De um ponto de vista panorâmico, a obra e o pensamento de Biermann foram sempre orientados pelo debate. A polêmica sempre fez parte de sua conduta. Seus concertos são permeados de discussões e ele jamais quis fazer de seu público uma multidão de cordeiros a segui-lo e assim ver-se transformado num artista *cult*, patético em sua passividade. Sua ordem é a batalha de idéias, o combate na arte.

O chamado "caso Biermann" talvez seja o exemplo – em termos universais, inclusive – mais característico para qualquer estudo sobre as relações entre Estado e Arte. A expulsão do bardo do país – e do sistema – ao qual amava foi condenada por todos os autores militantes da época, de Christa Wolf a Stefan Heym, de Sarah Kirsch a Jurek Becker, de Volker Braun a Heiner Müller... e acabou fazendo com que uma série de escritores alemães-orientais deixasse seu país, descontentes com a gota d'água que entornou a vasilha de suas esperanças.

POSFÁCIO

VIVA A CRÍTICA QUE METE O PAU!

A crítica literária brasileira é um objeto difuso, amorfo e disperso. Nós não temos nem história crítica; não tivemos nosso Lessing, nosso Sainte-Beuve, nosso Dryden. Se temos Antonio Candido, Roberto Schwarz e Alfredo Bosi, se tivemos José Guilherme Merquior – dentre os críticos brasileiros aquele que mais refletiu criticamente sobre o papel da própria crítica –, não podemos dizer que temos uma história crítica.

Tivemos, claro, Sílvio Romero... Mas ele não fez crítica, fez, sim – e apenas –, história literária. E José Veríssimo? Ainda que tenha feito crítica – e se mostrado probo e esteticamente acurado em sua atividade –, sua tradição não repousa sobre a tradição secular de um Lorenzo Valla ou de um Lodovico Castelvetro, críticos dos séculos XV e XVI na Itália; nem sobre a memória de um Jean de Meung ou de um François Hédelin, críticos do século XIII e XVII, na França; nem mesmo sobre o conhecimento antigo de um Lutero, crítico do século XVI na Alemanha. José Veríssimo já faz parte do século XX e não teve o apoio de uma tradição anterior no Brasil. Sua crítica repousa, em grande parte, sobre suas leituras francesas recentes, sobretudo de Ferdinand Brunetière, crítico conservador e dogmático, e do já mencionado Sainte-Beuve.

Não resta a menor dúvida de que o fato de não termos história crítica é – antes de tudo – uma questão histórica e cronológica, mediada pela dialética de centro (o velho mundo europeu) e periferia (o novo mundo americano). Ou seja, para o Brasil, na periferia geográfica e cultural do mundo, não ter história crítica é, antes de tudo, uma questão de tempo. Todavia, o fato dado e provado é este: nós não temos história crítica.

318 MARCELO BACKES

Talvez seja também por isso que a crítica literária praticada nos jornais brasileiros de hoje – ela já foi melhor; e não estou falando nem de Veríssimo, nem de Merquior, nem mesmo de Roberto Schwarz, que é um exemplo de seriedade e competência a ser seguido – é pontual, espasmódica e regida pela conveniência. Sua maior característica é a ausência de crítica. Ela é pautada por "encômios descabelados" e descobertas semanais do maior autor dos últimos cinqüenta anos e do melhor livro dos últimos dez... Coisa que acontece principalmente quando – mas não apenas quando – o julgamento é concedido à pena de um outro autor, sempre ciente – combinada ou tacitamente – de que se chamar o co-irmão de Balzac ou Tolstói um dia será chamado de Flaubert ou Dostoiévski.

A crítica literária brasileira, de uns tempos para cá – sobretudo depois que os jornais eliminaram os famosos rodapés –, tem sido exercida entre Aplausos e Bravos! e não torce o nariz nem diante de coprólitos livrescos... (Sintomático, aliás, esse troço de os nomes das revistas de cultura em atuação no mercado serem assim tão positivos – quando não positivos, neutros. Falta apenas um Viva, e antes que alguém o dê, dou-o eu, mas à crítica, fazendo a crítica da crítica que não existe.)

A crítica séria, a única digna desse nome, aquela que não se deixa embalar por convenções nem comodismos e é regulada por princípios e capacidades, praticamente já não existe mais. É que ser bonzinho com os outros é coisa das mais fáceis e cômodas. Os boquirrotos do elogio, os criticastros de plantão, os caçadores de obras-primas têm um tapete de facilidades estendido a seus pés. Não se comprometem com ninguém, autores, mídia e público – embora enganem a todos eles –, e fazem da complacência esponjosa, da mediocridade sem critérios – que elogia a torto e direito, aceita tudo e tudo sanciona, sem questionar, sem ousar a discordância – o eixo de um mundo vazio, acrítico e comodista. Isso quando afirmam sua opinião e não fazem apenas um apanhado genérico da obra, seguindo os bem-intencionados – nunca isentos – releases das editoras e dão ao leitor o mesmo que ele encontrará na orelha ufana e estufada do livro. Difícil é criticar, é ser severo, não seguindo a perniciosa sugestão que ensina a viver em paz com o mundo e prega o lema de ser gentil com o próximo.

E é essa indigência crítica, que não opina e quando opina louva, que faz tanto sujeito se aventurar à condição de autor e entupir as editoras com um despautério de originais – eu tenho a experiência de ter recebido uns vinte por mês durante dois anos e ter eliminado 90% deles nas três primeiras páginas. É óbvio que não quero dizer que é apenas a ditadura do elogio que faz os escritores entupirem as editoras de originais... Mas, se a crítica fosse mais séria, as pessoas talvez tentassem "criar" mais e publicar menos, talvez

A ARTE DO COMBATE

pudesse ser dado aos postulantes a escritor pelo menos a tentativa de um parâmetro, o esboço de uma régua avaliativa.

É essa mesma indigência crítica, aliás, que faz proliferar o autor medíocre de muitos livros, cheio de sucesso e aprovação pública – verdadeiro engano perpétuo –, impedindo o nascimento do bom, sem espaço de fama e avaliação que lha permita. É essa crítica que permite o tonitruante coro dos escritores auto-satisfeitos, afagando-se mutuamente como os asnos de Erasmo, ao sabor dos elogios de dois "V", que vão e voltam conforme os livros são publicados. Mesmo admitindo a boa vontade e a isenção de um autor em relação a outro, em geral ele está preso a uma visão de literatura – e de arte – apenas subjetiva – coisa que pode acontecer também com o crítico –, e só escreve sobre seus "pares", até por não ter condições de opinar com justiça sobre os "diferentes". Foi o que fez Goethe desprezar Kleist, e Schiller desconhecer Hölderlin. Ademais, quando um autor fala de outro, além de fazê-lo no mais das vezes de modo superficial – pintando um retrato do autor sem fazer a análise da obra –, louva no outro o seu próprio esforço literário, a sua própria dificuldade, o seu próprio ato heróico e egocêntrico de encher o abismo de uma folha em branco e acreditá-la capaz de interessar ao mundo.

Mas que troço é esse de não se poder tocar um livro, que logo autor e séquito se levantam em coro para acusar o crítico de parasita, de ressentido, e perguntar quantos romances escreveu, para se julgar no direito de criticar tanto o de outrem? Nessas horas, autor e séquito parecem acreditar contritos naquilo que era fé da Antiguidade e vigorou até a época romântica, mormente em sua face obscurantista e acrítica: a obra sussurrada pela musa ao ouvido do poeta e que, tendo inspiração – ou pelo menos crédito – de ordem divina, não pode ser tocada pela pena vil e exógena do crítico. Ora, não é necessário ser cozinheiro para dizer que uma sopa está salgada em demasia... e Pelé não é – nem de longe – o melhor comentarista do mundo em assuntos de futebol...

Friedrich Nicolai, um crítico alemão ousado, daqueles que não deixavam de questionar Goethe só porque Goethe era Goethe, e que encarnou em si o espírito do iluminismo alemão, cheio de graça e espírito, incisivo, belicoso, pleno de sátira e crítica, disse que "Os erros do crítico nem de longe prejudicam tanto quanto os louvores mútuos dos escritores". Ora, ele tem razão. Se não a certeza, pelo menos a possibilidade de uma análise mais objetiva está sempre com o crítico.

Mas que é do bom crítico?

Em primeiro lugar ele tem de estar ciente de que vai apreciar criticamente um objeto artístico, coisa que já está subentendida no radical etimológico da palavra "crítica". Isso pressupõe frieza científica, um postulado de verdade e ouvidos fechados ao ódio, à camaradagem e à indiferença.

320 — MARCELO BACKES

Ao mesmo tempo que não pode elogiar de maneira gratuita, o crítico jamais deve fazer valer o fato de que o escorpião não teria virado constelação se não tivesse picado o calcanhar de Aquiles. Se o fizer, jogando pedras sem critério aqui e acolá, estará sendo movido não pela tentativa da análise, mas pelo seu próprio arrivismo juvenil, equiparando-se, portanto, àquele que elogia por sistema. Estará usando a crítica para satisfazer sua própria critiquice...

Seguindo a prescrição de Machado de Assis em "O ideal do crítico", o crítico não pode abater por impulso ou levantar por vaidade, nem se mover, como a ventoinha, ao sabor dos caprichos, muito menos da moeda, como no caso daquele famoso resenhista que tinha tabela de preços diferenciada para falar muito bem, falar bem, falar mais ou menos, ou dizer a verdade sobre um livro ou autor. No mais, o crítico deve fazer farnel de um punhado das qualidades já citadas por Machado: entre elas a análise, a ciência, a consciência e a independência. A tolerância e a urbanidade são coisas meio gastas e no máximo usáveis para autor de primeiro livro, que tem, de fato, de ser tratado com luvas de pelica, mas sem concessões. O próprio Machado abandonou-as – as concessões e as luvas de pelica também – quando exerceu na prática o que postulava em teoria, caso da crítica a O primo Basílio, *de Eça de Queiroz. Ademais, Bernard Shaw já disse que é complicado conciliar o fato de ser crítico com o desejo de ser um* gentleman.

Importante é – sempre – aventar particularidades, peculiaridades, dizer por que uma obra é boa ou por que é ruim. Exemplificar a toda hora, até para dirimir as dúvidas de quem lê e não deixar parecer gratuita qualquer consideração, seja positiva, seja negativa. Não me venha um relativista querer reivindicar que o crítico deve dizer por que "pensa" que uma obra é boa ou não, e não por que ela "é" boa ou não. A idiotice do relativismo já vicia por demais a literatura contemporânea e inclusive adentrou a porta da ética há tempos, aprontando poucas e boas. É verdade que tudo é mediado pelo eu subjetivo do crítico, mas – por outro lado – o relativismo atual é o aliado mais poderoso daquela velhinha que disse, com um sorriso nos olhos e um suspiro no peito: "gosto é gosto, e não se discute"... depois de chupar o nariz de outra! Eu acredito na existência da régua, do compasso e do bom gosto...

O crítico jamais deve falar de uma obra de maneira abstrata e genérica, enchendo a lingüiça de um texto com floreios e tergiversações, tornando o que é dito sobre Wilde passível de ser estendido para Zola – e isso só acontece, principalmente no texto daqueles que praticam o elogio sistemático. Ademais – e no final das contas –, depois de esburgar o osso em busca de carne de melhor qualidade, de quebrá-lo em busca de tutano, o crítico nunca deve deixar o sorriso do escritor ser o dedo do açougueiro que faz a

A ARTE DO COMBATE

balança da crítica pender para o lado do elogio – o postulado de ser honesto inclui o fato de não dobrar a espinha às eminências e não formar batalhão na "confraria do elogio mútuo" –, mas dizer a verdade sobre o livro, ou aquilo que lhe parece ser a verdade. Até para que não precise confessar ao final da vida, conforme fez Friedrich von Schlegel – crítico romântico alemão –, que elogiou demais. (O ideal seria – coisa que nos dias de hoje é impensável no Brasil – o crítico de profissão, altamente especializado e culto, que vivesse apenas de sua atividade, tendo de responder por ela e por ela sendo julgado, enfrentando seus riscos e as cobranças públicas de coerência. Mas o que na Europa e nos Estados Unidos até é possível, no Brasil não passa de um desiderato estratosférico. Tudo isso, contando, é claro, uma imprensa livre e transparente, que concedesse independência total e irrestrita ao crítico, até mesmo para descer o pau num autor que é colunista de seu jornal.)

Mas quando alguém, mesmo que imbuído de todos esses princípios – ou até por causa disso – e de uma sabedoria técnica e erudita que o respaldem – poucas vezes é o caso, seja lembrado –, ousa meter a mão na cumbuca, elevando a voz para criticar com severidade uma obra, há todo um contingente de ofendidos que se levanta, coletiva ou individualmente, pública ou privadamente, acusando o ousado. (A esta altura e depois desta, o leitor deve estar em busca de seu fôlego, sobretudo porque não poupo conectivos e meto aposto sobre aposto, construindo frases imensas. Só quero deixar claro que já refleti muito a respeito, e usar frases longas é uma questão de princípio. Sempre acreditei naquilo que Peter Naumann – um manancial porto-alegrense de sabedoria – disse, parafraseando não sei quem e criticando as golfadas curtas, espasmódicas e sacolejantes da viciada literatura contemporânea: "Frases curtas podem bem ser veículos de idéias curtas". E já que estou no âmbito do estilo e me pus a dar explicações, vou falar agora do meu léxicon. Sempre fui a favor de estender o vocabulário, não só flexionando a língua na obtenção de novas possibilidades como também recuperando alguns arcaísmos, a fim de não restringir o alcance da nossa língua portuguesa, já per si tão curto. Por exemplo – e vou ser didático, sempre no intuito de me precaver contra o mal-entendido –, quando uso "mui" ou "assaz" no lugar de "muito", mato dois tigres – não sou de levantar armas contra coelhos – com uma cajadada. Evito a repetição e, mais importante do que isso, digo exatamente aquilo que quero dizer. Ora, se uso "assaz" ou "mui", de cara o leitor vai prestar mais atenção, mesmo que não goste, naquilo que quero mostrar que é "assaz" ou "mui", pela questão do estranhamento em si, que abala a estrutura da frase. Ademais, "muito" tem um significado mais restrito de excesso e é "muito" quase apenas em sentido negativo, ao contrário de "assaz" e "mui" que são "muito", mas em sentido bem mais positivo.

Por exemplo, se digo "em palavras mui rápidas" estou dizendo coisa um pouco diferente do que se dissesse "em palavras muito rápidas".)

Voltando à crítica – busílis desse texto e do livro –, hoje em dia parece pecado ter opinião no mundo das letras. Quando alguém ousa ser taxativo ao apontar defeitos, o mundo dos sabujos e dos moderados brada em uníssono, acusando o ousado de parasita, desavergonhado e calunioso. Mas qualquer desses adjetivos – que, vindo de quem em geral vem, nem são tão ofensivos – deve ser preferível à suposição de que uma crítica esteja a serviço de algo ou alguém, ou até de que seja, pura e simplesmente, publicidade paga em moeda corrente ou escambo de elogio.

O crítico deve ser radical, e radical no sentido marxista – que em português é também o etimológico – de radical. Pegar a raiz das coisas, contextualizar a obra, avaliá-la e podá-la, se necessário. Não deve jamais ficar a meio pau, aderindo ao medioso medíocre, que nunca é claro, nunca é preciso; ou ao elogio sistemático, que sempre é conformista, bajulador e arrivista.

A crítica – depois de dizer às claras a que vem – tem de bradar, tem de exagerar, tem de esticar a corda do verbo. Quem quiser ser parcimonioso pode até ser um cientista literário, mas não um crítico, disse o já citado Schlegel. Para referendar a necessidade do brado, do exagero, o mesmo Schlegel chegou a dizer que "a crítica é a arte de matar aqueles que apenas parecem estar vivos na literatura". Já Gottfried Benn, poeta alemão, deixou claro ter a certeza de que resulta mais desgraça e incúria – acídia, se quiséreis ampliar o vocabulário – do crítico esponjoso do que daquele que é duro. Walter Benjamin, por sua vez, escreveu que "quem não puder tomar partido, deve calar", terminando com uma sentença que deveria ser manual de conduta para qualquer crítico: "Só quem é capaz de aniquilar é capaz de criticar".

"O que é ruim, é ruim, e tem de ser proclamado ruim. Depois poderão vir os outros com esclarecimentos e atenuantes", disse Fontane, que além de crítico primoroso foi um dos maiores romancistas alemães do século XIX. E assim sempre. Se o escritor for bom como Shakespeare, Stendhal – ou até nem tanto – ficará vivo para a posteridade. Ah, tá! E também o crítico pode ser criticado, o que ampliará o debate e contribuirá sensivelmente no encaminhamento de uma história crítica brasileira para daqui a duzentos anos.

A crítica que mete o pau – e tem o dever de metê-lo, quando necessário – jamais sepultará um livro se este tiver alguma qualidade, porque sempre haverá quem o defenda, ao passo que sem crítica um livro estará fadado ao esquecimento e terá permanência nula. Ademais, a reação pública à crítica – sobretudo na esponjosidade característica do brasileiro – é, no mais das

A ARTE DO COMBATE

vezes, defensiva, quando não suspeitosa, o que dá boa dose de crédito ao autor e, inclusive, alguns livros vendidos só pelo fato de a crítica ter sido negativa, mais um punhado deles pelo fato de a obra ter sido divulgada. A crítica, que necessariamente é polêmica, ajuda a vender sim, chama o livro para o foco das atenções e só o matará se ele – por inópia épica ou lingüística – de fato não merecer a vida.

Não convém esquecer também o velho fato de que liberdade e crítica andam lado a lado, e de que, na ausência de uma delas, a outra definha. Embora tudo nos trópicos tenha sido conseguido por concessão – e não por luta –, o que sempre dá margem à cobrança e à ameaça, a crítica tem de se manter ativa para fazer valer sua própria liberdade.

Criticar bem é elevar o nível de cultura, é cumprir o papel na tentativa de proporcionar edições de maior nível e ajudar o público em suas escolhas. Ora, quando um livro ruim é sancionado de maneira massiva – e isso acontece tantas vezes –, seu sucesso é garantido. Quando o mediano é sancionado, é o mediano que faz sucesso. Que tal se passássemos a fazê-lo com o que é bom de fato? Ademais, é justamente essa inanição crítica, aliada à indústria cultural – e volto a outras áreas, não por falta de exemplos, mas por sutileza –, que deixa proliferar incólume e dominar em âmbito nacional o lixo da música bahianosa e faz pensar, em crises de ufanismo coletivo, que Central do Brasil *é o que há de melhor na produção cinematográfica mundial. O elogio mútuo e a indigência crítica – Caetano e Gil acham que* É o tchan *tem lá suas qualidades! – sancionam a estupidez da dita música. A sabujice sem critérios e o ufanismo acrítico sancionam o mediano só porque é local e, na ausência da crítica, apenas ajudam a cercear seu crescimento. Quando a crítica não cumpre seu papel ou, lembrando Machado de Assis, "desamparada pelos esclarecidos, é exercida pelos incompetentes", só pode dar nisso!*

Quanto aos autores, sempre que eles elogiam seus pares, estão, de certa forma – embora o desserviço –, cumprindo seu papel, assim como os editores, que sempre preferirão um livro de famas e certezas – mesmo que ruim ou mediano – a um excelente fracasso em potencial. (Ademais, quando algum editor ousa lançar algum novo autor, este nem sequer repercute, a imprensa fala pouco dele, e, quando ela não fala, o livreiro nem se interessa pela obra, o público nem sequer fica sabendo que ela existe e a obra morre sem fechar seu ciclo literário, sepultada antes de achar a terceira haste do tripé da literatura: o leitor.) Os críticos é que não cumprem seu papel quando simplesmente olham para a condição do autor e não para a excelência da obra, para as pessoas e não para os livros, ficando na sanção acrítica de orelhas e releases, *ou fazendo do elogio um sistema.*

Ao cabo das contas – e isso é o mais importante –, quem é bonzinho com todo mundo é, pela mesma razão, mau com aquele que poderia ser de fato bonzinho. Ou seja, quem diz que todo mundo é bom prejudica o bom, que de fato é bom, nivelando-o com o lixo literário de cada dia.

O louvor da crítica que mete o pau é, portanto e tão-somente, o louvor da crítica. Ademais, convém lembrar que "meter pau" não significa apenas falar mal, censurar – no sentido de reparar erros – ou reprovar no exame; meter pau significa também trabalhar com afinco... e é esse o dever do crítico. Depois de munido de princípios éticos e capacidade técnica, o crítico tem de – repito – argumentar, tem de bradar, tem de ser radical, até para respeitar o princípio da crítica. Tem de atirar pedras – sim! –, não para quebrar a vidraça do autor... mas para trazer ar puro ao quarto infetado da literatura. Mesmo enfrentando a animosidade do mundo, sempre restará ao crítico o consolo do dever cumprido, pois criticar é, necessariamente – e eu dei a prova de tantos depoimentos –, opinar, ser duro e implacável.

No mais, um dia poderá sobrar ao crítico a glória de Millôr Fernandes – um dos raros aforistas do Brasil, o que é sintomático –, que deu a Marimbondos de fogo do Sarney a única coisa que tem de bom: sua crítica. Eu? Escorado na genialidade de Chico Buarque, "eu semeio ventos / na minha cidade, / vou pra rua e bebo a tempestade".

Prelúdio subjetivo em bloco, que vem ao fim

Um posto está vago! – As feridas s'abrem –
Um cai, outros avançam em posição...
Mas eu caio invicto, minhas armas
Não 'stão quebradas... Só quebrou meu coração.
(Heine na última estrofe de "Enfant perdu",
o último poema das "Lamentações" de seu Romanceiro)

Não sei por que cargas-d'água – ora, tenho lá de exercitar minha inocência de quando em vez –, mas desde guri me animava o pensamento crítico. Nadei contra a maré – só bagre morto nada a favor da correnteza – desde os cueiros, me acostumei desde cedo a dizer não. Se fui ensinado a limpar o nariz, também aprendi a torcê-lo de jeito quando era necessário... O fato de ter virado crítico literário foi uma contingência da leitura em quantidade... e da coragem. Mas, apesar do impulso à seleção – da ojeriza a escritores que me apresentavam um livro fazendo cara de "lava meu pelego, mas tenta não me molhar" e do ódio a essas pessoinhas que se embalam sobre a espreguiçadeira da conveniência, pedindo elogios num sorriso prometedor, mas de cor amarela –, jamais me limitei ao papel de leão-de-chácara no salão da literatura: "Aquele lá entra, que está composto; esse aí por ser rico; o outro por ser famoso; tu, cavalheiro, ficarás de fora, que hoje estou de mau

humor" nunca foram critérios para mim. Ademais, eu nunca me contenta-
ria com o fato – dado e acabado – de que o leão-de-chácara jamais bota –
ele mesmo – os pés no salão...

Um dia ainda vou dizer: chega de contar as vacas, agora eu quero é
degustar o leite, descansando à sombra do meu relho, que é o rincão mais
tranqüilo do mundo...

ÍNDICE REMISSIVO
DE AUTORES E ARTISTAS

ACHTERNBUSCH, Herbert (* 25/11/1939, München). Dramaturgo, diretor de cinema, ator, pintor e escultor alemão. p. 284, 285

ADORNO, Theodor W. (* 11/9/1903, Frankfurt a. M. – † 6/8/1969, Visp, Suíça). Filósofo e ensaísta alemão; teórico – e fundador – da Escola de Frankfurt. p. 11, 136, 166, 297

AGOSTINHO, Santo (* 354 – † 430). Religioso e teólogo cristão; autor das *Confissões*. p. 188

ALEMÁN, Mateo (* 1547 – † 1614). Escritor espanhol, influenciado pela filosofia pessimista. Um dos seguidores mais caros – sobretudo através da obra *Guzmán de Alfarache*, 1599-1604 – da tradição pícara do *Lazarilho de Tormes*. p. 292

ALEXIS, Willibald (na verdade, Wilhelm Häring, * 29/6/1798, Breslau – † 16/12/1871, Arnstadt). Romancista alemão; caracterizou-se pelo manejo dos temas históricos à maneira de Walter Scott. p. 74, 123, 125

ALTENBERG, Peter (Richard Engländer, na verdade, * 9/3/1859, Viena – † 8/1/1919, Viena). Escritor austríaco de fôlego curto e tom impressionista. p. 180, 240

ALTHUSSER, Louis (* 1918 – † 1990). Filósofo francês; marxista "heterodoxo". p. 166

ANDERSCH, Alfred (* 4/2/1914, Munique – † 21/2/1980, Locarno, na Suíça). Escritor alemão, um dos líderes do Grupo 47. p. 271, 275, 276

ANDRADE, Mário de (* 1893 – † 1945). Escritor brasileiro; um dos principais responsáveis pela Semana de Arte Moderna de 1922, deixou vasta obra de ficção e poesia, além de vários estudos sobre folclore, música e artes plásticas. p. 10

APOLLINAIRE, Guillaume (Wilhelm Apollinaris de Kostrowitzki, na verdade, * 1880 – † 1918). Poeta francês nascido em Roma; amigo de Picasso e Braque, defendeu o cubismo e outros movimentos de vanguarda no início do século XX. p. 186

ARETINO, Pietro (* 1492 – † 1556). Escritor italiano; famoso por seus ataques aos poderosos da época, é autor de numerosas sátiras e comédias. p. 158

328   MARCELO BACKES

ARISTÓFANES (* c. 445 a.C – † c. 385 a.C.). Poeta e dramaturgo grego; o maior satirista da sociedade grega de sua época. p. 53, 136, 237

ARNIM, Achim von (* 26/1/1781, Berlim – † 21/1/1831, Jüterborg). Poeta e compilador romântico alemão. p. 15, 72, 73, 103

ARNTZEN, Helmut (* 1931). Professor, germanista e ensaísta alemão. p. 246

ARP, Hans (* 16/9/1886, Estrasburgo – † 7/6/1966, Basiléia, Suíça). Escritor e escultor alemão de ascendência alsaciana. p. 186

ASSIS, Machado de (* 1839 – † 1908). Escritor brasileiro; um dos autores mais geniais da literatura em língua portuguesa. p. 76, 115, 292, 320, 323

AUB, Max (* 1903 – † 1972). Escritor espanhol de ascendência judaico-alemã; grande cronista de sua época. Autor de *O labirinto mágico* (1943-1951) e *Não são contos* (1944), entre outras obras. p. 296

AUE, Hartmann von (*c. 1165 – †c. 1215). Escritor medieval alemão. p. 25, 26, 27

BACH, Johann Sebastian (* 1685 – † 1750). Compositor alemão; um dos maiores compositores de todos os tempos; promoveu a síntese de formas, estilos e tradições nacionais das gerações anteriores. p. 194, 287

BACHAUMOUNT, Louis Petit de (* 1690 – † 1771). Escritor francês; registrou os mexericos dos salões parisienses em suas obras. p. 153

BACHMANN, Ingeborg (* 25/6/1926, Klagenfurt – † 17/10/1973, Roma). Escritora e poeta austríaca; pioneira na "literatura feminina" e "adepta" dela antes de ela existir. p. 19, 275

BACON, Francis (* 1561 – † 1626). Filósofo, escritor e político inglês. p. 62, 219

BAHR, Hermann (* 19/7/1863, Linz – † 13/1/1934, Munique). Dramaturgo, ensaísta e crítico; pulou – estilisticamente – de galho em galho – e de movimento literário a movimento literário – na passagem do século XIX para o XX. p. 175, 223

BALL, Hugo (* 22/2/1886, Pirmasens – † 14/9/1927, Lugano, Suíça). Escritor alemão, um dos fundadores do "dadaísmo". p. 185, 186

BAUDELAIRE, Charles (* 1821 – † 1867). Poeta francês de tom simbolista. p. 90, 136, 252

BAUER, Bruno (* 1809 – † 1882). Filósofo, historiador da religião e publicista; jovem hegeliano; criticou a Bíblia e o conceito ortodoxo de Deus a partir do ponto de vista idealista; foi hegeliano de esquerda – e demitido da Universidade de Bonn por seu radicalismo –, depois passou a conservador, defendendo a reação prussiana. p. 165, 166

BECHER, Johannes R. (* 22/5/1891, Munique – † 11/10/1958, Berlim Oriental). Poeta alemão de marca expressionista; Ministro da Cultura na República Democrática Alemã. p. 183

BECKER, Jurek (* 30/9/1937, Lodz, na Polônia – † 14/3/1997, Berlim). Romancista alemão; autor de uma série de obras que apresentam as marcas da Segunda Guerra Mundial. p. 19, 273, 315

BEER-HOFMANN, Richard (* 11/7/1866, Viena – † 26/9/1945, Nova Iorque). Dramaturgo e narrador austríaco; viveu – literariamente – à sombra de Hofmannsthal. p. 223

BEETHOVEN, Ludwig van (* 1770 – † 1827). Compositor alemão, célebre por suas sinfonias, concertos, sonatas, obras de força e originalidade inconfundíveis. p. 71, 106, 307

A ARTE DO COMBATE 329

BENIGNI, Roberto. (* 1952). Ator e diretor de cinema italiano. p. 273

BENJAMIN, Walter (* 15/7/1892, Berlim – † 27/9/1940, Port Bou, Espanha, suicídio). Ensaísta e crítico literário, precursor da crítica à indústria cultural; representante da Escola de Frankfurt. p. 182, 240, 259, 269, 273, 297, 300, 322

BENN, Gottfried (* 2/5/1886, Mansfeld – † 7/7/1956, Berlim). Médico, prosador e poeta alemão; um dos grandes representantes da lírica alemã não engajada do século XX. p. 18, 178, 179, 255, 256, 270, 277, 278, 288, 299, 322

BÉRANGER, Pierre-Jean de (* 1780 – † 1857). Poeta francês; autor panfletário de sátiras políticas e anticlericais. p. 161

BERG, Alban (* 1885, Viena – † 1935, Viena). Compositor austríaco; sua ópera *Woyzeck* (1925) é uma das mais representativas da música moderna. p. 128

BERGSON, Henri (* 1859 – † 1941). Filósofo francês, criador da "teoria do riso". p. 185

BERLIOZ, Hector (* 1803 – † 1869). Compositor francês, revolucionou as técnicas orquestrais e criou a música de programa. p. 140

BERNARDT, Sarah (Henriette-Rosine Bernhardt, na verdade, * 1844 – † 1923). Atriz francesa, uma das maiores figuras do teatro europeu no final do século XIX. p. 234

BERNHARD, Thomas (* 9 ou 10/2/1931, Heerlen, Holanda – † 12/2/1989, Gmunden, Áustria). Escritor austríaco nascido na Holanda; autor de uma das obras mais significativas da literatura alemã da segunda metade do século XX. p. 19, 282, 283, 284, 286, 296

BIDERMANN, Jacob (* 1578, Ulm – † 20/8/1639, Roma). Dramaturgo jesuíta alemão; autor de peças "religioso-educativas". p. 32

BIERMANN, Wolf (* 15/11/1936, Hamburgo). Poeta e músico alemão; grande combatente da arte. p. 20, 277, 290, 294, 313, 314, 315

BOCAGE, Manuel Maria du (* 1765 – † 1805). Poeta português árcade e pré-romântico; sonetista notável, um dos precursores da modernidade poética em Portugal. p. 42

BOCCACCIO, Giovanni (* 1313 – † 1375). Escritor italiano; sua obra é o marco inicial da moderna literatura da Itália. p. 99

BÖHME, Jacob (* 1575, Görlitz – † 17/11/1624, Görlitz). Filósofo protestante – e místico – alemão; por ter sido o primeiro autor a escrever sobre filosofia em alemão, foi chamado de *Philosophus Teutonicus*. p. 32

BOILEAU, Nicolas (* 1636 – † 1711). Escritor classicista francês. p. 42, 52

BÖLL, Heinrich (* 21/12/1917, Colônia – † 16/7/1985, Hürtgenwald). Escritor alemão; Prêmio Nobel de Literatura em 1972. p. 19, 270, 271, 272, 273, 303, 308

BORCHERT, Wolfgang (* 20/5/1921, Hamburgo – † 20/11/1947, Basiléia). Escritor do pós-guerra alemão; sua literatura aborda as experiências dolorosas da Segunda Guerra Mundial. p. 270

BÖRNE, Ludwig (Löb Baruch, na verdade, * 6/5/1786, Frankfurt a. M. – † 12/2/1837, Paris). Escritor e ensaísta alemão de ascendência judaica; radical, exilou-se em Paris depois de sua obra ter sido proibida na Alemanha. p. 126, 129, 130, 141, 162, 166

BRAHMS, Johannes (* 1833 – † 1897). Compositor romântico alemão; liderou a defesa da tradição da música absoluta contra a música programática. p. 159

330 MARCELO BACKES

BRANT, Sebastian (* 1457, Estrasburgo – † 10/5/1521, Estrasburgo). Escritor alemão-alsaciano; humanista e professor de ciências jurídicas. p. 13, 31

BRAUN, Volker (* 7/5/1939, Dresden). Escritor e dramaturgo alemão; boa parte de sua obra foi escrita na Alemanha Oriental. p. 277, 288, 289, 290, 291, 315

BRECHT, Bertolt (* 10/2/1898, Augsburgo – † 14/8/1956, Berlim Oriental). Escritor, poeta e dramaturgo alemão; um dos teóricos de teatro mais importantes de todos os tempos. p. 9, 10, 45, 70, 134, 178, 185, 230, 258, 259, 261, 262, 263, 265, 266, 269, 270, 272, 276, 277, 278, 285, 289, 290, 312, 313

BREITINGER, Johann Jakob (* 1º/3/1701, Zurique – † 13/12/1776, Zurique). Escritor e crítico literário suíço. p. 52

BRENTANO, Bettina (* 4/4/1785, Frankfurt a. M. – † 20/1/1859, Berlim). Epistológrafa alemã; mulher de Achim von Arnim e irmã de Clemens Brentano. p. 73

BRENTANO, Clemens (* 8/9/1778, Koblenz – † 28/7/1842, Aschaffenburg). Poeta e compilador alemão do romantismo; fundador da escola romântica de Heidelberg. p. 14, 15, 72, 73, 103, 118, 119, 228

BROCH, Hermann (* 1º/11/1886, Viena – † 30/5/1951, New Haven, Connecticut, EUA). Escritor e ensaísta austríaco; um dos grandes nomes da narrativa do século XX. p. 10, 18, 178, 247, 248, 258

BROD, Max (* 27/5/1884, Praga –† 20/12/1968, Tel Aviv). Romancista, amigo de Kafka e Franz Werfel; publicou o legado de Kafka. p. 210, 211, 212

BRUSSIG, Thomas (*12/12/1965, Berlim Oriental). Escritor alemão contemporâneo; grandioso no chiste, é autor de um romance definitivo sobre a reunificação: *Heróis como nós*. p. 292, 293, 294, 298, 302

BUARQUE, Chico (* 1944). Escritor, poeta, compositor e músico popular brasileiro; sua obra é o marco mais importante da MPB depois da bossa-nova – e talvez até mesmo antes dela. p. 314, 324

BUARQUE de Holanda Ferreira, Aurélio (* 1910 – † 1989). Escritor e lexicógrafo brasileiro; um dos grandes conhecedores da língua portuguesa no Brasil; membro da Academia Brasileira de Letras. p. 64

BÜCHNER, Georg (* 17/10/1813, Darmstadt – † 19/2/1837, Zurique). Médico, escritor, poeta e dramaturgo alemão; sua obra é revolucionária e antecipa – indicialmente – uma série de movimentos literários do século XX. p. 15, 70, 121, 126, 127, 128, 162

BUKOWSKI, Charles (* 1920 – † 1994). Escritor americano nascido na Alemanha, caracterizado por seus personagens marginais e alcoólatras. *Notas de um velho safado* (1969) e *Mulheres* (1978) estão entre suas obras mais conhecidas. p. 294

BÜRGER, Gottfried August (* 31/12/1747, Molmerswende, no Harz – † 8/6/1794, Göttingen). Escritor, poeta e fabulista alemão da fase inicial do romantismo. p. 70, 77, 78

BYRON, Lord (George Gordon Noel Byron, na verdade, * 1788 – † 1824). Poeta inglês; sua obra, de tom autobiográfico, resumiu e influenciou o movimento romântico em todo o mundo. p. 72

CABRAL de Mello Neto, João (* 1920). Poeta e diplomata brasileiro, um dos maiores poetas brasileiros do pós-modernismo. p. 115

CALDERÓN (de la Barca) (* 1600 – † 1681). Dramaturgo espanhol do *siglo del oro*. p. 156, 219

A ARTE DO COMBATE   331

CAMÕES, Luís de (* c. 1525 – † 1580). Poeta e dramaturgo português; clássico da literatura universal, ajudou a consolidar a língua portuguesa. p. 99, 102

CAMPOS, Irmãos (Haroldo, * 1929 – † 2003, e Augusto * 1931). Ensaístas, poetas e tradutores de poesia; pais do concretismo brasileiro. p. 99

CANDIDO, Antonio (* 1918). Crítico literário e sociólogo brasileiro; um dos nomes mais importantes da crítica e da história da literatura do Brasil. p. 11, 317

CANETTI, Elias (* 25/7/1905, Rustschuk, Bulgária – † 14/8/1994, Zurique). Escritor de expressão alemã e ascendência judaico-búlgara; Prêmio Nobel de Literatura em 1981. p. 167, 236, 284, 303

CARLYLE, Thomas (* 1795 – † 1881). Historiador e ensaísta inglês. p. 93

CARO, Herbert (* 1906 – † 1991). Tradutor do alemão. p. 180, 253

CAROSSA, Hans (* 15/12/1878, Bad Tölz, Bavária – † 12/9/1956, Passau). Escritor alemão; idealista e pessimista ao mesmo tempo. p. 183

CARPEAUX, Otto Maria (* 1900 – † 1978). Escritor e crítico austríaco; emigrou ao Brasil, onde desenvolveu sua obra crítica. p. 113

CARVALHO, Olavo de (* 1947). Jornalista e "filósofo" brasileiro. p. 63, 240

CATULO (* c. 84 – † c. 54 a.C.). Caio Valério Catulo, poeta latino; autor de versos satíricos e de exaltada paixão amorosa. p. 42, 52, 159

CÉFALAS, Constantino (séc. X). Religioso bizantino; primeiro capelão do palácio imperial de Bizâncio no tempo dos imperadores macedônios; compilador de epigramas da literatura grega clássica e cristã. p. 42

CELAN, Paul (Paul Anczel, na verdade, * 23/11/1920, Tschernowzy – † fim de abril de 1970, Paris, suicídio). Poeta e tradutor de expressão alemã e origem judaica; um dos grandes nomes da lírica alemã do século XX. p. 18, 274, 275, 302

CERVANTES, Miguel de (* 1547 – † 1616). Escritor espanhol; criador do romance moderno com o *Dom Quixote*. p. 99, 114, 117, 289

CHAMBERLAIN, Houston Stewart Chamberlain (* 1855 – † 1927). Político e filósofo alemão nascido na Inglaterra; defensor da tese sobre a superioridade racial dos "arianos". p. 240

CHAMISSO, Adelbert von (* 30/1/1781, Castelo Boncourt, na Champagne – † 21/8/1838, Berlim). Escritor alemão "romântico", de origem francesa; seu *Peter Schlemihl* é um dos grandes contos da literatura ocidental. p. 74, 305

CHAPLIN, Charles (* 1889 – † 1977). Ator e diretor cinematográfico inglês. p. 254

CÍCERO (*106 a.C. – † 43 a.C.). Marcus Tullius Cícero; político e escritor romano; o maior de todos os oradores da Roma antiga. p. 53

CIORAN, Emil (* 1911 – † 1995). Filósofo e escritor francês nascido na Romênia; pessimista, teórico do vazio e grande escritor de aforismos. p. 144

CLAUDIUS, Mathias (* 15/8/1740, Reinfeld, Holstein – † 21/1/1815, Hamburgo). Poeta romântico alemão; sua poesia é marcada pela devoção e pela simplicidade. p. 168, 278

CLAUREN, Heinrich (Carl Heun, na verdade, * 20/3/1771, Dobrilugk – † 2/8/1854, Berlim). Escritor alemão sentimentalóide, muito lido em sua época. p. 132, 133

332 Marcelo Backes

COLERIDGE, Samuel Taylor (* 1772 – † 1834). Poeta e ensaísta romântico inglês. p. 42

COLLI, Giorgio (* 1917 – † 1979). Italiano; organizador das Obras Completas de Nietzsche. p. 190

COOPPER, James Fenimore (* 1789 – † 1851). Escritor americano; seus romances – carregadamente idealistas e romantizados – descrevem a vida aventurosa dos desbravadores da fronteira dos EUA. p. 123

CORNEILLE, Pierre (* 1606 – † 1684). Dramaturgo francês; responsável por dar forma definitiva à tragédia clássica francesa. p. 43, 52

DANTE (Alighieri) (* 1265 – † 1321). Poeta italiano. Sua *Divina comédia* (1308-1321) é uma das obras fundamentais da literatura mundial. p. 50, 99, 114, 194, 288

DARWIN, Charles (* 1809 – † 1882). Cientista inglês, fundador da teoria da evolução. p. 71

DEFOE, Daniel (* 1660 – † 1731). Escritor inglês; pioneiro do romance realista. p. 152

DEHMEL, Richard (* 18/11/1863, Wendisch-Hermsdorf – † 8/2/1920, Hamburgo). Poeta e romancista alemão; caracterizou-se por abordar temas proletários, de um lado, e sexuais, de outro. p. 183, 208, 209

DEMÉTRIO de Falero (séc. IV a.C.). Político, filósofo e orador ateniense; redigiu em prosa a primeira coletânea de fábulas atribuídas a Esopo. p. 37

DEMÓCRITO (* c. 460 – † c. 370 a.C.). Filósofo grego pré-socrático; formulador da teoria atomista, segundo a qual a matéria se constitui de partículas minúsculas: os átomos; voltou a ter importância devido às interpretações mecanicistas do mundo surgidas no século XVII. p. 164

DICKENS, Charles (* 1812 – † 1870). Escritor inglês; o mais célebre romancista da era vitoriana. p. 122, 134

DIDEROT, Denis. (* 1713 – † 1784). Escritor e filósofo francês; iluminista e um dos coordenadores da *Encyclopédie*, desempenhou papel importante no clima ideológico que desencadeou a Revolução Francesa. p. 285, 290

DILTHEY, Wilhelm (* 19/11/1833, Biebrich – † 1º/10/1911, Saís). Filósofo alemão; seu método de historiografia cultural influenciou a crítica literária, sobretudo a de seu país. p. 85

DINGELSTEDT, Franz (* Halsdorf em Kassel, 30/6/1814 –† 15/5/1881, Viena). Romancista e poeta alemão, ativo sobretudo no período anterior à Revolução de 1848. p. 161

DÖBLIN, Alfred (* 10/8/1878, Stettin – † 26/6/1957, Emmendingen). Médico e escritor alemão; autor do maior "romance de metrópole" alemão. p. 178, 245, 257, 258, 259, 260, 273

DODERER, Heimito von (* 5/9/1896, Viena – † 23/12/1966, Viena). Escritor austríaco; descreveu a vida vienense do período entreguerras. p. 270

DORST, Tankred (* 19/12/1925, Oberlind b. Sonneberg, Thüringen). Dramaturgo alemão; um dos autores mais encenados do teatro alemão atual. p. 285

DOS PASSOS, John (* 1896 – † 1970). Escritor americano; inovador da técnica romanesca. p. 258, 273

DOSTOIÉVSKI, Fiódor M. (* 1821 – † 1881). Escritor russo; um dos autores mais influentes e vigorosos de seu tempo. p. 122, 134, 179, 182, 188, 193, 225, 318

A ARTE DO COMBATE 333

DROSTE-HÜLSHOFF, Annette von (* 10/1/1797, Castelo Hülshoff, Münster – † 24/5/ 1848, Meersburg). Escritora alemã; primeiro nome feminino de vulto da literatura de seu país; na condição de lírica, caracterizou-se por suas baladas. p. 15, 73, 199

DRUMMOND (de Andrade), Carlos (* 1902 – † 1987). Poeta e cronista brasileiro; um dos grandes nomes da literatura brasileira do século XX. p. 115

DRYDEN, John (* 1631 – † 1700). Poeta e dramaturgo inglês; exerceu grande influência estética em sua época, que se tornou conhecida como a "era de Dryden". p. 42, 317

DUMAS, Alexandre (Filho) (* 1824 – † 1895). Escritor e dramaturgo francês; autor de uma série de peças que atacavam os preconceitos sociais de sua época. p. 176

DÜRER, Albrecht (* 1471 – † 1528). Pintor e gravador alemão; o principal representante das artes plásticas na Alemanha do século XVI. p. 31

DÜRRENMATT, Friedrich (* 5/1/1921, Konolfingen, Cantão de Berna – † 14/12/1990, Neuchâtel). Escritor e dramaturgo suíço; inovou a técnica do romance policial. p. 19, 277, 286, 294

DUVE, Karen (*1961, Hamburgo). Prosadora alemã, pertencente à geração do "Fräuleinwunder". p. 299, 301, 302

EAGLETON, Terry (* 1943). Historiador, professor e ensaísta inglês. p. 253

EBNER-ESCHENBACH, Marie von (* 13/9/1830, Castelo Zdislawitz em Mähren – † 12/3/1916, Viena). Escritora austríaca de tom realista; grandiosa no aforismo. p. 16, 198, 199, 200

ECKERMANN, Johann Peter (* 21/9/1792, Winsen – † 3/12/1854, Weimar). Escritor e "papagaio" de Goethe. p. 94, 109, 290

ECKHART, Meister (c. 1260, Gotha – † antes de 30/4/1328, Colônia). Teólogo e religioso alemão medieval. p. 28

EDSCHMID, Kasimir (Eduard Schmid, na verdade, * 5/10/1890, Darmstadt – † 31/8/1966, Vulpera, na Suíça). Narrador e teórico expressionista. p. 181

EICH, Günter (* 1º/2/1907, Lebus – † 20/12/1972, Salzburgo). Escritor e lírico alemão; autor de peças radiofônicas. p. 275

EICHENDORFF, Joseph von (* 10/3/1788, Castelo Lubowitz em Ratibor – † 26/11/1857, Neisse). Poeta e narrador alemão do romantismo; um dos líricos mais importantes do romantismo tardio. p. 15, 73, 118, 119, 168, 278

EICHRODT, Ludwig (* 1827 – † 1892). Crítico literário alemão; introdutor da palavra classificatória *Biedermeier*. p. 121

EL GRECO (Domenikos Theotokopolus * 1541 – † 1614). Pintor grego; célebre por suas figuras alongadas e suas cenas religiosas marcadas por um grande domínio técnico. p. 252

ELIOT, T. S. (* 1888 – † 1965). Poeta, dramaturgo e ensaísta inglês de origem americana; sua obra representa uma profunda renovação na literatura do século XX; Prêmio Nobel de 1948. p. 217, 289

ENGELS, Friedrich (* 28/11/1820, Wuppertal – † 5/8/1895, Londres). Filósofo alemão; principal colaborador de Marx. p. 20, 38

334 MARCELO BACKES

ENZENSBERGER, Hans Magnus (* 11/11/1929, Kaufbeuren). Poeta e ensaísta alemão; um dos maiores nomes da literatura alemã contemporânea. p. 20, 278, 279, 298, 308, 309, 310, 311, 312

EPICURO (* 341 – † 270 a.C.). Filósofo grego; sua filosofia era baseada na busca da ataraxia, ou seja, da imperturbabilidade do espírito diante das vicissitudes da vida. p. 164

ERASMO (de Rotterdã) (*1467 – † 1536). Filósofo humanista holandês. p. 31, 52, 319

ESCHENBACH, Wolfram von (* c. 1170, Eschenbach – † c. 1220, Eschenbach). Escritor medieval alemão. p. 13, 25, 26, 27, 258

ESOPO (séc. VI a.C.). Figura lendária da Grécia antiga, famoso como suposto autor de numerosas fábulas protagonizadas por animais. p. 32, 37, 40

EUCKEN, Rudolf Christoph (* 1846 – † 1926). Filósofo alemão; idealista tardio e nefelibata, defendeu a importância da vida espiritual contra o naturalismo, o positivismo e o criticismo da época; Prêmio Nobel de Literatura de 1908. p. 197

EURÍPEDES (* c. 480 a.C. – † 406 a.C.). Dramaturgo grego. p. 111

EVELYN, John (* 1620 – † 1706). Escritor inglês; autor de mais de trinta obras sobre ecologia, arquitetura, paisagismo e numismática. p. 152

FALLADA, Hans (Rudolf Ditzen, na verdade, * 21/7/1893, Greifswald – † 5/2/1947, Berlim). Escritor alemão; relatou a vida da população pobre alemã no período entre as duas guerras. p. 183

FASSBINDER, Rainer Werner (*1946 – † 1982). Cineasta alemão. p. 260

FAULKNER, William (* 1897 – † 1962). Escritor americano; sua obra, de grande destaque na primeira metade do século XX, retratou a decadência do sul dos EUA; Prêmio Nobel de 1949. p. 271, 273

FEDRO (* c.15 a.C. – † c. 50). Caio Júlio Fedro, escritor latino; sua obra moralizante e didática introduziu a fábula na literatura latina. p. 37

FERNANDES, Millôr (* 1923). Escritor, tradutor e desenhista brasileiro; praticamente o único aforista da literatura brasileira. p. 12, 324

FEUERBACH, Ludwig (* 28/7/1804, Landshut – † 13/9/1872, Nürnberg). Filósofo alemão. p. 162, 164, 165, 166

FICHTE, Johann Gottlieb (* 19/5/1762, Rammenau, Lausitz – † 29/1/1814, Berlim). Filósofo alemão. p. 59, 72, 82, 84, 99

FICHTE, Hubert (* 31/3/1935, Perleberg, Prignitz Ocidental – † 8/3/1986, Hamburgo). Escritor alemão. p. 284, 286

FIELDING, Henry (*1707 – † 1754). Escritor inglês, lançou as bases para o desenvolvimento do moderno romance de língua inglesa. p. 152

FISCHART, Johann (*1546, Estrasburgo – † 1590, Forbach em Saarbrücken). Grande satirista alemão do século XVI. p. 31, 32

FISCHER, Luís Augusto (*1958). Professor de literatura e crítico literário porto-alegrense. p. 133

A ARTE DO COMBATE   335

FISCHER, Samuel (* 1859 – † 1934). Um dos mais importantes editores alemães de todos os tempos. p. 224, 250

FOUCAULT, Michel (* 1926 – † 1984). Filósofo francês; figura de destaque do estruturalismo, famoso pela análise original dos discursos que regem as instâncias de saber e poder da sociedade. p. 190

FREIBERG, Heinrich von (séc. XIII). Poeta medieval alemão; imitava o estilo de Gottfried von Strassburg. p. 28, 82

FREILIGRATH, Ferdinand (* 17/6/1810, Detmold – † 18/3/1876, Stuttgart). Poeta alemão de índole revolucionária. p. 102, 122, 125, 161

FREUD, Sigmund (* 6/5/1856, Freiberg, Mähren – † 23/9/1939, Londres). Psiquiatra e neurologista austríaco. p. 90, 134, 144, 166, 182, 221, 222, 239, 279, 296

FREYTAG, Gustav (* 13/7/1816, Kreuzburg – † 30/4/1895, Wiesbaden). Escritor alemão do realismo. p. 74, 122, 125

FRIES, Fritz Rudolf (*19/5/1835, Bilbao, Espanha). Escritor alemão; construiu sua obra na Alemanha Oriental, enveredando por um caminho bem mais subjetivo do que aquele normatizado pelo realismo socialista. p. 289, 292, 293

FRISCH, Max (* 15/5/1911, Zurique – † 4/4/1991, Zurique). Escritor e dramaturgo suíço; talvez o maior nome da literatura de seu país no século XX. p. 19, 275, 276, 284, 286

FRISÉ, Adolf (* 1910). Germanista, editor da obra póstuma de Musil. p. 244

GANGHOFER, Ludwig (* 17/7/1855, Kaufbeuren – † 24/7/1920, Tagernsee). Escritor alemão, bávaro até a raiz, temática e espiritualmente. p. 237

GAUTIER, Théophile (* 31/8/1811 – † 23/10/1872). Poeta francês, precursor do parnasianismo. p. 138

GELLERT, Christian Fürchtegott (* 4/7/1715, Hainichen, Erzgebirge – † 13/12/1769, Leipzig). Escritor e fabulista do iluminismo alemão. p. 52

GEORGE, Stefan (* 12/7/1868, Büdesheim, Bingen – † 4/12/1933, Locarno, Suíça). Poeta alemão; lírico de marca simbolista. p. 17, 85, 102, 184, 203, 217, 218, 231, 232, 299

GERNHARDT, Robert (*13/12/1937, Reval, na Estônia). Prosador e lírico alemão, grande humorista, parodista – e imitador de estilos – de primeira categoria. p. 293

GIDE, André (* 22/11/1869 – † 19/2/1951). Escritor francês; mestre da prosa contemporânea. p. 180, 241

GIL, Gilberto (* 1942). Músico popular brasileiro; líder do tropicalismo na década de 1960. p. 323

GOETHE, Johann Wolfgang von (* 28/8/1749, Frankfurt a. M. – † 22/3/1832, Weimar). Escritor, poeta e dramaturgo alemão; o maior dentre os clássicos da literatura alemã. p. 10, 15, 25, 27, 30, 32, 35, 39, 42, 50, 53, 56, 59, 60, 63, 67, 69, 70, 71, 72, 73, 75, 77, 82, 85, 86, 87, 94, 96, 99, 101, 107, 108, 109, 110, 111, 112, 113, 114, 115, 119, 121, 122, 125, 130, 133, 135, 136, 137, 138, 139, 144, 149, 153, 156, 157, 158, 159, 161, 168, 171, 183, 191, 193, 194, 197, 238, 241, 252, 258, 290, 293, 305, 314, 319

GOGOL, Nikolai (* 1809 – † 1852). Escritor russo nascido na Ucrânia; sua obra temperada de humor e melancolia marca o início da tradição realista na literatura russa. p. 90

336 MARCELO BACKES

GONCOURT, Irmãos (Edmond, * 1822 – † 1896 e Jules * 1830 – † 1870). Escritores franceses; célebre parceria da literatura, os dois irmãos combinavam o realismo naturalista à fofoca de salão. p. 153

GÓNGORA, Luis de (* 1561 – † 1627). Poeta espanhol; criador da corrente cultista, autor de obra polêmica, marcada pelo preciosismo. p. 42

GÓRKI, Maxim (Alexei Maximovitch Pechkov, na verdade, * 16/3/1868 – † 18/6/1936). Escritor realista russo. p. 177

GÖRRES, Joseph (* 25/1/1776, Koblenz – † 29/1/1848, Munique). Escritor alemão de importância menor. p. 74, 118

GOTTSCHED, Johann Christoph (* 2/2/1700, Königsberg – † 12/12/1766, Leipzig). Escritor e professor alemão; um dos grandes educadores da pátria. p. 50, 52, 53, 165

GRABBE, Christian Dietrich (* 11/12/1801, Detmold – † 12/9/1836, Detmold). Escritor e dramaturgo alemão. p. 125, 126

GRACIÁN, Baltasar (* 1601 – † 1658). Escritor espanhol; líder do conceptismo, com seu estilo marcado pela sobriedade e concisão. p. 61

GRAMSCI, Antonio (* 1891 – † 1937). Filósofo e político italiano; sua obra procura estabelecer a unidade entre teoria e prática marxistas, em busca de uma nova síntese histórica. p. 166

GRASS, Günter (* 16/10/1927, Danzig). Escritor alemão; último Prêmio Nobel de Literatura do segundo milênio da era cristã. p. 19, 173, 245, 271, 272, 284, 286, 287, 291, 292, 295, 298, 302, 303, 304, 305, 306, 307, 308

GRETSER, Jacob (* 27/3/1562, Markdorf, em Baden – † 29/1/1625, Ingolstadt). Dramaturgo jesuíta, polemista contra a Reforma. p. 32

GRILLPARZER, Franz (* 15/1/1791, Viena – † 21/1/1872, Viena). Escritor austríaco; entre o romantismo e o realismo. p. 16, 125, 142, 153, 155, 156, 157

GRIMM, Herman (* 6/1/1828, Kassel – † 16/6/1901, Berlim). Filho de Wilhelm Grimm; historiador da arte e da literatura; autor de uma série de ensaios brilhantes. p. 111

GRIMM, Irmãos. Jacob (* 4/1/1785, Hanau – † 20/9/1863, Berlim) e Wilhelm (* 24/2/1786, Hanau – † 16/12/1859, Berlim). Escritores, compiladores e germanistas alemães. p. 74, 103, 104

GRIMMELSHAUSEN, Hans J. C. von (* c. 1622, Gelnhausen – † 17/8/1676, Renchen, Baden). Escritor alemão; o primeiro grande narrador da literatura de seu país. p. 14, 33, 45, 46, 258

GROSZ, George (* 26/7/1893, Berlim – 6/7/1959, Nova Iorque). Desenhista e pintor alemão; representante do expressionismo em seu país, colaborou na imprensa com desenhos humorísticos e publicou álbuns de sátiras contra a burguesia. p. 234

GRÜN, Max von der (* 25/5/1926, Bayreuth). Poeta alemão. p. 279

GRÜNBEIN, Durs (* 9/10/1962, Dresden). Poeta alemão; um dos grandes nomes da novíssima geração de líricos alemães. p. 287, 288

A ARTE DO COMBATE 337

GRYPHIUS, Andreas (Andreas Greif, na verdade, * 11/10/1616, Glogau, na Silésia – † 16/7/1664, tb. em Glogau). Escritor, dramaturgo e poeta alemão; notável no epigrama. p. 14, 33, 42, 43, 44, 50

GUARINI, Giovanni Battista (* 1538 – † 1612). Poeta e dramaturgo italiano; sua obra contribuiu para a difusão da comédia pastoril em toda a Europa. p. 47

GÜNTHER, Johann Christian (* 8/4/1695, Striegau, na Silésia – † 15/3/1723, Jena). Poeta alemão do "eu"; precursor genial do romantismo. p. 14, 33, 49, 50, 52

GUTZKOW, Karl (* 17/3/1811, Berlim – † 16/12/1878, Frankfurt a. M.). Escritor alemão; um dos líderes da *Jovem Alemanha*. p. 122

HACKS, Peter (* 21/3/1928, Breslau – † 28/8/2003, Berlim). Dramaturgo alemão; seguidor de Brecht. p. 276, 290

HAMANN, Johann Georg (* 27/8/1730, Königsberg – † 21/6/1788, Münster). Pensador alemão; teórico hermético e obscuro do romantismo. p. 69, 75

HÄNDEL Georg Friedrich (* 1685 – † 1759). Músico inglês nascido na Alemanha; um dos mais importantes compositores da Inglaterra, captou o gosto do público e obteve o reconhecimento da aristocracia do país. p. 194

HANDKE, Peter (* 6/12/1942, Griffen, Kärnten, Áustria). Romancista e dramaturgo austríaco. p. 279, 280, 281, 282, 284, 296, 299, 302

HART, Irmãos. Heinrich (30/12/1855, Wesel – † 11/6/1906, Tecklenburg) e Julius (9/4/1859, Münster – † 7/7/1930, Berlim). Escritores alemães, teóricos do naturalismo. p. 176, 208

HASENCLEVER, Walter (* 8/7/1890, Aachen – † 21/6/1940, Les Milles, suicídio). Escritor alemão exilado. p. 177, 269

HAUPTMANN, Gerhart (* 15/11/1862, Bad Salzbrunn – † 6/6/1946, Agnetendorf). Escritor e dramaturgo alemão; passou do naturalismo na fase inicial a um subjetivismo simbolista no final de sua vida. p. 16, 29, 176, 184, 226, 227, 229, 234, 239, 307

HAWTHORNE, Nathaniel (* 1804 – † 1864). Escritor americano; primeiro grande romancista dos EUA. p. 90

HEARTFIELD, John (Helmut Herzfeld, na verdade, * 19/6/1891, Berlim – † 26/4/1968, Berlim). Fotógrafo e pintor alemão; precursor – assaz crítico – da fotomontagem. p. 262, 338

HEBBEL, Friedrich (* 18/3/1813, Wesselburen – † 13/12/1863, Viena). Escritor, poeta e dramaturgo alemão. p. 16, 24, 61, 66, 93, 125, 136, 150, 151, 152, 153, 154, 203

HEBEL, Johann Peter (* 10/5/1760, Basiléia – † 22/9/1826, Schwetzingen, Baden). Escritor e poeta alemão; escreveu sua poesia no dialeto pátrio, o alemânico. p. 15, 73, 88, 96, 97

HEGEL, G. W. F. (* 27/8/1770, Stuttgart – † 14/11/1831, Berlim). Filósofo alemão, pai da dialética hegeliana; último ramo do idealismo alemão. p. 84, 132, 133, 142, 144, 146, 151, 164, 165, 166, 190

HEIDEGGER, Martin (* 26/9/1889, Messkirch, Baden – † 26/5/1976, Friburgo). Filósofo alemão. p. 166, 190, 277

338 MARCELO BACKES

HEIN, Christoph (* 8/4/1944, Heitzendorf, na Silésia). Poeta alemão. p. 277

HEINE, Heinrich (* 13/12/1797, Düsseldorf – † 17/2/1856, Paris). Poeta e ensaísta alemão; um dos grandes renovadores da língua poética alemã. p. 10, 12, 15, 25, 37, 50, 61, 67, 102, 104, 109, 111, 124, 125, 126, 129, 130, 133, 134, 135, 136, 137, 138, 139, 140, 141, 153, 161, 162, 164, 166, 193, 194, 229, 232, 238, 239, 242, 266, 278, 296, 312, 313, 314, 324

HEMINGWAY, Ernest (* 1899 – † 1961, suicídio). Escritor americano; sua obra é marcada por estilo enxuto e preciso, com diálogos curtos e fortes; Prêmio Nobel de 1954. p. 271

HENNINGS, Emmy (* 17/2/1885, Flensburg, Schleswig – † 1948, Magliaso, na Tessina, Suíça). Cantora e poetisa, companheira de Hugo Ball; ambos fundaram o cabaré dos dadaístas em Zurique. p. 186

HERÁCLITO (* c. 550 a.C. – † 480 a.C.). Filósofo grego; um dos mais notáveis pensadores pré-socráticos, primeiro representante da dialética do mundo. p. 12

HERDER, Johann Gottfried (* 25/8/1744, Mohrungen, Prússia Oriental – † 18/12/1803, Weimar). Filósofo e escritor alemão; um dos ideólogos do *Sturm und Drang*. p. 70, 73, 75, 110, 153, 169

HERMANN, Judith (* 1970, Berlim Ocidental). Escritora alemã, autora de dois volumes de contos que causaram sensação na Alemanha. Uma das grandes revelações da literatura contemporânea da Alemanha. p. 66, 299, 300, 302, 303

HERWEGH, Georg (* 31/5/1817, Stuttgart – † 7/4/1875, Baden-Baden). Poeta revolucionário alemão do realismo pós-goetheano. p. 102, 122, 125, 160, 161, 162

HERZFELDE, Wieland. (* 11/4/1896, Weggis, Suíça – † 23/11/1988, Berlim). Escritor, adepto do dadaísmo; irmão de John Heartfield. p. 262

HESS, Moses (* 1812 - † 1875). Filósofo e jornalista alemão; primeiro jornalista a defender publicamente as idéias socialistas na Alemanha. p. 166

HESSE, Hermann (* 2/7/1877, Calw, na Alemanha – † 9/8/1962, Montagnola, na Suíça). Escritor alemão de profunda tendência mística; importante pelo fato de resumir em si a crise espiritual do século XX. p. 179, 197

HETTCHE, Thomas (* 30/11/1964, Treis, na Alemanha). Escritor alemão contemporâneo; a sexualidade – em todos os seus detalhes – é um de seus temas mais recorrentes. p. 292

HEYM, Georg (* 30/10/1887, Hirschberg, na Silésia – † 16/1/1912, Berlim). Poeta alemão; um dos grandes nomes da lírica alemã do início do século XX. p. 184

HEYM, Stefan (Helmut Flieg, na verdade, * 10/4/1913, Chemnitz – † 16/12/2001, Israel). Romancista alemão; ativista literário na Alemanha Oriental. p. 291, 315

HEYSE, Paul (* 15/3/1830, Berlim – † 2/4/1914, Munique). Escritor alemão; novelista medíocre, grandioso na prosa curta e no epigrama. p. 196, 197, 305

HILBIG, Wolfgang (* 31/8/1941, Leipzig). Escritor alemão. p. 291

HINDEMITH, Paul (* 16/11/1895, Hanau – † 28/12/1963, Frankfurt a. M.). Compositor alemão. p. 90, 185

HIPÓCRATES (* c. 460 – † c. 377 a.C.). Médico grego; figura símbolo das ciências curativas, usou a análise clínica como fonte de informação e recusou as interpretações mágicas e religiosas das doenças. p. 61

A ARTE DO COMBATE 339

HOBBES, Thomas (* 1588 – † 1679). Filósofo britânico; defensor do poder absoluto do monarca e do materialismo filosófico, autor das teses sobre o contrato social reinterpretadas por Rousseau. p. 311

HOCHHUTH, Rolf (* 1º/4/1931, Eschwege). Dramaturgo alemão; seguidor do teatro documental. p. 278

HOFFMANN, E. T. A. (* 24/1/1776, Königsberg – † 25/6/1822, Berlim). Escritor alemão; um dos maiores gênios da literatura fantástica. p. 15, 89

HOFFMANNSWALDAU, C. Hoffmann von (Benjamin Neukirch, na verdade, * 25/12/1617, Breslau – † 18/4/1679, Breslau). Lírico e político silesiano medieval. p. 14, 47

HOFFMANNSTHAL, Hugo von (* 1º/2/1874, Viena – † 15/7/1929, Rodaun, Viena). Escritor, poeta e dramaturgo austríaco. p. 17, 124, 184, 218, 219, 220, 225, 240, 288

HÖLDERLIN, Friedrich (* 20/3/1770, Lauffen junto ao Neckar – † 7/6/1843, Tübingen). Poeta – um dos maiores de sua língua – e tradutor alemão. p. 14, 50, 67, 72, 84, 85, 93, 111, 158, 204, 217, 278, 289, 319

HOLZ, Arno (* 26/4/1863, Rastenburg – † 26/10/1929, Berlim). Poeta e dramaturgo alemão; foi marcado tanto pelo naturalismo quanto pelo impressionismo. p. 176, 179

HOMERO (séc. VIII a.C.). Poeta grego. p. 25, 81, 137, 188, 258

HOPPE, Felicitas (* 1960, Hameln). Prosadora alemã contemporânea. p. 287, 288, 301

HORÁCIO (* 65 a.C. – † 8 a.C.). Quintus Horatius Flaccus, poeta latino; sua obra se tornou um modelo de referência para autores renascentistas, classicistas e modernos. p. 9, 50, 52, 53

HORVÁTH, Ödön von (* 9/12/1901, Fiume, hoje Rijeka, na Iugoslávia – † 1º/6/1938, Paris). Romancista e dramaturgo iugoslavo de expressão alemã. p. 185

HOULLEBECQ, Michel (* 1958). Escritor francês em moda. p. 145, 286

HÜLSENBECK, Richard (* 23/4/1892, Frankenau, junto a Kassel – † 30/4/1974, Muralto, na Tessina, Suíça). Poeta alemão; um dos agitadores do dadaísmo. p. 185, 186

HUSSERL, Edmund (* 8/4/1859, Prossnitz, na Morávia – † 27/4/1938, Friburgo). Filósofo alemão; sua fenomenologia exerceu grande influência sobre o existencialismo e as ciências sociais. p. 166

HUTTEN, Ulrich von (* 1488, Castelo Steckelberg em Fulda – † 1523, na Ilha Ufenau no Lago de Zurique). Humanista e satirista medieval alemão. p. 31

IBSEN, Henrik (* 20/3/1828 – † 23/5/1906). Dramaturgo norueguês. p. 218, 227, 234

IMMERMANN, Karl (* 24/4/1796, Magdeburgo – † 25/8/1840, Düsseldorf). Poeta e romancista alemão; entre o romantismo e o realismo pós-goetheano. p. 27, 125, 131, 133, 157

JACOBSEN, Jens Peter (*1847 – † 1885). Escritor dinamarquês; iniciador do movimento naturalista na literatura de seu país. p. 217

JACOBSOHN, Siegfried (* 28/1/1881, Berlim – † 3/12/1926, Berlim). Jornalista; fundador da revista tetral "Schaubühne". p. 234

JAHNN, Hans Henny (* Stellingen, Hamburgo, 17/12/1894 – † Blankenese, Hamburgo, 29/11/1959). Ensaísta, dramaturgo e prosador alemão. p. 280

340   MARCELO BACKES

JANZ, Curt Paul (* 1911). Músico e professor da Universidade de Basiléia; autor de importante biografia sobre Nietzsche. p. 190

JASPERS, Karl (* 23/2/1883, Oldenburg – † 26/2/1969, Basiléia, Suíça). Filósofo alemão; um dos principais representantes do existencialismo de seu país. p. 190, 277

JELINEK, Elfride (* 20/10/1946, Mürzzuschlag, Steiermark, na Áustria). Prosadora e dramaturga austríaca contemporânea. p. 302, 303

JENS, Walter (* 8/3/1923, Hamburgo). Professor de retórica, crítico literário, tradutor e escritor alemão, nessa ordem. p. 270

JOHNSON, Uwe (* 20/7/1934, Kammin – † 23/2/1984, Sheerness-on-Sea on Isle of Sheppey (Kent), Inglaterra. Romancista alemão, autor de um romance monumental: *Jahrestage*. p. 19, 245, 273, 294

JONSON, Ben (* 1572 – † 1637). Dramaturgo e ensaísta inglês; contemporâneo de Shakespeare, sua obra contribuiu para renovar o teatro do país na primeira metade do século XVII. p. 42

JOYCE, James (* 1882 – † 1941). Escritor irlandês; destacou-se como um dos mais importantes criadores literários da língua inglesa e da prosa de ficção do século XX. p. 234, 248, 258, 273, 279, 280

JÜNGER, Ernst (* 29/3/1895, Heidelberg – † 17/2/1998, Heidelberg). Romancista alemão; combateu nas duas guerras e suas obras são marcadas pela temática militarista. p. 61, 177, 270

JUVENAL (* c. 55 – † c. 127). Poeta latino; sua obra satírica constitui uma imagem crítica e mordaz da sociedade romana do século I. p. 50

KAFKA, Franz (* 3/7/1833, Praga – † 3/6/1924, Viena). Escritor de expressão alemã e raízes tchecas; um dos maiores nomes da literatura do século XX. p. 10, 17, 61, 70, 153, 154, 157, 178, 182, 197, 210, 211, 212, 213, 214, 234, 236, 244, 258, 273, 274, 283, 284, 288, 296

KAISER, Georg (* 25/11/1878, Magdeburgo – † 4/6/1945, Ascona, Itália). Escritor alemão; dramaturgo mais encenado do expressionismo. p. 184

KANDINSKI, Wassili (* 1866 – † 1944). Pintor russo; sua pintura abstrata influenciou de forma decisiva a arte do século XX. p. 186

KANT, Immanuel (* 22/4/1724, Königsberg – † 12/2/1804, Königsberg, hoje Kaliningrado, na Rússia). Filósofo alemão, seu realismo transcendental, ou crítico, é um marco importante da filosofia ocidental. p. 51, 59, 69, 79, 86, 88, 106, 146, 265

KELLER, Gottfried (* 19/7/1819, Zurique – † 15/7/1890, Zurique). O maior escritor do realismo suíço. p. 16, 74, 124, 162, 170, 171, 197, 198, 258

KEMPNER, Friederike. (* 25/6/1836, Opatow – † 23/2/1904, Breslau). Poetisa alemã, apelidada de "cisne silesiano". p. 228

KEMPOWSKI, Walter (* 29/4/1929, Rostock). Escritor alemão, levou a técnica da montagem literária às últimas conseqüências em sua obra *O ecômetro*. p. 297

KERR, Alfred (Alfred Kempner, na verdade, * 25/12/1867, Breslau – † 12/10/1948, Hamburgo). Jornalista, crítico literário e poeta alemão. p. 10, 228, 229, 230, 239, 244

A ARTE DO COMBATE   341

KESTING, Hanjo (* 1943). Germanista, tradutor e ensaísta alemão. p. 273

KEYSERLING, Eduard (* 14/5/1855, Castelo de Paddern – † 28/9/1918, Munique). Romancista e narrador alemão. p. 181

KIERKEGAARD, Sören (* 1813 – † 1855). Filósofo dinamarquês. p. 210, 217, 237

KIPPHARDT, Heinar (* 8/3/1922, Heidersdorf, na Silésia – † 18/11/1982, Angelsbruck, Baviera). Dramaturgo alemão; adepto do teatro documental. p. 278

KIRCHHOF, Hans Wilhelm (* c. 1525, Kassel – † c. 1603). Escritor e compilador alemão. p. 80

KIRCHHOFF, Bodo (* 6/7/1948, Hamburgo). Escritor alemão; posicionou-se contra o "subjetivismo" típico de sua geração. p. 282, 286, 295

KIRSCH, Sarah (* 16/4/1935, Limlingerode, no Harz). Lírica e bióloga alemã; deixou a Alemanha Oriental em 1977, depois do episódio envolvendo o poeta Wolf Biermann. p. 20, 275, 277, 315

KLABUND (Alfred Henschke, na verdade, * 4/11/1890, Crossen junto ao Oder – † 14/8/1928, Davos, na Suíça). Lírico e narrador alemão; conhecido por suas traduções de línguas orientais. p. 183

KLEIST, Heinrich von (* 18/10/1777, Frankfurt a. d. Oder – † 21/11/1811, Berlim, suicídio). Escritor alemão bem à frente do romantismo de seu tempo. p. 15, 53, 74, 86, 87, 88, 93, 111, 117, 136, 156, 210, 227, 234, 319

KLINGER, Friedrich Maximilian (* 17/2/1752, Frankfurt a. M. – † 9/3/1831, Dorpat). Dramaturgo e narrador alemão; "padrinho" do Sturm und Drang. p. 70, 75, 76

KLOPSTOCK, Friedrich Gottlieb (* 2/7/1724, Quedlinburg – † 14/3/1803, Hamburgo). Escritor e lírico alemão; o grande nome da poesia alemã do século XVIII. p. 14, 52, 63, 65, 66, 67, 84, 217, 278, 289

KLUGE, Alexander (* 14/2/1932, Halberstadt). Escritor e cineasta alemão de tendência experimentalista. p. 273, 297

KOEPPEN, Wolfgang (* 23/6/1906, Greifswald – † 15/3/1996, Munique). Escritor e poeta alemão; o melhor de sua obra foi publicado imediatamente após o fim da Segunda Guerra Mundial. p. 19, 273, 274, 286

KOKOSCHKA, Oskar (* 1º/3/1886, Pöchlarn, no Império Austro-húngaro – † 22/2/1980, Villeneuve, na Suíça). Pintor – e escritor – austríaco; representante do expressionismo, ao qual acrescentou características próprias e originais. p. 178, 237, 239, 240

KORNFELD, Paul (* 11/12/1889, Praga – † janeiro de 1942, assassinado no Campo de Concentração de Lodz). Dramaturgo e romancista tcheco, de ascendência judaica e expressão alemã. p. 269

KOTZEBUE, August von (* 3/5/1761, Weimar – † 23/3/1819, Mannheim, assassinado). Dramaturgo e diretor de teatro alemão de tendência conservadora e nacionalista. p. 74

KRAUS, Karl (* 28/4/1874, Jichin, Boêmia – † 12/6/1936, Viena). Escritor, ensaísta e poeta austríaco; um dos maiores estilistas da língua alemã de todos os tempos. p. 10, 12, 18, 61, 142, 149, 157, 175, 204, 205, 218, 223, 225, 229, 230, 234, 235, 236, 237, 238, 239, 240, 299

342 MARCELO BACKES

KRETZER, Max (* 7/6/1854, Posen – † 15/7/1941, Berlim). Escritor alemão, autor do primeiro romance naturalista de seu país. p. 176

KUNERT, Günter (* 6/3/1929, Berlim). Lírico alemão; deixou a Alemanha Oriental em 1979. p. 277

KUNZE, Reiner (* 16/8/1933, Oelsnitz, Erzgebirge). Escritor e tradutor alemão; deixou a Alemanha Oriental em 1977, depois do episódio envolvendo o poeta Wolf Biermann. p. 277, 289, 290

KURZ, Robert (*1943). Pensador contemporâneo alemão; um dos líderes do grupo "Krisis". p. 307

LA BRUYÈRE, Jean de (* 1645 – † 1696). Escritor francês; um dos maiores representantes do classicismo no país, com obra marcada pela crítica satírica e aguda do comportamento humano. p. 62

LA FONTAINE, Jean (* 1621 – † 1695). Fabulista francês. p. 56

LA ROCHE, Sophie de (* 6/12/1731, Kaufbeuren – † 18/2/1807, Offenbach a. M.). Primeira escritora alemã de renome; romancista folhetinesca. p. 73

LA ROCHEFOUCAULD, François de (* 1613 – † 1680). Escritor francês; famoso por suas máximas, típicas do classicismo francês e marcadas sobretudo pelo desencanto com o gênero humano. p. 42

LAMARTINE, Alphonse de (* 1790 – † 1869). Escritor francês; sua obra expressou pela primeira vez na França os temas e sentimentos típicos do romantismo. p. 125, 161

LAMPRECHT, Padre (* 1ª metade do séc. XII). Escritor medieval alemão; autor-recriador da *Canção de Alexandre*. p. 25

LANG, Fritz (* 1890 – † 1976). Diretor cinematográfico alemão; sua obra marcou época na Alemanha e nos EUA, pela concepção visual revolucionária e a temática baseada na fatalidade do destino humano. p. 24, 178

LANGE, Alexa Hennig von (* 1973, Hanôver). Escritora alemã *pop*. p. 300, 301

LANGE, Wolfgang (* 1955). Professor e tradutor; crítico literário. p. 246

LASKER-SCHÜLER, Else (* 11/2/1869, Elberfeld, Wuppertal – † 22/1/1945, Jerusalém). Poeta alemã, apelidada de "cisne negro" de Israel. p. 17, 178, 183, 184, 240, 255

LASSALLE, Ferdinand (* 11/4/1825, Breslau, na Silésia – † 31/8/1864, Genebra). Político e ideólogo alemão; organizador do movimento operário na Alemanha, deu um matiz nacionalista às idéias socialistas de Karl Marx. p. 122

LAUBE, Heinrich (* 18/9/1806, Sprottau – † 1º/8/1884, Viena). Autor alemão; demonstrou grande domínio da técnica dramatúrgica. p. 126

LAVATER, Johann Kaspar (* 15/11/1741, Zurique – † 2/1/1801, Zurique). Escritor e filósofo suíço; fundador da fisiognomia, realizou estudos sobre as condições de transe magnético, desenvolvidos posteriormente por Franz Anton Mesmer. p. 63, 153

LEIBNIZ, Gottfried Wilhelm (* 1º/7/1646, Leipzig – † 14/11/1716, Hanôver). Filósofo e matemático alemão. Descobriu os princípios do cálculo diferencial ao mesmo tempo que Newton. p. 51, 203, 279

A ARTE DO COMBATE 343

LENAU, Nikolaus (Nikolaus Franz Niembsch, Nobre de Strehlenau, na verdade, * 13/8/ 1802, Csadat, Hungria – † 22/8/1850, Oberdöbling, Viena). Poeta romântico de expressão alemã e ascendência húngara; assimilava poeticamente suas crises de depressão. p. 72, 305

LENZ, J. M. R. (* 12/1/1751, Sesswegen, Livland – † 24/5/1792, Moscou). Escritor e dramaturgo do romantismo alemão. p. 70, 73, 128

LENZ, Siegfried (* 17/3/1926, Lyck, Prússia Oriental). Prosador alemão. p. 272

LEOPARDI, Giacomo (* 1798 – † 1837). Poeta italiano; seu estilo é marcado pelo intimismo, pela tristeza e pela inquietude espiritual. p. 197

LERSCH, Heinrich (* 12/9/1889, Mönchengladbach – † 18/6/1936, Remagen). Escritor alemão; o "poeta dos trabalhadores". p. 177

LESSING, Gotthold Ephraim (* 22/1/1729, Kamenz, Lausitz – † 15/2/1781, Braunschweig). Escritor, dramaturgo e poeta do iluminismo alemão; grande educador da pátria. p. 14, 37, 42, 44, 50, 52, 53, 55, 56, 57, 58, 59, 66, 69, 107, 151, 153, 157, 165, 167, 317

LICHTENBERG, Georg Christoph (* 1º/7/1742, Ober-Ramstadt, junto a Darmstadt – † 24/ 2/1799, Göttingen). Filósofo, escritor e matemático alemão; um dos maiores aforistas de todos os tempos. p. 14, 52, 59, 60, 61, 62, 63, 64, 66, 69, 77, 153, 190, 239

LIEBERMANN, Max (20/7/1847, Berlim – † 8/2/1935, Berlim). Pintor e gráfico judeu-alemão. p. 209, 307

LIEBKNECHT, Karl (* 13/8/1871, Leipzig – † 15/1/1919, assassinado). Político alemão; sobre o seu e o sangue de Rosa Luxemburgo foi construída a República "democrática" de Weimar. p. 230, 276

LILIENCRON, Detlev von (Friedrich Adolf Axel, Senhor de Liliencron, na verdade, * 3/6/ 1844, Kiel – † 22/7/1909, Hamburgo). Poeta alemão, naturalista e irreverente. p. 183, 185, 208, 209, 216, 239, 240

LOEST, Erich (* 24/2/1926, Mittweida). Escritor alemão contemporâneo, viveu na ex-Alemanha Oriental até ser exilado. p. 291

LOGAU, Friedrich von (* junho de 1604 – † 24/7/1655). Poeta alemão, grande autor de epigramas. p. 33, 41, 42

LOOS, Adolf (* 1870 – † 1933). Arquiteto austríaco; principal representante da vanguarda de seu país no início do século XX e defensor da simplicidade funcional na arquitetura e na arte em geral. p. 239, 240

LOPE DE VEGA, Félix (* 1562 – † 1635). Escritor espanhol; um dos mais prolíficos autores da literatura universal, famoso sobretudo como criador da comédia espanhola. p. 42, 58, 156

LUCIANO (* c. 120 – † c. 180). Escritor grego; seus diálogos satíricos ironizaram os costumes e a debilidade da vida intelectual de sua época. p. 52, 53, 80, 292

LUDWIG, Otto (* 12/2/1813, Eisfeld, Hildburghausen – † 25/2/1865, Dresden). Narrador, dramaturgo e teórico do realismo. p. 122

LUKÁCS, György (* 13/4/1885, Budapeste – † 4/6/1971, Budapeste). Crítico marxista húngaro. p. 150, 151, 166, 168, 190, 213

344   MARCELO BACKES

LUTERO, Martinho (Martin LUTHER, na verdade, * 10/11/1483, Eisleben – † 18/2/1546, Eisleben). Teólogo, escritor e tradutor alemão; líder da Reforma. p. 9, 10, 12, 13, 31, 32, 33, 34, 35, 36, 37, 38, 39, 40, 97, 252, 317

LUXEMBURGO, Rosa (* 1871 – † 1919). Revolucionária alemã nascida na Polônia; figura marcante na história do movimento operário europeu, uma das fundadoras do Partido Comunista Alemão. p. 230, 276

LYOTARD, Jean-François (* 1924 – † 1998). Filósofo francês; representante "descabelado" do pós-modernismo. p. 253

MACH, Ernst (* 18/2/1838, Turany, Eslováquia – † 19/2/1916, Munique). Filósofo e físico; criador do empireocriticismo, raiz do neopositivismo de Bertrand Russell, Wittgenstein e Carnap. p. 222, 243

MAIAKÓVSKI, Vladimir (* 1893 – † 1930). Poeta russo; um dos principais representantes da vanguarda futurista do início do século XX. p. 267, 289

MAISTRE, Xavier de (* 1763 – † 1852). Escritor francês; grande humorista, referência de Machado de Assis no início das *Memórias póstumas de Brás Cubas*. p. 76

MANN, Heinrich (* 27/3/1871, Lübeck – † 12/3/1950, Santa Mônica, Califórnia). Escritor alemão, irmão mais velho de Thomas Mann. p. 17, 134, 178, 179, 234, 249, 250, 258

MANN, Klaus (* 18/11/1906, Munique – † 21/5/1949, Cannes, suicídio). Escritor alemão, filho mais velho de Thomas Mann. p. 18, 179, 180, 234, 254, 256

MANN, Thomas (* 6/6/1875, Lübeck – † 12/8/1955, Zurique). Escritor alemão, um dos principais nomes da literatura alemã do século XX; Prêmio Nobel de Literatura em 1929. p. 17, 26, 30, 102, 117, 137, 144, 153, 154, 173, 178, 179, 190, 244, 245, 250, 251, 252, 253, 254, 258, 259, 261, 287, 304, 305

MARCIAL (* c. 38 – † 103). Poeta latino nascido na Espanha; célebre por seus epigramas, que retratam com ironia e realismo as fraquezas da sociedade romana da época dos Flávios. p. 42, 109

MARICÁ, Marquês de (* 1773 – † 1848). Político e pensador brasileiro; ministro de D. Pedro I, famoso sobretudo por suas máximas, que retratam a mentalidade da época. p. 42

MARINO, Giambattista (* 18/10/1569 – † 24/3/1625). Poeta italiano de grande influência sobre a literatura européia de sua época. p. 47

MARON, Monika (* 3/6/1941, Berlim). Entre as escritoras da ex-Alemanha Oriental ainda vivas é a mais conhecida depois de Christa Wolf e Sarah Kirsch. p. 302, 303

MARTINS, Altair (* 1975). Professor de cursinho pré-vestibular; jovem contista gaúcho, aclamado – com razão – como uma das grandes novidades das letras do Rio Grande do Sul; vai ser um grande escritor. p. 100

MARX, Karl (* 5/5/1818, Trier – † 14/3/1883, Londres). Filósofo e pensador alemão. p. 12, 20, 52, 122, 125, 134, 136, 161, 163, 164, 165, 166, 167, 190

MAUPASSANT, Guy de (* 1850 – † 1893). Escritor francês; conhecido sobretudo por seus contos, gênero no qual foi mestre. p. 176

MAY, Karl (* 25/2/1842, Hohenstein-Ernstthal – † 30/3/1912, Radebeul). Escritor alemão de índole faroéstica (Far West). p. 123, 279

A ARTE DO COMBATE 345

MECHTEL, Angelika (*26/8/1943, Dresden – † 8/2/2000, Colônia). Prosadora alemã; é autora de obras como *Os sonhos da raposa*, coletânea de contos de 1976, e *Blindgängerin* (título complicado; o substantivo é, entre outras coisas, o feminino de "Blindgänger", que significa bomba não detonada), romance de 1977. p. 302, 303

MELANCHTHON, Philipp (Philipp Schwarzerd, na verdade, * 1497 – † 1560). Teólogo e educador alemão; colaborou estreitamente com Martinho Lutero na elaboração da Reforma. p. 33, 35, 36

MELEAGRO de Gádara (* c. 135 – † c. 60 a.C.). Escritor grego; organizador de uma famosa coletânea de epigramas. p. 42

MENZEL, Wolfgang (* 21/6/1798, Waldenburg, na Silésia – † 23/4/1873, Stuttgart). Crítico literário alemão; desafeto de Heine e acusador da *Jovem Alemanha*. p. 137, 138

MERQUIOR, José Guilherme (* 1941 – † 1991). Diplomata, ensaísta e crítico brasileiro; grande erudito de espírito polêmico, introduziu no país a discussão sobre Lévi-Strauss e a escola de Frankfurt. p. 317, 318

MEYER, Conrad Ferdinand (* 11/10/1825, Zurique – † 28/11/1898, Zurique). Narrador realista suíço. p. 124, 197

MEYRINK, Gustav (Gustav Meyer, na verdade, * 19/1/1868, Viena – † 4/12/1932, Starnberg). Escritor e banqueiro, místico até a raiz dos cabelos. p. 180

MILTON, John (* 1608 – † 1674) Poeta inglês; grande épico e um dos mais célebres britânicos da literatura, uniu a erudição renascentista à sonoridade religiosa do barroco. p. 66

MODIGLIANI, Amedeo (* 1884 – † 1920). Pintor italiano; integrante da escola de Paris, influenciado por Cézanne, marcou a primeira metade do século XX com suas figuras alongadas, que se destacam pelo despojamento. p. 186

MOLIÈRE (Jean-Baptiste Poquelin, *1622 – † 1673). Dramaturgo francês, um dos maiores representantes da comédia moderna. p. 43, 74

MOMMSEN, Theodor (* 1817 – † 1902). Jurista e historiador alemão; notável pela erudição, intensa atividade acadêmica e domínio dos métodos historiográficos; Prêmio Nobel de Literatura (?) em 1902. p. 197

MONTAIGNE, Michel (* 1533 – † 1592). Pensador francês; com seus *Ensaios* estabeleceu um dos gêneros mais importantes da literatura universal. p. 52, 62, 94, 152, 276, 296

MONTINARI, Mazzino (* 1928 – † 1986). Professor italiano; compilador das Obras Completas de Nietzsche, junto com Colli. p. 190

MORGENSTERN, Christian (* 6/5/1871, Munique – † 31/3/1914, Meran). Escritor alemão; poeta do grotesco e do satírico. p. 183, 202, 203

MORITZ, Karl Philipp (* 15/9/1756, Hameln – † 26/6/1793, Berlim). Narrador alemão, autor do primeiro romance caracteristicamente psicológico da literatura alemã. p. 14, 54

MOTTE-FOUQUÉ, Friedrich de la (* 12/2/1777, Brandemburgo a. d. Havel – † 23/1/1843, Berlim). Escritor alemão. p. 10, 24, 74

MÜHSAM, Erich (* 6/4/1878, Berlim – † 11/7/1934). Lírico alemão de ascendência judaica; assassinado no Campo de Concentração de Oranienburg. p. 269

346   MARCELO BACKES

MÜLLER, Heiner (* 9/1/1929, Eppendorf, na Saxônia – † 30/12/1995, Berlim). Dramaturgo alemão; diretor do Berliner Ensemble. p. 276, 305, 315

NADOLNY, Sten (* 29/7/1942, Zehdenick, junto ao Havel). Autor alemão, conhecido no Brasil pelo seu sucesso – aliás mundial – *A descoberta da lentidão*. p. 292, 293

NAUMANN, Peter (* 1950). Tradutor e intérprete porto-alegrense. p. 236, 321

NERVAL, Gérard de (Gérard Labrunie, na verdade, * 1808 – † 1855). Poeta e tradutor francês; precursor dos movimentos simbolista e surrealista na França. p. 90

NESTROY, Johann (* 7/12/1801, Viena – † 25/5/1862, Graz). Dramaturgo austríaco, grande humorista da literatura universal. p. 10, 16, 126, 148, 149, 239

NICOLAI, Friedrich (* 18/3/1733, Berlim – † 8/1/1811, Berlim). Escritor e editor alemão; iluminista, é autor de uma prosa cheia de humor, tipicamente berlinense. p. 53, 109, 319

NIETZSCHE, Friedrich (* 15/10/1844, Röcken, junto a Lützen – † 25/8/1900, Weimar). Filósofo alemão; um dos maiores críticos da religião, da moral e da tradição filosófica do Ocidente. p. 16, 61, 62, 122, 134, 144, 145, 165, 170, 181, 187, 188, 189, 190, 191, 192, 193, 194, 195, 209, 216, 252, 253, 269

NOSSACK, Hans Erich (* 30/1/1901, Hamburgo – † 2/11/1977, Hamburgo). Escritor, lírico e dramaturgo alemão. p. 275

NOVALIS (Georg Philipp Friedrich, Senhor de Hardenberg, * 2/5/1772, Widerstedt, junto a Mansfeld – † 25/3/1801, Weissensfels). Escritor e lírico romântico alemão. p. 11, 14, 61, 81, 82, 83, 94, 99, 117, 119

O'NEILL, Eugène (* 1888 – † 1953). Dramaturgo americano; sua obra, enraizada nos princípios da tragédia grega, deu grande projeção internacional ao teatro dos EUA. p. 234

OBERGE, Eilhart von (séc. XII). Poeta medieval alemão. p. 27

OFFENBACH, Jacques (Jacob Offenbach, na verdade, * 1819 – † 1880). Compositor alemão; sua obra – feita basicamente de operetas – recriou com vivacidade e espírito satírico a vida mundana noturna de Paris no século XIX. p. 90, 239, 342

OPITZ, Martin (* 23/12/1597, Bunzlau, na Silésia – † 20/8/1639, Danzig). Poeta e teórico da literatura alemã. p. 33, 44, 49

OSSIAN (séc. III). Oisín, poeta e guerreiro irlandês; figura lendária, a quem são atribuídos poemas gaélicos do ciclo feniano de narrativas heróicas. p. 78

OTFRIED von Weissenburg (* c. 800 na Alsácia – † c. 870 em Weissenburg, na Alsácia). Poeta medieval alemão. p. 23

OVÍDIO (* 43 a.C. – † c. de 18 d.C.). Publius Ovidius Naso, poeta latino; sua obra, plena de suavidade e harmonia, influenciou importantes artistas, como Dante, Milton e Shakespeare. A retórica deu expressividade e emoção a sua poesia. p. 48, 50

OWEN, John (* 1560 – † 1622). Poeta inglês, grande autor de epigramas famosos no século XVII. p. 42

PARACELSO (* 10-14/11/1493, Einsiedeln, Suíça – † 1541, Salzburgo). Philippus Aureolus Theophrastus Bombast von Hohenheim, médico e alquimista suíço; antecipou a homeopatia e o uso da química no tratamento médico. p. 32

A ARTE DO COMBATE   347

PASCAL, Blaise (* 1623 – † 1662). Filósofo, físico, matemático e escritor francês; sua doutrina filosófica procura contrapor razão e emoção como os dois elementos básicos do conhecimento humano. p. 61, 62, 210

PAUL, Jean (Johann Paul Friedrich Richter, na verdade, * 21/3/1763, Wunsiedel – † 14/11/1825, Bayreuth). Escritor alemão à frente de seu tempo; grande humorista e soberbo autor de aforismos. p. 15, 74, 92, 93, 94, 96, 101, 136, 142, 153, 185, 188, 241, 258, 272, 289

PEPYS, Samuel (* 1633 – † 1703). Escritor inglês; seu *Diário*, decifrado no século XIX, constitui um dos documentos mais originais da literatura de seu país. p. 152

PERRAULT, Charles (* 1628 – † 1703). Escritor francês; famoso pela compilação em linguagem simples de antigos contos infantis europeus. p. 117

PESSOA, Fernando (* 1888 – † 1935). Poeta português; artista múltiplo, expressou em sua obra as angústias e contradições do homem moderno. p. 136, 217

PETRARCA, Francesco (* 1304 – † 1374). Poeta italiano; um dos maiores sonetistas de todos os tempos. p. 50, 99, 102

PICASSO, Pablo (* 1881 – † 1973). Pintor espanhol; sua obra sintetiza a evolução das artes plásticas ao longo do século XX. p. 186, 327

PISCATOR, Erwin (* 17/12/1893, Ulm, Wetzlar – † 30/3/1966, Starnberg). Diretor de teatro alemão; famoso pelo uso de recursos expressionistas. p. 262, 278

PLATÃO (* c. 428-27 a.C. – † 347 a.C.). Filósofo grego; um dos marcos da filosofia ocidental. p. 94, 126, 146

PLATEN, August von (* 24/10/1796, Ansbach – † 5/12/1835, Siracusa). Poeta romântico alemão, de talhe clássico. p. 27, 71, 101, 102, 153, 305

PLAUTO (Titus Maccius, na verdade, * c. 250 a.C. – † 184 a.C.). Dramaturgo latino; criador da comédia latina. p. 58

PLENZDORF, Ulrich (* 26/10/1934, Berlim). Escritor alemão (oriental); entre outros temas, ocupou-se do *Werther*. p. 290, 291

PLIEVIER, Theodor (* 12/2/1892, Berlim – † 12/3/1955, Locarno). Romancista alemão. p. 270

PLUTARCO (* 46 – † c. 119). Escritor grego; teve grande influência sobre os gêneros biográfico e ensaístico na literatura ocidental. p. 31, 52

POE, Edgar Allan (* 1809 – † 1849). Escritor americano; conhecido no mundo inteiro por seus contos de mistério e terror. p. 90, 279, 301

POLENZ, Wilhelm (* 14/1/1861, Castelo Obercunewalde, na Saxônia – † 13/11/1903, Bautzen). Autor de uma série de "romances pátrios". p. 176

POLITZER, Heinz (* 31/12/1910, Viena – † 30/7/1978, Berkeley, na Califórnia). Germanista e crítico literário; colaborador de Max Brod na edição das obras de Kafka. p. 212

POPE, Alexander (* 1688 – † 1744). Poeta inglês; principal representante da literatura neoclássica britânica, sua obra reúne perfeição técnica e talento satírico. p. 42

POUND, Ezra (* 1885 – † 1972). Poeta, tradutor e crítico literário americano; autor decisivo na evolução da literatura de língua inglesa do século XX. p. 217

348   Marcelo Backes

PROUDHON, Pierre-Joseph (* 1809 – † 1865). Filósofo francês e socialista pequeno-burguês; suas idéias exerceram grande influência sobre o desenvolvimento do anarquismo e de todos os movimentos federalistas e libertários. p. 240

PROUST, Marcel (* 1871 – † 1922). Escritor francês; um dos maiores autores do século XX. p. 241, 273

PRUYS, Karl Hugo (* 1938). Jornalista alemão metido a biógrafo e compilador; escreveu biografias sobre pessoas tão diferentes quanto Goethe e Helmuth Kohl. p. 111

PÚCHKIN, Alexander (* 1799 – † 1837). Escritor russo; sua obra, marcada pelo vigor e a sensibilidade, é um dos pontos de partida de toda a moderna literatura de seu país. p. 71, 114

PÜCKLER-MUSKAU, Hermann, Príncipe de (* 30/10/1785, Muskau no Lausitz, Alemanha – † 4/2/1871, Branitz, em Cottbus, Alemanha). Escritor alemão, autor de "cartas de viagem". p. 161

QUEIROZ, Eça de (* 1845 – † 1900). Escritor português; iniciador do realismo na literatura de língua portuguesa. p. 320

QUEVEDO, Francisco de (* 1580 – † 1645). Escritor espanhol; mestre do movimento literário barroco conhecido como conceptismo. p. 42, 61

RAABE, Wilhelm (* 8/9/1831, Eschershausen – † 15/11/1910, Braunschweig). Narrador realista alemão. p. 74, 122, 123, 197

RABELAIS, François (* c. 1494 – † 1553). Escritor francês, autor de obra satírica que marca a transição entre a Idade Média e a Idade Moderna. p. 31, 40

RACINE, Jean (* 1639 – † 1699). Dramaturgo francês; expressão genuína da tragédia clássica na França do século XVII. p. 52, 99, 101

RAIMUND, Ferdinand Jakob (* 1º/6/1790, Viena – † 5/9/1836, Pottenstein, Áustria). Dramaturgo austríaco; trivial e melancólico. p. 10, 74, 148, 149

RASPE, Rudolf Erich (* 1737, Hanôver – † 1794, Muchcross, na Irlanda do Norte). Autor da primeira compilação das façanhas do Barão de Münchhausen. p. 78

RÉE, Paul (21/11/1849, Bartelshagen, na Pomerânia – † 28/10/1901, Celerina, Engadin). Filósofo alemão, amigo de Nietzsche. p. 188

REICH-RANICKI, Marcel (* 2/6/1920, Wloclaweck, Polônia). Crítico literário judeu-polonês de expressão alemã; *showman* – de papel crítico – da literatura alemã. p. 112, 282, 286, 304

REINHARDT, Max (* 9/9/1873, Baden, Viena – † 30/10/1943, Nova Iorque). Diretor teatral austríaco; famoso por suas montagens espetaculares, de índole revolucionária. p. 219, 262

REMARQUE, Erich Maria (Erich Paul Remark, na verdade, * 22/6/1898, Osnabrück – † 25/9/1970, Locarno). Romancista "objetivista" alemão. p. 183

RENNER, Rolf Günter (* 1945). Professor, germanista; autor de várias obras e ensaios, principalmente acerca das mais novas teorias críticas e da literatura alemã contemporânea. p. 254, 280, 281

A ARTE DO COMBATE   349

REUTER, Christian (* 9/10/1665, Kütten, junto a Halle – c. 1712, Berlim). Escritor alemão; parodiou o romance de aventuras num belo romance picaresco. p. 33

REUTER, Fritz (* 7/11/1810, Stavenhagen – † 12/7/1874, Eisenach). Escritor realista alemão; descreveu sua pátria nortista em imagens melancólicas e humoradas, usando o dialeto de sua região natal. p. 123

RICARDO, David (* 1772 – † 1823). Economista inglês; um dos principais representantes da escola de economia clássica. p. 165

RICHTER, Hans Werner (* 12/11/1908, Bansin – † 23/3/1993, Munique). Escritor alemão marcado pela guerra; um dos fundadores do Grupo 47. p. 186, 271

RILKE, Rainer Maria (* 4/12/1875, Praga – † 29/12/1926, Valmont, junto a Montreux). Poeta de expressão alemã; um dos maiores poetas do século XX. p. 17, 178, 184, 197, 204, 205, 215, 216, 217, 236, 262

RIMBAUD, Arthur (* 1854 – † 1891). Poeta francês; uma das personalidades mais revolucionárias da literatura do século XIX, transformou-se em bandeira do irracionalismo e da redescoberta do corpo. p. 184

RODIN, Auguste (* 1840 – † 1917). Escultor francês; caracterizado pelo rigor anatômico; dominou como poucos o bronze e o mármore. p. 216

ROSENFELD, Anatol (* 1912 – † 1973). Ensaísta brasileiro nascido na Alemanha; radicado no Brasil desde 1937, contribuiu na divulgação da literatura alemã. p. 312

ROSENFIELD, Dênis. Professor de filosofia, doutorado pela Sorbonne, se não me engano. p. 236

ROTH, Joseph (* 2/9/1894, Brody, Lemberg – † 27/5/1935, Paris). Escritor alemão de ascendência ucraniano-judaica. p. 18, 241, 242, 296

ROTH, Philip (* 1933). Escritor americano, representante de uma corrente de escritores que abordam a questão judaica em seus diferentes aspectos; sua obra focaliza o ambiente da classe média e os burburinhos da vida sexual e familiar. p. 294

ROUSSEAU, Jean-Jacques (* 1712 – † 1778). Filósofo e escritor francês nascido na Suíça. p. 92

ROUSSEAU, Johann Baptist (* 1802 – † 1867). Jornalista e poeta alemão; desafeto de Heine. p. 138

ROWLING, J. K. (* 1965). Escritora; autora da série de livros infantis sobre Harry Potter. p. 136

RUGE, Arnold (* 1802 – † 1880). Publicista radical alemão e hegeliano de esquerda; defensor da unificação alemã sob um regime liberal, adaptou as idéias de Hegel ao liberalismo. p. 166

RÜHKORF, Peter (* 25/10/1929, Dortmund). Lírico alemão. p. 20, 278

SACHER-MASOCH, Leopold Ritter von (* 27/1/1836, Lemberg, na Áustria – † 9/3/1895, Lindheim, Áustria). Escritor austríaco; deu origem – com seu sobrenome – ao conceito da psicopatologia sexual "masoquismo". p. 124

SACHS, Hans (* 5/11/1494, Nürnberg – † 19/1/1576, Nürnberg). Mestre-cantor e poeta alemão; sapateiro; expressou em suas baladas a vida popular alemã do século XVI. p. 13, 24, 27, 32

350 MARCELO BACKES

SACHS, Nelly (* 10/12/1891, Berlim – † 12/5/1970, Estocolmo). Poeta – e também narradora, dramaturga e tradutora – alemã de ascendência judaica; Prêmio Nobel de Literatura em 1966. p. 274

SADE, Donatien-Alphonse-François, Marquês de (* 1740 – † 1814). Escritor francês. p. 19, 124, 272

SAINTE-BEUVE, Charles-Augustin (* 1804 – † 1869). Escritor francês; um dos fundadores da moderna crítica literária, conhecido por sua postura intelectualmente independente. p. 317

SALOMÉ, Lou Andreas (* 12/2/1861, São Petersburgo – † 5/2/1937, Göttingen). Ensaísta e prosadora; amiga de Nietzsche, Freud e Rilke. p. 188, 215, 216, 222

SALTEN, Felix (Siegmund Salzmann, na verdade, * 6/9/1869, Budapeste – † 8/10/1945, Zurique). Escritor, dramaturgo e jornalista de expressão alemã e ascendência húngara; autor do *Bambi*; incentivador e mais tarde desafeto de Karl Kraus. p. 223

SALÚSTIO (* c. 86 – † c. 35 a.C.). Historiador romano; narrou as lutas políticas do último período republicano de Roma, do qual participou. p. 280

SAND, George (Amandine-Aurore-Lucile Dupin, na verdade, * 1804 – † 1876). Escritora francesa; famosa pela aura de escândalos em torno de sua vida, deixou obra que integrou o romance rural à literatura da época. p. 137, 198

SÃO CARLOS, Frei Francisco de (* 1763 – † 1829). Frei metido a poeta, macaqueador de Klopstock. p. 67

SAPHIR, Moritz Gottlieb (* 8/2/1795, Lovas-Berény, Hungria – † 5/9/1858, Baden, junto a Viena). Escritor, crítico literário e editor de expressão alemã e ascendência húngara; primeiro grande folhetinista alemão. p. 10, 141, 142, 153, 157, 196

SARAMAGO, José (* 1922). Escritor português; Prêmio Nobel de Literatura de 1998. p. 293

SARDOU, Victorien (* 1831 – † 1908). Dramaturgo francês; autor de comédias, peças divertidas e frívolas. p. 176

SARNEY, José (* 1930). Ex-presidente do Brasil e escritor. p. 324

SCHÄDLICH, Hans Joachim (* 8/10/1935, Reichenbach). Escritor e tradutor alemão; abandonou a Alemanha Oriental em 1977. p. 305

SCHEFFEL, Joseph von (* 16/2/1826, Karlsruhe – † 9/4/1886, Karlsruhe). Lírico e narrador alemão do realismo. p. 125

SCHELLING, Friedrich Wilhelm Joseph (* 27/1/1775, Leonberg, Württ – † 20/8/1854, Bad-Ragaz, Suíça). Filósofo alemão idealista. p. 84, 101

SCHICKELE, René (* 4/8/1883, Oberehnheim, Alsácia – † 31/1/1940, Sanary, na Riviera). Escritor alemão pacifista e expressionista; procurou fundir poeticamente o espírito alemão e francês de seus pais. p. 181

SCHILLER, Friedrich von (* 19/11/1759, Marbach junto ao Neckar – † 9/5/1805, Weimar). Escritor romântico-idealista alemão; junto com Goethe, representante do Classicismo de Weimar em sua obra tardia. p. 14, 42, 53, 56, 59, 69, 70, 71, 72, 78, 81, 82, 84, 85, 99, 105, 106, 107, 108, 109, 111, 115, 121, 127, 136, 156, 157, 198, 305, 319

A ARTE DO COMBATE 351

SCHLEGEL, August Wilhelm von (* 5/9/1767, Hanôver – † 12/5/1845, Bonn). Escritor, tradutor e crítico literário alemão; divulgador das idéias do romantismo. p. 27, 98, 117

SCHLEGEL, Friedrich von (* 10/3/1772, Hanôver – † 12/1/1829, Dresden). Escritor e crítico literário alemão, assim como seu irmão mais velho August Wilhelm. p. 61, 81, 82, 98, 99, 117, 118, 321

SCHLEGEL, Irmãos. p. 72

SCHLEIERMACHER, Friedrich Daniel Ernst (21/11/1768, Breslau – † 12/2/1834, Berlim). Filósofo e teólogo alemão. p. 99

SCHLINK, Bernhard (* 6/7/1944, Bielefeld). Ficcionista alemão de projeção tardia; Schlink estreou na literatura no gênero policial; o autor caracteriza-se por enredos vigorosos e por uma linguagem elegante, aparentemente simples, mas trabalhada ao extremo. p. 20, 295, 296, 302

SCHMIDT, Arno (* 18/1/1914, Hamburgo – † 3/6/1979, Bargfeld, Celle). Escritor alemão; renovador estilístico na literatura de seu país. p. 18, 279, 280

SCHNABEL, Johann Gottfried (* Bitterfeld, 7/11/1692 – † c. 1750). Escritor alemão na transição do rococó para o iluminismo. Autor de *Die Insel Felsenburg*, que projeta uma sociedade utópica e ideal. p. 123

SCHNEIDER, Robert (* 16/6/1961, Bregenz, na Áustria). Romancista e dramaturgo alemão; escreveu um dos romances mais importantes – e interessantes – da década de 90 na Alemanha com *Schlafes Bruder*. p. 20, 287, 288, 296

SCHNITZLER, Arthur (* 15/5/1862, Viena – † 21/10/1931, Viena). Escritor e dramaturgo austríaco de marca impressionista e forte apelo psicológico. p. 17, 124, 157, 179, 218, 221, 222, 223, 224, 225, 237, 239, 240, 243

SCHNITZLER, Günter (* 1946). Germanista, especialista em música e na literatura que diz respeito a ela; organizador da série de escritos da Sociedade Charles-Sealsfield, entre outras atividades. p. 123, 124

SCHOECK, Othmar (* 1886 – † 1957). Compositor suíço, produziu na transição entre o romantismo tardio e o modernismo musical. p. 87

SCHÖNBERG, Arnold (* 1874 – † 1951). Compositor austríaco; um dos maiores renovadores da linguagem musical do século XX, criador do dodecafonismo. p. 239

SCHUBERT, Franz (* 1797 – † 1828). Compositor austríaco; sua obra extensa e variada marcou a transição das formas clássicas ao romantismo. p. 111, 229

SCHULZE, Ingo (* 1962, Dresden). Escritor alemão contemporâneo, marcado por um humor de índole sutil. p. 293, 302

SCHUMANN, Robert (* 1810 – † 1856). Compositor romântico alemão; conhecido por suas canções e peças para piano. p. 74, 159, 229

SCHÜTZ, Heinrich (* 1585 – † 1672). Compositor alemão; precursor de Bach, aliou a técnica italiana à devoção luterana. p. 33

SCHWARZ, Roberto. (* 1938). Professor de literatura e crítico literário brasileiro nascido na Áustria. p. 58, 317, 318

352   Marcelo Backes

SCOTT, Walter (* 1771 – † 1832). Escritor britânico; criador e consolidador do gênero do romance histórico. p. 74, 117, 123

SEALSFIELD, Charles (Karl Anton Postl, na verdade, * 3/3/1793, Mähren, na Áustria – † 26/5/1864, Solothurn, na Suíça). Narrador austríaco; depois de fugir aos Estados Unidos, ocupou-se do pionerismo americano e das tendências democráticas – que não vieram a se confirmar – no Novo Mundo. p. 123, 124

SEBALD, W(infried) G(eorg) (* 18/5/1944, Wertach no Allgäu, Alemanha – † 14/12/2001, Norwich, na Grã-Bretanha). Escritor alemão contemporâneo, dono de uma prosa um tanto arcaizante, mas genial; aliás um pouco mais genial porque arcaizante. p. 296, 297, 298, 302

SEGHERS, Anna (Netty Reiling, na verdade, * 19/11/1900, Mainz – † 1º/6/1983, Berlim Oriental). Escritora alemã engajada, marcada por aquilo que ficou conhecido como o "realismo socialista". p. 18, 270, 276, 289

SHAKESPEARE, William (* 1564 – † 1616). Dramaturgo e poeta inglês; um dos maiores escritores de todos os tempos. p. 52, 53, 56, 78, 79, 86, 99, 107, 110, 114, 117, 122, 125, 126, 193, 194, 239, 279, 322

SHAW, George Bernard (* 1856 – † 1950). Dramaturgo irlandês, irreverente e inconformista; Prêmio Nobel de 1925. p. 42, 320

SILESIUS, Angelus (* 25/12/1624, Breslau, na Silésia – † 9/7/1677, Breslau). Poeta barroco – e místico – alemão. p. 33

SIMMEL, J. M. (* 7/2/1924, Viena). Autor de romances policiais; seus temas são sempre atuais e sua postura é crítica. p. 287

SIMÕES LOPES Neto, João (* 1865 – † 1916). Escritor gaúcho. Deu novo impulso ao regionalismo desgastado, vazio e postiço dos escritores que o antecederam. p. 80

SLOTERDIJK, Peter (* 26/6/1947, Karlsruhe). Filósofo alemão contemporâneo. Em sua obra *Crítica da razão cínica* defende, em nome do iluminismo, uma "existência *(cínica)* em resistência" (Dasein im Widerstand) a fim de conseguirmos nos manter na condição de "ser totalmente racional-e-vivo". p. 281

SMITH, Adam (* 1723 – † 1790). Economista britânico; o fundador da economia liberal clássica. p. 165

SÓCRATES (* c. 470 a.C. – † 399 a.C.) Filósofo grego; o primeiro a estabelecer, na Antigüidade clássica, os fundamentos filosóficos da cultura ocidental. p. 126, 188

SÓFOCLES (* 496 a.C. – † 406 a.C.) Dramaturgo grego; um dos três grandes poetas dramáticos da Grécia antiga. p. 85

SORGE, Reinhard Johannes (* 29/1/1892, Berlim – † 20/7/1916, Ablaincourt, tombou na guerra). Dramaturgo alemão; um dos primeiros autores expressionistas de seu país. p. 184

SPIES, Johann (* fim do século XVI – † início do século XVII). Editor do livro popular que contava os feitos de *Fausto,* uma das figuras mais caras à tradição literária alemã e universal. p. 13, 29

SPINOZA, Baruc (* 1632 – † 1677). Filósofo holandês; autor de um sistema metafísico completo e coerente, defendeu a liberdade de pensamento e propôs a interpretação histórica dos textos bíblicos. p. 110

A ARTE DO COMBATE   353

SPITTELER, Carl (* 24/4/1845, Liestal, no Cantão de Basiléia – † 29/12/1924, Lucerna). Escritor – classicizante – e jornalista suíço; preceptor na Finlândia e na Rússia. p. 182, 183

STAËL, Madame de (* 1766 – † 1817). Escritora francesa; famosa por manter um dos mais importantes salões literários de Paris e por iniciar, com Chateaubriand, o movimento romântico francês. p. 99, 137

STAIGER, Emil (* 8/2/1908, Kreuzlingen – † 28/4/1987, Horgen). Historiador da literatura alemã; professor da Universidade de Zurique a partir de 1943. p. 158

STEINBECK, John (* 1902 – † 1968). Escritor americano; autor de romances de temática social, crus e duros na abordagem; Prêmio Nobel de 1962. p. 271

STEINER, Rudolf (* 1861 – † 1925). Filósofo austríaco; criador da antroposofia, que defendia a existência de um mundo espiritual compreensível ao pensamento puro. p. 203

STEINHÖWEL, Heinrich (* 1412, Weil – † 1483, Ulm). Médico e centro de um grupo de humanistas; tradutor. p. 37

STERNBERG, Joseph von (* 1894 – † 1969). Diretor de cinema, americano nascido na Áustria; famoso pela exuberância de seus filmes, marcados pelo tratamento pictórico da fotografia e dos cenários. p. 250

STERNE, Laurence (* 1713 – † 1768). Escritor britânico-irlandês, de estilo irônico e inventivo, marcado por aforismos e diálogos filosóficos. p. 52, 279, 289, 296

STERNHEIM, Carl (* 1º/4/1878, Leipzig – † 3/11/1942, Bruxelas). Escritor e jornalista alemão; narrador marcado pelo expressionismo e pela sátira; fez a crítica da sociedade burguesa de seu tempo. p. 17, 73, 185

STIFTER, Adalbert (* 23/10/1805, Oberplan, Áustria – † 28/1/1868, Linz, Áustria). Escritor realista austríaco. p. 124, 183, 197, 241, 296

STORM, Theodor (* 14/9/1817, Husum – † 4/7/1888, Hademarschen). Escritor realista alemão do norte profundo. p. 16, 124, 142, 168, 169, 305

STRAMM, August (* 29/7/1874, Münster – † 1º/9/1915, morto na guerra, na Polésia). Escritor alemão e poeta expressionista próximo à brevidade do dadaísmo. p. 185

STRAPAROLA, Giovanni Francesco (* último quarto do século XV – † depois de 1557). Escritor italiano influenciado por Boccaccio. p. 117

STRASSBURG, Gottfried von (* 2ª metade do século XII – † início do século XIII). Poeta medieval alemão. p. 25, 27

STRAUSS, Botho (* 2/12/1944, Naumburg junto ao Saale). Narrador, dramaturgo e crítico teatral alemão. p. 282, 283, 298

STRAUSS, Richard (* 1864 – † 1949). Compositor alemão; suas óperas e poemas sinfônicos marcaram a transição da música romântica para as novas formas modernas. p. 218, 219

STRINDBERG, August (*1849 – † 1912). Escritor e dramaturgo sueco. p. 208, 240

STUCKRAD-BARRE, Benjamin von (* 27/1/1975, Bremen). Escritor alemão *pop* de muito sucesso na Alemanha; *enfant terrible* de pequeno calibre. p. 300

SUDERMANN, Hermann (* 30/9/1857, Matziken, Prússia Oriental – † 21/11/1928, Berlim). Dramaturgo alemão; um dos principais concorrentes de Hauptmann. p. 176, 229, 234

354 MARCELO BACKES

SUE, Eugène (* 1804 – † 1857). Escritor francês; autor de romances-folhetins; suas obras estão entre as primeiras a abordar os problemas sociais decorrentes da Revolução Industrial na França e demonstram algumas tendências socialistas – mas são cristãs e moralizantes: a mais característica nesse sentido é *Les Mystères de Paris* (Os mistérios de Paris, 1842-1843). p. 165

SÜSKIND, Patrick (* 26/3/1949, Ambach, no Lago de Starnberg). Narrador alemão; alcançou grande sucesso público com o romance *O perfume*. p. 287

SWIFT, Jonathan (* 1667 – † 1745). Escritor inglês nascido na Irlanda; um dos mais brilhantes autores satíricos de língua inglesa. p. 42, 137, 152

TÄUBER, Sophie (* 1889 – † 1943). Pintora francesa; integrante do movimento dadaísta, buscou no abstracionismo seu meio de expressão. p. 186

TCHEKHOV, Anton (*1860 – † 1904). Escritor russo; grande mestre do conto e da moderna dramaturgia realista. Sua obra é uma mostra da grandeza da escola realista russa do final do século XIX. p. 299

TERÊNCIO (* c. 195 a.C. – † c. 159 a.C.) Publius Terentius Afer, dramaturgo latino; suas comédias exerceram influência duradoura no teatro ocidental. p. 58

THOMA, Ludwig (* 21/1/1867, Oberammergau, na Bavária – † 26/8/1921, Rottach). Narrador dramaturgo e satirista naturalista-realista. p. 177

TIECK, Ludwig (* 31/5/1773, Berlim – † 28/4/1853, Berlim). Escritor romântico alemão. p. 53, 72, 73, 74, 82, 99, 116, 117, 123, 355, 360

TISCHBEIN, Johann Heinrich Wilhelm (* 1751 – † 1829). Pintor alemão; lembrado até hoje pelo retrato de Goethe, que pintou em 1787. p. 111

TOLKIEN, J. R. R. (* 1892 – † 1973). Escritor britânico de origem sul-africana. Fenômeno literário em vida, foi recuperado pela nostalgia fantástica do início do século XXI. p. 136

TOLLER, Ernst (* 1º/12/1893, Samotschin, Pila – † 22/5/1939, Nova Iorque, suicídio). Dramaturgo expressionista alemão; pacifista. p. 177, 269

TRAKL, Georg (* 3/2/1887, Salzburgo – † 3/11/1914, Cracóvia, suicídio). Poeta alemão de vida curta e obra grandiosa. p. 17, 178, 184, 204, 205, 216, 218, 238, 239, 283, 302

TROYES, Chrétien de (* c. 1135 – † c. 1183) . Escritor medieval francês. p. 26, 27

TUCHOLSKY, Kurt (* 9/1/1890, Berlim – † 21/12/1935, Göteborg, Suécia, suicídio). Escritor alemão, satirista e crítico de seu tempo; pacifista de esquerda e humanista radical. p. 18, 229, 233, 234

TURGUENIEV, Ivan (* 1818 – † 1883). Escritor russo; primeiro dos grandes romancistas de seu país a adquirir prestígio na Europa. p. 159

TÜRHEIM, Ulrich von (século XIII). Poeta épico medieval alemão; terminou o *Tristão e Isolda* de Gottfried von Strassburg. p. 28

TZARA, Tristan (* 1896 – † 1963). Poeta francês nascido na Romênia; fundador do dadaísmo em 1916, esteve ligado ao movimento surrealista de 1929 a 1934. p. 186

UHLAND, Ludwig (* 26/4/1787, Tübingen – † 13/1/1862, Tübingen). Poeta romântico alemão. p. 125, 151, 157

A ARTE DO COMBATE   355

UNRUH, Fritz von (* 10/5/1885, Koblenz – † 29/11/1970, Diez). Escritor e oficial alemão; pacifista depois das experiências da Primeira Guerra Mundial. p. 177

VALÉRY, Paul (* 1871 – † 1945). Escritor francês; autor célebre por seus poemas e análises críticas sobre política, ciência e filosofia que transcenderam o plano meramente literário. p. 217, 256

VARNHAGEN VON ENSE, Karl August (* 21/2/1785, Düsseldorf – † 10/10/1858, Berlim). Diplomata e escritor alemão; amigo de Heine. p. 135

VELOSO, Caetano (* 1942). Músico popular brasileiro; bom compositor e um dos cantores mais talentosos do país; liderou com Gilberto Gil o movimento tropicalista na década de 1960. p. 12, 323

VERLAINE, Paul (* 1844 – † 1896). Poeta francês; simbolista, seu lirismo musical abriu novos caminhos para a poesia na França. p. 204, 232

VICTOR HUGO (* 1802 – † 1885). Escritor francês; poeta, prosador e principal mentor do romantismo em seu país. p. 125

VIEBIG, Clara (* 17/7/1860, Trier – † 31/7/1952, Berlim). Escritora alemã. p. 176

VIERTEL, Berthold (* 28/6/1885, Viena – † 24/9/1953, Viena). Escritor, dramaturgo e diretor de teatro austríaco; colaborador de *A Tocha* de Karl Kraus. p. 239

VILLON, François (François de Montcorbier, na verdade, * c. 1431 – † c. 1463). Poeta francês; um dos maiores autores de língua francesa, famoso por suas baladas satíricas. p. 313

VIRGÍLIO (* 70 a.C. – † 19 a.C.). Públio Virgílio Marão, poeta latino; o mais importante entre os poetas latinos. p. 18, 248

VOGELWEIDE, Walther von der (* c. 1170, provavelmente na Áustria – † c. 1230, provavelmente em Würzburg). Poeta medieval alemão; grande combatente da arte. p. 11, 13, 27, 28, 31

VOLTAIRE (François Marie Arouet, na verdade, * 1684 – † 1778). Escritor francês, um dos autores mais importantes do século XVIII. p. 42, 163, 186, 188, 194

WACKENRODER, Wilhelm (* 13/7/1773, Berlim – † 13/2/1798, Berlim). Escritor alemão, amigo de Ludwig Tieck e com ele um dos primeiros escritores do romantismo. p. 72

WAGNER, Richard (* 22/5/1813, Leipzig – 13/2/1883, Veneza). Compositor alemão; pai do conceito da "obra de arte total"; bebeu na fonte da mitologia germânica e sua literatura. p. 24, 26, 27, 30, 90, 144, 162, 181, 188, 193

WALRAFF, Günter (* 1º/10/1942, Colônia). Escritor alemão de característica "documental". p. 279

WALSER, Martin (* 24/3/1927, Wasserburg, no Lago de Constança). Romancista alemão; um dos autores mais importantes da literatura alemã contemporânea. p. 19, 282, 285, 286, 298

WALSER, Robert (* 15/4/1878, Biel, na Suíça – † 25/12/1956, Herisau). Romancista suíço à frente de seu tempo; precursor de Kafka. p. 17, 181, 182, 274

WASSERMANN, Jakob (* 10/3/1873, Fürth, na Baviera – † 1º/1/1934, Alt-Aussee, Áustria). Escritor alemão; um dos autores de língua alemã mais lidos e traduzidos de seu tempo, atingiu grande popularidade nas décadas de 1920 e 1930. p. 179, 180

356 MARCELO BACKES

WEBER, Max (* 1864 – † 1920). Economista e sociólogo alemão; abriu novos caminhos para a sociologia, com seus estudos sobre as ligações entre a ética protestante e o capitalismo. p. 190

WEDEKIND, Frank (* 24/7/1864, Hanôver – † 9/3/1918, Munique). Dramaturgo, jornalista, publicitário e lírico alemão; usou o grotesco e a sátira na crítica a seu tempo. p. 16, 184, 206, 207, 209, 225, 239, 240

WEERTH, Georg (* Detmold, 17/2/1822 – † Havana, 30/7/1856). Escritor alemão do período anterior à Revolução de 1848; teve contatos estreitos com Marx e Engels e viveu no exílio a partir de 1850. Foi autor do primeiro romance alemão – que permaneceu na condição de fragmento – a abordar diretamente a era industrial na Alemanha: *Fragmento romanesco* (Romanfragment). p. 161

WEISS, Peter (* 8/11/1916, Berlim – † 10/5/1982, Estocolmo). Dramaturgo alemão; combinou o caráter inovador de sua obra com a denúncia política e social. p. 19, 272, 273, 278, 284, 297

WERFEL, Franz (* 10/9/1890, Praga – † 26/8/1945, Beverly Hills, Califórnia). Escritor alemão de ascendência judaica, amigo de Kafka e Max Brod. p. 10, 181, 236, 237

WHITMANN, Walt (* 1819 – † 1892). Poeta americano; um dos mais importantes autores modernos dos EUA, pioneiro do verso livre e do tratamento poético do cotidiano. p. 181

WIELAND, Christoph Martin (* 5/9/1733, Oberholzheim junto a Biberach – † 20/1/1813, Weimar). Escritor alemão; precursor do romantismo; primeiro tradutor de Shakespeare de seu país. p. 52, 53, 73

WILDE, Oscar (* 1854 – † 1900). Escritor inglês de origem irlandesa; adepto do hedonismo, grande autor de aforismos, produziu uma série de obras-primas na fase madura. p. 42, 240, 320

WILDER, Thornton (* 1897 – † 1975). Escritor e dramaturgo americano; autor de romances e peças em que procura revelar os valores universais da natureza humana. p. 276

WINCKELMANN, Johann Joachim (* 9/12/1717, Stendal – † 8/6/1768, Trieste). Arqueólogo e crítico de arte alemão. p. 110

WOHMAN, Gabriele (* 21/5/1932, Darmstadt). Prosadora, poeta e roteirista alemã, destaca-se na narrativa curta. É autora das coletâneas de contos *Travessuras maldosas* (Böse Streiche) e *Corrida em pare* (Paarlauf), entre outras obras. p. 302, 303

WOLF, Christa (* 18/3/1929, Landsberg junto ao Warthe). Escritora alemã; construiu toda sua obra na Alemanha Oriental. p. 19, 284, 286, 288, 290, 291, 293, 294, 303, 305, 315

WOLF, Hugo (* 1860 – † 1903). Compositor austríaco; um dos mestres do *Lied* no fim do século XIX. p. 87, 159

WOLFF, Kurt (* 1887 – † 1963). Um dos grandes editores alemães de todos os tempos; publicou praticamente todos os expressionistas alemães e as primeiras obras em livro de Kafka, Kraus etc. p. 205, 239

ZELTER, Friedrich (* 1758 – † 1832). Compositor alemão; musicou vários dos poemas de Goethe, de quem foi amigo. p. 112

A ARTE DO COMBATE 357

ZOLA, Émile (* 1840 – † 1902) Escritor francês; fundador e principal representante do movimento naturalista. p. 176, 299, 320

ZUCKMAYER, Carl (* 27/12/1896, Nackenheim – † 18/1/1977, Visp, Cantão Wallis na Suíça). Escritor, dramaturgo e lírico alemão; representante de um neo-realismo altamente crítico. p. 185, 283

ZWEIG, Arnold (* 10/11/1877, Glogau – † 26/11/1968, Berlim Oriental). Romancista alemão; membro do conselho de cultura da Alemanha Oriental; começou sua carreira literária com análises psicológicas e mais tarde caracterizou-se pela crítica social. p. 270

ZWEIG, Stefan (* 28/11/1881, Viena – † 23/2/1942, Petrópolis, RJ, suicídio). Escritor alemão; autor de várias biografias romanceadas. p. 177

ZWINGLI, Huldrych (* 1484 – † 1531). Religioso suíço; principal líder da reforma protestante no país, suas doutrinas influenciaram as confissões calvinistas. p. 38

ÍNDICE REMISSIVO
DOS DEMAIS NOMES CITADOS

AGNES BERNAUER. Moça plebéia de Augsburgo; personagem de uma tragédia de Hebbel. p. 151, 359

AHLEFELDT, Elise. Amante – casada – de Karl Immermann. p. 133

ALBRECHT III. Duque de Augsburgo; noivo de Agnes Bernauer. p. 151

ÁTILA (morto em 453). Rei dos hunos, conhecido no mundo ocidental como o "Flagelo de Deus"; invadiu e assolou os territórios do decadente Império Romano. p. 24

AUGUSTO (63 a.C.-14 d.C.). Imperador romano. p. 248

BAUER, Felice. Uma das noivas de Kafka. p. 212

BEATRIZ. A amante de Dante. p. 50

BISMARCK, Otto von (1815-1898). Chanceler de ferro; consolidou a unificação da Alemanha. p. 207, 230

BONAPARTE, Luis (1778-1846). Ver Napoleão III. p. 163, 164

BONAPARTE, Napoleão (1769-1821). Imperador francês. p. 163

BORA, Katherina von. Ex-freira; mulher de Lutero. p. 35

BRANDT, Willi (1913-1992). Chanceler socialdemocrata alemão. p. 303

BRION, Frederike. A segunda entre as várias amantes de Goethe; o poeta dedicou-lhe uma série de poesias na juventude. p. 111

BUDA. Siddharta Gautama (c. 563-483 a.C.). Príncipe indiano; fundador do budismo. p. 144, 257

BUFF, Charlotte. A inspiradora da Carlota do *Werther* de Goethe. p. 111

CARLOS ALBERTO. Duque da Saxônia. p. 71

CATARINA II, ou Catarina, a Grande (1729-1796). A alemã Sophie Friederike Auguste, imperatriz da Rússia de 1762 a 1796. p. 307

A ARTE DO COMBATE   359

CHURCHILL, Winston (* 1874 – † 1965). Político inglês; primeiro-ministro durante a Segunda Guerra Mundial, teve atuação decisiva no conflito. Por incrível que pareça – ou não – recebeu o Prêmio Nobel de literatura de 1953. p. 293

D'ARC, Joana (1412-1431). Heroína francesa; mudou o rumo da Guerra dos Cem Anos. p. 106

DALBERG, Heribert. Barão de Mannheim e diretor de teatro; protetor de Schiller. p. 106

DIOTIMA. A amada de Hölderlin. Ver Susette GONTARD. p. 50, 85

DOM CARLOS. Filho de Filipe II, da Espanha; personagem principal da peça homônima de Schiller. p. 14, 106

DUTSCHKE, Rudi (1940-1979). Ideólogo e líder estudantil alemão. p. 277

EUGÊNIO, príncipe de Savóia. Protetor do poeta Günther, que lhe dedicou uma ode pindárica. p. 50, 125

FÖRSTER, Bernhard (1843-1889). Marido de Elisabeth, irmã de Nietzsche; anti-semita e nacionalista exacerbado, mudou-se com a mulher ao Paraguai, onde tentou constituir uma colônia germânica. Acabou se suicidando após o fracasso da empreitada. p. 188

FREDERICO (Guilherme IV, da Prússia) (1795-1861). Rei da Prússia de 1840 a 1861; convidou Ludwig Tieck a se estabelecer em Berlim. p. 117

FREDERICO (o Grande) (1712-1786). Rei da Prússia de 1740 a 1786; um dos maiores representantes do despotismo esclarecido, transformou seu reino em grande potência mundial. p. 133

FREDERICO III, da Saxônia (1463-1525). Príncipe eleitor da Saxônia; defendeu reformas constitucionais no Sacro Império Romano-Germânico e protegeu Martinho Lutero após seu banimento em 1521. p. 35

FREDERICO V, da Dinamarca (1723-1766). Rei da Dinamarca e Noruega de 1746 a 1766; manteve o país neutro durante a Guerra dos Sete Anos, entre 1756 e 1763; protetor do poeta Klopstock. p. 65

FRÖHLICH, Kathi. A "eterna noiva" de Franz Grillparzer. p. 156

GONTARD, Susette. Mulher do banqueiro Gontard e amante de Hölderlin, preceptor de seus filhos. É referida com o epíteto de Diotima na poesia do autor alemão. p. 85

GUILHERME (guilhermino (a)). Guilherme II, da Alemanha (1859-1941); rei da Prússia e *kaiser* da Alemanha; testemunhou o desaparecimento do império alemão após a Primeira Guerra Mundial. p. 237, 305

HEGER, Jeanette. A primeira amante de Schnitzler. p. 223

HEINE, Max. Irmão de Heinrich Heine. p. 136, 140

HELENA. A mais bela das mulheres, segundo a mitologia grega; filha de Zeus e Leda. p. 30, 137

HERRMANN (Armínio) (c. 18 a.C.- c .20). Líder tribal germânico; contemporâneo dos imperadores Augusto e Tibério, aniquilou três legiões de Varo, mas acabou derrotado por Germânico; herói nacional alemão na literatura do século XIX. p. 66

HITLER, Adolf (1889-1945). Ditador alemão; chanceler da Alemanha de 1933 a 1945; fundador e líder do Partido Nazista. p. 181, 190, 230, 234, 238, 250, 266, 298, 304, 305

360 MARCELO BACKES

HOFMANNSTHAL, Franz. Filho de Hofmansthal; suicidou-se dois dias antes de o pai morrer de um ataque cardíaco em seu enterro. p. 220

JACHMANN, Lenore. A amante do poeta Günther, precursor do romantismo. p. 50

KAUFMANN, Christoph. Fã de teatro, acabou dando o nome ao *Sturm und Drang* ao assistir uma peça de Klinger. p. 76

KERR, Michael. Filho de Alfred Kerr; conselheiro da família real britânica. p. 230

KLEIST, Ulrike von. Irmã adotiva de Heinrich von Kleist. Acompanhou-o em suas viagens pela Europa. p. 86

KOHL, Helmuth (1930). Chanceler conservador alemão entre 1982 e 1996; o chanceler da "anexação". p. 303, 305

KÖRNER, Christian Gottfried. Advogado de Leipzig; outro protetor de Schiller. p. 106

KRAFFT-EBING, Richard Freiherr von (* 1840 – † 1902). Professor de psiquiatria alemão. p. 124

KRAUSE, Theodor. Advogado, um dos adversários e desafetos do poeta Günther. p. 50

KÜHN, Sophie von. Noiva – aos 13 anos – de Novalis, faleceu antes de se casar com o autor. p. 81

LAURA. A amada de Petrarca. p. 50

LEÃO X, Papa (1475-1521). Giovanni de Medici, pontífice de 1513 a 1521. Transformou Roma num florescente centro cultural e expandiu o poder papal pela Europa. p. 35

LENSING, Elise. Costureira e amante de Hebbel; ajudou o poeta em seus primeiros anos artísticos. p. 150

LEWETZOW, Ulrike. Goethe a pediu em casamento aos 74 anos de idade. p. 111

LUCAS, São. Segundo a Bíblia, um dos doze apóstolos; autor do terceiro Evangelho e dos Atos dos Apóstolos; companheiro de São Paulo em suas missões apostólicas. p. 191

LUÍS, o Germânico (c. 804-876). Rei dos francos orientais de 817 a 843 e da Germânia de 843 a 876; filho de Luís I, o Piedoso, enfrentou seu irmão Carlos, o Calvo, por questões territoriais; criou os ducados nacionais na Germânia e interrompeu a evangelização durante seu reinado. p. 23

LÜTZOW. Condutor do corpo de voluntários e marido de Elise Ahlefeldt, amante de Immermann. p. 133

MAGNO, Carlos (c.742-814). Nobre e conquistador francônio. Reuniu sob sua coroa quase toda a Europa cristã ocidental, no Sacro Império Romano-Germânico. p. 21

MATHILDE. A mulher de Heine. p. 136

McCARTHY, Joseph Raymond (1908-1957). Político americano; senador anticomunista, promoveu na década de 1950 uma campanha radical de perseguição, sobretudo a artistas e intelectuais acusados de "atividades antiamericanas". p. 262, 269

MENDELSOHN, Dorothea. A amante de Friedrich von Schlegel. Abandonou o marido fugindo em companhia do crítico romântico. p. 99

MENDELSOHN, Joseph. Banqueiro. p. 99

A ARTE DO COMBATE

361

METTERNICH, príncipe de (1773-1859). Diplomata conservador austríaco; responsável pela formação da aliança que pôs fim ao poderio de Napoleão Bonaparte. p. 305

MEYER, Maria. Aventura amorosa de Eduard Mörike. p. 158

MEYNERT, Theodor. Médico austríaco; professor de Freud e Schnitzler. p. 222

MILENA (Jesenská). Tradutora e amada de Kafka. p. 213, 214

MINOR, G. (Grimoni). Teólogo, um dos adversários e desafetos do poeta Günther. p. 50

MÜNCHHAUSEN, Barão de (* 20/3/1874, Hildesheim − † 16/3/1945, Castelo Windischleuba em Altenburg). Barão aventuresco alemão que virou personagem de pelo menos dois clássicos alemães. p. 77, 78, 79, 80, 133

MÜNZER, Thomas (* c. 1490, Stolberg, no Harz − † 7/5/1525, Mühlhausen). Religioso alemão; radical na Reforma, foi um dos líderes da Revolução dos Camponeses e acabou executado. p. 38

NADHÉRNY, Sidonie. A "eterna noiva" de Karl Kraus. p. 236

NAPOLEÃO III (1808-1873). Charles-Louis-Napoléon Bonaparte foi presidente da segunda república de 1850 a 1852 e imperador da França de 1852 a 1871. p. 163, 164

NIETZSCHE, Elisabeth. Irmã e tirana de Nietzsche; grande responsável pela deturpação da obra do filósofo. p. 188, 189

OPPENHEIMER, Robert (1904-1967). Físico americano; suas teorias serviram de base para a construção da primeira bomba atômica. p. 278

PIO XII, Papa. (1876-1958). Eugenio Maria Giuseppe Giovanni Pacelli, pontífice de 1939 a 1958; defendeu o restabelecimento da unidade católica no período após a Segunda Guerra Mundial. p. 278

POTEMKIN, Grigori (1739-1791). Militar e estadista russo; favorito da imperatriz Catarina, a Grande. p. 307

RAU, Luise. Noiva de Mörike; separou-se dele depois de cinco anos de namoro. p. 158

REIK, Theodor. Psicanalista austríaco; crítico da obra de Schnitzler. p. 222

RILKE, Phia. Mãe de Rilke; metida a literata. p. 216

ROOSEVELT, Franklin D. (1882-1945). Político americano; único presidente dos EUA eleito para quatro mandatos consecutivos, a partir de 1932. p. 254

SCHOBER, Johann. Chefe da polícia vienense e ex-chanceler austríaco; Kraus moveu forte campanha contra Schober depois de este ter ordenado à polícia que abrisse fogo sobre o povo em protesto. p. 239

SCHÖNBORN, Conde de. Protetor do escritor Andreas Gryphius. p. 43

SCHÖNEMANN, Lili. Amante de Goethe. p. 111

SCHÖNKOPF, Katharina. A primeira amada de Goethe, pela qual o poeta se apaixonou aos 16 anos. p. 111

SCHOPENHAUER, Johanna. Mãe do filósofo e escritor Arthur Schopenhaeur. p. 144

SCHOPPE, Amalie. Editora de uma revista literária de Hamburgo. Incentivou o jovem Hebbel em sua carreira de poeta. p. 150

362 MARCELO BACKES

SPEETH, Margarete von. Esposa de Mörike. p. 158

STALIN, Joseph, ou Iosif Vissarionovitch Djugashvili (1879 –1953). Militar e político russo, de origem georgiana. Ex-seminarista, Stalin governou a URSS de 1924 a 1953, transformando a comunidade em uma potência industrial e nuclear. p. 293

STAUPITZ, Johann von. (c. 1465 – 28/12/1524, Salzburgo). Benfeitor de Lutero; vigário geral da congregação dos agostinianos. p. 35

STEIN, Charlotte von. Permaneceu dez anos ligada a Goethe; a ela foi dedicada a peça *Ifigênia em Táuris*. p. 111

THURN UND TAXIS, Maria von. Princesa; amiga e mecenas de Rilke. p. 217

VARO Públio Quintílio (c. 58 a.C. – 9 d.C.). Militar e cônsul romano; general de Augusto, responsável pela tentativa fracassada de dominar a Germânia. p. 66

VULPIUS, Christiane. A esposa de Goethe; deu-lhe cinco filhos, quatro deles mortos logo após o nascimento. p. 111

WALLENSTEIN, Albrecht Wenzel Eusebius von. Comandante dos exércitos do Sacro Império Românico-Germânico na Guerra dos Trinta Anos, personagem da peça *Wallenstein* de Schiller. p. 14, 107, 305

WESTHOFF, Clara. Escultora; esposa – por cerca de um ano – de Rilke. p. 216

WILLEMER, Marianne von. A última das amantes de Goethe; provável inspiradora do *Divã do ocidente e do oriente*. p. 111

WOHL, Jeanette. A "amante" de Ludwig Börne, casada com Strauss, o corno, com quem Heine teve de se ver num duelo depois de insinuar publicamente a existência de um triângulo amoroso. p. 129

WÜRTTEMBERG, Karl Eugen, Duque de. O tiranete particular de Schiller. p. 106

ÍNDICE REMISSIVO
DE TEMAS BÁSICOS E CONCEITOS PONTUAIS

A TOCHA (Die Fackel). A revista de Karl Kraus; provavelmente o melhor periódico de cultura já existente no mundo. p. 236, 238, 239, 240

AFORISMO. Máxima breve que resume as conclusões de qualquer meditação, em geral de ordem moral ou filosófica. p. 10, 11, 12, 52, 59, 60, 61, 64, 92, 94, 100, 137, 189, 190, 199, 239, 240, 243, 245, 263

ALEMANHA ORIENTAL (ou REPÚBLICA DEMOCRÁTICA ALEMÃ ou ALEMANHA COMUNISTA). País socialista formado no leste da Alemanha, na zona ocupada pelas tropas soviéticas no final da Segunda Guerra Mundial; manteve-se separado do restante da Alemanha por um muro de concreto construído em 1961 e derrubado em 1989; no ano seguinte, o governo comunista caiu e as duas Alemanhas se reunificaram. p. 102, 183, 269, 270, 273, 275, 276, 277, 288, 289, 291, 294, 298, 302, 303, 312, 313, 314, 315

AUFKLÄRUNG. Esclarecimento; o iluminismo alemão. p. 51, 52, 53

AUSCHWITZ. O mais famoso campo de concentração do nazismo; símbolo do holocausto. p. 279, 297, 304, 313

BERLINER ENSEMBLE. Companhia teatral fundada por Brecht em 1949; após sua morte, foi dirigida por sua mulher Hélène Weigel; tinha por base o trabalho coletivo e a busca de um enfoque social da representação cênica. p. 262, 313

BIEDERMEIER. Movimento romântico alemão, de tom comodista, apolítico e conservador. p. 102, 121, 124, 128, 130, 142, 159

BILDUNGSROMAN. Limitação moderna do conceito abrangente de *Entwicklungsroman*; romance que se baseia no processo de autoformação de um personagem. p. 171, 258, 284

BLAUER REITER. Movimento pictórico alemão integrado por Kandinski, Mac, Macke e Klee, entre outros; seu postulado era a renovação da arte a partir de suas origens, mas sem a constituição de um estilo uniforme. p. 178

364   Marcelo Backes

CASSANDRA. Personagem da mitologia grega; filha de Príamo e Hécuba, recebeu de Apolo o dom da profecia, mas por vingança do deus – ao qual ela se recusou a se entregar – ninguém lhe dava crédito. p. 19, 240, 286, 294

CHANSON. Poesias, divididas em estrofes, sempre cantadas e caracterizadas pelo conteúdo satírico, geralmente em relação à política; muitas vezes têm um refrão. p. 207, 234

CLASSICISMO DE WEIMAR. O classicismo alemão representado pelas obras tardias de Goethe e Schiller. p. 54, 69, 70, 71, 108, 351

CRÔNICA dos Imperadores. Os textos da época do Sacro Império Romano-Germânico que expunham os feitos das Cruzadas. p. 23

DADAÍSMO. Movimento artístico surgido na Europa e nos EUA, no começo do século XX; de caráter anárquico e irracional, opôs-se às concepções tradicionais da arte e à ideologia burguesa. p. 185

DIÁRIO. Texto de caráter pessoal, em geral manuscrito, em que se registram dia a dia acontecimentos e impressões relevantes; gênero literário usual a partir do século XVI. p. 16, 82, 86, 102, 150, 151, 152, 153, 154, 203, 209, 211, 212, 213, 214, 220, 224, 244, 284

DIONISÍACO. De Dionisos, o deus grego do vinho e da embriaguez; filho de Zeus com a mortal Sêmele, de seus cultos primaveris nasceu a arte dramática; entre os romanos Dionisos é identificado pelo nome de Baco. p. 87, 188, 192, 194, 246

ENTWICKLUNGSROMAN. O "romance de formação" típico da literatura alemã. p. 26

EPIGRAMA. Composição em versos usada a princípio em inscrições de túmulos e monumentos, em memória de feitos e personagens importantes na Grécia antiga. p. 11, 12, 14, 16, 28, 33, 41, 42, 43, 44, 56, 67, 107, 109, 151, 155, 156, 157, 197, 200, 201

ESCOLA DE FRANKFURT (teóricos frankfurtianos). Corrente filosófica surgida na cidade alemã de Frankfurt a partir da década de 1930 e caracterizada pela crítica rigorosa das sociedades industrializadas. p. 166, 213, 277

ESCOLA SILESIANA. A escola do poeta e teórico literário Martin Optitz. p. 33, 44, 49

EULENSPIEGEL, Till. Herói lendário alemão cuja história foi escrita por volta de 1500; suas aventuras encarnam a astúcia popular ante os burgueses e nobres; inspirou obras de Richard Strauss e Gerhart Hauptmann. p. 29, 79, 227

EXPRESSIONISMO. Estilo artístico caracterizado sobretudo por deformações anatômicas na representação de figuras humanas; remonta à pré-história e inclui movimentos vanguardistas do século XX. p. 87, 126, 128, 175, 177, 178, 179, 181, 183, 184, 185, 205, 255, 261, 271

FÁBULA. Narrativa alegórica em prosa ou verso, que tem em geral animais como personagens e uma conclusão de natureza moral. p. 13, 1432, 34, 36, 37, 40, 55, 56, 77, 79, 81, 83, 104, 117, 198, 210, 211

FAUSTO. Personagem histórico alemão dos séculos XV e XVI associado à lenda de um nigromante que teria vendido a alma ao diabo em troca de sabedoria; imortalizado pela literatura de Goethe e pela música de Charles Gounod. p. 13, 15, 17, 29, 30, 71, 72, 76, 113, 114, 126, 178, 180, 193, 238, 244, 251, 252, 253, 254, 287, 305

A ARTE DO COMBATE

FOLHETIM. *Feuilleton* em francês. O primo pobre do ensaio; de çaráter eminentemente jornalístico, o folhetim é um apanhado curto, acerca de um assunto qualquer; tem a natureza paisagista, fugidia, passadista e superficial da "crônica" de jornal. p. 142, 214, 229, 242

FÓRMULAS mágicas. Primeiros escritos em língua germânica. p. 21, 22

FRÄULEINWUNDER. Traduzindo diretamente, "o milagre das senhoritas"; o conceito caracteriza o aparecimento de uma série de narradoras na segunda metade da década de 1990 do século passado. p. 299, 301

GEDANKENLYRIK. Traduzindo diretamente, "poesia do pensamento"; opõe-se a *Gefühlslyrik,* "poesia do sentimento". p. 113, 288

GEFÜHLSLYRIK. "Poesia do sentimento". p. 113, 171

GRAAL, Santo. Segundo a lenda medieval cristã, vaso ou cálice usado por Jesus Cristo na última ceia para instituir o sacramento da eucaristia. p. 26, 27, 245

GRUPO 47. Grupo de forte orientação crítica, que reuniu todos os jovens escritores alemães ocidentais do pós-guerra; foi fundado em 1947, daí o nome. p. 271, 275, 280, 303, 312

GUERRA DOS TRINTA ANOS. Denominação genérica de diversas guerras que várias nações da Europa travaram entre si a partir de 1618, movidas por rivalidades religiosas, dinásticas, territoriais e comerciais. p. 32, 33, 41, 45, 57, 107, 124

HEIMATROMAN. O romance de índole nacionalista e anti-semita que vigorou na Alemanha sobretudo na década de 1930, aplainando o caminho ao nazismo. p. 177

HILDEBRANDO, Canção de. A mais antiga saga heróica alemã. p. 22

HÖRSPIEL (ou PEÇA RADIOFÔNICA). Gênero literário praticado à exaustão na Alemanha posterior à Segunda Guerra Mundial. p. 275

JOVEM ALEMANHA. Movimento literário alemão que integra os escritores engajados do pós-romantismo, que se opunham ao conformismo do *Biedermeier.* O conceito é artificial e foi criado pela censura alemã para designar uma série de escritores sem hegemonia ideológica, mas unidos pela crítica. p. 117, 121, 122, 126, 130, 134, 162

LEITÃO NEGRO. Célebre "mesa-redonda" de Berlim, conhecida por reunir alguns dos mais célebres literatos da virada do século XIX para o século XX. p. 208

LIED (Lieder). Poema estrófico, geralmente sentimental e destinado ao canto, segundo o conceito simples do Aurélio. p. 22, 209

LITERATURA FEMININA. p. 275, 286

MEISTERSINGER. Mestres-cantores; grupos de poetas-músicos alemães formados entre os séculos XIV e XVI; o mais célebre desses mestres cantores foi Hans Sachs, de Nurembergue. p. 29

MINNESANG. Canção de amor cortesão típica da Alemanha medieval; de origem provençal, ela era cantada pelos poetas-trovadores (os *Minnesänger*) entre os séculos XII e XIII. p. 27, 28

366 MARCELO BACKES

MONTHY PYTHON – Grupo de atores e escritores ingleses que criou uma série de filmes marcados pela irreverência de um humor pra lá de absurdo. Formado por John Cleese, Terry Gilliam, Michael Palin, Graham Chapman e Terry Jones. p. 294

NATURALISMO. Corrente ou estilo literário e artístico que busca reproduzir os fatos observáveis sem pré-julgamentos morais ou estéticos; surgiu na França nas últimas décadas do século XIX. p. 70, 171, 175, 176, 177, 179, 183, 184, 190, 209, 227, 229, 232

NEO-ROMANTISMO. Movimento literário alemão correspondente – *grosso modo* – ao simbolismo francês; opôs-se estilisticamente ao naturalismo. p. 181, 184, 203, 271

NIBELUNGOS, Canção dos. A epopéia alemã por excelência; de autor desconhecido. p. 13, 23, 24, 25

NIILISMO (ou NIILISTA). Doutrina filosófica e política baseada na negação da ordem social estabelecida e de todas as formas de esteticismo; termo usado pela primeira vez em 1799 pelo alemão Friedrich Heinrich Jacobi. p. 122, 144, 177, 248

NOBEL DE LITERATURA, Prêmio. p. 196, 227, 251, 274, 284, 303

NONSENSE. Termo em inglês que significa "disparate", "contra-senso"; ao lado do humor negro, da mímica grotesca e do fantástico, manifesta-se em várias expressões artísticas, sobretudo no teatro. p. 53, 203

NOUVEAU ROMAN. Movimento literário surgido na França na década de 1950; caracterizado pela ruptura com o romance tradicional, defendia o objetivismo e negava a dimensão psicológica dos personagens; os autores mais representativos do *nouveau roman* foram Alain Robbe-Grillet, Michel Butor, Marguerite Duras e Nathalie Sarraute. p. 272

NOVA OBJETIVIDADE (*Neue Sachlickeit*). Movimento vanguardista alemã da primeira metade do século XX; opôs-se ao subjetivismo do impressionismo e aparentados. p. 183, 242

PAN. Pã, em português; revista cultural de Berlim, extremamente ativa no início do século XX. p. 208, 229

PARZIVAL (ou Parsifal). O personagem em busca do Graal, caracterizado por Wolfram von Eschenbach, que se baseou, por sua vez, no Perceval de Chrétien de Troyes; ópera em três atos e cinco quadros, a última obra de Richard Wagner. p. 26, 27, 258

PRÊMIO BÜCHNER. O prêmio mais importante da literatura alemã. p. 128, 256, 283, 285, 312

PRIMEIRA GUERRA MUNDIAL. p. 183, 184, 185, 204, 207, 209, 217, 219, 234, 237, 242, 244, 250, 261

PROVÉRBIO. Máxima ou sentença de caráter prático e popular, comum a um grupo social, expressa em forma sucinta e geralmente rica em imagens. p. 13, 21, 22, 32, 37, 38, 39, 40, 65, 97

RAF (Fracção do Exército Vermelho). Grupo terrorista que atuou intensamente na Alemanha Ocidental durante a década de 1970; depois de vários atentados, os líderes do grupo foram encarcerados e muitos deles cometeram suicídio na prisão. p. 272, 277, 314

A ARTE DO COMBATE 367

REALISMO. Movimento estético que procura representar a realidade de forma objetiva, em oposição ao idealismo platônico. p. 15, 58, 75, 83, 90, 117, 121, 122, 123, 124, 125, 133, 169, 170, 171, 172, 173, 176, 183, 185, 212, 246, 271, 289

REPÚBLICA DE WEIMAR. Nome dado ao período da história alemã entre 1919 e 1933; tinha caráter parlamentar, democrático e social, mas sofria de uma grande instabilidade governamental e de um excessivo centralismo. p. 230, 250, 263

REVOLUÇÃO DE JULHO. Série de movimentos insurrecionais que visavam a abolição dos regimes absolutistas europeus; teve origem na revolução de 1830, que derrubou Carlos X na França e entregou o poder a Luís Felipe de Orleans, apoiado pelos setores burgueses do país. p. 129

ROMANCE DE FORMAÇÃO. Gênero romanesco tipicamente alemão; conhecido como *Entwicklungsroman* e – modernamente – *Bildungsroman*. 26, 92, 113, 171, 258, 259

ROMANTISMO. Tendência estética e filosófica que exalta a natureza e prega o espírito de rebeldia e liberdade; surgiu na Europa em meados do século XVIII. p. 33, 49, 51, 53, 61, 69, 72, 73, 74, 82, 90, 94, 99, 101, 113, 117, 119, 121, 125, 128, 133, 136, 138, 156, 158, 161, 181, 184, 203, 246, 247, 271, 283, 301

SEGUNDA GUERRA MUNDIAL. p. 10, 58, 166, 243, 270

SIGLO DEL ORO (Século de Ouro). O século XVI espanhol, em que a literatura floresceu como nunca. p. 42, 331

SOCIALISMO REALMENTE EXISTENTE. p. 266, 288, 290, 291, 298, 307, 312, 315

STASI – Abreviação para "Staats Sichercheit" (segurança do Estado); a polícia política da ex-Alemanha Oriental. p. 290, 292

STAUFER, Dinastia dos (Ou dinastia Hohenstaufen). Família alemã que ocupou o trono do Sacro Império Romano-Germânico de 1138 a 1254. p. 25, 27, 28

STURM UND DRANG. Movimento literário alemão que corresponde ao romantismo da primeira fase, exacerbado e "descabelado". p. 66, 69, 70, 71, 73, 75, 76, 77, 113, 117

TERCEIRO REICH. Um dos nomes pelo qual ficou conhecido o período hitlerista. p. 273, 307, 313

TÚNEL SOBRE O SPREE. Grupo de artistas fundado por Moritz Saphir, de intensa atuação na área da literatura. p. 142, 196

WITZ. Conceito próximo ao do *wit* inglês; significa tanto chiste, quanto espírito, inteligência, juízo, perspicácia e mais um sem-número de coisas. p. 94, 279

XÊNIA (ou XÊNIO, XÊNIAS). Poesia epigramática, curta e contundente. Entre os gregos, Xênia significava tratamento hospitaleiro ou o presente que se dava aos hóspedes, após as refeições, ou aos amigos, em certas épocas do ano. p. 15, 67, 108, 109, 157